Spanish On Your Own

Spanish On Your Own

 Volume One

Laurel H. Turk
DePauw University, Emeritus

Carlos A. Solé
University of Texas, Austin

Aurelio M. Espinosa, Jr.
Stanford University, Emeritus

Sheila McIntosh, Consulting Editor

HOUGHTON MIFFLIN COMPANY   Boston   New York

Director of Modern Language Programs: Kristina Baer
Development Manager: Beth Kramer
Project Editor: Kellie Cardone
Senior Production/Design Coordinator: Jennifer Waddell
Manufacturing Manager: Florence Cadran

Cover Designer: Rebecca Fagan, Rebecca Fagan Graphic Design

Copyright © 2000 by Houghton Mifflin Company. All rights reserved.

No part of this work may be reproduced or transmitted in any form or by any means, electronic or mechanical, including photocopying and recording, or by any information storage or retrieval system without the prior written permission of Houghton Mifflin Company unless such copying is expressly permitted by federal copyright law. Address inquiries to College Permissions, Houghton Mifflin Company, 222 Berkeley Street, Boston, MA 02116-3764.

Printed in the U.S.A.

Library of Congress Catalog Card Number: 99-71896

ISBN: 0-395-96443-1

23456789-POO-03 02 01 00

Contents

Preface viii

Lección preliminar

Saludos y despedidas 2
Frases para la clase 3

Lección 1

¿Habla usted español? 5

Sounds of Spanish vowels 6
Diphthongs 6
Sounds of Spanish consonants 7
Present indicative of regular -ar verbs 7
Subject pronouns 8
Definite articles 10
Gender and number of nouns 11
Interrogative and negative sentences 12

Lección 2

En una universidad norteamericana 20

Sounds of Spanish c (and z), qu, and k 21
Breath groups and linking 21
Present indicative of regular -er verbs 22
Present indicative of the irregular verbs ser and tener 23
Hay (*There is, There are*) 24
Tener que + infinitive 25
Indefinite articles 26
Omission of the indefinite article 26
Forms and agreement of adjectives 27

Lección 3

Temprano por la mañana 35

Spanish t 36
Sounds of Spanish d 36
Linking 37
Present indicative of regular -ir verbs 37
Present indicative of the irregular verb ir 38
Ir a + infinitive to express future time 38
Cardinal numbers 0–32 39
Time of day 40
Prepositions and contractions: a, al; de, del 42
Days of the week 43

Lección 4

En la librería de libros extranjeros 50

Spanish p 51
Sounds of Spanish b and v 51
Present indicative of the irregular verbs venir, querer, and saber 52
Familiar singular (tú) commands 53
Possessive adjectives 55
Position of adjectives 56
Phrases with de + noun 57
Summary of uses of ser 58

Lección 5

María llega de Buenos Aires 65

Spanish h 66
Sounds of Spanish g and j 66
Present indicative of the irregular verbs estar and conocer 67
Uses of estar 67
The Spanish -ndo form and the present progressive 70
The personal a 71
Meanings of saber and conocer 72
The months and seasons of the year 73

Lección 6

Conversaciones importantes entre jóvenes 80

The diphthongs **ie** and **ei** (**ey**) 81
Sounds of Spanish **r** and **rr** 81
Present indicative of the irregular verbs **poder, salir, traer,** and **ver** 82
Direct object pronouns 83
Demonstrative adjectives 85
The use of prepositions with certain verbs 86
The infinitive after a preposition 88
Cardinal numbers 30–90 88

Lección 7

De compras en Tijuana 95

Spanish **ch, y, ll,** and **ñ** 96
The diphthongs **ai** (**ay**) and **oi** (**oy**) 97
Present indicative of the irregular verbs **dar** and **decir** 97
Indirect object pronouns 98
The verb **gustar** 99
Use of ¿qué? and ¿cuál(es)? 100
Adjectives used as nouns 101
Comparisons of inequality 102

Lección 8

En busca de un compañero de viaje 110

The diphthongs **ua** and **au** 111
Sounds of Spanish **s** 111
Present indicative of the irregular verbs **hacer** and **poner** 112
Present indicative of the stem-changing verbs **pensar** and **volver** 113
Reflexive pronouns 114
Reflexive verbs 115
Position of object and reflexive pronouns with an infinitive 116
Other uses of the definite article 117

Lección 9

Jorge pasa las vacaciones en Madrid 125

Spanish **m** 126

Sounds of Spanish **n** 126
The diphthongs **ue** and **eu** 127
Preterit indicative of regular verbs 127
Preterit of the irregular verbs **dar, ir,** and **ser** 128
Use of the preterit 129
Indefinite and negative words 130
The definite article with time expressions 132

Lección 10

Recuerdos de niñez 139

Sounds of Spanish **x** and **j** 140
Triphthongs 140
The imperfect indicative 141
Use of the imperfect indicative 142
The preterit and the imperfect contrasted 144
Hacer and **haber** in impersonal expressions 146

Lección 11

Una fiesta de cumpleaños 153

The pronunciation of **y**, *and* 154
Formal commands 155
Position of object and reflexive pronouns in commands 156
Possessive adjectives: Emphatic forms 158
Idiomatic expressions with **tener** 159
Spanish equivalents for the English word *time* 160

Appendix A

The Spanish alphabet 167
Division of words into syllables 167
Word stress and use of the written accent 168
Intonation 168
Punctuation marks 170
Capitalization 170
Grammatical terms 170

Copyright © Houghton Mifflin Company. All rights reserved.

Appendix B

Regular verbs 172
Comments concerning forms of verbs 172
Irregular verbs 173
Verbs with changes in spelling 175
Verbs with special changes 176
Stem-changing verbs 177

Appendix C

Repasos 180

    Lecciones 1–5 180
    Lecciones 6–11 182

Appendix D

Answer Keys 187

Appendix E

Tapescripts: *Actividades y práctica, Para comprender y escribir, Repaso* self-tests 200

Spanish-English Vocabulary 230

English-Spanish Vocabulary 253

Index 266

Preface

Spanish has become firmly established as the foreign language of choice by language students in the United States. It's no wonder, considering that Spanish is spoken by some 300 million people in twenty countries whose role in international commerce and tourism continues to grow, as well as by more than 60 million native speakers in this country. While opportunities for persons fluent in Spanish have never been greater, many adults interested in learning the language are unable to attend a Spanish class that meets several times a week. If that group includes you, *Spanish On Your Own* can help you acquire the skills you need.

Spanish On Your Own, a portable, flexible, use-anywhere introductory Spanish program designed for independent study or for use in courses with limited class time, is an ideal teaching tool for busy people. Whether you wish to learn Spanish for business or for pleasure, *Spanish On Your Own* will give you the support you need to begin communicating. The program's easy-to-follow format stresses the essential skills of listening, speaking, reading, and writing. It teaches essential vocabulary and grammatical structures in a logical sequence and reinforces them in subsequent lessons to help you retain what you learn. Each of the program's two volumes includes a text-correlated audio program that provides listening and speaking practice as it models Spanish as spoken by native speakers. To keep you motivated and on track, in-text review tests and answer keys allow you to chart your progress and target areas for review.

Contents of Volume One

In order to help you use *Spanish On Your Own* to best advantage, a description of the program's organization follows, along with some useful study tips.

The **Lección preliminar** (*Preliminary lesson*) presents basic expressions, such as greetings and introductions, appropriate to both formal and informal settings. Expressions frequently used in a classroom are also taught. Each of the eleven regular lessons contains the following sections:

Diálogos (*Dialogues*)

The lesson dialogues model conversational Spanish, introduce practical, everyday vocabulary, and provide a contextualized preview of each lesson's grammatical focus. Familiarizing yourself with the dialogues by listening to them on the Audio Program and reading them aloud will develop your listening skills and help you to practice the sounds of spoken Spanish. (As you progress through each lesson, listening to the dialogue without reading along in your text is a particularly valuable way to develop listening skills.) Follow-up **Preguntas sobre el diálogo** (*Questions on the dialogue*), found both in the text and on the Audio Program, allow you to check your understanding orally and in writing.

Pronunciación (*Pronunciation*)

This section offers detailed explanations and practice of the sounds known to be most difficult for speakers of English. All explanations and models are recorded on the Audio Program for frequent, convenient practice. Students particularly interested in developing strong writing skills may want to use the recorded words and phrases as dictations for additional practice.

Copyright © Houghton Mifflin Company. All rights reserved.

Notas gramaticales (*Grammatical notes*)

To facilitate independent study and review, all grammatical concepts are presented simply and completely. Information is often organized into helpful lists and charts. In addition, numerous examples, accompanied by English equivalents, illustrate each point as it is presented. Whenever applicable, a section called ¡**Atención!** draws attention to potentially confusing differences between Spanish and English constructions.

Written and oral exercises systematically reinforce the structures taught. In-text **Prácticas** (*Practice exercises*) supply structured reading and writing practice in a variety of formats, including question/answer drills, fill-in-the-blanks, sentence transformation, and sentence completion. The answer key in Appendix D allows you to check your work. **Actividades y práctica** (*Activities and practice*) exercises, signalled by a headphone icon in the text and found on the Audio Program, provide intensive listening and speaking practice for key structures. Correct answers are supplied on the recording so that you can verify your oral responses. Since listening without relying upon written words to read along provides the greatest listening challenge, consider doing these exercises more than once, even if you complete them successfully the first time. Returning to a previous lesson's exercises after you have moved ahead will help you to retain what you've learned and integrate material learned in different lessons.

The text's flexible format accommodates individual learning styles. While the lesson dialogue is presented first, some students may prefer to complete the grammar sections before turning to the dialogue, or read the grammar explanations, study the dialogue, and then turn to the grammar exercises. It's up to you!

Repaso (*Review*)

In this section, a vocabulary review exercise and a translation exercise related to the lesson dialogue serve as checkpoints to help you verify your mastery of the lesson's content before moving on to more open-ended self-expression in Spanish. Answer keys to this section are found in Appendix D.

Expansión (*Expansion*)

Here the stage is set for you to communicate in Spanish for your own needs. In each lesson, you'll use the vocabulary and structures you have learned to answer questions about your own life, and to complete dialogues in your own words or to write a letter or short composition. All activities are tailored to the abilities of beginners, but to make the most of this section, focus on your own communicative goals and challenge yourself to complete the activities as fully and creatively as you can.

Para comprender y escribir (*To listen and write*)

This listen-and-write section is designed for use with the Audio Program. In early lessons, the first activity is a dictation of words, phrases, or brief sentences. In later lessons, this initial exercise becomes a multiple-choice vocabulary activity in which you'll select the best choice to answer a question or complete a statement. Next, grammar review activities have you answer questions in writing or create new statements based on cues provided. Then, you'll take dictation from a monologue, narrative, or advertisement featuring the lesson's vocabulary and structures. (To help you get it right, you'll hear the dictation three times.) Last comes a more extended listening passage, followed by a true/false comprehension check so you can verify your understanding.

If completing the written portion of the activities seems too challenging, try listening all the way through first, then listen and write the second time. To enhance your writing accuracy, consult Appendix A for information on written accents, punctuation, and capitalization.

Vocabulario (*Vocabulary*)

Each end-of-lesson vocabulary section contains an alphabetical listing of the words and expressions presented in the dialogues, as well as related words and expressions. (For example, when the **Lección** dialogue features a discussion of career aspirations, the **Vocabulario** lists professions and courses of study not mentioned in the dialogue). All vocabulary in these lists should be memorized since it will reappear throughout the text and the Audio Program. Be sure to learn the corresponding masculine or feminine definite article along with each noun, to help you remember its gender.

Reference Section

The text ends with a reference section. Appendix A includes the Spanish alphabet and concise summaries of the rules of syllabification, word stress and use of written accents, intonation, punctuation, and capitalization, as well as a list of grammatical terms. Appendix B contains verbs charts for quick review of regular and irregular verb forms. Appendix C contains **Repaso** review tests to help you check your cumulative knowledge after every few lessons and target areas for further study. Scripts for the **Actividades y práctica** exercises and the **Para comprender y escribir** exercises, as well as the audio portions of the **Repaso** tests, are in Appendix E. Answer keys to the lesson exercises are in Appendix D; answer keys to the **Repaso** review tests are located in Appendix D. The Spanish-English end vocabulary contains all words, expressions, and phrases that appear in *Spanish On Your Own*. The English-Spanish vocabulary lists the words and expressions needed to complete the translations in the **Repaso** section of each lesson, as well as the **Repaso** review tests in Appendix C.

A Final Word

You can do it! With consistent study and review, *Spanish On Your Own* will give you the basic communication tools you'll need to begin to understand and be understood by native speakers of Spanish. Your progress will accelerate if you seek out opportunities to hear and speak Spanish by watching Spanish-language television shows and movies, reading accessible short news pieces and advertisements in magazines and newspapers from Hispanic countries, and seeking opportunities to practice your emerging skills with native speakers or acquaintances who are fluent in Spanish. Remember, too, that language and culture go hand in hand; both in your language studies and your ability to relate to Spanish speakers in your professional or personal life will be enhanced by efforts you make to know and understand the way of life of people from the Hispanic world.

L.T.

Spanish On Your Own

Lección preliminar

- Saludos y despedidas
- Frases para la clase

Saludos y despedidas *(Greetings and farewells)*

SR.[1] RUIZ	—¡Buenos días, estudiantes![2] ¿Cómo se llama usted, señorita?	*"Good morning, students! What's your name,[3] miss?"*
PILAR	—Me llamo Pilar. Y usted, ¿cómo se llama, señor?	*"My name is Pilar. And you, what's your name, sir?"*
SR. RUIZ	—Me llamo José Ruiz. Soy el profesor de español.[4]	*"My name is Joseph Ruiz. I am the Spanish professor."*

PABLO	—¡Hola! ¿Cómo te llamas?	*"Hello (Hi)! What's your name?"*
MARTA	—Me llamo Marta. Y tú, ¿cómo te llamas?	*"My name is Martha. And you, what's your name?"*
PABLO	—Me llamo Pablo. Mucho gusto.	*"My name is Paul. Pleased to meet you."*

SRTA. MARTÍ	—Buenas tardes, señor (señora) Ortega.	*"Good afternoon, Mr. (Mrs.) Ortega."*
SR. (SRA.) ORTEGA	—Buenas tardes, señorita Martí. ¿Cómo está usted?	*"Good afternoon, Miss Martí. How are you?"*
SRTA. MARTÍ	—Muy bien, gracias. ¿Y usted?	*"Very well, thanks (thank you). And you?"*
SR. (SRA.) ORTEGA	—Así, así, gracias. Hasta luego.	*"So-so, thanks. Until later (See you later)."*
SRTA. MARTÍ	—Hasta la vista.	*"Until later (See you later)."*

---

1. **Señor** and **señora** (abbreviated **Sr.** and **Sra.**), mean *Mr.* and *Mrs.*, and also *sir* and *madam (ma'am)*, respectively. **Señorita**, *Miss*, is abbreviated as **Srta**.
2. Note that inverted question marks and exclamation points precede questions and exclamations in Spanish.
3. Literally, *How (What) do you call yourself?*
4. The names of languages are not capitalized in Spanish.

ANTONIO	—¡Buenas noches, Carmen!	*"Good evening, Carmen!"*
CARMEN	—¡Buenas noches, Antonio! ¿Qué tal?	*"Good evening, Anthony! How goes it (How are you)?"*
ANTONIO	—Bien, gracias. ¿Cómo estás tú?	*"Fine (Well), thanks. How are you?"*
CARMEN	—Regular, gracias. Hasta mañana.	*"Fair (Not bad), thanks. Until (See you) tomorrow."*
ANTONIO	—Adiós. Hasta mañana.	*"Good-bye. See you tomorrow."*

¡Atención! Students would ask a teacher: **¿Cómo se llama (usted)?** Among students, however, they would say: **¿Cómo te llamas (tú)?**

Buenas tardes, *Good afternoon*, may also be used as a greeting in the early evening while there is still daylight, although **Buenas noches**, *Good evening*, is more common. The latter expression also means *Good night*.

Frases para la clase (*Classroom expressions*)

Lea (usted)[1] **en español** (*pl.* **Lean [ustedes] en español**). Read in Spanish.
Repita (usted) (*pl.* **Repitan [ustedes]**). Repeat.
Escuche (usted) con cuidado (*pl.* **Escuchen [ustedes] con cuidado**). Listen carefully.
Abra (usted) el libro[2] (*pl.* **Abran [ustedes] los libros**). Open your book(s).
Cierre (usted) el libro (*pl.* **Cierren [ustedes] los libros**). Close your book(s).
Escriba (usted) las siguientes palabras (*pl.* **Escriban [ustedes] las siguientes palabras**). Write the following words.
Pronuncie (usted) las siguientes palabras (*pl.* **Pronuncien [ustedes] las siguientes palabras**). Pronounce the following words.
Bueno. All right; O.K.
Muy bien. Very well.
No comprendo. Otra vez, por favor. I don't understand. Once more, please.
¿Cómo se dice... en español? How do you say . . . in Spanish?

---

1. Subxject pronouns are normally omitted in Spanish since the verb endings and context generally indicate the subject. See **Lección 1**.
2. In Spanish, the definite article is used instead of the possessive form with nouns expressing personal belongings. See **Lección 8**.

Lección 1

- Sounds of Spanish vowels
- Diphthongs
- Sounds of Spanish consonants
- Present indicative of regular **-ar** verbs
- Subject pronouns
- Definite articles
- Gender and number of nouns
- Interrogative and negative sentences

¿Habla usted español?

La profesora Molina habla con los alumnos. Ellos siempre estudian la lección y preparan bastante bien los ejercicios.

SRTA.[1] MOLINA —Buenos días (Buenas tardes).
LOS ALUMNOS —Buenos días (Buenas tardes), señorita.
SRTA. MOLINA —¡Ah! ¿Habla usted español?[2]
EL ALUMNO —Sí, profesora Molina, yo hablo español un poco.
SRTA. MOLINA —¿Y usted?
LA ALUMNA —No, yo no hablo mucho el español.
SRTA. MOLINA —¡Muy bien! En la clase de español sólo hablamos español.

Mario y Luisa estudian inglés en los Estados Unidos.[3] Ahora ellos hablan en clase.

MARIO —¡Hola! ¿Qué lengua hablas tú?
LUISA —Yo hablo francés. ¿Y tú?
MARIO —En casa yo hablo italiano con la familia.
LUISA —¿Y qué lengua estudias en la universidad?
MARIO —Estudio inglés pero pronuncio bastante mal.
LUISA —Necesitas practicar[4] más la pronunciación.
MARIO —¿Preparas los ejercicios de pronunciación en el laboratorio?
LUISA —Sí, siempre. Y también estudio las lecciones todos los días. ¡Ya pronuncio bastante bien!

Preguntas sobre los diálogos *(Questions on the dialogues)*

Answers to Spanish questions should be given in complete sentences. Keep this in mind throughout the text.

1. ¿Qué estudian los alumnos? *Los alumnos estudian la lección.*
2. ¿Cómo preparan ellos los ejercicios? *Ellos preparan bastante bien los ejercicios.*
3. ¿Qué lengua hablan los alumnos en la clase de español? *Ellos hablan español en la clase de español.*

---

1. See **Lección preliminar** for the abbreviation and meaning of **señorita**. For other abbreviations and for capitalization rules in Spanish, see Appendix A.
2. Recall that the names of languages are not capitalized in Spanish and that inverted question marks and exclamation points precede questions and exclamations in Spanish.
3. In Spanish, the definite article is regularly used with the names of certain countries: **la Argentina, el Brasil, el Ecuador, los Estados Unidos, el Paraguay, el Perú, el Uruguay.** Today, however, many Spanish-speaking people tend to omit it. In the case of **El Callao, El Salvador, La Habana,** and **La Paz,** the article is never omitted, as it has become part of the proper name.
4. Note that an infinitive may follow the verb **necesitar**.

4. ¿Quiénes estudian inglés en los Estados Unidos? MARIO y LUISA estudian inglés en los Estdos Unidos.

5. ¿Quién habla francés? ¿Quién habla italiano? LUISA habla francés/MARIO habla italiano.

6. ¿Cómo pronuncia Mario el inglés? ¿Qué necesita practicar él? MARIO PRONUCIA el inglés bastante mal. El necesita praticar mas la pronunciacion

7. ¿Qué prepara Luisa en el laboratorio? LUISA prepara los ejercicios de pronunciacion en el labortorio.

8. ¿Qué estudia Luisa todos los días? ~~todos los~~ dias LUISA estudia las lecciones. todos los dias.

Pronunciación

A. Sounds of Spanish vowels

In general, Spanish pronunciation is much clearer and more uniform than the English. The vowel sounds are clipped short and are not followed by the diphthongal glide that is commonly heard in English, as in *no* (*no^u*), *came* (*ca^{i}me*), *why* (*why^e*). Even unstressed vowels are pronounced clearly and distinctly; the slurred sound of English *a* in *fireman*, for example, never occurs in Spanish.

Spanish has five vowels, which are pronounced as follows:

- **a** is pronounced between the *a* of English *ask* and the *a* of *father*: ac-***tual***, ***cá***-ma-ra, ***ca***-sa, ma-***má***, ma-***ña***-na, ***Mar***-ta.
- **e** is pronounced like *e* in *café*, but without the glide sound that follows the *e* in English: ***de***-be, de-fen-***der***, E-***le***-na, ***le***-che, mo-***der***-no, ***tres***.
- **i** (**y** in the conjunction *and*) is pronounced like *i* in *machine*: ***dí***-a, di-vi-***dir***, do-***min***-go, ***sí***, ***vis***-ta, ***y***.
- **o** is pronounced like *o* in *tone*, but without the glide sound that follows the *o* in English: ca-***ñón***, co-***lor***, ***ho***-la, ***no***, ***o***-cho, ***po***-co.
- **u** is pronounced like *oo* in *cool*: ***lu***-nes, ***mú***-si-ca, oc-***tu***-bre, ***plu***-ma, sa-***lu***-dos, us-***ted***.

B. Diphthongs

The Spanish vowels are divided into two groups: strong vowels (**a, e, o**) and weak vowels (**i, u**). The vowels **i** and **u** are called weak vowels because they become semivowels or semiconsonants—like the sounds of English *y* or *w*—when they combine with the strong vowels **a, e, o**, or with each other, to form single syllables. Such combinations of two vowels are called diphthongs. In diphthongs, the strong vowel retains its full vocalic value, while the weak vowel, or the first vowel if both are weak, loses part of its vocalic nature.

As the first element of a diphthong, unstressed **i** is pronounced like a weak English *y* in *yes*, and unstressed **u** is pronounced like *w* in *wet*. The following Spanish diphthongs begin with unstressed **i** or **u**.[1]

---

[1]. The sounds of other diphthongs will be discussed in **Lecciones 6, 7, 8,** and **9.** Triphthongs will be discussed in **Lección 9.**

ia: his-to-*ria*, gra-*cias*, es-tu-d*ian*-te
ie: v*ie*r-nes, *sie*-te, sep-t*iem*-bre
io: e-di-fi-*cio*, An-to-*nio*, ju-*lio*
iu: c*iu*-dad, v*iu*-da, tr*iun*-fo
ua: ¿c*uán*-do?, c*ua*-tro, a-g*ua*
ue: j*ue*-ves, n*ue*-ve, b*ue*-no
uo: an-ti-g*uo*, ar-d*uo*, mu-t*uo*
ui: c*ui*-da-do, L*ui*s, R*ui*z

Remember that two adjacent strong vowels within a word form separate syllables: **le-o, tra-en.** Likewise, when a weak vowel adjacent to a strong vowel has a written accent, it retains its syllabic value and forms a separate syllable: **dí-as, pa-ís.** An accent mark on a strong vowel merely indicates stress: **tam-bién, diá-lo-go, fá-cil.**

C. Sounds of Spanish consonants

Spanish consonants are usually pronounced more precisely and distinctly than English consonants, although a few (especially, **b**, **d**, and **g** between vowels) are pronounced very weakly. Several of them (**t**, **d**, **l**, and **n**) are pronounced farther forward in the mouth than in English, with the tongue close to the upper teeth and gums. The consonants **p**, **t**, and **c** (before letters other than **e** and **i**) are never followed by the puff of air that is often heard in English: *pen* ($p^h en$), *task* ($t^h ask$), *can* ($c^h an$).

The sounds of Spanish consonants that deserve special attention are covered in the pronunciation sections of **Lecciones 2** through **11**.

Notas gramaticales

A. Present indicative of regular **-ar** verbs
(El presente del indicativo de verbos regulares terminados en -ar)

		hablar, *to speak, talk*
Singular	(yo) **hablo**	I speak, do speak, am speaking
	(tú) **hablas**	you (*fam.*) speak, do speak, are speaking
	(él) **habla**	he speaks, does speak, is speaking
	(ella) **habla**	she speaks, does speak, is speaking
	usted **habla**	you (*formal*) speak, do speak, are speaking
Plural	(nosotros) **hablamos**	we speak, do speak, are speaking
	(nosotras) **hablamos**	we (*f.*) speak, do speak, are speaking
	(vosotros) **habláis**[1]	you (*fam.*) speak, do speak, are speaking
	(vosotras) **habláis**	you (*fam. f.*) speak, do speak, are speaking
	(ellos) **hablan**	they speak, do speak, are speaking
	(ellas) **hablan**	they (*f.*) speak, do speak, are speaking
	ustedes **hablan**	you (*fam. and formal pl.*) speak, do speak, are speaking

---

1. The verb forms for the familiar plural **vosotros(-as)** will be presented only for recognition. These are used only in Spain. Since most speakers use **ustedes** as the plural for **tú** and **usted**, this is the usage that you will learn.

- The infinitive of a Spanish verb consists of a stem (**habl-**) and an ending (**-ar**). There are three groups or conjugations of verbs in Spanish; their infinitive endings are: **-ar, -er,** and **-ir,** respectively. To conjugate a verb, drop the infinitive ending and add the person/tense markers to the stem: **habl- + o → hablo,** *I speak.* The present indicative endings of regular **-ar** verbs are: **-o, -as, -a, -amos, -áis, -an.** The stress always falls on the stem vowel except in the **nosotros** and **vosotros** forms: ha**bla**mos, ha**bláis**.

- Note that the Spanish present tense (**yo hablo,** etc.) corresponds not only to the English simple tense, *I speak,* but also to the emphatic, *I do speak,* and to the progressive, *I am speaking.* The Spanish present tense is also used to express future events: **Preparo la lección mañana,** *I'll prepare the lesson tomorrow;* **Hablamos con el profesor mañana,** *We will talk to the teacher tomorrow.*

Práctica 1 Complete the following sentences, using the present indicative of the verbs given. Make sure the verb form agrees with the subject.

1. Yo (hablar) _hablo_ español un poco.
2. Ana (estudiar) _estudia_ italiano en la universidad pero (hablar) _habla_ inglés en casa.
3. Nosotros (pronunciar) _pronunciamos_ bastante mal.
4. Juan y Marta (preparar) _preparan_ los ejercicios de pronunciación en el laboratorio. ¡Ellos ya (pronunciar) _pronuncian_ bastante bien!
5. ¿Qué lengua (hablar) _habla_ usted con los estudiantes?
6. Ellos siempre (preparar) _preparan_ las lecciones.
7. ¿Tú (estudiar) _estudias_ todos los días?
8. Yo (necesitar) _necesito_ estudiar más las lecciones.

Actividades y práctica: A

B. Subject pronouns *(Los pronombres personales)*

Subject pronouns are usually omitted in Spanish since, in general, the verb ending and the context indicate the subject. However, subject pronouns are used in Spanish

- for emphasis or contrast.

  ¡**Yo** estudio todos los días! *I (do) study every day!*
  Ella enseña español pero **él** enseña francés. *She teaches Spanish but he teaches French.*

- for clarity.

  ¿Qué lengua habla **él** (**ella, usted**)? *What language does he (does she, do you) speak?*
  Ella estudia y **él** practica. *She is studying and he is practicing.*

- to form a compound subject.

  Mario y **yo** preparamos la lección. *Mario and I are preparing the lesson.*

- The pronouns **usted** and **ustedes**, abbreviated **Ud.** and **Uds.** (or **Vd.** and **Vds.**), respectively, are often expressed for the sake of courtesy.

  Repita **Ud.**, por favor. *Repeat, please.*
  Escuchen **Uds.** con cuidado. *Listen carefully.*

¡Atención! The masculine forms **nosotros, vosotros, ellos** may refer to males or to mixed company: **Mario y Luisa hablan español; ellos pronuncian muy bien**, *Mario and Louise speak Spanish; they pronounce very well.*

Tú and usted

- Spanish has two forms for *you* (singular): **usted** and **tú**. **Usted** may denote formality, courtesy, deference, social or psychological distance, and respect. More often than not, **usted** is the conventional form of address used in all exchanges involving strangers or distant acquaintances: teacher/student; physician/patient; salesperson/customer; waiter/customer; lawyer/client; boss/subordinate.
- **Tú** may express familiarity, affection, or intimacy. Among children and adolescents **tú** is the conventional form of address. A reciprocal **tú** also occurs between those adults who are related by blood or marriage or tied by personal friendship.
- First names, last names, and titles are not used interchangeably with **tú** and **usted**. **Tú** may occur with first and last names, whereas **usted** can occur with all three.
- Among friends, **tú** occurs with the first name. Among friends separated by generational or social distance, **usted** may occur with the first name.

Vosotros and vosotras

- The plural of familiar **tú** is **vosotros, vosotras**, which take the second-person plural forms of the verb: **vosotros habláis**. In Spanish America, the plural of **tú** is **ustedes** (also the plural of **usted**), which is the form taught in this book.

Práctica 2 Supply the corresponding subject pronouns.

1. _Nosotros_ hablamos español en clase.
2. _Vosotros_ no hablamos inglés en clase.
3. _Tú_ estudias francés y _yo_ estudio italiano.
4. _Yo_ practico portugués con la familia.
5. _Usted_ (*formal*) habla francés en casa.
6. _Él_ (*m. sing.*) y yo necesitamos estudiar más.
7. _Ellas_ (*f.*) preparan los ejercicios en el laboratorio.
8. _Ella_ (*f.*) estudia inglés y _él_ (*m.*) estudia japonés.
9. _Tú_ no practicas mucho, pero _ellos_ (*m.*) practican bastante.
10. Carmen, ¿estudia _usted_ (*formal*) todos los días?

C. Definite articles (*Los artículos definidos*)

	Singular	Plural
Masculine	el alumno the student el profesor the teacher el día the day	los alumnos the students los profesores the teachers los días the days
Feminine	la alumna the student la clase the class la lección the lesson	las alumnas the students las clases the classes las lecciones the lessons

In Spanish, the definite article agrees in gender (masculine or feminine) and number (singular or plural) with the noun it specifies. Therefore, there are four Spanish forms equivalent to the English *the*. (See Section D on gender.)

Uses of the definite article (*Usos del artículo definido*)

- The definite article is used more frequently in Spanish than in English. In general, it is used whenever *the* is used in English, and it is repeated before each noun in a series.

    Uds. preparan **los** ejercicios en casa.   *You prepare the exercises at home.*
    La profesora y **el** alumno hablan.   *The teacher and (the) student talk.*

- The definite article is used with titles, except when one is speaking directly to a person.

    La profesora Molina habla con los alumnos.   *Professor Molina is talking to the students.*
    Sí, profesora (señorita) Molina, yo hablo español un poco.[1]   *Yes, Professor (Miss) Molina, I speak Spanish a little.*

- The article is regularly used in Spanish with the name of a language, except after forms of **hablar**, and the prepositions **de** and **en**.

    Mario estudia **el** italiano.   *Mario studies Italian.*
    Ella también habla portugués.   *She also speaks Portuguese.*
    En clase hablamos en español.   *We speak Spanish in class.*

¡Atención!   Many Spanish-speaking persons also omit the article with the name of a language after verbs meaning *to study, to practice, to learn, to read, to write*, and a few others to be introduced later: **Ellos estudian japonés**, *They study Japanese*. The article must be used, however, if the name of the language is separated from the verb by an adverb: **Practico mucho el español**, *I practice Spanish a lot*; **¿Pronuncias bien el alemán?**, *Do you pronounce German well?*

---

[1]. Formal discourse in Spanish requires the use of titles such as **señor, señora, señorita**, and occupational titles such as **profesor, profesora, doctor (Dr.), doctora (Dra.)**. The polite **usted** is required in these cases: **Profesora (Doctora [Dra.]) Molina, ¿habla Ud. francés?**, *Professor (Dr.) Molina, do you speak French?*

Práctica 3 Supply the definite article when necessary.

1. No hablamos _____ inglés en la clase de _____ español.
2. __LA__ profesora habla _____ español con __los__ alumnos.
3. Ella enseña muy bien __EL__ francés y __EL__ español.
4. Los alumnos practican __los__ ejercicios en __LA__ clase.
5. Ustedes estudian __EL__ italiano y ella estudia __EL__ inglés.
6. Preparamos __LAS__ lecciones de _____ japonés en casa.

D. Gender and number of nouns (Género y número de los sustantivos)

Masculine and feminine nouns (Sustantivos masculinos y femeninos)

- Spanish nouns, even those referring to nonliving things, are either masculine or feminine: **el laboratorio, la clase.**

- Most nouns that end in -o or refer to male beings are masculine: **el ejercicio, el alumno, el estudiante, el profesor.** Most nouns that end in -a or refer to female beings are feminine: **la lengua, la alumna, la familia, la profesora.**

- Nouns ending in -ción, -sión, -dad are feminine: **la conversación, la expresión, la universidad.**

- A few nouns have the same form for both genders: **el estudiante, la estudiante.** In these cases gender is indicated by the article.

¡Atención! A few nouns, although ending in -a, are masculine: **el día, el mapa;** a few others ending in -o are feminine: **la foto.** You will learn these few exceptions gradually. When learning new nouns, always use the definite article, as this will help you remember the correct gender. Consult the **Vocabulario** when you are not sure about gender.

The plural of nouns (El plural de los sustantivos)

- Spanish nouns ending in a vowel regularly add -s to form the plural: **alumno/alumnos, profesora/profesoras, clase/clases.**

- Spanish nouns ending in a consonant regularly add -es: **la lección/las lecciones, la expresión/las expresiones,**[1] **la universidad/las universidades, el mes/los meses, el profesor/los profesores.**

- The plural of noun phrases such as **el profesor de alemán** is **los profesores de alemán.**

¡Atención! The masculine plural forms of nouns referring to persons may refer to males only or to mixed company: **La profesora Martí y el profesor Ruiz enseñan español. Los profesores Martí y Ruiz enseñan muy bien.** *Professor Martí and Professor Ruiz teach Spanish. Professors Martí and Ruiz teach very well.*

---

1. Note the use of the accent mark on the singular nouns ending in **-ción, -sión** but not in the plural forms **-ciones, -siones.**

Práctica 4 Give the plural of each expression.

MODEL: la alumna de alemán
las alumnas de alemán

1. la lección de inglés
   las lecciones de inglés
2. el estudiante de francés
   los estudiantes de francés
3. el profesor de portugués
   los profesores de portugués
4. la clase de español
   las clases de español
5. el ejercicio de pronunciación
   los ejercicios de pronunciación
6. la universidad en los Estados Unidos
   las universidades en los Estados Unidos
7. la casa de Mario
   las casas de Mario
8. la conversación con la señorita Molina
   las conversaciones con la señorita Molina

Práctica 5 Write the corresponding definite article. Then change the definite articles and the nouns to singular or plural, as required.

1. *la* palabra — *las palabras*
2. *el* mapa — *los mapas*
3. *la* expresión — *las expresiones*
4. *la* lengua — *las lenguas*
5. *los* alumnos — *el alumno*
6. *el* día — *los días*
7. *las* palabras — *la palabra*
8. *la* tarde — *las tardes*
9. *las* lecciones — *la lección*
10. *la* foto — *las fotos*

E. Interrogative and negative sentences (*Oraciones interrogativas y negativas*)

- To form a question in Spanish, the subject is usually placed immediately after the verb.

¿Habla Ud. mucho en clase? *Do you speak a lot in class?*
¿No prepara Mario las lecciones? *Doesn't Mario prepare the lessons?*
¿Habla portugués el profesor de español? *Does the Spanish teacher speak Portuguese?*

¡Atención! Note that in the third example, the subject (**el profesor de español**) is longer than the direct object (**portugués**), so it is placed at the end of the question. Spanish doesn't have an equivalent for the English *do (does)* in interrogative sentences.

- When addressing someone, begin with the subject; an inverted question mark is placed immediately before the question.

    Pablo, ¿necesitas practicar más?   *Paul, do you need to practice more?*
    Señorita Ortega, ¿hablamos ahora?   *Miss Ortega, do we talk now?*

- If an interrogative word introduces the question, it precedes the verb and always has a written accent.

    ¿Cómo te llamas?   *What's your name?*
    ¿Qué lengua estudias?   *What language do you study?*
    ¿Quién enseña la clase?   *Who teaches the class?*

- To make a sentence negative in Spanish, place **no** (or other negative words[1]) immediately before the verb.

    Él **no** habla muy bien el inglés.   *He doesn't speak English very well.*
    Carmen **no** necesita estudiar más.   *Carmen doesn't need to study more.*
    —¿Habla Ud. japonés?   *"Do you speak Japanese?"*
    —No, yo **no** hablo japonés.   *"No, I don't speak Japanese."*

¡Atención! As noted on page 5, an infinitive may follow the verb **necesitar**: **Carmen no necesita estudiar.** Remember that the English auxiliary *do* (*does*) is not expressed in Spanish.

Práctica 6 Write the following sentences in the negative. Then change them to questions.

1. Ellas practican en casa.
2. Luisa necesita estudiar más.
3. Pronuncian bien el español.
4. Preparo el ejercicio en clase.
5. Nosotros hablamos japonés.

Práctica 7 Write negative or affirmative answers to the questions, following the model.

   MODEL: ¿Habla ella inglés? (no) → **No, ella no habla inglés.**
          ¿Practicamos nosotras la pronunciación? (sí) → **Sí, nosotras practicamos la pronunciación.**

1. ¿Hablamos nosotros inglés en clase? (no)

---

1. Negative words will be presented further in **Lección 9**.

LECCIÓN 1

2. ¿Practica usted mucho el español? (sí) Sí, practico ~~usted~~ mucho el español.
3. ¿Pronuncian ellas bien el español? (no) No, ellas no pronuncian bien el español.
4. ¿Estudia él la lección de alemán? (no) No, él no estudia la lección de alemán.
5. ¿Preparo yo los ejercicios en casa? (sí) Sí, Ud. ~~yo~~ preparo los ejercicios en casa.
6. ¿Enseña bien la profesora? (sí) Sí, enseña bien la profesora.

Actividades y práctica: B, C, D

Repaso

A. Find among the following words the Spanish equivalent of each English word or phrase and write it in the space provided.

ahora	enseñar	otro	también
el alemán	la lección	la palabra	la tarde
bastante	la lengua	pero	ya

1. language la lengua
2. but pero
3. also también
4. already ya
5. German el alemán
6. afternoon la tarde
7. word la palabra
8. to teach enseñar
9. other otro
10. quite a bit bastante

B. Give the Spanish equivalent.

1. The students prepare the Spanish lesson at home. Los estudiantes preparan la lección de epañol en ~~X~~ casa.
2. Mario and Louise always prepare the exercises in the laboratory. Mario y ~~Louise~~ Luisa SIEMPRE ~~también~~ preparan los ejercicios en el laboratorio.
3. They practice the exercises in class. Ellos pratican los ejercicios en clase.
4. The Spanish teacher (m.) always talks with the students. El profesor de español SIEMPRE ~~también~~ habla con los ~~estudiantes~~ estudiantes. ALUMNOS
5. Good morning, Louise. Do you (formal sing.) speak Spanish well? Buenos días, LUISA ~~Louise~~ Ud. habla ~~español bien?~~ el español.

6. Louise speaks French and Mario speaks Italian at home. Luisa habla ~~Irades~~ FRANCÉS y Mario habla Italiano en ~~nuestros~~ casa~~s~~.

7. They are studying English in the United States. Ellos ~~están estudiando~~ Ellos estudian inglés en los estados Unidos.

8. Mario pronounces English quite badly; he needs to practice English more. Mario pronuncia ~~mal~~ el inglés bastante mal ~~él~~ necesita praticar ~~para~~ inglés ~~más~~. MÁS EL

Expansión

A. Write answers to these questions, using complete sentences.

1. ¿Qué lengua estudia Ud.? ~~Yo~~ estudio español.

2. ¿Qué lengua habla Ud. en casa? Yo hablo inglés y ~~poco español~~ en ~~la~~ casa.

3. ¿Pronuncia Ud. bien el español? Sí, ~~yo~~ pronuncio bien el español.

4. ¿Estudia Ud. las lecciones todos los días? ~~Yo~~ Yo estudio las lecciones todos los días.

5. ¿Estudia Ud. en el laboratorio de lenguas o en casa? ~~Yo~~ estudio en casa.

B. Complete the missing lines of the dialogue, using grammar and vocabulary learned thus far.

PROFESOR(-A) —Buenos días, (...). ¿Cómo está Ud.?
USTED —Buenos días bien gracias
PROFESOR(-A) —Ud. pronuncia bastante bien el español. ¿Practica Ud. los ejercicios de pronunciación?
USTED —Sí, pratica mucho los ejercicios de pronunciacion
PROFESOR(-A) —¡Muy bien! ¿Estudia Ud. otras lenguas también?
USTED —No, no estudio otras lenguas solo español.
PROFESOR(-A) —Yo enseño francés también.

Para comprender y escribir

A. You will hear a series of short sentences. Each one will be spoken three times. Listen the first time; write what you hear the second time; listen again and make any necessary corrections the third time.

1. Hablamos con la señorita Martí.
2. La professora Molina enseña español.

3. Uds preparan los ejercicios.
4. El alumno necesita praticar más.
5. ¿Qué lenguas estudia Mario?

B. You will hear a series of phrases. Each one will be spoken twice. Write the plural of each phrase, following the model. You will then hear the correct answer.

MODEL: la alumna de alemán → las alumnas de alemán

1. Las lecciones de inglés
2. Los estudiantes de franceses frances
3. Los profesores de portugués
4. Las clases de español
5. Los ejercicios de pronunciación
6. Las universidades en los estados Unidos
7. Las casas de Mario
8. Las conversaciones con señorita Molina

C. Listen to each question and the cue, then write an answer, following the model. The first part of your answer should be negative, and the second part should provide the correct information using the cue. You will hear each question and cue twice.

MODEL: ¿Enseña la profesora japonés? (español) → La profesora no enseña japonés; enseña español.

1. El profesor no habla inglés; habla español.
2. Mario no estudia español, estudia alemán
3. El profesor no enseña mal enseña bien
4. Los estudiantes no estudian bastante, estudian poco.
5. Pablo no pratica el francés en clase; pratica en casa.

D. You will hear a series of statements about the conversation you have just heard. Each statement will be read twice. Indicate in the space provided whether each statement is True (**Cierto**) or False (**Falso**). After all five statements have been read, you will hear the conversation again so you can check your answers.

1. ✓ Cierto _____ Falso
2. _____ Cierto ✓ Falso
3. ~~✓~~ Cierto ~~✓~~ Falso
4. ~~✓~~ Cierto ✓ Falso
5. ✓ Cierto ~~✓~~ Falso

VOCABULARIO (Vocabulary)

The vocabulario consists of new vocabulary presented in the dialogues, as well as related words and expressions. All vocabulary should be learned for active use.

¡ah! ah! oh!
ahora *adv.* now
el alemán German (*the language*)
la alumna pupil, student (*girl*)
el alumno pupil, student (*boy*)
bastante *adv.* quite, quite a bit, rather
bien *adv.* well
bueno, -a good
la casa house, home
la clase class, classroom
¿cómo? how?
con with
contestar to answer
la conversación (*pl.* conversaciones) conversation(s)
de of, from, about
el día (*note gender*) day
el ejercicio exercise
en in, on, at
enseñar to teach
escuchar to listen (to)
el español Spanish (*the language*)
el (la) estudiante (*m. or f.*) student
estudiar to study
la expresión (*pl.* expresiones) expression(s)
la familia family
el francés French (*the language*)
hablar to speak, talk
¡hola! hello! hi!
el inglés English (*the language*)
el italiano Italian (*the language*)
el japonés Japanese (*the language*)
el laboratorio laboratory
la lección (*pl.* lecciones) lesson(s)
leer to read
la lengua language, tongue
mal *adv.* badly
más *adv.* more, most

mucho *adv.* much, a lot, a great deal
muy *adv.* very
necesitar to need
no no, not
la noche night, evening
otro, -a (-os, -as) another, other
la palabra word
pero *conj.* but
poco *adv.* little
el portugués Portuguese (*the language*)
practicar to practice
preguntar to ask (a question)
preparar to prepare
el profesor teacher, professor (*m.*)
la profesora teacher, professor (*f.*)
la pronunciación pronunciation
pronunciar to pronounce
¿qué? what? which?
¿quién? (*pl.* ¿quiénes?) who?
repetir to repeat
el señor (Sr.) gentleman; Mr., sir; (*pl.*) gentlemen, madam and sir, ladies and gentlemen
la señora (Sra.) woman, lady; Mrs., madam, ma'am
la señorita (Srta.) Miss, young lady, (woman); miss, ma'am
si *conj.* if, whether
sí yes
siempre *adv.* always
sólo *adv.* only
también *adv.* also, too
la tarde afternoon
todo, -a (-os, -as) all, every
la universidad university
y and
ya *adv.* already, now

buenas tardes good afternoon
buenas noches good evening; good night
buenos días good morning; good day
la clase de español (francés, inglés) Spanish (French, English) class
conteste (usted) (*pl.* contesten [ustedes]) answer
el ejercicio de pronunciación pronunciation exercise

en casa at home
en clase in class
en la universidad at the university
escuche (usted) (*pl.* escuchen [ustedes]) listen
los Estados Unidos the United States
lea (usted) (*pl.* lean [ustedes]) read
la lección de español (alemán, francés, inglés) Spanish (German, French, English) lesson
¡muy bien! very well! (that's) fine!
por favor please
pregúntele[1] (usted) (*pl.* pregúntenle [ustedes]) a (Laura) ask (Laura)
el profesor (la profesora) de español (alemán, italiano, inglés) Spanish (German, Italian, English) teacher
repita (usted) (*pl.* repitan [ustedes]) repeat
todos los días every day (lit., all the days)
un poco (de + *noun*) a little (+ *noun*)

---

1. **Pregúnte(n)le** uses an indirect object pronoun, **le.** Indirect object pronouns will be taught in **Lección 7.**

Lección 2

- Sounds of Spanish **c** (and **z**), **qu**, and **k**
- Breath groups and linking
- Present indicative of regular **-er** verbs
- Present indicative of the irregular verbs **ser** and **tener**
- **Hay** (*There is, There are*)
- **Tener que** + infinitive
- Indefinite articles
- Omission of the indefinite article
- Forms and agreement of adjectives

En una universidad norteamericana

Antonio y Carlos son dos estudiantes de Suramérica. Ellos aprenden inglés en los Estados Unidos.[1] Hablan en la sala de clase.

ANTONIO —¡Hola! Soy Antonio Morales. Soy chileno.[2] ¿De dónde eres tú?
CARLOS —Yo soy Carlos García López. Soy de Colombia.
ANTONIO —¿Hay más hispanoamericanos aquí en la clase?
CARLOS —Creo que[3] hay muchos. El muchacho que tiene unos papeles es de Panamá. La muchacha que tiene unos lápices[4] rojos es argentina.
ANTONIO —Bueno, allí llega la profesora de inglés. Ahora tenemos que preparar la lección.

Un día, después de las clases, Carlos y Antonio comen en la cafetería de la universidad con unos estudiantes franceses. Llega un grupo de estudiantes norteamericanos.

CARLOS —¡Hola, muchachos! ¿Son Uds. estudiantes de español?
FELIPE —Sí, somos alumnos de la profesora Molina.
ANA —Ella es mexicana; es una profesora muy buena.
ANTONIO —¡Y también es muy guapa! ¿Qué libro de español usan Uds.?
CAROLINA —Usamos un libro muy bueno. Tiene unas fotografías a colores de Hispanoamérica que son muy bonitas.
ANA —También tenemos un cuaderno de ejercicios muy interesante.
CARLOS —¿Dónde tienen Uds. la clase de español?
FELIPE —En el edificio principal. Es una sala muy grande que tiene unas paredes amarillas.
CARLOS —¡Claro! Y en las paredes hay una pizarra, y también unos mapas[5] y unos carteles muy bonitos de España y de Hispanoamérica.
CAROLINA —Sí... y la sala tiene muchas ventanas y es muy agradable.
ANTONIO —¡Pero tenemos clase a la una! ¿Comemos ahora?[6]

---

1. Recall that in Spanish, the definite article is regularly used with the names of certain countries: **los Estados Unidos, la Argentina, el Brasil, el Ecuador, el Paraguay, el Perú, el Uruguay.**
2. Adjectives designating nationality are not capitalized in Spanish: **colombiano, -a,** *Colombian.*
3. In Spanish the subordinate conjunction **que** must be used in most cases, while in English it can be omitted: **Creo que hay muchos,** *I believe (that) there are many.*
4. Final z changes to c before the plural ending -es.
5. **El mapa, un mapa** is one of those few nouns ending in -a that are masculine in gender. See **Lección 1.**
6. Remember that the Spanish present tense may be used to express future events: **¿Comemos ahora?**, *Shall we eat now?* See **Lección 1.**

Preguntas sobre los diálogos

1. ¿Quiénes son Antonio y Carlos? ¿Qué aprenden ellos? Ellos son dos estudiantes de Suramérica, y aprenden inglés ~~en los Estados Unidos~~.

2. ¿De dónde es Antonio? ¿De dónde es Carlos? Antonio es de Chile, y Carlos es de Colombia.

3. ¿Quién es panameño? ¿Y quién es argentina? El muchacho que tiene unos papeles es ~~de Panamá~~ *panameño* y la muchacha que tiene unos lápices rojos es *argentina*.

4. ¿Por qué tienen que preparar la lección los estudiantes? [Los estudiantes tienen que preparar la lección] Porque llega la profesora de inglés. *llega*.

5. ¿Quiénes comen en la cafetería de la universidad? ¿Quiénes llegan? Carlos y Antonio y ~~unos estudiantes franceses~~ comen en la cafetería cuando llega un grupo de estudiantes norteamericanos.

6. ¿Quién es la señorita Molina? ¿Cómo es ella? Señorita Molina ~~es de México~~ es profesora de español. *Ella* es muy buena y muy guapa.

7. ¿Cómo es el libro de español que usan los estudiantes? ¿Qué tiene el libro? ~~El libro tiene unas~~ Los estudiante usan un libro muy bueno [tiene] fotografías a colores de Hispanoamérica.

8. ¿Dónde tienen los estudiantes la clase de español? ¿Cómo es la sala? ¿Qué hay en las paredes? Los estudiante tienen la clase *de español* en el edificio principal, en ~~la sala muy grande~~ las paredes hay una pizarra *y también* unos mapas, y unos carteles muy bonitos.

Pronunciación *(Pronunciation)*

A. Sounds of Spanish **c** (and **z**), **qu**, and **k**

- Spanish **c** before **e** and **i**, and **z** in all positions, are pronounced like English hissed *s* in *sent* in Spanish America and in southern Spain; in northern and central Spain, the sound is like *th* in *thin*.

azul	francés	lápiz	necesitas	pizarra
ejercicio	lápices	lección	otra vez	pronuncio

- Spanish **c** before all other letters, **qu** before **e** and **i**, and **k** (used only in words of foreign origin, and sometimes replaced by **qu** before **e** and **i**) are pronounced like English *c* in *cat*, but without the puff of air that often follows the *c* in English (*c^hat*). The **u** in **que, qui** is never sounded as in English *queen, quick*.

Carmen	clase	con	poco	practicar
aquí	Enriqueta	¿qué?	kilómetro *or*	quilómetro

B. Breath groups and linking

A breath group is a word or group of words pronounced between pauses. Frequently a short sentence will be pronounced as one breath group, while a longer one may be divided into two or more groups. The meaning of what is being pronounced will help you to determine where the pauses ending the breath groups should be made.

In spoken Spanish, as in spoken English, groups of words within a breath group are linked together, so that two or more words sound like one long word. It is necessary to practice pronouncing phrases and even entire sentences without a pause between words. The following examples illustrate some of the general principles of linking. The syllabic division in parentheses shows the correct linking; the italicized syllable or syllables bear the main stress.

- Within a breath group the final consonant of a word is joined with the initial vowel of the following word and forms a syllable with it: **el inglés** (e-l in-*glés*).
- Within a breath group, when two identical vowels of different words come together, they are pronounced as one: **el libro de español** (el-*li*-bro-de es-pa-*ñol*).

los estudiantes   con los alumnos   la clase de español
Carmen y yo   ¿Quién estudia?   Escuchen ustedes.
los Estados Unidos   Queda allí.   otros ejercicios

Notas gramaticales

A. Present indicative of regular **-er** verbs
(El presente del indicativo de verbos terminados en -er)

	comer, *to eat*		
Singular		*Plural*	
(yo) **como**	I eat	(nosotros, -as) **comemos**	we eat
(tú) **comes**	you (*fam.*) eat	(vosotros, -as) **coméis**	you (*fam.*) eat
(él, ella) **come**	he, she, it eats	(ellos, -as) **comen**	they eat
Ud. **come**	you (*formal*) eat	Uds. **comen**	you eat

- The present indicative endings of **-er** verbs are: **-o, -es, -e, -emos, -éis, -en**. The stress always falls on the stem vowel except in the first- and second-persons plural: **comemos, coméis**.
- Remember that **como** corresponds not only to the English simple present, *I eat*, but also to the emphatic, *I do eat*, and to the progressive, *I am eating*. It is also used in Spanish to express future time: **Como en la cafetería mañana**, *I'll eat in the cafeteria tomorrow.*

Práctica 1 Complete each sentence with the appropriate form of the verb.

1. Ana y Juan (creer) _creen_ que la clase es interesante.
2. Yo (comer) _como_ en la cafetería.
3. Nosotros (aprender) _aprendemos_ mucho en el laboratorio de lenguas.
4. La profesora (creer) _cree_ que pronunciamos bastante bien.
5. Rogelio y yo (aprender) _aprendemos_ más si usamos libros con mapas y fotografías.

6. Uds. (comer) **comen** hamburguesas todos los días.
7. Tú no (aprender) **apredes** mucho en la clase.
8. Ud. (comer) **come** con los otros estudiantes.
9. Él (creer) **cree** que hay muchos hispanoamericanos en los Estados Unidos.
10. Yo (leer) **leo** las lecciones de español.

 Actividades y práctica: A

B. Present indicative of the irregular verbs **ser** and **tener**
(El presente del indicativo de los verbos irregulares ser y tener)

		ser, *to be*		tener, *to have, possess*	
Singular	(yo)	soy	I am	tengo	I have
	(tú)	eres	you (*fam.*) are	tienes	you (*fam.*) have
	(él, ella)	es	he, she, it is	tiene	he, she, it has
	Ud.	es	you (*formal*) are	tiene	you (*formal*) have
Plural	(nosotros, -as)	somos	we are	tenemos	we have
	(vosotros, -as)	sois	you (*fam.*) are	tenéis	you (*fam.*) have
	(ellos, -as)	son	they are	tienen	they have
	Uds.	son	you are	tienen	you have

- Forms of the irregular verbs **ser** and **tener** must be memorized, since there are few rules for conjugating them.
- **Ser**[1] is used to identify a subject and to express its inherent characteristics and qualities.

Soy Carlos García López; **soy** estudiante; **soy** de Colombia. — *I am Charles García López; I am a student; I am from Colombia.*

Nosotros **somos** norteamericanos. — *We are North Americans.*
Somos alumnos de español. — *We are students of Spanish.*
La profesora **es** muy guapa. — *The teacher is very good-looking.*
El libro **es** bueno y las fotografías **son** muy bonitas. — *The book is good and the pictures are very pretty.*
La sala de clase **es** grande; las paredes **son** amarillas. — *The classroom is large; the walls are yellow.*

¡Atención! Spanish has no equivalent to the English subject pronoun *it* (or its plural *they*) to refer to things. In Spanish, therefore, the noun subject is either omitted or repeated: **El libro *es* muy bueno; (el libro) *es* muy interesante**, *The book is very good; it is very interesting.*

---

1. There are other uses of **ser** that you will learn later. Another verb that corresponds to the English verb *to be* is **estar**; it will be introduced in **Lección 5**.

Práctica 2 Complete each sentence with the correct form of **ser** or **tener**, as appropriate.

1. La señorita Molina **es** la profesora de español.
2. Ella **es** de México.
3. Nosotros **somos** de los Estados Unidos.
4. Yo **soy** de California.
5. Ellos **son** de Colombia.
6. ¿De dónde **eres** tú?
7. Nosotros **tenemos** la clase de español todos los días.
8. ¿Dónde **tienen** Uds. la clase de inglés?
9. Nosotros usamos un libro muy bueno; **tiene** unas fotografías muy bonitas.
10. ¿Qué **tienen** los libros que usas tú?
11. Nosotros también **tenemos** un cuaderno de ejercicios.
12. Los alumnos de la clase **son** inteligentes y estudian mucho.

 Actividades y práctica: B, C

C. Hay (*There is, There are*)

¿Qué hay en la pared?	*What is there on the wall?*
Hay unos mapas y unos carteles.	*There are some maps and some posters.*
Hay unos estudiantes hispanoamericanos en la clase.	*There are some Spanish American students in the class.*

- The form **hay** has no subject expressed in Spanish and means *there is, there are.* ¿**Hay**... ? means *Is there . . . ?, Are there . . . ?*

¡Atención! Do not confuse **hay** with **es**, (*it*) *is*, and with **son**, (*they*) *are*: **Hay un mapa**, *There is a map*, but **Es un mapa**, *It is a map*; **Hay unos estudiantes**, *There are some students*, but **Son unos estudiantes**, *They are some students*.

Práctica 3 Use hay and the words given to describe what things are found in certain places.

MODEL: unos estudiantes / la clase → **Hay unos estudiantes en la clase.**

1. un mapa / la pared
   HAY UN MAPA EN LA PARED.
2. una profesora / allí
   HAY UNA PROFESORA ALLI.

3. unos ejercicios / el cuaderno

Hay unos ejercicios en el cuaderno.

4. una pizarra / la sala de clase

Hay una pizarra en la sala de clase.

5. unas fotografías a colores / el libro

Hay unas fotografías a colores en el libro.

6. unos ejercicios / el cuaderno

Hay unos ejercicios en el cuaderno.

D. Tener que + infinitive

Tenemos que comer ahora.   *We have to eat now.*
Tengo que estudiar más.   *I have to (must) study more.*

- Tener que + an infinitive expresses obligation or necessity. It corresponds to the English *to have to, must* + verb.

Práctica 4 Use the cues to describe what everyone has to do.

MODEL: Yo / preparar la lección → **Yo tengo que prepara la lección.**

1. Ellos / aprender francés

Ellos tienen que aprender francés.

2. Tú / comer en un restaurante

Tú tienes que comer en un restaurante.

3. Diego y yo / usar los mapas

Diego y yo tenemos que usar los mapas.

4. Ud. / estudiar todos los días

Ud. tiene que estudiar todos los días.

5. Francisco y Ana / leer el libro

Francisco y Ana tienen que leer el libro.

6. El profesor / enseñar la clase

El profesor tiene que enseñar la clase.

7. Yo / escuchar bien en el laboratorio de lenguas

Yo tengo que escuchar bien en el laboratorio de lenguas.

Actividades y práctica: D

E. Indefinite articles (*Los artículos indefinidos*)

	Singular		Plural	
Masculine	un profesor	a professor	unos estudiantes	some students
	un libro	a book	unos lápices	some pencils
Feminine	una alumna	a student	unas muchachas	some girls
	una mesa	a table	unas sillas	some chairs

- The indefinite article agrees in gender and number with the noun it introduces.
- **Un** and **una** correspond to the numerical *one* as well as to the English indefinite article *a, an*: **Tengo un libro muy bueno**, *I have a very good book*; **Sólo usamos un libro**, *We use only one book*.
- The plural forms **unos, -as** mean *some, a few, several*: **Unos estudiantes son de Suramérica**, *Some (A few) students are from South America*; **Llegan unos profesores**, *Some (Several) professors arrive*.
- In general, the indefinite article refers to nouns that have not been previously identified or specified.

   Necesito **un** lápiz rojo.   *I need a red pencil (any red pencil).*

   But when referring to something specific, the definite article is used.

   Necesito **el** lápiz rojo que ella tiene.   *I need the red pencil that she has.*

Práctica 5 Supply the correct indefinite article for the nouns given. Make sure each article agrees with the noun in number and gender.

1. _un_ alumno
2. _unas_ plumas
3. _unos_ mapas
4. _unas_ hispanoamericanas
5. _un_ lápiz
6. _unos_ españoles
7. _una_ ventana
8. _una_ expresión
9. _unos_ carteles
10. _una_ universidad

F. Omission of the indefinite article (*Omisión del artículo indefinido*)

- The indefinite article is omitted in Spanish, particularly in interrogative sentences after certain verbs such as **tener, necesitar**, and a few others to be introduced later, when the numerical concept of *a, an, one* is not emphasized. Note that English uses *any* or *some*.

   ¿Tienes lápices?   *Do you have (any, some) pencils?*
   Necesito papel también.   *I also need (some) paper.*
   La sala de clase tiene ventanas. *The classroom has (some) windows.*
   ¿Necesitan ellos carteles?   *Do they need (any, some) posters?*

- Similarly, it is omitted in negative sentences.

   No tengo clase ahora.   *I don't have (a) class now.*
   No necesitas pluma.   *You don't need (a) pen.*

- The indefinite article is also omitted after **ser** with nouns designating nationality, profession, or religion unless these nouns are modified.

La muchacha es chilena.	*The girl is Chilean.*
BUT: Ella es **una** chilena muy guapa.	*She is a very good-looking Chilean.*
La señorita Molina es profesora.	*Miss Molina is a teacher.*
BUT: Ella es **una** profesora muy buena.	*She is a very good teacher.*

Práctica 6 Complete the sentences with the correct form of the indefinite article when appropriate. Explain the cases of omission in the space provided.

1. Necesito **una** pluma azul; tengo **unas** plumas rojas.
   omit — no es necesitas despues verbo necesitar y tener.

2. Yo no tengo ____ pluma; tengo ~~un~~ lápiz rojo. *Not needed negative sentence*
   Not used en negative sentences dupes verbo tener.

3. ¿Necesitan Uds. **un** cuaderno de ejercicios?
   _____

4. La sala de clase no tiene ____ ventanas.
   negative sentence — not needed

5. En las paredes hay **unos** carteles a colores y hay **un** mapa de Hispanoamérica.
   _____

6. Carolina es ____ estudiante; es **una** estudiante argentina.
   _____

7. El profesor tiene **una** mesa y **una** silla.
   _____

8. Yo tengo **unos** libros pero necesito ~~un~~ ____ papel.
   _____

9. Carlos y Carolina son ____ mexicanos y Luisa es ____ española.
   _____

10. El alumno que tiene **unas** fotografías es ____ chileno.
    _____

G. Forms and agreement of adjectives
(Formas y concordancia de los adjetivos)

Adjective forms   *(Formas de los adjetivos)*

Singular		Plural	
Masculine	Feminine	Masculine	Feminine
guapo	guapa	guapos	guapas
argentino	argentina	argentinos	argentinas
azul	azul	azules	azules
interesante	interesante	interesantes	interesantes

- Adjectives whose masculine singular ends in -o have four forms, ending in -o, -a, -os, -as.
- Most other adjectives have only two forms, a singular and a plural. The plurals of these adjectives are formed by adding -s or -es: **interesantes, azules.**
- Adjectives of nationality ending in a consonant add -a to form the feminine; those ending in -és in the masculine singular drop the accent mark on the other three forms.

español	española	españoles	españolas
francés	francesa	franceses	francesas

Adjective agreement (*Concordancia de los adjetivos*)

Él es un **muchacho mexicano.**	*He is a Mexican boy.*
Ella es una **muchacha española.**	*She is a Spanish girl.*
Él es **guapo.**	*He is good-looking.*
Ella es **bonita.**	*She is pretty.*

- Adjectives agree in gender and number with the nouns they modify, whether they modify the noun directly or are linked to the subject with a verb like **ser** (as in the last two examples).
- To ask a question with adjectives linked to the subject with a verb like **ser**, the following word order is usually observed:

verb + adjective + noun subject

¿Es mexicano el muchacho?	*Is the boy Mexican?*
¿Es guapa la muchacha?	*Is the girl good-looking?*

verb + pronoun or proper name + adjective

¿Es ella guapa?	*Is she good-looking?*
¿Es Antonio mexicano?	*Is Anthony Mexican?*

- Adjectives of nationality are often used as nouns. When used thus, they have the gender and number of the noun they are replacing.

El argentino estudia mucho.	*The Argentine (boy or man) studies a lot.*
La española es guapa.	*The Spaniard (girl or woman) is good-looking.*
Los franceses pronuncian bien.	*The French (boys, men, or people) pronounce well.*
Ana y Mario son **los chilenos.**	*Ann and Mario are the Chileans.*

Práctica 7 Rewrite each sentence in the plural.

1. El profesor es francés. *Los profesores son franceses.*
2. ¿Es bueno el alumno? *¿Son buenos los alumnos?*
3. Ella es muy inteligente. *Ellas son muy inteligentes.*
4. La muchacha es mexicana. *Las muchachas son mexicanas.*
5. El muchacho es español. *Los muchachos son españoles.*
6. ¿Es chilena la profesora? *¿Son chilenas las profesoras?*
7. La casa es amarilla. *Las casas son amarillas.*

LECCIÓN 2

8. ¿Es verde el libro? ¿Son verdes los libros?
9. El lápiz no es rojo. Los lápices no son rojos.
10. La pizarra no es blanca. Las pizarras no son blancas.

Práctica 8 Complete each sentence with the corresponding form of the adjective; then rewrite each sentence in the singular or plural, as required.

1. (negro) La pizarra es NEGRA. Las pizarras son negras.
2. (azul) Los lápices son azules. El lápiz es azul.
3. (amarillo) Las paredes son amarillas. La pared es amarilla.
4. (verde) Las mesas son verdes. La mesa es verde.
5. (inglés) Los estudiantes son ingleses. El estudiante es inglés.
6. (bonita) ¿Es bonita el edificio? ¿Son bonitos los edificios?
7. (colombiano) ¿Es colombiana la estudiante? Son colombianos los estudiantes.
8. (francés) ¿Es francesa la profesora? Son francesas las profesoras.

Actividades y práctica: E, F, G

Repaso

A. Find among the following words the Spanish equivalent of each English word and write it in the space provided.

allí	el cartel	guapo	la pared
amarillo	el cuaderno	hay	la pizarra
aprender	¿cuántos, -as?	el lápiz	la ventana
aquí	¿dónde?	llegar	verde

1. *to learn* _____
2. *poster* _____
3. *wall* _____
4. *here* _____
5. *notebook* _____
6. *how many?* _____
7. *there is (are)* _____
8. *handsome* _____
9. *window* _____
10. *there* _____
11. *to arrive* _____
12. *pencil* _____

B. Give the Spanish equivalent.

1. There are many Spanish American students at the university; they are learning English. _____

2. Anthony is Chilean. Charles is from Colombia; he is Colombian. _____

3. The girl who has some papers is Argentine; she is also learning English. _____
_____

4. Miss Molina arrives, and the students have to prepare the lesson. _____
_____

5. One day, a group is eating in the cafeteria after the Spanish class. _____
_____

6. They use a very interesting book; it has some photographs that are very pretty. _____
_____

7. The students have the Spanish class in the main building; the classrooms are very nice. _____
_____

8. The teacher (*f.*) is very good, but they have to study a lot. _____
_____

Expansión

A. Write answers to these questions, using complete sentences.

1. ¿Es Ud. norteamericano (norteamericana)? _____
_____

2. ¿Es de México la familia de Ud.? _____
_____

3. ¿Es interesante el libro de español? _____
_____

4. ¿Tiene Ud. que estudiar mucho? _____
_____

5. ¿Come Ud. en casa? _____
_____

B. Complete the missing lines of the dialogue, using grammar and vocabulary learned thus far.

CARLOS —¡Hola, Antonio! ¿Dónde tienen Uds. la clase de inglés?

ANTONIO —_____

CARLOS —¿Cómo es el profesor?

ANTONIO —_____

CARLOS —¿Hay otros estudiantes hispanoamericanos en la clase?

ANTONIO —_____

CARLOS —¿Cómo es la sala de clase?

ANTONIO —_____

CARLOS —Bueno, allí llega la profesora. Ahora tenemos que estudiar.

ANTONIO —_____

Para comprender y escribir

A. You will hear a series of short sentences. Each one will be spoken three times. Listen the first time; write what you hear the second time; listen again and make any necessary corrections the third time.

1. _____
2. _____
3. _____
4. _____
5. _____
6. _____

B. You will hear three more short sentences spoken three times. First listen, then write, then correct.

1. _____
2. _____
3. _____

C. Write answers to the questions, following the pattern of the response in the model. Be sure to make your modifiers agree.

> MODEL: Ana es inteligente. ¿Y Antonio? → **Antonio es inteligente también**.

1. _____
2. _____
3. _____
4. _____
5. _____
6. _____

D. You will hear a series of statements about the conversation you just heard. Each statement will be read twice. Check whether each statement is True (**Cierto**) or Falso (**Falso**). After all five statements have been read, you will hear the conversation again so you can check your answers.

1. _____ Cierto   _____ Falso
2. _____ Cierto   _____ Falso
3. _____ Cierto   _____ Falso
4. _____ Cierto   _____ Falso
5. _____ Cierto   _____ Falso

VOCABULARIO

agradable (*m.* or *f.*) pleasant, nice
allí there
amarillo, -a yellow
aprender to learn
aquí here
argentino, -a (*also noun*) Argentine
azul (*m.* or *f.*) blue
blanco, -a white
bonito, -a beautiful, pretty
bueno *adv.* well; *interj.* well now (then)
la **cafetería** cafeteria
el **cartel** poster
chileno, -a (*also noun*) Chilean
claro *adv.* clearly, naturally; *interj.* of course
colombiano, -a (*also noun*) Colombian
el **color** color
comer to eat, dine, eat dinner
creer to believe, think
el **cuaderno** notebook
¿cuánto, -a? how much?, (*pl.*) how many?
¿dónde? where?
dos two
el **edificio** building
España Spain
español, -ola Spanish; (*noun*) Spaniard, (*pl.*) Spanish (persons)
la **fotografía** photograph, picture
francés, -esa French; (*noun*) Frenchman, Frenchwoman, (*pl.*) French (persons)
grande (*m.* or *f.*) large, big
el **grupo** group
guapo, -a handsome, good-looking
hay there is, there are
Hispanoamérica Spanish America
hispanoamericano, -a (*also noun*) Spanish American

inteligente (*m.* or *f.*) intelligent
interesante (*m.* or *f.*) interesting
el **lápiz** (*pl.* **lápices**) pencil
el **libro** book
llegar to arrive
malo, -a bad
el **mapa** (*note gender*) map
la **mesa** table, desk
mexicano, -a (*also noun*) Mexican
México Mexico
la **muchacha** girl
el **muchacho** boy
mucho, -a (**-os, -as**) much, a lot of; (*pl.*) many
negro, -a black
norteamericano, -a (*also noun*) North American
o or
Panamá Panama
panameño, -a (*also noun*) Panamanian
el **papel** paper
la **pared** wall
la **pizarra** (chalk) board
la **pluma** pen
porque *conj.* because, for
primero, -a first
principal (*adj. m.* or *f.*) principal, main
que *relative pron.* that, which, who, whom; *conj.* that
rojo, -a red
la **sala** room
ser to be
la **silla** chair
Suramérica South America
tener to have (possess)
usar to use
la **ventana** window
verde (*m.* or *f.*) green

a la una at one o'clock
allí llega there comes (arrives)
los **alumnos de la profesora** students of (the) professor
¿cómo es (son)...? what is (are)... like?
el **cuaderno de ejercicios** workbook
¿de dónde? (from) where?

¿de qué color… ? what color . . . ?
después de *prep.* after
el **edificio principal** main building
los **estudiantes de español** students of Spanish
las **fotografías a colores** color photographs
el **libro (de español)** (Spanish) book
¿**por qué?** why?
¿**qué más?** what else?
la **sala de clase** classroom
tener que + *inf.* to have to, must + *verb*

Lección 3

- Spanish **t**
- Sounds of Spanish **d**
- Linking
- Present indicative of regular **-ir** verbs
- Present indicative of the irregular verb **ir**
- **Ir a** + infinitive to express future time
- Cardinal numbers 0–32
- Time of day
- Prepositions and contractions: **a**, **al**; **de**, **del**
- Days of the week

Temprano por la mañana

Ana es la compañera de cuarto de Carolina. Viven en una residencia de estudiantes. El lunes, temprano por la mañana, Ana escribe unas cartas.

ANA —¡Oye, Carolina! ¿Qué hora es?
CAROLINA *(Mira el reloj que hay en la mesa del cuarto.)* —Son casi las siete y media de la mañana.
ANA —¡Ah, es muy tarde!
CAROLINA —Pero, ¿adónde vas tan temprano? ¿A qué hora tienes clase?
ANA —Hoy es lunes y tengo clase a las ocho en punto.
CAROLINA —Vivimos muy cerca de la universidad, Ana. No necesitas treinta minutos para[1] llegar allá, ¿verdad?[2]
ANA —No, pero voy al restaurante para tomar el[3] desayuno. La comida no es buena aquí en el comedor. Hasta luego,[4] Carolina.

Jorge Ibarra, de España, y Laura García, de Panamá, son compañeros de clase. Mientras toman una taza de café, hablan de los horarios de las comidas.

JORGE —¿A qué hora tomas el almuerzo, Laura?
LAURA —Generalmente regreso de clases al mediodía y como a las doce y cuarto.
JORGE —Yo como entre las dos y las tres de la tarde. ¿Y a qué hora cenas?
LAURA —En la residencia donde yo vivo, cenamos a las seis. ¿Y tú?
JORGE —Voy a la biblioteca siempre por la tarde, y estudio allí hasta las nueve. Regreso a casa a eso de las diez menos cuarto.
LAURA —¿Y dónde vives tú, Jorge?
JORGE —Vivo en un apartamento lejos de aquí.
LAURA —Entonces también cenas tarde. A las diez de la noche más o menos... Como en España, ¿no?

---

1. The preposition **para**, which often means *for*, may be followed by an infinitive to express purpose, meaning *to, in order to*.
2. After a preceding negative statement, **¿verdad?** may mean *do you?, does he?, are they?*, etc. In response to a question or exclamation, **¿verdad?** may mean *is it true?, really?*: —Ella también habla japonés. —¿**Verdad**?, "She also speaks Japanese." "Is it true?" ("Really?"). ¿**No es verdad?** (literally, *Is it not true?*) corresponds to *Isn't it?, Aren't you?*, etc. It may be shortened to ¿**verdad?** or even to ¿**no?**: Eres español, ¿no es verdad? (¿no?), *You are Spanish, aren't you?*
3. In contrast to English, the definite article is used in certain set expressions, such as **tomar el desayuno (almuerzo)**, *to have or eat breakfast (lunch)*. Literally, *to take breakfast (lunch)*.
4. See **Lección preliminar** for various expressions meaning *farewell, good-bye*.

Preguntas sobre los diálogos

1. ¿Quiénes son Ana y Carolina? ¿Dónde viven ellas? _____

2. ¿Qué hora es? _____

3. ¿A qué hora tiene clase Ana el lunes? _____

4. ¿Adónde va Ana para tomar el desayuno? _____

5. ¿De qué hablan Jorge y Laura? _____

6. ¿A qué hora toma Laura el almuerzo? ¿A qué hora cenan en la residencia? _____

7. ¿Dónde estudia Jorge todas las noches? ¿Dónde vive él? _____

8. ¿Cuándo cena Jorge? ¿Por qué toma Jorge el almuerzo y la cena tarde? _____

Pronunciación

A. Spanish **t**

In the pronunciation of Spanish **t**, the tip of the tongue touches the back of the upper front teeth, and not the ridge above the teeth, as in English. Furthermore, the sound is never followed by a puff of air, as occurs in English *task* (t^hask), for example. To avoid the puff of air, hold back the breath while articulating the sound.

| Antonio | bonita | cafetería | practicar | tarde |
| argentino | cartel | interesante | también | tiene |

B. Sounds of Spanish **d**

Spanish **d** has two basic sounds.

- At the beginning of a breath group or after **n** or **l**, it is pronounced like English *d*, but, as in Spanish **t**, the tip of the tongue touches the inner surface of the upper teeth, rather than the ridge above the teeth.

| aldea | cuando | dólar | el día | un día |
| con dos | día | ¿dónde? | grande | un dólar |

- In all other cases, the tongue drops even lower, and the **d** is pronounced like a weak English *th* in *this*. The sound is especially weak in the ending **-ado**, and when final in a word before a pause.

| adiós | estados | las dos | pared | todo |
| cuaderno | estudiar | los días | tarde | usted |

C. Linking

When unlike vowels between words come together within a breath group, they are usually pronounced together in a single syllable. Two cases occur:

- When a strong vowel is followed or preceded by a weak vowel, both are pronounced together in a single syllable and the result is phonetically a diphthong (See **Lección preliminar**): **tu amiga** (tu‿a-*mi*-ga); **Carmen y Elena** (*Car*-me-n‿y E-*le*-na); **mi padre y mi madre** (mi-*pa*-dre‿y-mi-*ma*-dre).

- If both vowels are strong, each loses a little of its syllabic value and both are pronounced together in one syllable: **en la escuela** (en-la‿es-*cue*-la); **¿Cómo está usted?** (¿*Có*-mo‿es-*tá*‿us-*ted*?). If one or both of the strong vowels are stressed, they are often pronounced in separate syllables: **¡Mamá Elena viene!** (¡Ma-*má*-E-*le*-na-*vie*-ne!).

Ellos aprenden inglés.	en una universidad	¿De dónde eres?
¿Es usted estudiante?	Ella es argentina.	¿Comemos ahora?
¿Dónde come usted?	¿Cómo es ella?	No hablamos alemán.

Notas gramaticales

A. Present indicative of regular **-ir** verbs
(El presente del indicativo de verbos regulares terminados en -ir)

		vivir, *to live*			
	Singular			*Plural*	
(yo)[1]	vivo	I live	(nosotros, -as)	vivimos	we live
(tú)	vives	you (*fam.*) live	(vosotros, -as)	vivís	you (*fam.*) live
(él, ella)	vive	he, she, it lives	(ellos, -as)	viven	they live
Ud.	vive	you (*formal*) live	Uds.	viven	you live

- The present indicative endings of **-ir** verbs are the same as those for **-er** verbs except in the **nosotros** and **vosotros** forms: **-o, -es, -e, -imos, -ís, -en.**

- Remember that the present tense corresponds to the English *I live, I do live, I am living*, etc., and that it is also used in Spanish to express future time: **Escribo la carta mañana,** *I'll write the letter tomorrow*.

Práctica I Complete with the corresponding form of the present tense of the verb.

1. (escribir) —¿_____ Uds. los ejercicios ahora?
2. (escribir) —Sí, nosotros _____ los ejercicios ahora.

---

[1] Subject pronouns will not be given in tables hereafter, unless they are necessary for clarification. Remember that **usted** (**Ud.**) and **ustedes** (**Uds.**) take the third-person forms of verbs.

Copyright © Houghton Mifflin Company. All rights reserved.

3. (recibir) —¿_____ Ud. muchas cartas?
4. (recibir) —Sí, yo _____ muchas cartas.
5. (vivir) Laura no _____ en la residencia.
6. (vivir) Laura y Ana _____ en un apartamento.
7. (vivir) Él y yo _____ cerca de la universidad.
8. (escribir) ¿Qué formas de los verbos _____ tú?

Actividades y práctica: A

B. Present indicative of the irregular verb **ir**
(*El presente del indicativo del verbo irregular ir*)

ir, to go	
Singular	Plural
voy	vamos
vas	vais
va	van

Práctica 2 Complete with the corresponding form of the verb **ir** in the present indicative tense.

1. —¡Hola, Ana! ¿Adónde _____ (tú)?
2. —(Yo) _____ al apartamento de Carolina.
3. —¿_____ Carlos y Jorge también?
4. —No. Creo que Carlos _____ a la biblioteca. ¿Y tú?
5. —Teresa y yo _____ a la residencia.

Actividades y práctica: B

C. **Ir a** + infinitive to express future time
(*Ir a + infinitivo para expresar el futuro*)

Voy a comer a las doce.   *I am going to eat at twelve.*
Vamos a estudiar después.   *We are going to study afterwards.*
Voy a escribir las cartas mañana.   *I am going to write the letters tomorrow.*

- **Ir a** may be followed by an infinitive, as in English.
- The construction **ir a** + infinitive is used frequently in Spanish to express future time.

Práctica 3 Rewrite each sentence using the **ir a** + infinitive construction.

1. Hoy comemos en el restaurante. _____

2. Después escribo las cartas. _____

3. ¿Vas a la biblioteca mañana? _____

4. Jorge y Laura regresan hoy. _____

5. Ella prepara las lecciones después. _____

Actividades y práctica: C

D. Cardinal numbers 0–32 (*Números cardinales 0–32*)

0	cero	10	diez	20	veinte	30	treinta
1	uno	11	once	21	veintiuno	31	treinta y uno
2	dos	12	doce	22	veintidós	32	treinta y dos
3	tres	13	trece	23	veintitrés		
4	cuatro	14	catorce	24	veinticuatro		
5	cinco	15	quince	25	veinticinco		
6	seis	16	dieciséis	26	veintiséis		
7	siete	17	diecisiete	27	veintisiete		
8	ocho	18	dieciocho	28	veintiocho		
9	nueve	19	diecinueve	29	veintinueve		

- **Uno** is the form used in counting. Two other forms, **un** and **una**, are used with singular masculine and feminine nouns, respectively: *un* profesor, *una* profesora.
- **Veintiuno, treinta y uno**, and all other numerals ending in **uno** follow the same pattern: **veintiún alumnos, veintiuna alumnas, treinta y un alumnos, treinta y una alumnas.**
- Beginning with 31, numerals are written as separate words.[1]
- When used in counting, numbers precede the noun: *dos* lecciones, *tres* lecciones, etc. When used in describing, they follow the noun: Lección *dos*, Lección *tres*, etc.
- Note the forms that require a written accent: 16, 22, 23, 26, and 21 when it is followed by a masculine noun.

---

1. Numerals 16 through 19, and 21 through 29 are occasionally written as three words, but they are pronounced as one word: **diez y seis, diez y siete, veinte y uno, veinte y dos**, etc.

Práctica 4 Write the following math problems in Spanish, giving the solutions, as in the models.

MODELS: $11 + 6 = (\ldots) \rightarrow$ once y seis son diecisiete
$12 - 5 = (\ldots) \rightarrow$ doce menos cinco son siete
$5 \times 6 = (\ldots) \rightarrow$ cinco por seis son treinta
$20 \div 5 = (\ldots) \rightarrow$ veinte dividido por cinco son cuatro

1. $13 + 12 = (\ldots) \rightarrow$ _____
2. $18 + 5 = (\ldots) \rightarrow$ _____
3. $22 - 1 = (\ldots) \rightarrow$ _____
4. $26 - 9 = (\ldots) \rightarrow$ _____
5. $3 \times 8 = (\ldots) \rightarrow$ _____
6. $7 \times 2 = (\ldots) \rightarrow$ _____
7. $32 \div 4 = (\ldots) \rightarrow$ _____
8. $30 \div 10 = (\ldots) \rightarrow$ _____

Actividades y práctica: D

E. Time of day (Las horas del día)

Son las tres.   Es la una.   Es la una y diez.

Son las tres menos veinte.   Son las dos y media.   Son las dos y cuarto.

¿Qué hora es?   What time is it?
Es la una.   It is (It's) one o'clock.
Son las cuatro y veinte.   It is twenty minutes past (after) four (It's 4:20).

¿A qué hora tomas el almuerzo?   At what time do you eat (have) lunch?
A las doce y media.   At half-past twelve (At 12:30).
A las dos menos cuarto.   At a quarter to two (At 1:45).

- The word **hora** means *time* when the time of day is asked: **¿qué hora es?**, *what time is it?* When the time is stated, the word **hora** is understood; **la** and **las** signal the hours. There is no equivalent of *o'clock*.
- **Es** is used only when followed by **la una**; **son** is used in all other cases: **es la una**, *it is one o'clock*; **son las dos**, *it is two o'clock*.
- Up to and including the half hour, minutes are added to the hour by using the numeral after **y**: **las cuatro *y* veinte**, *twenty minutes past four*. Between the half hour and the next hour, minutes are subtracted from the next hour by using **menos**: **las dos *menos* cuarto**, *a quarter to two*.
- The noun **cuarto** is used for a *quarter of an hour*: **las dos y cuarto**, *a quarter past two*; **las dos menos cuarto**, *a quarter to two*. The adjective **media** is used for half an hour: **las doce y *media***, *half-past twelve*.
- When a specific hour is given, the English word *in* is translated by **de**; when no specific hour is given, *in* is translated by **por**.

Son las siete **de** la mañana.	*It is seven A.M. (in the morning).*
Ella regresa a las cinco y media **de** la tarde.	*She is coming back at half-past five P.M. (in the afternoon).*
Estudio **por** la tarde (noche).	*I study in the afternoon (evening).*

Práctica 5 Looking at the clocks, answer in Spanish the question ¿Qué hora es? Add the expressions **de la mañana** (tarde, noche) or **en punto**.

1.   2.   3.   4.   5.   6.

1. _____
2. _____
3. _____
4. _____
5. _____
6. _____

Práctica 6 Looking at the clocks, answer in Spanish the question ¿A qué hora va Ud. a la universidad? Add the expressions **de la mañana** (tarde) or **en punto**.

1.   2.   3.   4.   5.   6.

1. _____
2. _____

3. _____
4. _____
5. _____
6. _____

Actividades y práctica: E

F. Prepositions and contractions: **a, al; de, del**[1]
(Preposiciones y contracciones: a, al; de, del)

A, al to express destination   *(A, al para expresar destino)*

- Some verbs of motion, like **llegar, regresar,** and **ir,** take the preposition **a** before a noun object to express destination, roughly corresponding to English *at, to*: **La profesora llega,** *The teacher is arriving*; but **Ella llega a la sala de clase,** *She is arriving at the classroom.*

- When **a** is followed by the definite article **el,** the two words contract into **al: vamos al comedor,** *we are going to the dining hall.* The combinations **a la, a los, a las** do not contract.

- **A** combines with **¿dónde?** to form **¿adónde?,** *where (to)?, to what place?,* used in inquiring about destination. **¿Dónde?,** *Where?, In what place?,* is used when asking for the place or location of a subject:

    —¿Adónde vas? —Voy a casa.   "Where[2] are you going?" "I am going home."
    —¿Dónde vas a estudiar? —En la biblioteca.   "Where (In what place) are you going to study?" "In the library."

De, del to express point of departure, origin, and possession
(De, del para expresar procedencia, origen y posesión)

- Some verbs of motion, like **llegar** and **regresar,** take the preposition **de** before a noun object to express the point of departure, equivalent to the English *from*: **Jorge regresa hoy,** *George is returning today*; but **Él regresa de España,** *He is returning from Spain.*

- With the verb **ser, de** expresses origin: **Él es de España,** *He is from Spain.*

- **De** also signals possession, belonging to; note that the apostrophe is not used in Spanish: **Es de Carolina,** *It is Caroline's.* In a question about possession, **de** precedes **¿quién(es)?: ¿De quién es el libro?,** *Whose book is it?*; **¿De quiénes son los libros?,** *Whose books are they?*

- When **de** is followed by the article **el,** the combination is contracted to **del: Ana tiene el libro del profesor,** *Ana has the teacher's book.* The combinations **de la, de las, de los** do not contract.

- **De** precedes **¿dónde?** to inquire about point of departure or origin: **¿De dónde regresa Ana?,** *Where is Ann returning from?*; **¿De dónde es ella?,** *Where is she from?*

---

1. **Al** and **del** are the only two contractions in Spanish.
2. Literally, *To where?*

Práctica 7 Complete in Spanish, supplying the appropriate preposition (**a**, **de**), contraction (**al**, **del**), or adverb (**¿adónde?**), as required.

1. ¿A qué hora regresas hoy _____ la universidad?
2. ¿_____ vas después?
3. Ahora voy _____ la biblioteca y a las seis regreso _____ laboratorio.
4. ¿No vas _____ comedor más tarde para cenar?
5. ¿_____ quién son los libros?
6. Son _____ profesor Martí.
7. ¿_____ dónde es él?
8. Creo que él es _____ Perú.

G. Days of the week   (Los días de la semana)

el lunes	(on) Monday	el viernes	(on) Friday
el martes	(on) Tuesday	el sábado	(on) Saturday
el miércoles	(on) Wednesday	el domingo	(on) Sunday
el jueves	(on) Thursday		

- The definite article **el** is used with the days of the week and also translates into English as *on*: **El viernes es el último día de clases**, *Friday is the last day of classes*; **Tenemos la clase de historia el martes**, *We have history class on Tuesday*.
- The definite article **los**, used with the days of the week, conveys the idea of repeated occurrence: **Tenemos clase los viernes**, *We have class on Fridays (every Friday)*.
- After **ser**, with time expressions such as **hoy** and **mañana**, the definite article is not used: **Hoy es lunes, mañana es martes.** *Today is Monday, tomorrow is Tuesday*.
- The days of the week are not capitalized in Spanish.

¡Atención!   Note that the days ending in -s remain unchanged in the plural: **el lunes, los lunes; el martes, los martes,** etc., but **el sábado, los sábados** and **el domingo, los domingos**.

Práctica 8   Write what day tomorrow (**mañana**) is, using the information given.

MODEL: Hoy es domingo. → **Mañana es lunes.**

1. Hoy es miércoles. _____
2. Hoy es viernes. _____
3. Hoy es martes. _____
4. Hoy es sábado. _____
5. Hoy es lunes. _____
6. Hoy es jueves. _____

Actividades y práctica: F

Repaso

A. Circle the item that does not belong in each series of words.

1. la cafetería / el comedor / el restaurante / la carta
2. el papel / el lápiz / el horario / la pluma
3. la pared / la alumna / la profesora / la compañera de clase
4. el lunes / el sábado / el muchacho / el viernes
5. la silla / la tarde / la noche / la mañana
6. la comida / el reloj / el almuerzo / el desayuno
7. el apartamento / el cuarto / la taza / la residencia
8. al mediodía / por la tarde / en clase / a medianoche

B. Give the Spanish equivalent.

1. Caroline is Ann's roommate. _____

2. Listen, Caroline! What time is it? _____

3. It's almost half past seven in the morning. _____

4. At what time do you have a class on Monday? At eight-thirty, don't you? _____

5. Laura and George are classmates; they are having a cup of coffee. _____

6. Generally Laura has lunch at twelve o'clock or about one. _____

7. George has to study in the library until nine P.M. _____

8. He returns home late every night and doesn't eat supper until ten o'clock, more or less. _____

Expansión

A. Write answers to these questions, using complete sentences.

1. ¿Vive Ud. en un apartamento, en una casa o en una residencia de estudiantes? _____

2. ¿A qué hora toma Ud. el desayuno? _____

3. ¿Dónde toma Ud. el desayuno generalmente? _____

4. ¿Cuántas clase tiene Ud. por la mañana? _____

5. ¿A qué hora toma Ud. el almuerzo? _____

6. ¿Prepara Ud. la lección de español por la tarde o por la noche? _____

7. ¿A qué hora cena Ud. generalmente? _____

8. ¿Va Ud. a la biblioteca todos los días? _____

B. Complete the dialogue by writing in Spanish the missing exchanges, following the suggestions provided in parentheses.

LAURA —Son las seis menos cuarto, Jorge. Tengo que regresar a la residencia.

JORGE *(He's going to have a cup of coffee in the cafeteria.)* _____

LAURA —Pero cenamos a las seis en las residencias.

JORGE *(He doesn't live in a residence hall; he lives at home.)* _____

LAURA —¿A qué hora regresas a casa?

JORGE *(At about 8:30 P.M.; he needs an hour to arrive home.)* _____

LAURA —Tú eres mexicano, ¿no es verdad?

JORGE *(No, he's from Spain.)* _____

LAURA —Entonces Uds. cenan muy tarde, ¿verdad?

JORGE *(Confirming her remark, he tells her when they eat supper and then takes leave of her.)* _____

LAURA —Hasta mañana, Jorge.

Para comprender y escribir

A. From the three choices offered, select the one that best completes the statement or answers the question you hear.

1. (a) A las seis.
   (b) Al mediodía.
   (c) A la medianoche.

2. (a) Por la mañana.
   (b) Por la tarde.
   (c) Por la noche.

46   LECCIÓN 3

3. (a) compañeras de cuarto.
   (b) horarios de comidas.
   (c) residencias de estudiantes.

4. (a) las seis.
   (b) las siete y media.
   (c) las once.

5. (a) en el reloj.
   (b) en el horario.
   (c) en la biblioteca.

B. Using complete sentences, write answers to the questions by referring to the time on the clocks.

1.

2.

3.

4.

5.

C. Listen carefully to each question and then write an answer using the cue, as in the model.

   MODEL: ¿Adónde va Carolina? (el comedor) → **Carolina va al comedor.**

1. _____
2. _____
3. _____
4. _____
5. _____

D. Dictado. You will hear a short description of Marta's day. It will be read three times. Listen the first time. Write what you hear the second time. Make any corrections you feel are necessary the third time.

_____
_____
_____
_____
_____
_____
_____
_____
_____

E. You will hear a series of statements about the conversation between señor Ruiz and Carlos. In the space provided, check whether each statement is True (**Cierto**) or False (**Falso**). After you have heard all five statements, you will hear the conversation again so you can check your answers.

1. _____ Cierto   _____ Falso
2. _____ Cierto   _____ Falso
3. _____ Cierto   _____ Falso
4. _____ Cierto   _____ Falso
5. _____ Cierto   _____ Falso

VOCABULARIO

a *prep.* to, at, in
¿adónde? where? (*with verbs of motion*)
al = a + el to the
allá there (*often used after verbs of motion*)
el **almuerzo** lunch
el **apartamento** apartment
beber to drink
la **biblioteca** library

el **café** coffee
la **carta** letter
casi *adv.* almost, nearly
cenar to eat (have) supper
el **comedor** dining room (hall)
la **comida** food; meal; dinner
la **compañera** companion (*f.*)
el **compañero** companion (*m.*)
¿cuándo? when?
el **cuarto** room; quarter (*of an hour*)

Copyright © Houghton Mifflin Company. All rights reserved.

del = de + el of (from) the
el desayuno breakfast
   después *adv.* afterward, later
   donde where, in which
   entonces *adv.* then, well then; at that time
   entre *prep.* between; among
   escribir to write
   generalmente *adv.* generally
   hasta *prep.* until, to, up to
la hora hour, time (*of day*)
el horario time schedule
   hoy today
   ir (a + *inf.*) to go (to + *verb*)
el lunes (on) Monday
la mañana morning
la medianoche midnight
   medio, -a half, a half
el mediodía noon
   menos less

   mientras *conj.* while, as long as
el minuto minute (*time*)
   mirar to look at, watch
   para *prep.* for; + *inf.* to, in order to
   por *prep.* for, in, by, along, during, through
   recibir to receive
   regresar (a) to return (to)
   regresar (de) to return (from)
el reloj watch, clock
el restaurante restaurant
   tan so, as
   tarde *adv.* late
la taza cup
   temprano *adv.* early
   tomar to take, eat, drink
   ¿verdad? do you?, is it true?, really?
la verdad truth
   vivir to live

   a eso de at about (*time*)
   a (la) medianoche at midnight
   ¿a qué hora... ? (at) what time . . . ?
   al mediodía at noon
   cerca de *prep.* near, close to
   como en España, ¿no? like (as) in Spain, right?
la compañera de clase classmate (*f.*)
la compañera de cuarto roommate (*f.*)
el compañero de clase classmate (*m.*)
el compañero de cuarto roommate (*m.*)
   de la mañana (tarde, noche) in the morning (afternoon, evening)(*when a specific hour is given*)
   ¿de quién es? (*pl.* ¿de quiénes son?) whose is it (are they)?
   (él) mira el reloj he looks at the (his) watch (clock)
   en la biblioteca at (in) the library
   en punto on the dot, sharp (*time*)
   es verdad it is true
   hasta luego so long, until later, see you later
el horario de las comidas meal hours, time (schedule) of meals
   lejos de *prep.* far from
   (llegar) a casa (to arrive) home
   más o menos more or less, approximately
   ¿no? aren't you?, isn't it?, do you?, etc.
   ¿(no es) verdad? aren't you?, isn't it?, don't you?, etc.
   ¡oye! (*fam. sing. command of* oír, *to hear*) listen! say! hey!
   por la mañana (tarde, noche) in the morning (afternoon, evening)(*no specific hour given*)
   ¿qué hora es? what time is it?
la residencia (de estudiantes) (student) dormitory, residence hall
   todas las noches (tardes) every night (afternoon)
   tomar el desayuno (almuerzo) to eat *or* have breakfast (lunch)
   tomar una taza de café to have *or* drink a cup of coffee

Lección 4

- Spanish **p**
- Sounds of Spanish **b** and **v**
- Present indicative of the irregular verbs **venir**, **querer**, and **saber**
- Familiar singular (**tú**) commands
- Possessive adjectives
- Position of adjectives
- Phrases with **de** + noun
- Summary of uses of **ser**

En la librería de libros extranjeros

Miguel y Jaime, su amigo peruano, quieren comprar un diccionario bilingüe[1] y van al centro. En la ciudad hay una librería pequeña que vende libros extranjeros. El diccionario es para Miguel.

MIGUEL —Con un diccionario va a ser bastante fácil escribir en español, ¿no crees tú, Jaime?
JAIME —Sí, pero para aprender palabras y frases nuevas también es necesario leer mucho.
MIGUEL —Y yo leo poco. Mira, aquí hay varias revistas españolas.
JAIME —Sí, y tienen artículos interesantes sobre temas de actualidad.
MIGUEL *(Mira una revista.)* —Los artículos son cortos y no son difíciles de comprender.
JAIME —Pues, sí. Compra *Cambio*, por ejemplo, y lee el artículo sobre las elecciones en España.

Alberto, el compañero de apartamento de Jaime, es uno de los dependientes de la librería. Miguel y Jaime hablan con Alberto de las revistas, los periódicos y los libros en español que venden allí.

ALBERTO —¿Sabes, Miguel? *Siempre*, una revista mexicana, viene todas las semanas.
JAIME —Es excelente, aunque los artículos son un poco largos.
ALBERTO —Si quieres, nuestra librería manda la revista a tu dirección.
MIGUEL —Muy bien. Manda *Siempre* a mi residencia de estudiantes.
ALBERTO —De acuerdo. Escribe tu dirección aquí.
JAIME —Oye, Alberto, ¿recibe la librería periódicos españoles también?
ALBERTO —¡Cómo no! El *ABC*[2] y *El País* vienen todos los días por avión.
JAIME —Entonces no olvides mandar *El País* a nuestro apartamento. Quiero leer más noticias de España.
ALBERTO —Es verdad que no sabemos mucho del mundo hispánico.
JAIME —Y no olvides que en nuestros programas de televisión hay pocas noticias de España.

---

1. Note the symbol over the letter **ü** in **bilingüe**. This symbol indicates that the **u** after the **g** is pronounced. Compare with **portugués**, *Portuguese*, which has a silent **u**. See the **Pronunciación** section of **Lección 5** for more information on pronouncing Spanish g.
2. See Appendix A for the Spanish names of the alphabet letters.

Preguntas sobre los diálogos

1. ¿Qué hay en la ciudad donde viven Miguel y Jaime? _____

2. ¿Por qué quiere Miguel comprar un diccionario bilingüe? _____

3. ¿Qué más vende la librería? _____

4. ¿Por qué es necesario leer mucho? _____

5. ¿Qué mira Miguel? ¿Cómo son los artículos? _____

6. ¿Quién es Alberto? _____

7. ¿Qué quiere recibir Miguel? ¿Qué son el *ABC* y *El País*? _____

8. ¿Por qué quiere Jaime recibir *El País*? _____

Pronunciación

A. Spanish p

- Spanish **p** is similar to English *p*, but the explosion is weaker, and again there is no puff of air (as in *p^hast*).

   España   Felipe   pero   pluma   poco

B. Sounds of Spanish b and v

- Spanish **b** and **v** are pronounced exactly alike. At the beginning of a breath group, or after **m** and **n**, the sound is that of a weak English *b*.

   bastante   bonito   ¿verdad?   voy   conversación
   bien   bueno   verde   colombiano   también

- In other positions, particularly between vowels, the sound is much weaker. The lips touch very lightly, and the breath continues to pass through a narrow opening in the center. Avoid the English *v* sound.

   cubano   libro   yo bailo   las nueve   tú vas
   habla   muy bien   la verdad   otra vez   universidad

- Note that if forms such as **bebo** or **vivimos** are used at the beginning of a breath group, or after **m** or **n**, the first **b** or **v** is pronounced as in the first group of examples and the second as in the second group; otherwise both b's and v's are pronounced as in the second group.

bebo   yo bebo   vivimos   no vivimos   Carmen[1] bebe

Notas gramaticales

A. Present indicative of the irregular verbs venir, querer, and saber
(El presente del indicativo de los verbos irregulares venir, querer y saber)

venir, *to come*		querer, *to wish, want*		saber, *to know, know how (to)*	
Singular	*Plural*	*Singular*	*Plural*	*Singular*	*Plural*
vengo	venimos	quiero	queremos	sé	sabemos
vienes	venís	quieres	queréis	sabes	sabéis
viene	vienen	quiere	quieren	sabe	saben

- All three conjugations (-ar, -er, and -ir verbs) have some verbs with a stem vowel **e** that changes to the diphthong **ie** in certain forms of the present indicative: **viene, quiere,** etc. This change does not occur in the **nosotros** and **vosotros** forms.
- Note the irregular yo forms of **venir** and **saber: vengo, sé**.
- **Querer** and **saber**, like **necesitar**, may be immediately followed by an infinitive: **Quiero comprar un diccionario**, *I want to buy a dictionary*; **Yo sé escribir en español**, *I know how to write in Spanish*.

Práctica 1   Rewrite the following sentences, using the new subjects.

1. Jorge viene a nuestra residencia a las dos.

   (Tú) _____

   (Ellos) _____

2. Mario y yo venimos a clase todos los días.

   (Ella) _____

   (Yo) _____

3. Ellos vienen hoy a la librería.

   (Nosotros) _____

   (Mis amigas) _____

---

1. Before **b, v, m,** or **p,** Spanish **n** is pronounced **m**; see page 126.

4. ¿Quieres tú escribir en la pizarra?

   (Uds.) _____

   (Laura) _____

5. Nosotros queremos comprar una revista argentina.

   (Yo) _____

   (Ellos) _____

6. Miguel quiere leer noticias de España.

   (Tú) _____

   (Tomás y yo) _____

7. El dependiente sabe tu dirección.

   (Yo) _____

   (Ellas) _____

8. ¿Sabes tú si venden periódicos españoles aquí?

   (Ud.) _____

   (Uds.) _____

9. Alberto sabe poco del mundo hispánico.

   (Nosotras) _____

   (Tú) _____

Práctica 2 Complete each sentence with the corresponding form of the verb.

1. Yo (**querer**) _____ comprar un diccionario bilingüe. 2. Yo (**saber**) _____ que para aprender palabras nuevas es necesario leer mucho. 3. Mi amigo Jorge y yo (**querer**) _____ aprender bien el español. 4. Nosotros (**saber**) _____ que venden libros extranjeros en la librería. 5. ¿(**Saber**) _____ Ud. si venden periódicos mexicanos allí? 6. Creo que hay uno que (**venir**) _____ todos los días. 7. Los periódicos españoles (**venir**) _____ por avión. 8. Yo (**venir**) _____ a la librería para mirar los libros nuevos.

Actividades y práctica: A, B

B. Familiar singular (**tú**) commands (Formas de mandato con **tú**)

Infinitive	Affirmative		Negative	
hablar	habla (tú)	speak	no hables (tú)	don't speak
comer	come (tú)	eat	no comas (tú)	don't eat
escribir	escribe (tú)	write	no escribas (tú)	don't write

Mira,...	Look, ...
Compra (tú) *Cambio*.	*Buy* Cambio.
Lee el artículo.	*Read* the article.
Escribe tu dirección aquí.	*Write* your address here.
No olvides que...	*Don't forget* that ...
No olvides mandar la revista.[1]	*Don't forget* to send the magazine.

- The affirmative familiar singular command of regular verbs has the same form as the third-person singular of the present indicative tense.[2]
- To form a negative familiar command, add the ending **-es** to the stem of **-ar** verbs and **-as** to the stem of **-er** and **-ir** verbs:

habl- + es → no hables   *don't talk*
le- + as → no leas   *don't read*
escrib- + as → no escribas   *don't write*

- The pronoun **tú** is omitted, except for emphasis.

Práctica 3   Change the infinitive to an affirmative command and then to a negative command.

    MODEL: (**Leer**) la carta. → **Lee la carta. No leas la carta.**

1. (**Comprar**) la revista. _____
2. (**Vender**) el reloj. _____
3. (**Escribir**) las frases. _____
4. (**Regresar**) temprano. _____
5. (**Aprender**) la palabra. _____

Práctica 4   Answer the following questions both affirmatively and negatively.

    MODEL: ¿Compro el libro? → **Sí, compra el libro. No, no compres el libro.**

1. ¿Leo las noticias? _____
2. ¿Ceno aquí? _____
3. ¿Mando el periódico? _____
4. ¿Miro la televisión? _____
5. ¿Estudio en la biblioteca? _____

---

1. Note that **olvidar**, like **necesitar**, **querer**, and **saber**, may be followed by an infinitive: **No necesitas mandar** la revista, *You don't need to send the magazine*; **No olvides mandar** la revista, *Don't forget to send the magazine*.
2. Context will tell you whether the form is a command or statement: **Escribe (tú) la carta**, *Write the letter*; **(Él) escribe la carta ahora**, *He is writing the letter now*. Other command forms will be presented later.

Actividades y práctica: C

C. Possessive adjectives *(Los adjetivos posesivos)*

Singular	Plural	
mi	mis	my
tu	tus	your *(fam.)*
su	sus	his, her, its, your *(formal)*
nuestro, -a	nuestros, -as	our
vuestro, -a	vuestros, -as	your *(fam.)*
su	sus	their, your *(pl.)*

mi amiga, *mis* amigas	*my friend (f.), my friends*
nuestro apartamento, *nuestros* apartamentos	*our apartment, our apartments*
su revista	*his, her, your, their magazine*
sus periódicos	*his, her, your, their newspapers*
el país y *sus* ciudades	*the country and its cities*
Él viene con *sus* amigos.	*He is coming with his friends.*

- Possessive adjectives agree with the thing possessed and not with the possessor.
    1. **Nuestro** and **vuestro** have four forms, varying according to the gender and number of the noun they modify.
    2. All other possessive adjectives vary only according to number.

- Possessive adjectives precede the noun and are generally repeated before each noun modified: **Necesito *mi* libro, *mi* cuaderno y *su* revista**, *I need my book, my notebook, and his (her, their, your [formal]) magazine.*

Práctica 5 Write affirmative and then negative answers to the questions, using possessive adjectives.

1. ¿Estudia Ud. su lección? _____

2. ¿Vas con tu profesor? _____

3. ¿Leen ellas mis cartas? _____

4. ¿Viene él con su amigo? _____

5. ¿Olvidan Uds. sus libros? _____

6. ¿Tienes tú mi lápiz? _____

56 LECCIÓN 4

7. ¿Sabe ella mi dirección? _____

8. ¿Vives con tu familia? _____

Práctica 6   Give the Spanish equivalent.

1. our excellent library _____
2. our foreign language bookstore _____
3. your (*pl.*) Spanish magazines _____
4. its interesting articles _____
5. his Spanish American newspapers _____
6. my old maps _____
7. our television programs _____
8. its boring topics _____
9. his residence hall _____
10. my class schedule _____

  Actividades y práctica: D

D. Position of adjectives (*La posición de los adjetivos*)

Hay sólo **una** librería en la ciudad.	*There is only one bookstore in the city.*
Tengo **varias** revistas.	*I have several magazines.*
Miguel escribe **muchas** cartas.	*Michael writes many letters.*

- Adjectives that describe or point out quantity precede the noun.

Hay una librería **pequeña (grande)**.	*There is a small (large) bookstore.*
Es una revista **nueva (vieja)**.	*It is a new (old) magazine.*
Tiene artículos **largos (cortos)**.	*It has long (short) articles.*
Vendemos periódicos **extranjeros (españoles)**.	*We sell foreign (Spanish) newspapers.*

- Adjectives that express quality, kind, or condition normally follow the noun.

¡Atención!   Adjectives that indicate nationality always follow the noun: **un estudiante** *panameño*, *a Panamanian student*; **una profesora** *cubana*, *a Cuban teacher*; **los periódicos** *españoles*, *the Spanish newspapers*; **las revistas** *mexicanas*, *the Mexican magazines*.

Práctica 7   Create phrases with the adjectives in the correct position, following the models.

MODELS: mis / españolas - amigas → **mis amigas españolas**
Hay / dependientes - dos → **Hay dos dependientes.**

1. los / difíciles - ejercicios _____
2. un / pequeño - país _____
3. las / francesas - alumnas _____
4. dos / cortos - artículos _____
5. mi / nuevo - reloj _____
6. unas / viejas - ciudades _____
7. Recibo / revistas - varias _____
8. Tenemos / amigas - muchas _____

E. Phrases with **de** + noun *(Frases con de + sustantivo)*

- In English, nouns are often used as adjectives. Spanish, however, uses the **de** + noun construction to describe characteristic features, conditions, and contents.

el libro **de** inglés	*the English book*
nuestra sala **de** clase	*our classroom*
una residencia **de** estudiantes	*a student residence hall*
el horario **de** las comidas	*meal hours*
un programa **de** televisión	*a television program*

¡Atención! Compare **un periódico español**, *a Spanish newspaper*, with **un profesor de español**, *a Spanish teacher (teacher of Spanish)*. A native Spaniard who is a teacher would be **un profesor español** and, depending on what he teaches, might be **un profesor de español, un profesor de francés,** etc.

Práctica 8 Answer the following questions negatively, following the model.

MODEL: —Yo tengo amigos nuevos. ¿Y Uds.?
—**No, nosotros no tenemos amigos nuevos.**

1. Yo leo noticias extranjeras. ¿Y Uds.? _____

2. Yo recibo revistas argentinas. ¿Y Uds.? _____

3. Yo compro periódicos españoles. ¿Y Uds.? _____

4. Nosotros tenemos un apartamento grande. ¿Y Ud.? _____

5. Nosotros vivimos en una ciudad pequeña. ¿Y Ud.? _____

6. Nosotros vamos a la librería extranjera. ¿Y Ud.? _____

Copyright © Houghton Mifflin Company. All rights reserved.

Práctica 9 Give the Spanish equivalent.

1. the Spanish lesson _____
2. the pronunciation exercises _____
3. a student dining hall _____
4. a university professor _____
5. the news program _____
6. a roommate _____

 Actividades y práctica: E

F. Summary of uses of **ser** (*Resumen de los usos de ser*)

In **Lección 2**, you learned that **ser** is used to identify a subject and to express its inherent characteristics and qualities. **Ser** has also been used in other contexts in this lesson and in the two preceding ones. Carefully study the following summary of the uses of **ser**, so that it will not be confused with **estar**, another verb meaning *to be*, which will be presented in **Lección 5**.

- To identify a subject

La señorita Molina es la profesora de español.	*Miss Molina is the Spanish teacher.*
—¿**Quién es** el amigo de Miguel?	*"Who is Michael's friend?"*
—**Jorge es** su amigo.	*"George is his friend."*

- To express the inherent characteristics and qualities of a subject

Miguel **es peruano**; **es** muy **inteligente**.	*Michael is Peruvian; he is very intelligent.*
La ciudad **es pequeña**; la librería **es grande**.	*The city is small; the bookstore is large.*
Los artículos **son interesantes** (**fáciles, cortos**).	*The articles are interesting (easy, short).*

- To express origin, material, and ownership with the preposition **de**

—¿**De dónde son** ellas? —Ellas **son de** México.	*"Where are they from?" "They are (come) from Mexico."*
—¿**De qué es** el cartel? —**Es de** papel.	*"What is the poster made of?" "It is (made of) paper."*
—¿**De quién son** las revistas? —**Son de** mi amigo.	*"To whom do the magazines belong?" "They are my friend's. (They belong to my friend.)"*

- To indicate for whom or for what a thing is intended, with the preposition **para**

—¿**Para quién es** el diccionario?	*"Whom is the dictionary for?"*
—El diccionario **es para** Miguel.	*"The dictionary is for Michael."*

- To express the time of day

¿Qué hora es?	*What time is it?*
Es la una y media.	*It is half-past one.*
Son las ocho y cuarto.	*It is a quarter after eight.*

- In impersonal expressions (**Es** + adjective or noun)

  Es necesario leer mucho. *It is necessary to read a lot.*
  Es interesante ir a la librería de *It is interesting to go to the foreign*
    libros extranjeros. *bookstore.*
  Es lunes. *It is Monday.*

Práctica 10 Complete with the present indicative of **ser**, explaining briefly in the space provided the reason for using **ser**.

1. Yo _____ una alumna nueva. (_____)
2. Nuestra universidad no _____ grande. (_____)
3. La residencia en que vivo _____ nueva. (_____)
4. Mis compañeras de cuarto _____ Ana y María. (_____)
5. Nosotras _____ compañeras de clase también. (_____)
6. Las clases _____ muy interesantes. (_____)
7. El profesor de español _____ de México. (_____)
8. No, creo que él _____ peruano. (_____)
9. Las lecciones no _____ fáciles. (_____)
10. _____ necesario estudiar mucho. (_____)
11. Pero, ¿qué hora _____? (_____)
12. Creo que _____ la una y media. (_____)
13. No, _____ las dos menos cuarto. (_____)
14. ¿Para quién _____ el ejercicio? (_____)
15. El ejercicio _____ para el profesor de español. (_____)

Repaso

A. Find among the words below the antonym of each Spanish word in the list and write it in the space provided.

allí   fácil   la noche   preguntar
el avión malo   pequeño   tarde
la ciudad menos   poco   vender

1. el día _____
2. grande _____
3. contestar _____
4. difícil _____
5. temprano _____
6. comprar _____
7. bueno _____
8. aquí _____
9. mucho _____
10. más _____

B. Give the Spanish equivalent.

1. Michael and his friend James go downtown; they go to a large bookstore in their city. _____

2. We have to read a lot in order to learn a foreign language well. _____

3. The bookstore sells several newspapers from Spanish America that have good articles. _____

4. Many are short; the topics are interesting and the articles are not difficult. _____

5. The bookstore is going to send the magazine to Michael's address. _____

6. James wants to read more about Spain. _____

7. He believes that we do not know much about the Hispanic world. _____

8. There isn't much news from foreign countries in our television programs. _____

Expansión

A. Write answers to these questions, using complete sentences.

1. ¿Dónde compra Ud. los libros que necesita? _____

2. ¿Es grande o pequeña la librería donde Ud. compra sus libros? _____

3. ¿Es necesario comprar un diccionario para estudiar español? _____

4. ¿Sabe Ud. si venden libros extranjeros en su librería favorita? _____

5. ¿Lee Ud. el periódico todos los días? _____

6. ¿Hay muchas noticias del mundo hispánico en el periódico? _____

7. ¿Hay más noticias de España o de México en los programas de televisión? _____

B. Write in Spanish five affirmative and five negative familiar singular commands that you could use in giving advice or instructions to a friend.

1. _____
2. _____

Copyright © Houghton Mifflin Company. All rights reserved.

3. _____
4. _____
5. _____
6. _____
7. _____
8. _____
9. _____
10. _____

Para comprender y escribir

A. From the three choices offered, select the one that best completes the statement or answers the question you hear.

1. (a) El almuerzo.
   (b) El desayuno.
   (c) La cena.
2. (a) En una librería.
   (b) En una biblioteca.
   (c) En una revista.
3. (a) Un diccionario.
   (b) Un ejemplo.
   (c) Un periódico.

B. Respond in writing to the questions using the cue given. You will hear each question and cue twice. After you have been given time to write, you will hear the correct response.

MODEL: ¿Cuándo vienen Jorge y Ana? (a las seis) → **Jorge y Ana vienen a las seis.**

1. _____
2. _____
3. _____
4. _____
5. _____
6. _____

C. Dictado. You will hear a short narrative about Miguel's day. You will hear the narrative three times. Listen the first time. Write what you hear on the lines provided the second time. Make any necessary corrections the third time.

_____
_____
_____
_____
_____
_____

D. You will hear a series of statements about the conversation between Marta and Mario. Indicate in the space provided whether each statement is True (**Cierto**) or False (**Falso**). If the statement is false, write the correct statement. After all six statements have been given to you, you will hear the conversation again so you can check your answers.

1. _____ Cierto _____ Falso
   _____

2. _____ Cierto _____ Falso
   _____

3. _____ Cierto _____ Falso
   _____

4. _____ Cierto _____ Falso
   _____

5. _____ Cierto _____ Falso
   _____

6. _____ Cierto _____ Falso
   _____

VOCABULARIO

aburrido, -a boring, tiresome
la amiga friend (*f.*)
el amigo friend (*m.*)
el artículo (magazine) article
aunque *conj.* although, even though
el avión (*pl.* **aviones**) (air)plane
bilingüe (*m.* or *f.*) bilingual
el cambio change, exchange
el centro downtown; center
la ciudad city
comprar to buy, purchase
comprender to understand, comprehend
corto, -a short (*length*)
cubano, -a Cuban
la dependienta clerk (*f.*)
el dependiente clerk (*m.*)
el diccionario dictionary
difícil (*adj.*, *m.* or *f.*) difficult, hard
la dirección (*pl.* **direcciones**) direction, address
el ejemplo example
la elección (*pl.* **elecciones**) election
excelente (*m.* or *f.*) excellent
extranjero, -a foreign

fácil (*adj.*, *m.* or *f.*) easy
feo, -a ugly
la frase sentence, expression
hispánico, -a Hispanic
largo, -a long
la librería bookstore
mandar to send, order
el mundo world
necesario, -a necessary
la noticia notice, news item, piece of news; *pl.* news
la novia girlfriend (steady), fiancée, bride
el novio boyfriend (steady), fiancé, groom
nuevo, -a new
olvidar to forget
el país (*pl.* **países**) country
pequeño, -a small, little (*size*)
el periódico newspaper
peruano, -a Peruvian
poco, -a *adj.* little (*quantity*) (also *adv.* and *pron.*); *pl.* a few
el programa (*note gender*) program
pues *adv.* well, well then, then
querer (ie) to wish, want

la **radio** (*note gender*) radio (means of communication)
la **revista** magazine, journal
  saber to know (*a fact*), know how (to)
la **semana** week
  sobre *prep.* on, upon, about, concerning

la **televisión** television, TV
el **tema** (*note gender*) theme, topic, subject
varios, -as various, several
vender to sell
venir to come
viejo, -a old

  ¡cómo no! of course! certainly!
la **compañera de apartamento** apartment mate, roommate (*f.*)
el **compañero de apartamento** apartment mate, roommate (*m.*)
  de actualidad contemporary, of the present time
  de acuerdo agreed, I agree, O.K.
  escuchar la radio (las noticias) to listen to the radio (news)
  ir al centro to go downtown
la **librería de libros extranjeros** foreign bookstore
  mirar la televisión (las noticias) to look at (watch) television (the news)
  no son difíciles de comprender (they) are not difficult to understand (comprehend)
el **papel de cartas (de escribir)** writing paper
  *¿***para quién (es)***?* for whom (is it)?
  por avión by airmail, by plane
  por ejemplo for example
el **programa de televisión** television program
  todas las semanas every week (*lit.* all the weeks)

Lección 5

- Spanish **h**
- Sounds of Spanish **g** and **j**
- Present indicative of the irregular verbs **estar** and **conocer**
- Uses of **estar**
- The Spanish **-ndo** form and the present progressive
- The personal **a**
- Meanings of **saber** and **conocer**
- The months and seasons of the year

María llega de Buenos Aires

Diana está hablando en la cafetería con Tomás, un amigo suramericano del Uruguay[1] que está en la universidad. María, la hermana de Diana, viene de Buenos Aires, la capital de la Argentina, a pasar las vacaciones de verano con su familia.

TOMÁS —¿Qué tal, Diana? ¿Qué hay de nuevo?
DIANA —¡Hola, Tomás! No sé si conoces a mi hermana María…
TOMÁS —No, no conozco a tu hermana. ¿Por qué preguntas?
DIANA —Pues, ¡hoy llega a pasar las vacaciones con nosotros! María está viviendo ahora en Buenos Aires…
TOMÁS —¿Y cuánto tiempo va a estar de visita por aquí?
DIANA —Sólo dos semanas. ¡Ay, pero estoy tan contenta!
TOMÁS —Como sabes, Buenos Aires está muy cerca de Montevideo. Siempre vamos allí de vacaciones en el mes de agosto.
DIANA —Oye, ¿y es cierto que regresas pronto al Uruguay?
TOMÁS —Sí, ya tengo mi boleto[2] para el diez de junio.
DIANA —Pues, entonces, tienes que conocer a María.
TOMÁS —Por supuesto que quiero conocer a tu hermana. ¿A qué hora llega?
DIANA —El avión llega a las cuatro de la tarde. Tú sabes dónde está nuestra casa, ¿verdad? ¿Por qué no vienes a las ocho?
TOMÁS —Con mucho gusto, Diana. ¡Gracias y hasta pronto!

Son las cinco y media. María llega a su casa con Diana y busca a sus padres. Su madre está en su cuarto porque está un poco enferma.

MARÍA —¡Qué alegría estar aquí, mamá! ¿Cómo estás?
LA MADRE —¡Ay, hija,[3] estoy tan contenta con tu llegada! ¿Qué tal el viaje?
MARÍA —Muy bueno, mamá, aunque vengo bastante cansada. Ya sabes, el viaje en avión es largo.
LA MADRE —Necesitas descansar, querida. Pero antes, llama a tu padre. Está trabajando todavía en la oficina.
MARÍA (*Llamando.*) —¡Qué lástima! La línea está ocupada.
DIANA —Pues, anda, María, descansa un rato, porque Tomás, mi amigo uruguayo, viene a las ocho.

Preguntas sobre los diálogos

1. ¿Con quién está hablando Diana? ¿Quién es él? ¿Dónde están ellos? _____

2. ¿Quién es María? ¿Dónde está viviendo ella ahora? _____

---

1. Remember that the definite article may be used with the names of some countries. See **Lección 1**, footnote 3, page 5.
2. In Spanish America **el boleto** is normally used for a transportation ticket; in Spain **el billete** is used.
3. In direct address, **hija**, *daughter*, and **hijo**, *son*, are normally not translated.

3. ¿Por qué está Diana tan contenta? _____

4. ¿Cuánto tiempo va a pasar María con su familia? _____

5. ¿Adónde regresa Tomás pronto? ¿Cuándo regresa él? _____

6. ¿A qué hora llegan las hermanas a su casa? ¿A quiénes buscan ellas? ¿Por qué está su madre en su cuarto? _____

7. ¿A quién llama María por teléfono? ¿Dónde está él? ¿Por qué no habla María con él? _____

8. ¿Por qué viene Tomás a casa de Diana? _____

Pronunciación

A. Spanish **h**

- The letter **h** is silent in modern Spanish.

| ahora | dos horas | él habla | hablan | hasta |
| hay | hispánico | ¡hola! | hora | su horario |

B. Sounds of Spanish **g** and **j**

- Spanish **g** in the groups **ge**, **gi**, and Spanish **j** are both pronounced approximately like a strongly exaggerated **h** in *halt*.[1]

| argentino | ejercicio | generalmente | Jaime |
| Jorge | lejos | por ejemplo | rojo |

- At the beginning of a breath group or after **n**, Spanish **g** (written **gu** before **e** or **i**)[2] is pronounced like a weak English **g** in *go*.

| gracias | grande | guerra | guía |
| inglés | lengua | un grupo | vengo |

- In all other cases, except when **g** is used in groups **ge**, **gi**, the sound is much weaker, and the breath continues to pass between the back of the tongue and the palate.

| agradable | amiga | el grupo | llegan |
| Margarita | Miguel | programa | regresar |

---

1. See **Lección 10** for further information about Spanish **j**.
2. Note that in the combinations **gue**, **gui** discussed here, the **u** is silent. In words in which the **u** in these groups is pronounced like English **w**, a diaeresis (¨) is placed over the **u**, as in **averígüelo Ud.**, *ascertain it*; **bilingüe**, *bilingual*.

Notas gramaticales

A. Present indicative of the irregular verbs **estar** and **conocer**
   (*El presente del indicativo de los verbos irregulares estar y conocer*)

estar, *to be*		conocer, *to know, be acquainted with*	
Singular	Plural	Singular	Plural
estoy	estamos	conozco	conocemos
estás	estáis	conoces	conocéis
está	están	conoce	conocen

- Note the irregular **yo** forms of **estar** and **conocer**: **estoy, conozco**.
- All forms of **estar** except **estoy** and **estamos** have a written accent mark.

Práctica I   Rewrite each sentence, using the new subject.

1. Mis padres están bien ahora.
   (Nosotros) _____

2. Tomás está de vacaciones.
   (Yo) _____

3. Ellas están cansadas.
   (Mi hermano) _____

4. Ud. está contento, ¿verdad?
   (Uds.) _____

5. María no conoce la ciudad.
   (Uds.) _____

6. Tomás no conoce a María.
   (Yo) _____

7. Ellos no conocen Buenos Aires.
   (Ud.) _____

8. Tú no conoces a Tomás.
   (Nosotros) _____

Actividades y práctica: A

B. Uses of **estar**   (*Usos de estar*)

- To express the location or position of the subject

   Diana y Tomás **están en la cafetería**.   *Diane and Thomas are in the cafeteria.*

María está en la universidad; no está en casa.	Mary is at the university; she is not at home.
Montevideo está en el Uruguay.	Montevideo is in Uruguay.
Buenos Aires está cerca de Montevideo.	Buenos Aires is near Montevideo.
¿Cuánto tiempo va a estar tu hermana por aquí?	How long is your sister going to be around here?

- With an adjective or an adverb to express a state or condition of the subject that is changeable, accidental, or relatively temporary

¡Diana está tan contenta!	Diane is so happy!
Su madre está enferma.	Her mother is sick.
Ellos están casados.	They are married.
La línea está ocupada.	The line is busy.
Nosotros estamos bien; ella está regular.	We are fine; she is so-so.

- With **de** or **en** + noun in some common idiomatic expressions

Tomás es estudiante; está en la universidad.[1]	Thomas is a student; he is in college (attending college, the university).
María está de visita.	Mary is visiting (on a visit).
Tomás está de vacaciones en su país.	Thomas is on vacation in his country.

- With the Spanish **-ndo** form to express the progressive forms of verbs (see Section C)

¡Atención! Compare the uses of **ser**, presented in **Lección 4**, with those of **estar** in the chart that follows.

Ser

- To express origin

  —¿De dónde es Miguel?
  —Miguel es del Uruguay.
  "Where is Michael from?"
  "Michael is from Uruguay."

  Hoy la clase es en el laboratorio.
  Today the class is (takes place) in the laboratory.

Estar

- To indicate location

  —¿Dónde está Miguel?
  —Está en los Estados Unidos.
  "Where is Michael?"
  "He is in the United States."

  El laboratorio está allí.
  The laboratory is there.

Note that when English *to be* means *to take place*, it expresses origin, not location. Therefore, Spanish uses **ser**.

- To identify a subject and to express inherent (intrinsic) qualities of the subject

  Miguel es un estudiante uruguayo; es guapo y muy inteligente.

- To describe a temporary or changeable state or condition of the subject

  Miguel no está bien hoy; está un poco enfermo.

---

[1] ...that in this example **estar** does not express location but is part of an idiomatic expression, ...universidad, *to attend college*, as opposed to **María está en la universidad, no está en casa**; *...e university, she is not at home.*

Michael is an Uruguayan student; he is handsome and very intelligent.

Michael is not well today; he is a little sick.

María es muy bonita, y siempre **es alegre**.
Mary is very pretty, and she is always joyful.

María no está muy bonita hoy y **no está alegre**.
Mary is not (doesn't look) very pretty today and she is not (doesn't seem) very joyful.

Note that in English temporary or changeable conditions can be expressed by other verbs such as *to look* or *to seem*, corresponding to Spanish **estar**.

- In impersonal expressions

  Es necesario estudiar en la universidad.
  It is necessary to study in college.

  Es agradable vivir en Buenos Aires.
  It is pleasant to live in Buenos Aires.

  Es interesante conocer Suramérica.
  It is interesting to get to know South America.

- In certain idiomatic expressions

  Ahora **estoy en** la universidad.
  I am in (attending) college now.

  Estamos de vacaciones en Buenos Aires.
  We are on vacation in Buenos Aires.

  Están de visita en Suramérica.
  They are visiting South America.

Práctica 2 Complete with the corresponding form of **estar**, explaining briefly in the space provided the reasons for using **estar**.

1. Tu hermana María no _____ en la universidad ahora, ¿verdad? (_____)
2. No, ella _____ en casa. (_____)
3. Uno de mis hermanos _____ un poco enfermo. (_____)
4. Yo _____ muy bien. (_____)
5. Y tú, ¿cómo _____? (_____)
6. Nosotros _____ de vacaciones en Montevideo. (_____)
7. Montevideo _____ en el Uruguay. (_____)
8. Nosotros _____ muy contentos aquí. (_____)

Práctica 3 Supply the correct form of **estar** or **ser**, as required.

1. María, que _____ la hermana de Diana, _____ en Buenos Aires ahora. 2. Buenos Aires, que _____ en la Argentina, _____ una ciudad muy interesante. 3. María _____ muy inteligente; enseña inglés y alemán. 4. _____ difícil aprender muchas lenguas, ¿no _____ verdad? 5. Los padres de las muchachas _____ uruguayos, pero ahora viven en los Estados Unidos. 6. Ellos _____ muy ocupados porque van a comprar una casa. 7. La casa _____ nueva y _____ cerca del centro.

Actividades y práctica: B, C

C. The Spanish -ndo form and the present progressive
(La forma en -ndo y las formas progresivas del presente)

Infinitive	Stem		Ending			
hablar	habl	+	-ando	→	hablando	speaking
comer	com	+	-iendo	→	comiendo	eating
vivir	viv	+	-iendo	→	viviendo	living

- The English present participle, the *-ing* form of verbs in sentences such as *He is working*, corresponds to the Spanish **-ndo** form of verbs. The **-ndo** form is regularly formed by adding **-ando** to the stem of **-ar** verbs, and **-iendo** to the stem of **-er** and **-ir** verbs. Some verbs have irregular **-ndo** forms. These will be introduced later.

- The **-ndo** form is used with **estar** to express the progressive forms of verbs: **estoy hablando**, *I am talking*; **ella está comiendo**, *she is eating*.

- The present progressive tense of verbs is used in Spanish to describe an action in progress, as it unfolds at the present moment.

Diana y Tomás **están hablando** en la cafetería.	*Diane and Thomas are talking in the cafeteria.*
María **está viviendo** ahora en Buenos Aires.	*Mary is living now in Buenos Aires.*
La madre **está descansando** en su cuarto; el padre **está trabajando** todavía.	*The mother is resting in her room; the father is still working.*

¡Atención! The use of the progressive forms is more restricted in Spanish than in English. Note that while English may use the present progressive tense to express future time, Spanish uses the present tense or **ir a** + infinitive.

Vamos al centro mañana.	*We are going downtown tomorrow.*
Vamos a ir al centro mañana.	*We are going to go downtown tomorrow.*
Estudio después.	*I'm studying later on.*
Voy a estudiar después.	*I'm going to study later on.*

Práctica 4 Write what the subjects given may logically be doing at the moment, following the model. Use different vocabulary in each sentence.

> MODEL: La alumna está en la biblioteca. → **Ella está estudiando.**

1. Mi madre está en su cuarto. _____
2. Yo estoy en el comedor. _____
3. Su padre está en la oficina. _____
4. Ana y Laura están en la librería. _____

5. Uds. están en la cafetería. _____

6. Nosostros estamos en la residencia. _____

7. Ud. está en la sala de clase. _____

8. Tú estás en el laboratorio. _____

Práctica 5 Complete the following paragraph, supplying the correct form of **ser** or **estar**, as required.

1. Tomás _____ de Montevideo; _____ un estudiante uruguayo que ahora _____ estudiando inglés en los Estados Unidos. 2. Él y yo _____ en la universidad y _____ compañeros de cuarto. 3. Nosotros _____ viviendo en un apartamento que _____ de la familia de Tomás. 4. Nuestro apartamento _____ pequeño pero no _____ lejos del centro. 5. Los padres de Tomás _____ uruguayos también y ahora _____ de visita por aquí. 6. La madre _____ muy guapa y siempre _____ alegre. 7. Ellos _____ muy ocupados; siempre _____ trabajando. 8. Ellos _____ muy agradables y yo _____ muy contento con su visita.

Actividades y práctica: D

D. The personal **a**

¿Conoces a mi compañero de cuarto?	*Do you know my roommate?*
Busca al dependiente de la librería.	*Look for the bookstore clerk.*
—¿A quiénes estás llamando?	*"Whom are you calling?"*
—A los estudiantes argentinos.	*"The Argentinian students."*

- An important feature of Spanish is the use of **a** before the direct object of the verb when the direct object is a definite, specific person or a personalized thing. Called the personal **a**, it has no English equivalent.
- The personal a is used with ¿**quién?** to mean *whom?*

¡Atención! The personal **a** is not used in Spanish when the direct object of a verb does not refer to a definite, specific person. Compare the following examples with the preceding ones:

Necesito un amigo bueno.	*I need a good friend.*
Buscamos un dependiente en la librería.	*We are looking for a clerk in the bookstore.*
Ella tiene unos estudiantes argentinos en su clase.	*She has some Argentinian students in her class.*

Práctica 6 Complete the following sentences, supplying the personal **a** when necessary.

1. ¿_____ quién están buscando Uds.? 2. Estamos buscando _____ mi hermana. 3. Felipe está llamando _____ Ana. 4. ¿Estás mirando _____ mis fotografías?

5. ¿_____ quiénes están mirando Uds.?   6. Nosotros estamos mirando _____ las muchachas.   7. ¿Buscan ellos _____ apartamento?   8. Sí, pero ellos no conocen bien _____ la ciudad.   9. ¿Tienes tú _____ amigos en Suramérica?   10. Sí, conozco _____ muchos estudiantes suramericanos.

E. Meanings of **saber** and **conocer**

Saber

- *To know* (facts about someone or something) or *to have knowledge* of something

Sabemos que tienes una hermana.	*We know that you have a sister.*
Sabemos que ella vive en la Argentina.	*We know that she lives in Argentina.*
Tomás **sabe** mucho de su país.	*Thomas knows a lot about his country.*
¿Qué **sabes** tú de Montevideo?	*What do you know about Montevideo?*

- *To know how to* (*do something*) when followed by an infinitive

Sabemos hablar español.	*We know how to speak Spanish.*
No **sé** llegar a tu casa.	*I don't know how to get to your house.*

Conocer

- *To know* in the sense of *to be acquainted* with someone or *to be familiar* with something

No **conocemos** a tu hermana.	*We don't know (haven't met) your sister.*
No **conocemos** la Argentina.	*We have never been to (are not familiar with) Argentina.*

- *To meet* or *become acquainted* with someone

¿No quieres **conocer** a María?	*Don't you want to meet Mary?*
Necesito **conocer** a tus amigos suramericanos.	*I need to meet your South American friends.*

Práctica 7 Complete the following sentences, supplying the correct form of **conocer** or **saber** as required.

1. —¿_____ tú a nuestro profesor de español?
2. —Sí, pero yo no _____ dónde[1] está.
3. —¿_____ Uds. a Luisa?
4. —Sí, pero nosotros no _____ dónde ella vive.
5. —Yo no _____ la Argentina. ¿Y tú?
6. —No, pero yo _____ que es un país interesante.
7. —Tomás _____ hablar francés muy bien, ¿verdad?
8. —Sí, y él también _____ a varios estudiantes franceses.

---

[1] Note the use of the written accent on the stressed syllable of interrogative words in indirect questions.

Actividades y práctica: E

F. The months and seasons of the year
(Los meses y las estaciones del año)

The Months

enero	January	mayo	May	septiembre	September
febrero	February	junio	June	octubre	October
marzo	March	julio	July	noviembre	November
abril	April	agosto	August	diciembre	December

- The months of the year are masculine. Note that they are not capitalized in Spanish.

The Seasons

la primavera	spring
el verano	summer
el otoño	fall
el invierno	winter

La primavera es una estación muy bonita.	*Spring is a very beautiful season.*
El invierno llega temprano aquí.	*Winter arrives early here.*
Ahora **es otoño** en la Argentina.	*Now it's fall in Argentina.*
María va a pasar las vacaciones **de primavera** con su familia.	*Mary is going to spend spring vacation with her family.*
En (el) **verano** no tenemos clases en la universidad.	*During the summer we don't have classes at the university.*

- The seasons of the year are masculine in Spanish except for **la primavera**. The definite article is regularly used, except after **ser** or **de**.
- The expressions **en verano**, **en invierno**, etc., equivalent to English *during the summer*, *during (the) winter*, etc., are very common in everyday speech.

Práctica 8 Name in Spanish the month in which the following holidays occur in the United States.

1. Independence Day _____
2. President's Day _____
3. Mother's Day _____
4. Thanksgiving _____
5. New Year's Day _____
6. Hanukkah _____
7. St. Patrick's Day _____
8. Halloween _____
9. Father's Day _____
10. Labor Day _____

Copyright © Houghton Mifflin Company. All rights reserved.

Práctica 9 Identify the season to which each month belongs in the Northern Hemisphere.

1. abril _____
2. diciembre _____
3. febrero _____
4. julio _____
5. mayo _____
6. octubre _____

7. junio _____
8. noviembre _____
9. agosto _____
10. enero _____
11. marzo _____
12. septiembre _____

Actividades y práctica: F, G

Repaso

A. Write complete sentences using the following phrases.

1. En (el) invierno _____
2. ¿Cuántos meses _____?
3. En el mes de enero _____
4. El otoño _____

B. Use the expressions within parentheses in complete sentences.

1. (estar de visita) _____
2. (estar ocupado, -a) _____
3. (ir de vacaciones) _____
4. (venir cansado, -a) _____

C. Give the Spanish equivalent.

1. Diane and Thomas are talking about Diane's sister, who is coming from Argentina. _____

2. She is living in Buenos Aires and is arriving to spend her vacation with her family. _____

3. Thomas, who is from Uruguay, does not know Mary. _____

4. Thomas is returning soon to Montevideo, which is near Buenos Aires. He wants to know Diane's sister. _____

5. Mary and Diane arrive at their house and they look for their parents. _____

6. The mother is in her room; she is a bit sick. _____

7. The family is very happy with Mary's arrival. _____

8. Mary is quite tired, because the plane trip is very long. _____

Expansión

A. Write answers to these questions, using complete sentences.

1. ¿En qué estación estamos ahora? _____

2. ¿En qué mes estamos ahora? _____

3. ¿Dónde está viviendo su familia ahora? _____

4. ¿Cuántos hermanos tiene Ud.? ¿Tiene Ud. hermanas también? _____

5. ¿Adónde va Ud. por las noches? ¿A qué hora regresa a casa? _____

6. ¿En qué mes o meses tiene Ud. vacaciones? _____

7. ¿Por qué no va Ud. de vacaciones a un país suramericano? _____

8. ¿Conoce Ud. a personas de suramérica? ¿De qué países? _____

B. Write a brief note in Spanish to some friends, asking them how they are and what's new. Tell them where you are living now. Then, say where you will go for vacation in the summer, who will go with you, and how long you will be there. Oh, and include a bit of information about your Spanish studies!

Queridos amigos:

_____
_____
_____
_____
_____

_____
_____
_____

No olviden escribir pronto. Su amigo (amiga),

_____

Para comprender y escribir 🎧

A. From the three choices offered, select the one that best completes the statement or answers the question you hear and circle it.

1. (a) Una pluma azul.
   (b) Un diccionario bilingüe.
   (c) Una biblioteca nueva.

2. (a) estar de visita.
   (b) llamar a la puerta.
   (c) ir de vacaciones

3. (a) ¡Qué lástima!
   (b) ¡Qué alegría!
   (c) ¡Qué gusto!

4. (a) pronto.
   (b) todavía.
   (c) tarde.

5. (a) madre.
   (b) dependienta.
   (c) hermana.

B. The sentences you hear will offer an option of a form of **ser** or **estar**. Each sentence will be spoken twice. Write the complete sentence using either **ser** or **estar**.

1. _____
2. _____
3. _____
4. _____
5. _____
6. _____
7. _____
8. _____
9. _____
10. _____

C. Dictado. You will hear a short paragraph about Isabel's visit to the U.S. You will hear the narrative three times. Listen the first time. Write what you hear the second time. Make any necessary corrections the third time.

_____
_____
_____
_____

D. You will hear a series of statements about the conversation you have just heard. Indicate whether each statement is True (**Cierto**) or False (**Falso**). If the statement is false, write the correct statement. After all five statements have been read, you will hear the conversation again so you can check your answers.

1. _____ Cierto _____ Falso

2. _____ Cierto _____ Falso

3. _____ Cierto _____ Falso

4. _____ Cierto _____ Falso

5. _____ Cierto _____ Falso

VOCABULARIO

alegre (*m. or f.*) cheerful, joyful, happy
la **alegría** joy
anda (*fam. sing. command of* **andar**) go, come on (now); *often used in an exclamation*
antes *adv.* before (*time*), first
el **año** year
la **Argentina** Argentina
¡**ay**! ah! oh!
el **boleto** ticket (*transportation*)
buscar to look for, seek, get
cansado, -a tired
la **capital** capital (*city*)
casado, -a married
cierto, -a (a) certain, sure
como *adv.* as, like
conocer to know, be acquainted with, meet
contento, -a happy, pleased, glad
descansar to rest
después *adv.* afterwards, later
enfermo, -a ill, sick
la **estación** (*pl.* **estaciones**) season; station

estar to be
gracias thank you, thanks
el **gusto** pleasure, delight
la **hermana** sister
el **hermano** brother; *pl.* brothers, brother(s) and sister(s)
la **hija** daughter, dear (*f.*) (*in direct address*)
el **hijo** son; *pl.* children (*m.* and *f.*)
el **invierno** winter
la **lástima** pity, shame
la **línea** line (*telephone*)
llamar to call; to knock (*at the door*)
la **llegada** arrival
la **madre** mother
la **mamá** mama, mom, mother
el **mes** month
ocupado, -a occupied, busy
la **oficina** office
el **otoño** autumn, fall (*season*)
el **padre** father, *pl.* parents
el **papá** papa, dad, father
pasar to pass or come (by), spend (time)

la **primavera** spring (*season*)
pronto *adv.* soon, quickly
la **puerta** door
querido, -a dear
regular *adv.* fair, not bad, so-so; *adj.* regular
suramericano, -a South American
el **teléfono** telephone
el **tiempo** time (*in general sense*)
todavía *adv.* still, yet
trabajar to work
el **Uruguay** Uruguay
uruguayo, -a Uruguayan
las **vacaciones** vacation
el **verano** summer
el **viaje** trip, journey
la **visita** visit, call

con mucho gusto gladly, with great pleasure
¿cuánto tiempo? how much time?, how long?
de visita on (for) a visit
descansar un rato to rest for a while
en avión by (in a) plane
en el mes de (agosto) during the month of (August)
las **estaciones del año** seasons of the year
estar casado, -a to be married
estar contento, -a to be happy
estar de vacaciones to be on vacation
estar de visita to visit, be visiting, be on a visit
estar enfermo, -a to be ill, sick
estar (muy) bien to be (very) well
estar regular to be so-so
hasta pronto until (see you) soon
ir de vacaciones to go on a vacation
llamar a la puerta to knock, knock at (on) the door
llamar por teléfono to telephone (call), talk by (on the) telephone
pasar las vacaciones de (verano) to spend the (summer) vacation
por aquí by (around) here, this way
¡por supuesto! of course!
¡qué + *noun***!** what (a *or* an) . . . !
¡qué alegría! what (a) joy!
¿qué hay de nuevo? what's new? what do you know?
¡qué lástima! too bad! what a pity (shame)!
¿qué tal? how goes it? how are you?
¿qué tal (el viaje)? how about (the trip)? how is *or* was (the trip)?
un rato a short time, a while
las **vacaciones de verano** summer vacation
venir (bastante) cansado, -a to be (quite) tired

Repaso, Lecciones 1–5: Appendix C

- The diphthongs **ie** and **ei** (**ey**)
- Sounds of Spanish **r** and **rr**
- Present indicative of the irregular verbs **poder**, **salir**, **traer**, and **ver**
- Direct object pronouns
- Demonstrative adjectives
- The use of prepositions with certain verbs
- The infinitive after a preposition
- Cardinal numbers 30–90

Conversaciones importantes entre jóvenes

Rita sale de la residencia de estudiantes. Al ver a Enriqueta en la calle, la espera[1] y luego la saluda. Las dos jóvenes charlan de sus estudios unos momentos.

RITA —¡Qué alegría, Enriqueta! Tú en esta universidad…
ENRIQUETA —Sí, chica.[2] Estoy estudiando en la Facultad de Medicina. ¿Y tú?
RITA —Después de recibir mi título, espero entrar en la Facultad de Administración de Negocios.
ENRIQUETA —¡Ah… ! Entonces por fin puedes ganar un poco de dinero. ¡Qué bien!
RITA —Mira, hoy día tengo muy poco dinero… ¡Y tengo mucho que estudiar![3]
ENRIQUETA —¡Yo también estoy tan cansada de estudiar! Sólo de vez en cuando salgo con chicos; no veo a mi familia muy a menudo… ¡Ya quiero terminar!
RITA —¡Caramba, Enriqueta! ¿Estás segura de que quieres estudiar esa carrera tan larga?

Tomás va a casa de su amigo Ramón. Cuando llega, llama a la puerta. Ramón la abre, y lo invita a entrar. Los dos jóvenes entran en la sala.

RAMÓN —¿Qué te trae por aquí, Tomás?
TOMÁS —Vengo de casa de Diana. Su hermana María, que vive en la Argentina, está aquí de visita. ¿Las conoces tú?
RAMÓN —Siempre veo a Diana cuando sale de su casa… ¡Pero todavía no la conozco!
TOMÁS —¡Ah, claro! Ella vive muy cerca de aquí, en aquel edificio de apartamentos.
RAMÓN —Sí. Diana vive en el edificio número cincuenta; está enfrente de la farmacia.
TOMÁS —Oye, Ramón, ¿no quieres conocer a las chicas?
RAMÓN —¡Por supuesto! ¿Por qué no las traes a tomar algo? ¿Cuándo pueden Uds. venir?

---

1. The verb **esperar** means *to wait for* here, but in line 3 of the dialogue it means *to hope, expect*.
2. In many Spanish-speaking areas it is very common to use **chica, chico**, literally meaning *girl, boy*, as an informal form of address in expressions such as **Sí (No), chica; Mira (Oye), chico;** etc., with the connotation of *Yes (No), my friend; Look (Listen), my friend;* etc.
3. When one or more words come between **tener** and **que**, the implication of compulsion is lost. Compare **Tengo que estudiar**, *I have to study (must study)*, with **Tengo mucho que estudiar**, *I have a great deal to study.*

Preguntas sobre los diálogos

1. ¿A quién ve y saluda Rita? _____
_____

2. ¿Qué está estudiando Enriqueta? _____

3. ¿En qué Facultad quiere entrar Rita? _____
_____

4. ¿Qué puede ganar Rita al terminar sus estudios? _____

5. ¿Por qué está Enriqueta tan cansada de estudiar? _____

6. ¿Adónde va Tomás? _____
_____

7. ¿De quiénes hablan Tomás y su amigo? _____

8. ¿Conoce Ramón a Diana? ¿Sabe él dónde vive ella? _____
_____

9. ¿Dónde vive Diana? _____

10. ¿Quiénes van a ir a casa de Ramón? _____
_____

Pronunciación

A. The diphthongs **ie** and **ei (ey)**

- As the first element of a diphthong, unstressed **i** is pronounced like a weak English *y* in *yes*.

bien	cierto	comiendo	diez
mientras	quiere	siempre	siete
tiempo	tienes	vienen	viviendo

- **Ei (ey)** is pronounced like a prolonged English *a* in *fate*.

coméis	doce y media	Felipe y María	Jorge y Mario
once y cuarto	queréis	sabéis	seis
siete y cinco	tenéis	treinta	veinte

B. Sounds of Spanish **r** and **rr**

- Single **r**, except when initial in a word and when after **l**, **n**, or **s**, is pronounced with a single tap of the tip of the tongue against the gums of the upper teeth. The sound is much like English *dd* in *eddy* pronounced rapidly.

amarillo	aprende	eres	María
mirar	palabra	para	pared
pero	preparar	siempre	tarde

- When **r** is initial in a word, or after **l**, **n**, or **s**, and when doubled as **rr**, the sound is strongly trilled, the tip of the tongue striking the gums in a series of very rapid vibrations.

cierre Ud.	Enrique	pizarra	Ramón
recibir	regresar	regular	repita Ud.
residencia	restaurante	revista	rojo

Notas gramaticales

A. Present indicative of the irregular verbs **poder**, **salir**, **traer**, and **ver**
(El presente del indicativo de los verbos irregulares poder, salir, traer y ver)

	poder, *to be able, can*	**salir,** *to leave, go out*	**traer,** *to bring*	**ver,** *to see*
Singular	puedo	salgo	traigo	veo
	puedes	sales	traes	ves
	puede	sale	trae	ve
Plural	podemos	salimos	traemos	vemos
	podéis	salís	traéis	veis
	pueden	salen	traen	ven

- In the present indicative of the verb **poder**, the stem vowel **o** changes to **ue** except in the **nosotros** and **vosotros** forms: **pu**edo, **pu**edes, etc., but **po**demos, **po**déis.
- **Salir**, **traer**, and **ver** are irregular only in the **yo** form: **salgo**, **traigo**, **veo**.

Práctica 1 Rewrite the following sentences, using the new subjects.

1. Ellos ven a Diana a menudo.

   (Yo) _____

   (Ud.) _____

2. Ella sale hoy un poco más temprano.

   (Uds.) _____

   (Felipe) _____

3. Nosotros no podemos llegar tarde.

   (Tú) _____

   (Ana y Juan) _____

4. Tomás trae los boletos.

(Yo) _____

(Ud.) _____

Práctica 2 Complete with the corresponding form of the present indicative tense of the verb.

(**poder**) 1. ¿Cuándo _____ Uds. venir? 2. Ellos _____ venir a las nueve. 3. Ramón y yo _____ venir a las ocho. 4. Si Ud. quiere, yo _____ venir más temprano. 5. Y Ramón _____ venir un poco más tarde.

(**salir**) 6. ¿A qué hora _____ tú de casa por la mañana? 7. Yo _____ casi siempre a eso de las siete y media. 8. Y Ud., ¿a qué hora _____? 9. Nosotros _____ de casa a las siete. 10. Veo que todos _____ temprano.

(**traer**) 11. ¿A quiénes _____ Uds. a casa de Diana? 12. Nosotros _____ a nuestros amigos. 13. Y tú, Mario, ¿a quién _____? 14. Yo _____ a mi hermana. 15. Ellos _____ también a varios estudiantes suramericanos.

(**ver**) 16. Nosotros _____ el avión. 17. ¿Lo _____ tú? 18. ¿_____ Uds. a María? 19. Diana _____ a su hermana. 20. Ellos _____ a Rita también.

Actividades y práctica: A, B

B. Direct object pronouns[1]
(Pronombres de objeto directo)

Singular		Plural	
me	me	nos	us
te	you (*fam.*)	os	you (*fam.*)[2]
lo	him, you (*formal m.*), it (*m.* and *neuter*)	los	them (*m.*), you (*m.*)
la	her, it (*f.*), you (*formal f.*)	las	them (*f.*), you (*f.*)

—No miro **la televisión**.   *"I don't watch television."*
—¿**La** miras tú?   *"Do you watch it?"*
—¿Lees tú **los periódicos**?   *"Do you read the newspapers?"*
—Sí, **los** leo siempre.   *"Yes, I always read them."*
—¿Conoces a **Ramón**?   *"Do you know Raymond?"*
—No, no **lo** conozco.   *"No, I don't know him."*

---

1. A direct object answers the question *whom?* or *what?* For example, Rita sees Henrietta. Q: Rita sees whom? A: Henrietta (the direct object). Rita wants more money. Q: Rita wants what? A: More money (the direct object).
2. The direct object form **os**, corresponding to **vosotros**, is used only in Spain.

—¿**Te** conoce él?   *"Does he know you?"*
—No, él no **me** conoce.   *"No, he doesn't know me."*

- Direct object pronouns replace direct object nouns in a sentence, thereby avoiding the unnecessary repetition of the direct object noun.
- In Spanish, the third-person direct object pronouns must agree in person, number, and gender with the nouns they replace. All other forms vary only in number.
- **Lo, los**, and **la, las** are used when referring to a **Ud.** / a **Uds.** (*m.* or *f.*): **Yo no lo conozco**, *I don't know you*; **No las llamo**, *I'm not calling you*.
- In peninsular Spanish **le/les** are used instead of **lo/los**, the forms that will be used in this text: **Yo no le (lo) conozco**, *I don't know you*.
- Object pronouns are placed immediately before the verb: **Lo veo**, *I see him*; **No lo veo**, *I don't see him*.

¡Atención! In addition to referring to masculine objects, **lo** may refer to an action, a statement, or an idea: —**Tienes que estudiar más.** —**Sí, lo necesito.** *"You have to study more." "Yes, I need to."*; —**Su hermana es muy guapa.** —**Sí, lo creo.** *"Her sister is very good-looking." "Yes, I believe it."*; —**Ella vive en la Argentina.** —**Sí, lo sé.** *"She lives in Argentina." "Yes, I know it."*

Práctica 3   Rewrite each sentence, substituting object pronouns for noun objects and modifiers.

1. ¿Esperan Uds. a su hijo? _____
2. Ramón escribe una carta. _____
3. Leo los periódicos. _____
4. Miramos el horario. _____
5. ¿Buscas tú a Tomás? _____
6. Rita abre las ventanas. _____

Práctica 4   Write affirmative answers, substituting direct object pronouns for noun objects and modifiers, following the model.

     MODEL: ¿Abre Jorge las puertas? → **Sí, las abre.**

1. ¿Ven Uds. el avión? _____
2. ¿Llama Ud. a Rita? _____
3. ¿Conocen Uds. a María? _____
4. ¿Esperas tú a las chicas? _____
5. ¿Miras las fotografías? _____
6. ¿Traen Uds. los mapas? _____

Práctica 5   Write negative answers, substituting direct object pronouns for noun objects and modifiers, watching the position of the object pronoun.

     MODEL: ¿Sabes la hora? → **No, no la sé.**

1. ¿Lees el periódico? _____

2. ¿Conoce Ud. a mi madre? _____
3. ¿Ves a mis hermanos? _____
4. ¿Escuchen Uds. el programa? _____
5. ¿Reciben Uds. las revistas? _____
6. ¿Aprenden Uds. esa frase? _____

Actividades y práctica: C

C. Demonstrative adjectives (*Adjetivos demostrativos*)

	Masculine	Feminine	
Singular	este	esta	this
	ese	esa	that (*nearby*)
	aquel	aquella	that (*distant*)
Plural	estos	estas	these
	esos	esas	those (*nearby*)
	aquellos	aquellas	those (*distant*)

- A demonstrative adjective points out the noun to which it refers. It precedes the noun and, like all other adjectives in Spanish, it agrees with the noun in gender and number.
- Demonstrative adjectives are repeated before each noun in a series: **Esta chica, ese estudiante y esa profesora son chilenos,** *This girl, that student, and that teacher are Chileans.*
- **Ese, esa** (-os, -as), and **aquel, aquella** (**aquellos,** -as) are usually interchangeable in everyday usage; but if the speaker wishes to emphasize distance or remoteness, **aquel, aquella** (**aquellos,** -as) are the preferred forms.

Práctica 6 Complete with the corresponding form of the demonstrative adjective.

1. (*this*) Conocemos bien _____ universidad.
2. (*those*, distant) No conocemos _____ universidades.
3. (*that*, distant) No puede ver _____ mapa.
4. (*these*) Ellos quieren comprar _____ mapas.
5. (*that*, nearby) _____ reloj que tienes es excelente.
6. (*this*) _____ reloj no es bueno.
7. (*these*) _____ tazas son nuevas.
8. (*those*, nearby) Quiero leer _____ artículos.
9. (*that*, nearby) Voy a buscar _____ revista.

86 LECCIÓN 6

10. (*those*, nearby) Queremos ver _____ lápices.
11. (*that*, distant) _____ alumna es chilena.
12. (*those*, distant) Pero _____ chicos son de Panamá.

Práctica 7 Rewrite the sentences using the nouns given. Be sure to make the necessary changes in agreement.

1. Ramón va a abrir este *libro*.
   (carta) _____
   (cuadernos) _____
   (puertas) _____
   (ventana) _____

2. Tomás quiere ese *periódico*.
   (revista) _____
   (plumas) _____
   (lápiz) _____
   (carteles) _____

3. Conozco bien aquel país.
   (ciudad) _____
   (programas) _____
   (calles) _____
   (universidad) _____

Actividades y práctica: D, E

D. The use of prepositions with certain verbs
(*El uso de preposiciones con ciertos verbos*)

Los estudiantes **entran en** (a) la sala de clase.	*The students are entering the classroom.*
Ellos **entran en el** (al) edificio.	*They are entering the building.*
¿**Entramos** ahora?	*Should we enter now?*
Salgo de casa a las ocho.	*I leave the house at eight.*
Hoy **salgo** temprano.	*Today, I leave early.*

■ **Entrar** requires **en** before an object; **salir** requires **de**. In Spanish America, **entrar a** is frequently used instead of **entrar en**. If no object is expressed, no preposition is required.

Diana **busca** los boletos.	*Diane is looking for the tickets.*
¿**Escuchas** tú la radio?	*Do you listen to the radio?*
¿Están Uds. **esperando** las noticias?	*Are you waiting for the news?*
Miramos las fotografías.	*We are looking at the photographs.*

Copyright © Houghton Mifflin Company. All rights reserved.

- The verbs **buscar**, *to look for*; **escuchar**, *to listen to*; **esperar**, *to wait for*; and **mirar**, *to look at* do not require a preposition to introduce a direct object as do their English equivalents.

¡Atención! The personal **a**, however, is used when the direct object is a person: **Tomás busca *a* Diana**, *Thomas is looking for Diane*; **Escucha *a* María**, *Listen to Mary*; **Espera *a* tu hermana**, *Wait for your sister*; **Mira *a* las chicas**, *Look at the girls*.

Práctica 8 Complete with the preposition **a**, **de**, or **en**, or use no preposition, as required.

1. Diana y varios amigos están esperando _____ María.
2. Están esperando _____ la llegada del avión.
3. El avión sale _____ Buenos Aires a las ocho de la mañana y llega a Quito a las once.
4. Va _____ llegar a las cinco de la tarde.
5. Rita está buscando _____ la Facultad de Ciencias Sociales.
6. Ella tiene que entrar _____ aquel edificio.
7. Escuchamos _____ los programas de vez en cuando.
8. Miramos _____ la televisión todos los días.
9. Llama _____ Rita pronto.
10. Ella está buscando _____ su compañera de cuarto.

Práctica 9 Form new sentences substituting the information given in parentheses for the information in italics. Use or omit prepositions as necessary.

1. Busco *el libro de historia*. (la profesora de historia) _____

2. Busco *unas revistas españolas*. (el dependiente) _____

3. Ellos están mirando a *Diana*. (la fotografía de Diana) _____

4. Ellas están mirando *las noticias*. (los chicos) _____

5. Escucha *la radio*. (el profesor) _____

6. Escucha a *tu hermana*. (el teléfono) _____

7. Estamos esperando *el avión*. (mi hermana) _____

8. Salimos *tarde* y entramos *ahora*. (salimos/casa; entramos/oficina) _____

E. The infinitive after a preposition *(El infinitivo después de preposición)*

Después de terminar tu carrera…	After finishing your career…
Estoy cansada de estudiar.	I'm tired of studying.
Al ver a Enriqueta…	On (Upon) seeing Henrietta…
	[When he (she, I, etc.) saw Henrietta…]

- After a preposition, Spanish regularly uses an infinitive, whereas English normally requires the *-ing* form.
- **Al** + infinitive is the equivalent of English *on (upon)* plus the *-ing* form. This construction may also be translated as a clause beginning with *when*.

F. Cardinal numbers 30–90 *(Los números cardinales 30–90)*

30	treinta	60	sesenta	80	ochenta
40	cuarenta	70	setenta	90	noventa
50	cincuenta				

- Remember from **Lección 3** that, beginning with 31, numerals are written as separate words: **treinta y uno, cuarenta y dos, cincuenta y ocho**.
- Numerals ending in **uno** drop the **-o** before masculine nouns: **treinta y un estudiantes**, *thirty-one students*; **cincuenta y un lápices**, *fifty-one pencils*. **Una** is used with feminine nouns: **cuarenta y una oficinas**, *forty-one offices*.

Práctica 10 Write out the numerals in Spanish.

1. Ella va a estar allí (66) _____ días.
2. Nuestro libro de español tiene (22) _____ lecciones.
3. Hay (84) _____ palabras nuevas en la lección.
4. Necesitamos (75) _____ cuadernos.
5. Sólo tengo (49) _____ carteles.
6. Quieren comprar (51) _____ plumas.
7. Hay (90) _____ muchachas en la clase.
8. Quiero vender (43) _____ sillas.
9. (38) _____ muchachos viven en la residencia.
10. (77) _____ estudiantes están enfermos.
11. Diciembre tiene (31) _____ días.
12. Tenemos (34) _____ días de clase y (68) _____ días de vacaciones.
13. Necesitamos (74) _____ diccionarios, (83) _____ cuadernos de ejercicios y (97) _____ libros.

14. La biblioteca recibe unas (65) _____ revistas en español y unos (47) _____ periódicos.

15. En mi ciudad hay unas (89) _____ librerías.

Actividades y práctica: F

Repaso

A. Circle the item that does not belong in each series of words.

1. la arquitectura / la medicina / el abogado / la ingeniería
2. la frase / la expresión / la carrera / la palabra
3. la chica / la calle / la muchacha / la joven
4. a menudo / por fin / de vez en cuando / siempre

B. Indicate in Spanish the object you associate with the following words and phrases.

1. pagar con _____
2. invitar _____
3. abrir _____
4. entrar _____
5. salir _____
6. terminar _____

C. Give the Spanish equivalent.

1. Upon leaving the residence hall, Rita sees Henrietta in the street. _____

2. Rita waits for her, and they chat about their studies a few moments. _____

3. Henrietta is studying (*present progressive*) medicine. Rita wants to enter the School of Business Administration. _____

4. Henrietta does not go out with her friends often, and only once in a while can she see her family. _____

5. The girls are tired of studying, but they want to finish their studies. _____

6. Raymond opens the door and, upon seeing his friend, he greets him. _____

7. The two young men enter the living room, and they chat about Mary, Diane's sister. _____

8. Raymond doesn't know Diane, but he knows where she lives. _____

Expansión

A. Answer the following questions with complete sentences.

1. ¿Sale Ud. mucho por la noche? ¿Con quién o con quiénes sale Ud.? _____

2. ¿Mira Ud. la televisión todos los días? ¿La mira más por la mañana, por la tarde o por la noche? _____

3. ¿Lee Ud. mucho o poco? ¿Cuándo tiene Ud. tiempo para leer revistas? _____

4. ¿Ve Ud. a sus amigos todos los días? ¿Cuándo los ve? Cuando los ve, ¿los invita a tomar algo? _____

5. ¿Por qué está Ud. tan ocupado(-a) siempre? ¿Tiene Ud. tiempo para descansar? _____

6. ¿A qué hora sale Ud. de su casa por la mañana? ¿Adónde va? _____

B. Complete the missing lines of this telephone conversation, using the grammar and vocabulary learned thus far. Thomas calls his friend Raymond about an invitation from Diane.

RAMÓN (*Answering the telephone.*) —¡Bueno!
TOMÁS —¡Hola, Ramón! Aquí habla Tomás. ¿Cómo estás?

RAMÓN —_____
TOMÁS —Muy bien, gracias. Oye, Ramón. Tú conoces a mi amiga Diana, ¿verdad?

RAMÓN —_____
TOMÁS —Pues, nos invita a ir a su casa esta noche.

RAMÓN —_____
TOMÁS —A eso de las ocho. Su hermana María está aquí de visita.

RAMÓN —_____
TOMÁS —Creo que está estudiando en una universidad suramericana. ¿Puedes ir?

RAMÓN —_____
TOMÁS —Bueno. Hasta pronto, Ramón. Te vemos a las ocho.

RAMÓN —_____

Para comprender y escribir

A. From the three choices offered, select the one that best completes the statement or answers the question you hear.

1. (a) Derecho.
   (b) Ingeniería.
   (c) Administración de Negocios.

2. (a) ¡Claro!
   (b) ¡Caramba!
   (c) ¡Qué alegría!

3. (a) No, tiene mucho dinero.
   (b) No, tiene poco dinero.
   (c) Sí, tiene que terminar sus estudios.

4. (a) estudiar más?
   (b) recibir el título?
   (c) charlar un rato?

B. On the lines provided, write a new sentence, using the cue and making any necessary changes.

1. _____
2. _____
3. _____
4. _____
5. _____
6. _____

C. On the lines provided, rephrase the sentences you hear, using direct object pronouns.

MODEL: Rita lee el libro. → **Rita lo lee**.

1. _____
2. _____
3. _____
4. _____
5. _____
6. _____
7. _____

D. Dictado. You will hear a short paragraph about Jorge's impressions of his work. You will hear the narrative three times. Listen the first time. Write what you hear the second time. Make any necessary corrections the third time.

_____
_____
_____
_____
_____
_____
_____

E. You will hear a series of statements about the conversation you just heard. Indicate in the space provided whether each statement is True (**Cierto**) or False (**Falso**). If the statement is false, write the correct statement. After all five statements have been given to you, you will hear the conversation again so you can check your answers.

1. _____ Cierto   _____ Falso

2. _____ Cierto   _____ Falso

3. _____ Cierto   _____ Falso

4. _____ Cierto   _____ Falso

5. _____ Cierto   _____ Falso

VOCABULARIO

la **abogada** lawyer (f.)
el **abogado** lawyer (m.)
  abrir to open
la **administración** (pl. **administraciones**) administration
  algo pron. anything, something
la **arquitecta** architect (f.)
el **arquitecto** architect (m.)
la **arquitectura** architecture
el **arte** (f., pl. **las artes**) art
la **calle** street
  ¡caramba! goodness! gosh! gee! good gracious!
la **carrera** career; field, course of study
  charlar to chat
la **chica** girl
el **chico** boy; pl. boys and girls, young people
la **ciencia** science
  ¡claro! I see, sure! of course! certainly!
  cuando when
el **derecho** law
el **dinero** money
la **economía** (sing.) economics
el (or la) **economista** economist
  enfrente de prep. across from, in front of

entrar (**en** + obj.) to enter, go or come in (into)
esperar to wait, wait for; to expect, hope
el **estudio** study
la **Facultad** School (in a university), College
la **farmacia** drugstore, pharmacy
ganar to gain, earn, win
el **gobierno** government
la **historia** history
importante (m. or f.) important
la **informática** computer science
la **ingeniera** engineer (f.)
la **ingeniería** engineering
el **ingeniero** engineer (m.)
invitar (**a** + inf.) to invite (to + verb)
joven (pl. **jóvenes**) (m. or f.) young
el **joven** young man; pl. young men, young people
la **joven** young woman, girl
luego adv. then, next, later
la **medicina** medicine
el **momento** moment
los **negocios** business
el **número** number
poder (**ue**) to be able, can

la **sala** living room, lounge
salir (**de** + *obj.*) to leave, go or come out (of)
saludar to greet, speak to, say hello to
seguro, -a sure, certain

la **sicología** psychology
terminar to end, finish
el **título** degree (university); title
traer to bring
ver to see
la **vez** (*pl.* **veces**) time (*in a series*)

a casa de su amigo (**Ramón**) to his friend (Raymond)'s (house)
a menudo often, frequently
al + *inf.* on, upon + *-ing* (*pres. part.*)
las **artes liberales** liberal arts
las **ciencias naturales** (**sociales**) natural (social) sciences
de casa de (**Diana**) from (Diane)'s house
de vez en cuando from time to time, once in a while, occasionally
el **edificio de apartamentos** apartment building
en el número (**cincuenta**) at number (fifty)
estar enfrente de to be across from
estar seguro, -a de que to be sure that
la **Facultad de Administración de Negocios** Business School, School of Business Administration
la **Facultad de Medicina** Medical School, School of Medicine
hoy día nowadays
los (**las**) **dos** both, the two
por fin finally
¡qué bien! good! great!
tener mucho que estudiar to have a great deal to study
tomar algo to have or take something to eat *or* drink

Lección 7

- Spanish **ch**, **y**, **ll**, and **ñ**
- The diphthongs **ai** (**ay**) and **oi** (**oy**)
- Present indicative of the irregular verbs **dar** and **decir**
- Indirect object pronouns
- The verb **gustar**
- Uses of **¿qué?** and **¿cuál(es)?**
- Adjectives used as nouns
- Comparisons of inequality

De compras en Tijuana[1]

Silvia está pasando las vacaciones del Día de Acción de Gracias en San Diego. Su amiga Lupe vive en Tijuana. El jueves por la noche Silvia la llama por teléfono y le dice que quiere ir de compras allí el viernes.

LUPE	(*Contestando el teléfono.*) —¡Bueno![2]
SILVIA	—¡Hola, Lupe! Te habla Silvia.
LUPE	—¿Qué tal, Silvia? ¿Vas a venir a Tijuana mañana?
SILVIA	—Sí. Quiero comprar varias cosas porque ahí son más baratas. ¿Vas a estar muy ocupada?
LUPE	—No. Ya sabes que me encanta ir de compras… Pasa por mi casa a eso de las diez. ¿Te parece bien?
SILVIA	—¡Ni modo! Necesito cobrar un cheque porque tengo menos de veinte dólares.
LUPE	—Bueno, el banco abre a las nueve y media…
SILVIA	—Entonces, yo estoy ahí a las once.
LUPE	—¡De acuerdo! Te veo mañana, Silvia.

El viernes a las doce las dos amigas llegan al centro. En la calle Constitución hay muchas tiendas de ropa. Los escaparates están llenos de mercancía: vestidos, blusas, faldas, pantalones, camisetas, zapatos y otras cosas. Entran en una tienda, La Moda Joven, y le dicen a la vendedora que quieren ver los vestidos que están a precio especial.

LUPE	—¡Qué bonito es este vestido blanco! Y es de talla ocho. ¿No te gusta, Silvia? (*Le enseña el vestido a su amiga.*)
SILVIA	—¡Ay, sí! Me gusta mucho. Es más bonito que este azul, ¿verdad?
LUPE	—Sí, pero mira este rojo que es de algodón puro; es la misma talla. ¿Qué colores te gustan, Silvia?
SILVIA	—Me gusta mucho el rojo. ¡Es el más bonito de todos! Además, me encanta el estilo de este vestido…
LUPE	(*Le pregunta a la vendedora*) —¿Cuál le parece a Ud. más juvenil, señorita?
VENDEDORA	—Yo sólo les digo que las jóvenes usan mucho este estilo ahora; está muy de moda. Y hoy lo damos por sólo cuarenta y nueve dólares y noventa y cinco centavos.[3]
SILVIA	—¡Esta tienda es la más cara de Tijuana! Le doy cuarenta y lo tomo.
VENDEDORA	—Lo siento mucho, señorita. En esta tienda no regateamos[4]; aquí tenemos precio fijo.

---

1. **Tijuana** is a Mexican border city south of San Diego.
2. Several expressions can mean *hello* when answering the phone: **Bueno** or **Hola** (Mexico); **Diga** or **Dígame** (Spain); **Aló** (in many countries).
3. Even though the **peso** is the standard monetary unit in Mexico, U.S. currency is accepted in border cities.
4. In Hispanic countries, especially in open-air markets, bargaining is practiced quite frequently.

Copyright © Houghton Mifflin Company. All rights reserved.

96 LECCIÓN 7

SILVIA —¡Imposible! No tengo mucho dinero y quiero comprar una bolsa de cuero y unas blusas de hilo. Muchas gracias.
LUPE —No me gusta esta vendedora. Vamos a otra tienda. Cerca de aquí hay una que tiene cosas muy buenas y menos caras.

Preguntas sobre los diálogos

1. ¿Dónde está pasando Silvia las vacaciones? ¿Quién vive en Tijuana? _____
2. ¿Por qué llama por teléfono Silvia a su amiga? _____
3. ¿Qué necesita Silvia? _____
4. ¿A qué hora abre el banco? _____
5. ¿A qué hora va a estar Silvia en casa de Lupe? _____
6. ¿Qué hay en la calle Constitución? _____
7. ¿Cómo están los escaparates de las tiendas? ¿Qué hay en los escaparates? _____
8. ¿Qué vestido le gusta mucho a Silvia? ¿Por qué? _____
9. ¿Qué cree Silvia de esa tienda? _____
10. ¿Adónde van las dos chicas? _____

Pronunciación

A. Spanish **ch**, **y**, **ll**, and **ñ**

- Spanish **ch** is pronounced like English *ch* in *church*.

    charlar   chileno   escuchar   muchacho   noche

- Spanish **y** is pronounced like a strong English *y* in *you*; the conjunction **y**, *and*, when initial in a breath group before a vowel, or when between vowels within a breath group, has the sound of Spanish **y**.

    desayuno   ella y él   oye   yo   ¿y usted?

- Spanish **ll** is pronounced like English *y* in *you* in most of Spanish America and in some parts of Spain; in other parts of Spain and Spanish America it is pronounced somewhat like *lli* in *million*.

  amarillo   calle   llamar   llegan   silla

- The **ñ** is an **n** pronounced with the same tongue position as in **ch** and **y**; it sounds somewhat like English *ny* in *canyon*.

  compañero   España   español   mañana   señorita

B. The diphthongs **ai (ay)** and **oi (oy)**

- Spanish **ai** (ay) is pronounced like a prolonged English *i* in *mine*. **Oi** (oy) is pronounced like a prolonged English *oy* in *boy*.

  dais   hay   la inglesa   roja y verde   treinta y dos
  blanco y negro   estoy   hablo inglés   hoy   sois

Notas gramaticales

A. Present indicative of the irregular verbs **dar** and **decir**
(El presente del indicativo de los verbos irregulares dar y decir)

| **dar**, *to give* | | **decir**, *to say, tell* | |
Singular	Plural	Singular	Plural
doy	damos	digo	decimos
das	dais	dices	decís
da	dan	dice	dicen

- **Dar** follows the same pattern of conjugation as **ir**: **voy, doy; vas, das**, etc.
- **Decir**, like **venir**, has a **g** in the **yo** form: **vengo, digo;** but in **decir**, the vowel **e** of the stem changes to **i**, except in the **nosotros** and **vosotros** forms: **decimos, decís**.

Práctica 1 Complete each sentence with the corresponding form of the present indicative tense of the verb.

(dar) 1. ¿_____ su familia dinero a la universidad? 2. Nosotros _____ dinero a la universidad. 3. ¿Cuánto dinero _____ Uds.? 4. Yo _____ poco. 5. Pero mis padres _____ mucho. 6. Sé que Ud. _____ algo.

(decir) 7. Rita _____ que tiene que estudiar. 8. ¿_____ Uds. que quieren ir de compras? 9. Yo _____ que quiero mirar la televisión. 10. Nosotros _____ que tenemos que ir a la biblioteca. 11. ¿Qué _____ tú, Lupe? 12. Y Jorge, ¿qué _____ Ud.?

Actividades y práctica: A

B. Indirect object pronouns (Los pronombres de objeto indirecto)

Indirect Object Pronouns			
Singular		*Plural*	
me	(to, for) me	nos	(to, for) us
te	(to, for) you (*fam.*)	os[1]	(to, for) you (*fam.*)
le	(to, for) him, her, it, you (*formal*)	les	(to, for) them, you (*formal*)

Lupe **me** da el dinero; ella **me** cobra el cheque en el banco.
Lupe gives me the money (gives the money to me); she cashes the check for me at the bank.

La vendedora **les** (**nos**) enseña otros vestidos.
The clerk shows them (us) other dresses.

Cuando Tomás llega a casa de Ramón, Ramón **le** abre la puerta y **le** dice: —¡Hola, Tomás!
When Thomas arrives at Raymond's house, Raymond opens the door for him and says to him: "Hi, Thomas!"

- An indirect object expresses *to* or *for whom* something is done: **Ella me da el dinero**, *She gives me the money* (*She gives the money to me*); **Ella me cobra el cheque**, *She cashes the check for me*.
- The forms of the indirect object pronouns are the same as the forms of the direct object pronouns, except for the third-person singular and plural: **le, les**.
- Indirect object pronouns agree in number with the nouns to which they refer, but there is no gender distinction: **me, nos; le, les**.
- The context of the sentence usually makes the meaning of **le** and **les** clear. However, when these pronouns mean (*to* or *for*) *you* (formal singular and plural), **a Ud.** and **a Uds.** are often expressed: **Le doy a Ud. este vestido por cincuenta dólares**, *I'll let you have this dress for fifty dollars*; **¿Les enseño a Uds. otra cosa?**, *May I show you anything else?*
- Indirect object pronouns are placed immediately before the verb (some exceptions will be given later).

La vendedora	les	enseña	otra mercancía.
subject	*ind. obj.*	*verb*	*dir. obj.*
The clerk	shows	them	other merchandise.
subject	*verb*	*ind. obj.*	*dir. obj.*

¡Atención! In Spanish the indirect object pronoun is normally used in sentences containing an indirect object noun: **Le dicen *a la vendedora*** que el vestido es muy caro, *They tell the clerk that the dress is very expensive*; **Ella siempre les escribe *a sus amigos***, *She always writes to her friends*. The indirect object is frequently used with verbs such as **decir, escribir, preguntar, enseñar, leer,** and **mandar**.

---

1. The indirect object form **os**, corresponding to **vosotros**, is used only in Spain.

Práctica 2 Supply the indirect object pronoun that corresponds to the indirect object, following the model.

MODEL: Yo _____ doy la carta a Lupe. → **Yo *le* doy la carta a Lupe.**

1. A Lupe _____ encanta ir de compras. 2. Ella _____ dice a su amiga Silvia que piensa ir a Tijuana. 3. _____ parece a las jóvenes que las cosas son más baratas allí. 4. Entran en una tienda y la vendedora _____ enseña a Lupe y Silvia unos pantalones y unas camisetas. 5. Ellas _____ preguntan a la vendedora si están a precio especial. 6. La vendedora _____ contesta a las jóvenes que tienen precio fijo en esa tienda.

Práctica 3 Write affirmative answers to these questions.

1. ¿Te mandan el cheque mañana? _____
2. ¿Le escriben a Ud. en español? _____
3. ¿Les enseñan a Uds. las compras? _____
4. ¿Te venden el mapa? _____
5. ¿Le parece a Ud. barato el reloj? _____
6. ¿Les dicen a Uds. la verdad? _____

Actividades y práctica: B

C. The verb **gustar** (*El verbo gustar*)

Me gusta la mercancía.	*I like the merchandise.*
Me gusta estudiar y trabajar.	*I like to study and work.*
Me gustan las bolsas.	*I like the bags.*
A Lupe le gusta el vestido.	*Lupe likes the dress.*
A ella le gustan los zapatos.	*She likes the shoes.*
A mis hermanas les gusta ir de compras.	*My sisters like to go shopping.*

- The verb **gustar** is the equivalent of English *to like*; literally, it means *to be pleasing to* (*someone*). The sentences using this verb are therefore constructed differently in the two languages. Spanish uses an indirect object pronoun to indicate the person whose likes are being described and the verb agrees with the subject of the sentence, which is the person or thing that is liked (that is pleasing).

- Note that only two forms of the verb **gustar** are used: **gusta** if one thing or action is liked; **gustan** if more than one thing is liked.

- For emphasis or clarity, a prepositional phrase introduced with **a** may be used: (**A Lupe**) **le gusta...**, *Lupe likes . . .* ; (**A ellas**) **les gusta...**, *They (f.) like . . .* ; (**A mis hermanos**) **les gusta...**, *My brothers (brothers and sisters) like . . .*

- Two other verbs that follow the same pattern as **gustar** are **parecer**, *to seem, appear*, used to express what a person thinks of something, and **encantar**, *to love* (in the sense of being charmed or delighted).

Me encanta esa chica.	*I love (am charmed by) that girl.*
Me parece muy bonita.	*She seems very pretty to me.*

Te encantan estas blusas, ¿verdad?
No me parecen caras estas blusas.

You love these blouses, don't you?
These blouses don't seem expensive to me.

—¿No les encanta a Uds. ir a Tijuana?
—¿Qué les parece a Uds. Tijuana?
—Nos parece una ciudad interesante.

"Don't you love to go to Tijuana?"
"How does Tijuana seem to you?"
"It seems like an interesting city to us."

Práctica 4 Complete each sentence with the present indicative tense of **gustar**.

1. Me _____ ir al centro.   2. A Lupe no le _____ esta tienda.   3. A Jaime le _____ estos zapatos.   4. A nosotros nos _____ las camisetas blancas.   5. No nos _____ este estilo.   6. A los muchachos les _____ los programas de radio.   7. Me _____ estudiar por la mañana.   8. A los estudiantes les _____ las vacaciones.

Práctica 5 Rewrite each sentence using the information given in parentheses.

1. Me gustan estos zapatos.   (esta bolsa)
   _____

2. Me gusta esta camisa.   (estos pantalones)
   _____

3. ¿Te gustan las blusas?   (la falda)
   _____

4. A Silvia no le gustan las vendedoras.   (la tienda)
   _____

5. Nos encantan tus compañeros.   (tu apartamento)
   _____

6. No nos parece cómoda la casa.   (los apartamentos)
   _____

7. Les parecen muy agradables tus amigos.   (tu familia)
   _____

8. Me encanta su blusa.   (sus zapatos)
   _____

D. Use of ¿qué? and ¿cuál(es)?   *(El uso de ¿qué? y ¿cuál[es]?)*

Followed by a verb or a preposition, **¿qué?** and **¿cuál?** (*pl.* **¿cuáles?**) are used as pronouns meaning *what?*, *which one(s)?*

- **¿Qué?** is used to ask for a simple definition, an explanation, or specific information.

   ¿Qué es Silvia, uruguaya o argentina?   *What is Sylvia, Uruguayan or Argentinian?*

—¿Qué quieres? —Quiero ir de compras.   "What do you want?" "I want to go shopping."

- ¿**Cuál?** (*pl.* ¿**Cuáles?**) is used to ask a question in which a choice among one or more things is implied.

    —¿**Cuál** es Lupe? —Es la chica que vive en Tijuana.   "Which one is Lupe?" "She is the girl who lives in Tijuana."
    ¿**Cuál** de las tiendas está en la calle Constitución?[1]   Which (one) of the stores is on Constitution Street?
    ¿En **cuáles** de las tiendas venden ropa para jóvenes?   In which (ones) of the stores do they sell clothing for young people?

- When English *which?* and *what?* modify nouns, the adjective ¿**qué?** is used in Spanish.

    ¿**Qué** blusa vas a comprar?   What (Which) blouse are you going to buy?
    ¿**Qué** precio tiene?   What's the price?
    ¿**Qué** hora es?   What time is it?

¡Atención! ¿**Qué?** and ¿**cuál?** (*pl.* ¿**cuáles?**) always require an accent mark, whether used in direct or indirect questions.

Práctica 6 Read the following sentences, supplying the appropriate interrogative word: ¿qué?, ¿cuál?, or ¿cuáles?

1. ¿_____ es la ciudad mexicana que está cerca de San Diego?
2. ¿_____ hay en Tijuana?
3. ¿_____ tiendas conoces tú?
4. ¿_____ son las tiendas buenas en Tijuana?
5. ¿_____ es la más cara?
6. ¿_____ mercancía vende La Moda Joven?
7. ¿_____ de esas tiendas tienen ropa para jóvenes?
8. ¿_____ de las vendedoras te gusta más?
9. Bueno, ¿_____ día vamos a Tijuana?
10. ¿_____ te parece si vamos este sábado?

Actividades y práctica: C

E. Adjectives used as nouns (*El adjetivo usado como sustantivo*)

En mi país **los chicos** no usan esos colores.   In my country, boys don't wear those colors.
Las jóvenes usan mucho este estilo.   Young women (girls) wear this style a lot.
Mira este vestido rojo y mira **este verde**.   Look at this red dress and look at this green one.

---

[1]. Note the use of the preposition **de** when a noun follows ¿**cuál?**, ¿**cuáles?**

Me gustan estas sandalias marrones;   *I like these brown sandals; I don't like*
no me gustan **estas blancas**.   *these white ones.*

- Remember from **Lección 2** that adjectives of nationality may be used as nouns: **La española** es guapa, *The Spanish girl (woman) is good-looking.* Many other adjectives in Spanish are also used in this way, especially when preceded by a definite article or a demonstrative adjective: **el vestido verde** → **el verde**, *the green dress → the green one*; **estas sandalias blancas** → **estas blancas**, *these white sandals → these white ones*. Note that while English adds *one(s)*, Spanish does not add **uno(s)**.

- An adjective used as a noun agrees in gender and number with the noun to which it refers.

Práctica 7   Rewrite each sentence, using the adjective as a noun.

1. Me encantan estas sandalias rojas.

2. La vendedora les enseña la falda verde.

3. El vestido rosado es de talla ocho.

4. Las blusas celestes son de Lupe.

5. Los pantalones azules son muy caros.

6. ¿De quién son estos calcetines blancos?

7. Esta billetera negra es muy bonita.

8. ¿No te gusta la camiseta amarilla?

F. Comparisons of inequality   (*La comparación de desigualdad*)

| más / menos } + adjective + (que) | { *more* + adjective OR adjective + *-er* + (*than*) / *less* + adjective + (*than*) |

Este vestido es **más caro**.   *This dress is more expensive.*
Estas faldas son **menos juveniles**.   *These skirts are less youthful.*
Estas sandalias rojas son **menos**   *These red sandals are less*
 caras que las blancas.   *expensive than the white ones.*
Silvia es **más alta que** Juan.   *Sylvia is taller than John.*

- **Más** or **menos** followed by an adjective are the constructions used in Spanish to make comparisons between nouns. Note that the comparative adjective must agree in gender and number with the noun that precedes it.

- **Que**, in this context, corresponds to English *than*: Esta tienda es **más** (**menos**) barata **que** La Moda Joven, *This store is cheaper (less cheap) than La Moda Joven*.

¡Atención! In comparisons, the English *than* corresponds to **que** before a noun or pronoun, but before a numeral *than* is expressed by **de**.

Silvia es más guapa **que** su hermano.	*Sylvia is better looking than her brother.*
Tengo menos **de** veinte dólares.	*I have less than twenty dollars.*
La vendedora les enseña más **de** tres vestidos.	*The clerk shows them more than three dresses.*

- Simple negative sentences with **más que** are equivalent to affirmative sentences with **sólo** or **solamente**.

No tengo **más que** veinte dólares. = Sólo (Solamente) tengo veinte dólares.	*I have only twenty dollars.*
La vendedora **no** les enseña **más que** tres vestidos. = La vendedora sólo (solamente) les enseña tres vestidos.	*The clerk shows them only three dresses.*

The superlative comparison (*La comparación superlativa*)

Este vestido es **el** (**vestido**) **más caro de** todos.	*This dress is the most expensive (dress) of all.*
Esta tienda es **la** (**tienda**) **más grande de** la ciudad.	*This store is the largest (store) in the city.*
Estos pantalones son **los menos caros**.	*These pants are the least expensive (ones).*
Ellas son **las chicas más bonitas de** la clase.	*They are the prettiest girls in the class.*

- To express the superlative degree of adjectives in a comparison, Spanish uses the definite article followed by **más**, **menos**, and the adjective or an irregular comparative form.
- Note that the adjective must agree with the noun in gender and number: **el** (**vestido**) **más caro**, *the most expensive (dress)*; **las** (**chicas**) **más bonitas**, *the prettiest (girls)*.
- While English often adds *one(s)*, Spanish does not add **uno(s)**.
- Note that after a superlative, Spanish **de** corresponds to the English *in* or *of*: **la más grande de** la ciudad, *the largest one in the city*; **las más bonitas de** la clase, *the prettiest ones in the class*; **la más alta de** todas, *the tallest one of all*; **el más barato de** los dos, *the cheaper of the two*.

Práctica 8 Read the statement and the question that follows. Then answer, following the models.

MODEL: María es joven. ¿Y Diana? → **Diana es más joven que María.**

1. La camiseta roja es cara. ¿Y la camiseta amarilla?

   _____

2. Las revistas son baratas. ¿Y los periódicos?

   _____

3. Rita es alta. ¿Y Ramón?
   _____

4. La Lección seis es difícil. ¿Y la Lección siete?
   _____

   MODEL: Tomás está cansado. ¿Y Mario? → **Mario está menos cansado que Tomás.**

5. Los muchachos están contentos. ¿Y las muchachas?
   _____

6. Juan está muy ocupado. ¿Y Uds.?
   _____

7. Lupe está preocupada. ¿Y sus profesores?
   _____

8. Luisa está enferma. ¿Y Laura?
   _____

Práctica 9 Write affirmative answers using the superlative comparison, following the model.

   MODEL: ¿Es nueva la tienda? → **Sí, es la más nueva de todas.**

1. ¿Es fina la camisa? _____
2. ¿Son juveniles los vestidos? _____
3. ¿Es caro el retaurante? _____
4. ¿Es largo el viaje? _____
5. ¿Son fáciles las lecciones? _____
6. ¿Son difíciles los ejercicios? _____

Actividades y práctica: D, E

Repaso

A. Circle the item that does not belong in each series of words.

1. marrón / rosado / cómodo / celeste
2. el banco / el cuero / el cheque / el centavo
3. la chaqueta / el vestido / la falda / el escaparate
4. el algodón / el zapato / la sandalia / el mocasín

B. Use the expressions in parentheses in complete sentences.

1. (estar de moda) _____
2. (dar por) _____

3. (ir de compras) _____
4. (encantar) _____
5. (parecer) _____
6. (tener precio fijo) _____

C. Give the Spanish equivalent.

1. Sylvia is spending Thanksgiving (Day) vacation near San Diego. _____

2. She telephones Lupe and tells her friend that she wants to buy some things in Tijuana. _____

3. Lupe is not very busy, and she tells Sylvia that she loves to go shopping. _____

4. Sylvia has to go to the bank because she has less than twenty dollars. _____

5. The two friends (*f.*) enter a large store and tell the clerk (*f.*) that they want to see the dresses that are on sale. _____

6. "Don't you (*fam. sing.*) like this white dress, Sylvia? How pretty it is! It's pure cotton and it's size eight." _____

7. "Look (*fam. sing.*) at this red one; it is the prettiest of them all." _____

8. Sylvia tells the clerk (*f.*) that the store is the most expensive one in Tijuana. _____

Expansión

A. Write answers to these questions, using complete sentences.

1. ¿Tiene Ud. que hacer algunas compras hoy? _____

2. ¿Qué ropa nueva necesita Ud.? _____

3. ¿Cuántas camisetas tiene Ud.? _____

4. ¿A qué hora abren las tiendas en esta ciudad? _____

5. ¿Tienen precio fijo en las tiendas de esta ciudad? _____

6. ¿Le gusta a Ud. ir de compras? _____
_____

B. You and Ana have lunch and then enter a large store on the same street. You approach a saleswoman.

ANA	—Queremos ver los pantalones y chaquetas que están a precio especial. ¿Cuáles son?
VENDEDORA	—_____
USTED	—Quiero comprar pantalones de varios colores. ¿Qué colores te gustan, Ana?
ANA	—_____
VENDEDORA	—Estas camisetas están muy de moda también.
ANA	—_____
USTED	—Sí, me gusta mucho. ¿Qué precio tiene?
VENDEDORA	—_____
USTED	—Puedo pagar con un cheque, ¿verdad?
VENDEDORA	—_____
ANA	—¡Cómo pasa el tiempo! Vamos a casa ya.

Para comprender y escribir

A. From the three choices offered, select the one that best completes the statement or answers the question you hear and circle it.

1. (a) a precio fijo.
   (b) caras.
   (c) a precio especial.
2. (a) esa bolsa.
   (b) ese estilo.
   (c) ese modo.
3. (a) Lo siento mucho.
   (b) Me encanta.
   (c) ¡Cómo no!

B. Write a new sentence using the cue and making any necessary changes.

1. _____
2. _____
3. _____
4. _____
5. _____
6. _____
7. _____
8. _____

C. Dictado. You will hear a short paragraph about Elena's vacation with Marta. You will hear the narrative three times. Listen the first time. Write what you hear the second time. Make any necessary corrections the third time.

_____

_____

_____

_____

_____

_____

_____

_____

_____

D. You will hear a series of statements about the conversation you just heard. Indicate in the space provided whether each statement is True (**Cierto**) or False (**Falso**). If the statement is false, write the correct statement. After all five statements have been given to you, you will hear the conversation again so you can check your answers.

1. _____ Cierto   _____ Falso

   _____

2. _____ Cierto   _____ Falso

   _____

3. _____ Cierto   _____ Falso

   _____

4. _____ Cierto   _____ Falso

   _____

5. _____ Cierto   _____ Falso

   _____

VOCABULARIO

la **acción** (*pl.* **acciones**) action
además *adv.* besides
ahí *adv.* there (*near or related to person addressed*)
el **algodón** cotton
el **banco** bank
barato, -a inexpensive, cheap
la **billetera** wallet (*Am.*)
la **blusa** blouse
la **bolsa** purse, pocketbook, bag

¡**bueno**! hello! (*telephone*)
el **calcetín** (*pl.* **calcetines**) sock(s)
la **camisa** shirt
la **camiseta** T-shirt, sportshirt
caro, -a expensive, dear
celeste (*m. or f.*) light blue
el **centavo** cent (*U.S.*)
la **chaqueta** jacket
el **cheque** check
cobrar to cash (*a check*)

cómodo, -a comfortable
la compra purchase
la constitución (pl. constituciones) constitution
la cosa thing
¿cuál(es)? which one(s)?
el cuero leather
dar to give
decir to say, tell
el dólar dollar (U.S.)
encantar to charm, delight
enseñar (a + inf.) to show, teach (how to + verb)
el escaparate shop window
especial (m. or f.) special
el estilo style
la falda skirt
fijo, -a fixed
fino, -a fine, nice
gustar to like, be pleasing to (someone)
el hilo linen
imposible (m. or f.) impossible
juvenil (m. or f.) youthful, young-looking
lleno, -a full
mañana adv. tomorrow

marrón (pl. marrones) (m. or f.) brown
la mercancía merchandise
mismo, -a same
el mocasín (pl. mocasines) moccasin, loafer (shoe)
la moda style, fashion, fad
el modo manner, means, way
ni conj. neither, nor (not) . . . or
los pantalones trousers, pants, slacks
parecer to seem, appear, appear to be
el precio price
puro, -a pure
¡qué + adj. or adv.! how + adj.!
regatear to haggle, bargain
la ropa clothes, clothing
rosado, -a pink
la sandalia sandal
la talla[1] size (of a garment)
el tamaño size
la tienda store, shop
el vendedor salesman, clerk (m.)
la vendedora saleslady, clerk (f.)
el vestido dress
el zapato shoe

a precio especial on sale, at a special price, at special prices
la bolsa de cuero leather purse (bag)
la calle (Constitución) (Constitution) Street
el Día de Acción de Gracias Thanksgiving Day
está (muy) de moda it's (very) much in fashion
(ir) de compras (to go) shopping
el jueves por la noche (on) Thursday evening
(llegar) al centro (to arrive) downtown
lo (la) damos por... we are offering (selling) it (m./f.) for . . .
lo siento mucho I am very sorry
me encanta el estilo I love (am delighted with, charmed by) the style
¡ni modo! no way! certainly not!
los pantalones cortos shorts
¿Qué precio tiene(n)... ? What is the price (cost) of . . . ?
(te) habla Silvia Sylvia is speaking (to you), this is Sylvia speaking or talking (to you)
¿(te, le, les) parece bien? is it all right with (you)? does it seem O.K. to (you)?
tener precio fijo to have fixed prices
vamos (a otra tienda) let's go or we are going (to another store)

---

1. La talla is used to refer to the size of a garment: ¿Qué *talla* de vestido (camisa, falda) usas tú?, *What size dress (shirt, skirt) do you use?* Otherwise, tamaño is used: ¿Qué *tamaño* de zapatos (sandalias) necesitas?, *What size shoes (sandals) do you need?*

Lección 8

- The diphthongs **ua** and **au**
- Sounds of Spanish **s**
- Present indicative of the irregular verbs **hacer** and **poner**
- Present indicative of the stem-changing verbs **pensar** and **volver**
- Reflexive pronouns
- Reflexive verbs
- Position of object and reflexive pronouns with an infinitive
- Other uses of the definite article

En busca de un compañero de viaje

Mario encuentra a Jaime sentado en la cafetería de la Facultad de Derecho. Jaime se prepara para desayunarse y parece preocupado. Mario le pregunta por qué está tan serio.

JAIME —Quiero pasar las vacaciones de Navidad en Los Ángeles. Desgraciadamente no tengo suficiente dinero para comprarme el boleto de avión.
MARIO —Bueno, y ¿por qué no haces el viaje en coche?
JAIME —Hoy día la gasolina cuesta mucho también. Además, el viaje es bastante largo.
MARIO —Mira, ¿por qué no pones un anuncio en el periódico? No es difícil encontrar un compañero de viaje.
JAIME —¡Claro! Hay muchos estudiantes que vuelven a casa durante las vacaciones.
MARIO —Piénsalo, Jaime. Podemos escribirlo ahora.
JAIME —Me parece una buena idea. Pero después de desayunarnos, ¿eh?[1]

Jaime se pone las gafas que tiene en la mano; luego se sienta al lado de Mario. Los muchachos escriben el anuncio y después lo llevan[2] a la oficina del periódico. Jaime vuelve más contento a su apartamento. Entra y cierra la puerta. Al día siguiente, mientras se lava la cara y las manos, suena el teléfono. Jaime contesta.

MIGUEL —Deseo hablar con Jaime Delgado. ¿Está en casa, por favor?
JAIME —Sí, soy yo.[3] ¿Quién habla?
MIGUEL —Me llamo Miguel Ramos. Soy estudiante de ingeniería y yo también quiero viajar a Los Ángeles en coche. ¿Cuándo piensas salir tú?
JAIME —El domingo por la mañana. ¿Qué te parece si nos levantamos temprano? Así podemos almorzar en Monterrey[4] y visitar la misión de Carmel…
MIGUEL —¡Estupendo! Siempre me acuesto tarde los sábados, pero no hay problema. Me parece que con un compañero el viaje puede ser menos aburrido.
JAIME —Así es, y pienso que es más barato también. ¿Por qué no vuelves a llamarme el viernes?
MIGUEL —¡Muy bien! Así charlamos más. Hasta pronto, Jaime, y gracias.

---

1. In conversation, ¿eh? is often used similarly to ¿(no es) verdad?
2. Llevar is used when *to take* means to *carry* or *take* (something or someone) to a place. Tomar means *to take up* or *pick up* (e.g., take something in one's hand), *to take* (a bus), or *to take* or *have* something *to eat* or *drink*.
3. To express *it is I*, *it is you*, etc., the verb ser in Spanish agrees with the personal pronoun, which follows the verb: soy yo, *it is I*; eres tú *it is you* (fam.), etc.
4. Monterrey is the Spanish spelling for English *Monterey*, a coastal town south of San Francisco and near Carmel.

Preguntas sobre los diálogos

1. ¿Por qué está Jaime en la cafetería de la Facultad de Derecho? ¿Quién lo encuentra allí? _____

2. ¿Por qué está Jaime tan serio? _____

3. ¿Qué le pregunta su amigo a Jaime? _____

4. ¿Por qué no es difícil encontrar un compañero de viaje? ¿Qué van a escribir los muchachos? _____

5. ¿Quién es Miguel Ramos? ¿Qué quiere él? _____

6. ¿Por qué quiere salir Jaime el domingo por la mañana temprano? _____

7. ¿Qué le parece a Miguel el viaje en coche con un compañero? _____

8. ¿Qué piensa Jaime? _____

Pronunciación

A. The diphthongs **ua** and **au**

- As the first element of a diphthong, unstressed **u** is pronounced like English *w* in *wet*. Spanish **au** is pronounced like a prolonged English *ou* in *out*.

| cuaderno | ¿cuánto? | cuarenta | Juan | su amigo |
| autobús | la universidad | Laura | la usamos | lea Ud. |

B. Sounds of Spanish **s**

- Spanish **s** is pronounced somewhat like the English hissed *s* in *sent*.

| desayuno | Luisa | pasar | residencia |
| salgo | semana | buenas tardes | mis padres |

- Before **b, v, d, g, l, ll, m, n, r,** and **y**, however, Spanish **s** is pronounced like English *s* in *rose*.

| los busca | es verdad | buenos días | dos grupos | los libros |
| los llama | las modas | los números | es rojo | sus yernos |

- Pronounce each of the following words and phrases, paying close attention to the pronunciation of final **-s** in **es**, **las**, and **muchos** in the phrases, each of which should be pronounced as a single breath group.

es	es bueno	es grande	es mexicano	es nuevo
las	las dos	las lecciones	las mesas	las nueve
muchos	muchos bailes	muchos dólares	muchos relojes	muchos viajes

Notas gramaticales

A. Present indicative of the irregular verbs **hacer** and **poner**
(*El presente del indicativo de los verbos irregulares* hacer *y* poner)

| hacer, *to do, make* | | poner, *to put, place* | |
Singular	Plural	Singular	Plural
hago	hacemos	pongo	ponemos
haces	hacéis	pones	ponéis
hace	hacen	pone	ponen

- Hacer and poner, like decir, tener, and venir, have a g in the yo form: digo, tengo, vengo, hago, pongo. All other forms follow the conjugation pattern of regular -er verbs.

¡Atención! Hacer is a very useful verb. It is the equivalent of the English verbs *to do* and *to make*: **Voy a *hacer* mi trabajo**, *I'm going to do my work*; **Voy a *hacer* el almuerzo (desayuno)**, *I'm going to make lunch (breakfast)*. Like its English equivalent, **hacer**, *to do*, may be used as a substitute verb; it is used in questions in place of another verb, but is not repeated in the answer: —**¿Qué hacen Uds. hoy?** —**Hoy estudiamos.** *"What are you doing today?" "Today we're studying."* Hacer is used in many idiomatic expressions like **hacer un viaje**, *to take a trip*, and others that you will learn later.

Práctica 1 Complete each sentence with the corresponding form of the present indicative tense of the verb.

(hacer) 1. ¿Qué _____ Ud. los domingos? 2. Los domingos yo _____ muchas cosas. 3. Y Uds., ¿qué _____ ? 4. Nosotros _____ viajes en coche. 5. Y tú, Juan, ¿qué _____ ? 6. Yo _____ viajes también.

(poner) 7. Nosotros _____ las compras sobre la mesa. 8. ¿Dónde las _____ tú? 9. Yo las _____ sobre la silla. 10. Ellos _____ un anuncio en el periódico. 11. Jaime _____ sus libros en su cuarto. 12. ¿Qué _____ Ud. ahí?

Práctica 2 Answer the following questions using the information given in parentheses.

    MODEL: —¿Qué hacen Uds. ahora? (leer los artículos)
              —**Leemos los artículos.**

1. ¿Qué hacemos ahora en clase? (aprender palabras)

2. ¿Qué haces tú después? (ir a la biblioteca)

3. ¿Qué hacen Uds. ahora? (escribir unos anuncios)

   _____

4. ¿Qué hace Diana esta tarde? (tener que trabajar)

   _____

5. ¿Qué hacen Jaime y Mario el domingo? (hacer un viaje en coche)

   _____

 Actividades y práctica: A

B. Present indicative of the stem-changing verbs **pensar** and **volver**
(El presente del indicativo de los verbos que cambian la vocal radical: pensar y volver)

| pensar, *to think* | | volver, *to return, go (come) back* | |
Singular	Plural	Singular	Plural
pienso	pensamos	vuelvo	volvemos
piensas	pensáis	vuelves	volvéis
piensa	piensan	vuelve	vuelven

- In the present indicative tense **pensar** follows the same pattern of conjugation as **querer**: the stem vowel **e** changes to **ie** except in the **nosotros** and **vosotros** forms: **quiero, pienso**, etc.
- **Volver** follows the same pattern of conjugation as **poder**: the stem vowel **o** changes to **ue** except in the **nosotros** and **vosotros** forms: **puedo, vuelvo**, etc.
- The familiar singular commands of **pensar** are **Piensa (tú)**, *Think*, and **No pienses (tú)**, *Don't think*; those of **volver** are **Vuelve (tú)**, *Return*, and **No vuelvas (tú)**, *Don't return*. (See **Lección 4**.)
- Other stem-changing verbs are **almorzar** (ue), **cerrar** (ie), **contar** (ue), **costar** (ue), **encontrar** (ue), **sentarse** (ie), and **sonar** (ue).

¡Atención! Pensar + infinitive corresponds to the English *to intend, plan (on doing something)*: **Pienso hacer** el viaje en coche, *I intend to make the trip by car*; **Pensamos salir** muy temprano, *We're planning on leaving very early*. Pensar en means *to think of* or *about something or someone*: **Pienso** mucho *en* el viaje en avión, *I'm think a lot about the plane trip*; Ella siempre *piensa en* sus padres, *She is always thinking about her parents*. Pensar de is used when asking an opinion: ¿Qué *piensas de* esa vendedora?, *What do you think about that clerk?*

Práctica 3 Complete each sentence with the corresponding form of the present indicative tense of the verb.

(**pensar**) 1. Diana _____ hacer un viaje a la Argentina. 2. Nosotros _____ hacer el viaje también. 3. Yo _____ ir a México este fin de semana. 4. Mis padres

_____ salir para México el domingo por la mañana. 5. ¿Qué _____ Uds. de la idea? 6. ¿Qué _____ tú del viaje? (**volver**) 7. ¿Cuándo _____ Uds. de sus vacaciones? 8. Nosotros _____ el miércoles. 9. Tú _____ el domingo, ¿verdad? 10. No, yo _____ con los otros. 11. ¿Quién _____ más tarde? 12. Creo que mi hermano _____ más tarde.

Práctica 4 Complete each sentence with the correct form of the present indicative tense of one of the stem-changing verbs similar to **pensar** and **volver** in the list that follows. Use each verb once.

almorzar	contar	encontrar	sonar
cerrar	costar	pensar	volver

1. ¿Qué _____ Uds. de mi compañera de cuarto? 2. Si ella no tiene clases por la tarde, _____ temprano en la cafetería. 3. Como ella no come mucho, le _____ muy poco el almuerzo. 4. Al regresar de la cafetería, ella _____ la puerta de nuestro cuarto. 5. En el cuarto, (ella) _____ el dinero que tiene. 6. Yo _____ al cuarto a eso de la una y cuarto. 7. (Yo) la _____ siempre con la billetera en la mano. 8. Si _____ el teléfono, yo tengo que contestar.

Actividades y práctica: B

C. Reflexive pronouns (*Los pronombres reflexivos*)

Singular		Plural	
me	(to, for) myself	nos	(to, for) ourselves
te	(to, for) yourself (*fam.*)	os	(to, for) yourselves (*fam.*)
se	(to, for) himself, herself, yourself (*formal*), itself, oneself	se	(to, for) themselves, yourselves

- Reflexive pronouns have the same forms as direct and indirect object pronouns, except for **se**, the third-person singular and plural form.
- Reflexive pronouns are used as direct and indirect objects.

Me siento. *I sit (myself) down.*
(**Me** is the direct object.)

Me compro el periódico. *I buy myself the newspaper. (I buy*
(**Me** is the indirect object; **el periódico** *the newspaper for myself.)*
is the direct object.)

D. Reflexive verbs *(Los verbos reflexivos)*

Me acuesto tarde.	*I go to bed late.*
Me despierto temprano y **me levanto**.	*I wake up early and I get up.*
Te lavas la cara y **te pintas**.	*You* (fam.) *wash your face and put on makeup.*
Se llama Miguel.	*His name is Michael.*
Se afeita y **se baña**.	*He shaves and bathes.*
Nos peinamos y **nos ponemos** la ropa.	*We comb our hair and put on our clothes.*
Nos desayunamos a las ocho y **nos preparamos** para las clases.	*We eat breakfast at eight and we prepare for class.*
Se compran el periódico y **se sientan** a leer las noticias.	*They buy (themselves) the newspaper and they sit down to read the news.*

- A verb is called reflexive when the subject does something to itself or for itself: (**Yo**) **me lavo**, *I wash (myself)*; (**Yo**) **me compro el periódico**, *I buy (for) myself the newspaper*.

- The pronoun **se** attached to an infinitive indicates a reflexive verb: **acostarse**, **despertarse**, **lavarse**, etc.

- Reflexive pronouns follow the same rule as other object pronouns regarding their position in the sentence; that is, they are placed immediately before the conjugated verb: **me lavo**, *I wash myself*.

- When a reflexive verb is conjugated in Spanish, the reflexive pronoun corresponding to the subject is required. In English the reflexive pronoun is frequently omitted; (**Yo**) **me afeito** y (**yo**) **me baño**, *I shave and bathe* (*myself* is understood). In addition, English may use other constructions to convey the Spanish reflexive: (**Yo**) **me levanto**, *I get up*; (**Yo**) **me desayuno**, *I eat breakfast*; (**Él**) **se acuesta**, *He goes to bed*; (**Yo**) **me llamo Miguel**, *My name is Michael*.

¡Atención! In Spanish, many verbs can be used either as reflexive or as transitive verbs. Note the following sentences: **Yo lavo el coche**, *I wash the car*, but **Me lavo**, *I wash myself*; (**Yo**) **me despierto temprano**, *I wake up early*, but (**Yo**) **los despierto temprano**, *I wake them up early*. In some cases, there is a change of meaning: **Levanto la mano**, *I raise my hand*, but **Me levanto temprano**, *I get up early*; **Tengo que pintar la casa**, *I have to paint the house*, but **Tengo que pintarme**, *I have to put on makeup*.

Práctica 5 Complete with the corresponding form of the present indicative tense of the verb.

1. (afeitarse) ¿_____ tú todos los días?
2. (bañarse) Uds. _____ por la mañana, ¿verdad?
3. (despertarse) Dicen que ellos _____ temprano.
4. (peinarse) Lupe es muy bonita y _____ muy bien.
5. (pintarse) Yo no _____ los ojos.
6. (sentarse) ¿Dónde _____ nosotros?

Práctica 6 Complete each sentence with the correct form of one of the verbs in the list that follows. Use each verb once.

acostarse	desayunarse	levantarse	ponerse
arreglarse	lavarse	llamarse	prepararse

1. Mi compañera de cuarto _____ Elena. 2. Como Elena y yo estudiamos de noche, _____ muy tarde. 3. Por la mañana Elena _____ muy temprano. 4. Ella _____ la ropa y va al comedor. 5. Yo _____ más tarde. 6. Al terminar el desayuno, yo vuelvo al cuarto y _____ los dientes. 7. Luego Elena y yo _____ un poco. 8. Y _____ para salir.

Actividades y práctica: C, D

E. Position of object and reflexive pronouns with an infinitive
(La posición de los pronombres objetos y reflexivos con el infinitivo)

Pienso **escribirte** una carta seria.	*I plan to write you a serious letter.*
Deseo **verla** y **hablarle**.	*I wish to see her and talk to her.*
No puedes **llamarla** hoy.	*You cannot (may not) call her today.*
Tienes que **lavarte** las manos.	*You have to wash your hands.*
¿A qué hora deseas **desayunarte**?	*At what time do you wish to have breakfast?*
Mañana voy a **levantarme** temprano.	*Tomorrow I am going to get up early.*

- Remember that object pronouns are regularly placed immediately before the conjugated verb: *lo deseo*, *I wish it*, *la compro*, *I buy it*.

- When an object or reflexive pronoun is used as the object of an infinitive, it is usually placed after the infinitive and is attached to it.

¡Atención! Note that **desear**, like **querer**, may be followed by an infinitive: **quiero verla**, *I want to see her*; **deseo hablarle**, *I wish to talk to her*. Just as the English *to desire* is used less than *to wish* or *to want*, so Spanish **desear** is used less than **querer**.

Note that **poder** means *can* or *may*: ¿**Puedo entrar**?, *Can (May) I come in*?

Práctica 7 Rewrite each of the following sentences, placing the reflexive pronoun in the correct position.

1. (se) Jaime acuesta tarde. No quiere acostar temprano.
   _____

2. (me) Yo levanto a las siete. Hoy tengo que levantar a las seis.
   _____

3. (nos) ¿Por qué sentamos aquí? Podemos sentar cerca de la puerta.
   _____

4. (se) ¿Afeita Ud. por la mañana? ¿Va Ud. a afeitar hoy?
   _____

5. (me) Yo preparo para salir. Necesito preparar para salir.
   _____

6. (te) Tú pones las gafas. Tienes que poner las gafas.
   _____

7. (se) Ellas desayunan tarde. No desean desayunar todavía.

8. (nos) ¿Dónde lavamos? No podemos lavar aquí.

Práctica 8 Use the cues to create new sentences, following the models.

> MODELS: La abro. (Voy a) → **Voy a abrirla.**
> Me pongo las gafas. (Él necesita) → **Él necesita ponerse las gafas.**

1. Lo llamo. (Puedo) _____
2. Las cierro. (Tenemos que) _____
3. Nos sentamos. (Van a) _____
4. Me siento. (Deseamos) _____
5. Te enseño las compras. (Quiero) _____
6. Le dicen el precio. (¿No va Ud. a?) _____
7. Nos manda los periódicos. (¿No puedes?) _____
8. Les escribes a menudo. (¿No deseas?) _____

Actividades y práctica: E

F. Other uses of the definite article (*Otros usos del artículo definido*)

- The definite article is often used in place of the possessive adjective with a noun identifying a part of the body, an article of clothing, or another article closely associated with the subject, when this noun is the object of a verb or preposition.

Al día siguiente, mientras Jaime se lava **la** cara y **las** manos…	*The next day, while James is washing his face and hands . . .*
Silvia va a ponerse **el** vestido nuevo hoy.	*Sylvia is going to put on her new dress today.*
Necesito **las** gafas.	*I need my glasses.*

- If a noun in Spanish denotes a general class, that is, if it applies to all of a kind (i.e., to all gasoline, all money, all planes, all young women, etc.), the definite article is used.

La gasolina cuesta mucho.	*Gasoline costs a lot.*
El dinero es necesario.	*Money is necessary.*
Me gustan **los** coches grandes.	*I like big cars.*
Los jóvenes no usan ese estilo.	*Young people don't wear that style.*

Práctica 9 Provide the corresponding form of the definite article where necessary. Explain briefly, in the space provided, the reason for its use.

1. _____ medicina es una carrera muy seria. (_____)
2. Voy a estudiar _____ medicina. (_____)

3. Tengo que comprar _____ gasolina hoy. (_____)
4. _____ gasolina es muy cara este año. (_____)
5. A mi hermano le gustan _____ coches. (_____)
6. Ella se pinta _____ labios. (_____)
7. ¡Cómo pasa _____ tiempo! (_____)
8. No tenemos _____ tiempo ahora. (_____)
9. Hoy pienso ponerme _____ zapatos nuevos. (_____)
10. Al levantarnos, nos lavamos _____ cara y _____ manos. (_____)

Repaso

A. Write complete sentences using the following initial words and expressions.

1. El domingo por la mañana _____
2. Desgraciadamente, _____
3. Durante _____
4. ¿Qué te parece si _____?

B. Use the expressions within parentheses in complete sentences.

1. (al lado de) _____
2. (llamarse) _____
3. (pintarse los labios) _____
4. (prepararse para) _____

C. Give the Spanish equivalent.

1. Mario finds James seated in the cafeteria and asks him why he is so serious. _____
2. James wants to spend (the) Christmas vacation in Los Angeles. _____
3. He doesn't have enough money to buy (himself) the plane ticket. _____
4. Mario tells him that he can put an ad in the newspaper because many students return home by car. _____
5. James puts on his glasses, sits down at the table with Mario, and then they write the ad. _____

6. On the following day the telephone rings, and James answers. _____
_____

7. Michael, an engineering student, also wants to travel to Los Angeles by car. _____
_____

8. It seems to him that with a companion the trip will be less boring. _____
_____

Expansión

A. Answer the following questions with complete sentences.

1. ¿Qué hace Ud. durante las vacaciones generalmente? ¿Vuelve Ud. a casa o pasa las vacaciones con sus amigos? _____

2. ¿Pueden Uds. ir a México? ¿Cuesta mucho viajar en avión? _____

3. ¿Cómo le gusta a Ud. viajar, en avión o en coche? _____

4. ¿Le gusta a Ud. más viajar en tren o en autobús? _____

5. ¿Le gusta a Ud. viajar con un compañero (una compañera)? _____

6. Cuando Ud. viaja, ¿se levanta Ud. tarde o se levanta temprano? _____

7. Cuando Ud. está en casa, ¿a qué hora se acuesta? ¿A qué hora se levanta? _____

B. Write a letter in Spanish to some friends with the following information: you are writing to tell them that you hope to spend Christmas vacation at their house; you plan to make the trip with a friend who has a car and lives in (_____); you plan to leave the following day; you plan to leave early in the morning and hope to arrive home at about (_____) o'clock; during the vacation you plan to visit your cousin (_____), who lives in (_____); greetings to all.

Queridos amigos:

_____
_____
_____
_____
_____

_____
_____
_____
_____

                                                         Un abrazo (*hug*) de su amigo (amiga),

                                                                                       _____

Para comprender y escribir

A. From the three choices offered, select the one that best completes the statement or answers the question you hear.

    1. (a) desayunarse.   3. (a) acostarse.
       (b) almorzar.   (b) sonar.
       (c) cenar.   (c) viajar.

    2. (a) la barba.   4. (a) el Día de Acción de Gracias.
       (b) los ojos.   (b) la Navidad.
       (c) las manos.   (c) la primavera.

B. Write a negative response to the question asked, as in the model.

        MODEL: ¿Piensan Uds. ir a Tijuana? → **No, no pensamos ir a Tijuana.**

1. _____
2. _____
3. _____
4. _____
5. _____
6. _____
7. _____
8. _____

C. Make a new sentence with each cue, following the models.

        MODELS: La abro. (Voy a) → **Voy a abrirla.**
                    Me pongo las gafas. (Necesito) → **Necesito ponerme las gafas.**

1. _____
2. _____
3. _____

4. _____

5. _____

6. _____

7. _____

8. _____

D. Dictado. You will hear a short ad in which somebody is seeking a traveling companion to share driving costs. You will hear the ad three times. Listen the first time. The second time it is read, write what you hear. The third time, make any necessary corrections.

_____
_____
_____
_____
_____
_____
_____
_____
_____
_____

E. You will hear a series of statements about the conversation you just heard. Indicate in the space provided whether each statement is True (**Cierto**) or False (**Falso**). If the statement is false, write the correct statement. After all six statements have been given to you, you will hear the conversation again so you can check your answers.

1. _____ Cierto   _____ Falso
_____

2. _____ Cierto   _____ Falso
_____

3. _____ Cierto   _____ Falso
_____

4. _____ Cierto   _____ Falso
_____

5. _____ Cierto   _____ Falso
_____

6. _____ Cierto   _____ Falso
_____

Copyright © Houghton Mifflin Company. All rights reserved.

VOCABULARIO

acostarse (ue) to go to bed, lie down
afeitarse to shave
almorzar (ue) to have (eat) lunch
el anuncio ad(vertisement)
arreglarse to get ready (fixed up)
así adv. so, thus, that way
el autobús (pl. autobuses) bus
bañarse to bathe
la barba beard
el barco ship, boat
la cara face
cerrar (ie) to close
el coche car
costar (ue) to cost
desayunar(se) to have (eat) breakfast
desear to desire, wish, want
desgraciadamente adv. unfortunately
despertar (ie) to arouse, awaken; reflex. to wake up
el diente tooth
durante prep. during, for
¿eh? eh? right?
encontrar (ue) to meet, encounter; to find
estupendo, -a stupendous, great, wonderful
las gafas (eye)glasses, spectacles
la gasolina gasoline
hacer to do; to make
la idea idea
el labio lip
el lado side

lavar to wash (something); reflex. to wash (oneself)
levantar to raise; reflex. to get up, rise
llamarse to be called, be named
llevar to take, carry
Los Ángeles Los Angeles
la mano (note gender) hand
la misión (pl. misiones) mission
la Navidad Christmas
el ojo eye
peinar to comb; reflex. to comb oneself
el pelo hair
pensar (ie) to think, think over, consider; + inf. to intend, plan to + verb
pintar to paint; reflex. to put on makeup
poner to put, place, reflex. to put on (oneself)
preocupado, -a worried, preoccupied
el problema (note gender) problem
sentado, -a seated
sentarse (ie) to sit down
serio, -a serious
siguiente (m. or f.) following, next
sonar (ue) to sound; to ring
suficiente (adj., m. or f.) enough
el tren (pl. trenes) train
viajar to travel
visitar to visit, call on
volver (ue) to return, go back; to come back

al día siguiente (on) the following (next) day
al lado de prep. beside, next to, at the side of
así es so it is
el boleto de avión (air)plane ticket
la compañera de viaje traveling companion (f.)
el compañero de viaje traveling companion (m.)
de noche at (by) night
el domingo por la mañana (on) Sunday morning
en autobús (barco, coche, tren) by (in a) bus (boat, car, train)
en busca de in search of
en coche by (in a) car
estar en casa to be at home
el fin de semana the weekend
hacer el viaje to make (take) the trip

lavarse la cara (**las manos, el pelo**) to wash one's face (hands, hair)
no hay problema there is no (isn't any) problem
la **oficina del periódico** newspaper office
piénsalo think about it (*fam.*)
pintarse la cara to put on makeup
pintarse los labios to put on lipstick
pintarse los ojos to put on eye makeup
prepararse para to prepare (oneself) for, to get ready for
¿qué te parece si…? what do you think if . . . ? how does it seem to you if . . . ?
soy yo it is I (it's me)
las **vacaciones de Navidad** Christmas vacation
volver (**ue**) **a casa** to return (go back) home; to come back home

Lección 9

- Spanish **m**
- Sounds of Spanish **n**
- The diphthongs **ue** and **eu**
- Preterit indicative of regular verbs
- Preterit of the irregular verbs **dar**, **ir**, and **ser**
- Use of the preterit
- Indefinite and negative words
- The definite article with time expressions

Jorge pasa las vacaciones en Madrid

En el mes de diciembre Jorge Ibarra fue a Madrid a pasar las vacaciones de Navidad con su familia y sus amigos. Un domingo por la noche, antes de entrar en un cine de la Gran Vía,[1] encontró a su amiga Lola Fuentes. Charlaron un rato.

JORGE —¡Qué casualidad, Lola! Te llamé anoche y ninguno de Uds.[2] me contestó…

LOLA —¡Ah! ¿Sí? (*Lo mira divertida.*) ¿Olvidaste que en Madrid nadie se queda en casa los sábados por la noche? Pero, ahora en serio, Jorge, ¿por qué me llamaste?

JORGE —Aunque nunca te escribí de California, ayer recordé que siempre te gustaron las películas musicales. Y esta película fue un éxito en los Estados Unidos…

LOLA —Aquí a todo el mundo le encantó. Mis primos, que la vieron la semana pasada con mis tíos, me contaron que tiene algunos números de baile fantásticos.

JORGE —¡Ah, sí! En Norteamérica, después de este tipo de películas todos bailan más que nunca.

LOLA —¡Qué interesante! Aquí también bailamos mucho, pero también vamos mucho a conciertos de música popular con cantantes famosos.

JORGE —Creo que ya comienza la película. Alguien canta ahora. Hasta luego, Lola.

Después de ver la película, los dos amigos hablaron otra vez.

JORGE —¿Qué te pareció la película, Lola? ¿Te gustó?

LOLA —No sé… Me pareció un poco larga; también esperaba más canciones populares…

JORGE —A propósito, ¿no fuiste al concierto de Miguel Bosé[3] el mes pasado? Dicen que fue un éxito.

LOLA —Sí, ese día comí con Sara Cabral y después fuimos a escucharlo.

JORGE —En septiembre dio un concierto en el teatro Calderón. Cantó algunas[4] canciones preciosas en español.

LOLA —Perdóname Jorge, pero estoy apurada… Trata de llamarme otro día si puedes y charlamos más.

JORGE —No sé, Lola. Salgo para los Estados Unidos el miércoles que viene. Pero si ves a alguno de nuestros amigos, ¿quieres darle muchos recuerdos?

LOLA —Vale. Y ¡buen[5] viaje, Jorge!

---

1. **la Gran Vía**, a principal street in central Madrid.
2. **ninguno de Uds.**, *none of you*.
3. **Miguel Bosé**, a popular contemporary Spanish singer.
4. In **Lección 2**, you learned that **unos, -as** means *some, a few, several*. **Algunos, -as** also means *some, a few, several*.
5. **Bueno** and **malo** are shortened to **buen** and **mal** before masculine singular nouns; they retain their regular form otherwise: **un buen (mal) viaje**, *a good (bad) trip*; **dos buenas (malas) películas**, *two good (bad) films*.

Copyright © Houghton Mifflin Company. All rights reserved.

Preguntas sobre los diálogos

1. ¿Por qué fue Jorge Ibarra a Madrid en el mes de diciembre? _____
   _____
2. ¿Dónde encontró Jorge a Lola una noche? _____
   _____
3. ¿En qué país fue un éxito la película que van a ver? _____
   _____
4. ¿Cuándo la vieron los primos de Lola? _____
   _____
5. ¿Qué le contaron ellos a Lola de la película? _____
   _____
6. ¿Qué le pareció la película a Lola? ¿Qué esperaba ella? _____
   _____
7. ¿Cuándo cantó Miguel Bosé en el teatro Calderón? ¿Qué cantó él? _____
   _____
8. ¿Cuándo sale Jorge para los Estados Unidos? _____
   _____

Pronunciación

A. Spanish m

- Spanish **m** is pronounced like English **m**.

  colombiano   comedor   familia   mesa   mira

B. Sounds of Spanish n

- When initial in a syllable, when final before a pause, or when before any consonant other than those mentioned below, Spanish **n**[1] is pronounced like the English *n*.

  avión   cansado   Enriqueta   en seguida   poner

- Before **b**, **v**, **m** and **p**, Spanish **n** is pronounced like **m**.

  con mamá   conversación   un boleto   un poco   un viaje

- Before **ca**, **co**, **cu**, **qu**, **g** and **j**, Spanish **n** is pronounced like *n* in *sing*.

  con Jorge   ¿con quién?   en casa   inglés   tengo

---

1. When final in a syllable before a consonant, Spanish **n** assimilates to the following consonant. Since this change normally takes place without any conscious effort on the part of the speaker, only the most noticeable changes are discussed here.

C. The diphthongs **ue** and **eu**

- As the first element of a diphthong, unstressed **u** is pronounced like English *w* in *wet*.

  almuerzo   escuela   nueve   puedo   tu hermano

- Spanish **eu** has no close equivalent in English. It consists of a Spanish **e** followed closely by a glide sound that ends in English *oo*, to sound like *ehoo*.

  ¿cree usted?   espere usted   Europa   ¿sabe usted?   ¿tiene usted?

Notas gramaticales

A. Preterit indicative of regular verbs
(El pretérito del indicativo de los verbos regulares)

	hablar	**comer**	**vivir**
Singular	hablé	comí	viví
	hablaste	comiste	viviste
	habló	comió	vivió
Plural	hablamos	comimos	vivimos
	hablasteis	comisteis	vivisteis
	hablaron	comieron	vivieron

- The preterit corresponds to the English simple past tense and the emphatic form with *did*: **hablé**, *I spoke, I did speak*; **comimos**, *we ate, we did eat*; **vivieron**, *they lived, they did live*.
- The preterit indicative tense of regular verbs is formed by adding the endings **-é, -aste, -ó, -amos, -asteis, -aron** to the infinitive stem of **-ar** verbs, or the endings **-í, -iste, -ió, -imos, -isteis, -ieron** to the stem of **-er** and **-ir** verbs. The stress always falls on the ending; note the written accents on the first- and third-person singular forms.
- Stem-changing **-ar** and **-er** verbs are regular in the preterit: **pensar: pensé, pensaste, pensó,** etc.; **volver: volví, volviste, volvió,** etc.
- **Conocer** and **salir** also have regular forms in the preterit: **conocí, conociste, conoció,** etc.; **salí, saliste, salió,** etc.

¡Atención! Note that the preterit of the **nosotros** form of regular verbs ending in **-ar** and **-ir** coincides with the **nosotros** form in the present indicative. Context clarifies the time in which the action takes place: **Vivimos en Madrid** *este año*, **Vivimos en Madrid** *el año pasado*, *We live (are living) in Madrid this year*, *We lived in Madrid last year*.

Práctica I Complete each sentence with the corresponding form of the preterit indicative tense of the verb.

(pasar) 1. Jaime _____ las vacaciones de Navidad en Madrid. 2. ¿Dónde las _____ Uds.? 3. Nosotros las _____ en casa.

(bailar) 4. Todos _____ mucho. 5. ¿_____ tú también? 6. Sí, yo _____ con Enriqueta.

(aprender) 7. ¿_____ tú la lección? 8. Sí, yo la _____. 9. Creo que Laura la _____ también.

(vender) 10. ¿Quiénes _____ el coche? 11. ¿Lo _____ Uds.? 12. Sí, nosotros lo _____.

(abrir) 13. Tú _____ la puerta, ¿verdad? 14. No, yo no la _____. 15. Diana la _____.

(escribir) 16. ¿_____ Uds. la carta? 17. No, nosotros no la _____. 18. Ellas la _____.

Actividades y práctica: A

B. Preterit of the irregular verbs **dar**, **ir**, and **ser**
(*El pretérito de los verbos irregulares dar, ir y ser*)

dar		ir, ser	
Singular	*Plural*	*Singular*	*Plural*
di	dimos	fui	fuimos
diste	disteis	fuiste	fuisteis
dio	dieron	fue	fueron

- **Dar** ends in **-ar**, but in the preterit it has the endings of **-er**, **-ir** verbs without the accents.
- **Ir** and **ser** have the same forms in the preterit; context makes the meaning clear.
- **Ver** follows the same pattern as **dar** in the preterit: **vi**, **viste**, **vio**, etc.

Práctica 2 Complete each sentence with the corresponding form of the preterit indicative tense of the verb.

(dar) 1. ¿Cuánto dinero les _____ Uds.? 2. Nosotros les _____ cinco dólares. 3. Ellos les _____ diez dólares. 4. Y Ud., ¿cuánto les _____? 5. Yo les _____ cincuenta centavos. 6. Tú les _____ un dólar, ¿verdad? 7. Sí, y Jorge les _____ menos.

(ir) 8. ¿Adónde _____ Uds. el sábado por la noche? 9. Nosotros _____ al cine. 10. Y, ¿adónde _____ ellas? 11. Sé que Ana _____ al teatro. 12. Y, ¿adónde _____ Ud.? 13. Yo _____ al baile. 14. Y tú _____ al baile, ¿verdad?

(ser) 15. ¿Cómo _____ el concierto ayer? 16. Ud. _____ el cantante, ¿verdad? 17. Sí, yo _____ el cantante. 18. Y tú _____ la bailarina.

19. ¿Quiénes _____ los estudiantes que pasaron dos meses en España?
20. ¿_____ Uds. del grupo?   21. Sí, nosotros _____ del grupo.

C. Use of the preterit (El uso del pretérito)

The preterit is used in Spanish to express

- actions or events that occurred in the past and ended at a specific time.

    Volví de Madrid la semana pasada.   *I came back from Madrid last week.*
    Estudiamos allí el año pasado.   *We studied there last year.*

- actions or events that occurred in the past within a definite time period.

    Durante ese año **visitamos** muchas ciudades españolas.   *During that year we visited many Spanish cities.*
    Nosotros también **conocimos** a muchos estudiantes extranjeros durante esos viajes.   *We also met many foreign students during those trips.*

- a series of actions or events that were completed one after the other in the past.

    Anoche **salí** con Lola; **cenamos** en un restaurante mexicano, **fuimos** al cine pero no **vimos** una película buena.   *Last night I went out with Lola; we had (ate) dinner in a Mexican restaurant, we went to the movies, but we didn't see a good movie.*

Práctica 3 Read the following sentences and explain briefly, in the space provided, the use of the preterit tense.

1. Yo encontré a Jaime en el teatro ayer. _____
2. Él pasó las vacaciones de Navidad en Madrid. _____
3. Jaime volvió de España la semana pasada. _____
4. Los estudiantes dieron un baile el sábado pasado. _____
5. Estudiamos toda la tarde y fuimos al baile a las nueve. _____
6. Bailamos hasta la una de la mañana. _____

Práctica 4 Read the statement and expressions that follow. Then use the expressions in sentences that are related logically to the initial statement, as in the model.

    MODEL: Alberto tiene un examen (*exam*) hoy. (estudiar en la biblioteca anoche; no ir al cine anoche) → **Alberto estudió en la biblioteca anoche. No fue al cine.**

1. Ya estoy en clase y no son las ocho todavía. (levantarse a las seis; desayunarse a las siete)
   _____

2. Mario tiene una camiseta nueva. (comprarla la semana pasada; costarle veinte dólares)
   _____

3. Almorzamos hoy con dos estudiantes ingleses. (conocerlos ayer; invitarlos a venir a las doce)

4. Estoy muy cansado hoy. (volver de España el domingo pasado; pasar dos semanas en Madrid)

5. Diana y María no están en su cuarto. (sonar el teléfono dos veces; no contestar nadie)

6. Mis padres están aquí de visita. (visitar algunas de mis clases ayer; darme un poco de dinero anoche)

 Actividades y práctica: B, C, D

D. Indefinite and negative words *(Palabras indefinidas y negativas)*

	Indefinite	Negative
Pronouns	algo something; anything	nada nothing; (not) . . . anything
	alguien someone, somebody; anyone, anybody	nadie no one, nobody; (not) . . . anyone (anybody)
Pronoun or adjective	alguno, -a some; any; someone; *pl.* some, a few, several; any	ninguno, -a no one, none, (not) . . . any (anybody, anyone); nobody
Adverbs	siempre always también also, too	nunca never, (not) . . . ever tampoco neither, (not) . . . either
Conjunctions	o or	ni neither, nor, (not) . . . or

Lola necesita **algo**.   *Lola needs something.*
Nadie bailó. / No bailó **nadie**.   *No one (Nobody) danced.*
Nunca la llamamos. / No la llamamos **nunca**.   *We never called her.*
No le escribimos **tampoco**. / **Tampoco** le escribimos.   *We didn't write to her either. (Neither did we write to her.)*

- The pronouns **alguien** and **nadie** refer only to persons unknown or not mentioned before. The personal **a** is required when they are used as objects of the verb.

    ¿Llamaron Uds. **a alguien**?   *Did you call someone (somebody, anyone)?*
    No vimos **a nadie**.   *We did not see anyone.*

- **Alguno, -a** and **ninguno, -a**, used as adjectives or pronouns, refer to persons or things already thought of or mentioned. The plural **algunos, -as** means *some, any, several*. **Ninguno, -a** is normally used only in the singular.

Él cantó **algunas** canciones preciosas. *He sang some beautiful songs.*
Ninguno de Uds. sabe bailar bien. *None (Not one) of you knows how to dance well.*

- When **alguno, -a** and **ninguno, -a** refer to persons used as objects of the verb, the personal **a** is required.

  Si ves **a alguno** de mis amigos… *If you see one of my friends . . .*
  No conozco **a ninguna** de las chicas. *I don't know any(one) of the girls.*

¡Atención! The plural **unos, -as** has the same meaning as **algunos, -as**, but is more indefinite and vague as to the exact number. **Algunos, -as** replaces **unos, -as** when followed by a **de** phrase: Me gustaron **algunos de** los números de baile, *I liked some of the dance numbers.*

Remember that unemphatic *some* and *any* are not expressed in Spanish: ¿**Tienes dinero?**, *Do you have (some) money?*; **Necesito lápices y plumas**, *I need some pencils and some pens.*

- Spanish frequently uses double negatives. The negatives **nada, nadie,** and **nunca** may either precede or follow a verb. When these negative words come before the verb, **no** is not required. When they follow the verb, **no** or some other negative must precede the verb.

Nada necesito.
No necesito **nada**. *I don't need anything.*

Nadie canta.
No canta **nadie**. *No one sings.*

Nunca bailo.
No bailo **nunca**. *I never dance.*

Tampoco necesito **nada**. *I don't need anything either.*
Nunca canta **nadie**. *No one ever sings.*

- Spanish may also use two negatives (other than **no**), where English permits the use of only one negative word. (Note the last two examples.)

- **Nada, nadie, nunca,** and **ninguno** may also be used without a verb: —¿Qué está haciendo Ud.? —**Nada**, "What are you doing?" "Nothing"; —¿Quién está con Uds. allí? —**Nadie**, "Who's there with you?" "Nobody"; —¿Cuándo van a cantar Uds.? —**Nunca**, "When are you going to sing?" "Never"; —¿Cuál de los libros quieres? —**Ninguno**, "Which of the books do you want?" "None (of them)."

Práctica 5 Make each sentence negative, following the model.

MODEL: Traemos algo. → **No traemos nada.** *or* **Nada traemos.**

1. Alguien baila ahora. _____
2. Alguno de tus amigos llamó. _____
3. Veo a alguien en la calle. _____
4. Ana se quedó también. _____
5. Él está escribiendo algo. _____
6. ¿Conoces a alguna de las chicas? _____
7. Yo bailo o canto el jueves. _____
8. Ellos siempre me dan algo. _____

Práctica 6 Answer the following questions affirmatively, and then negatively, using complete sentences.

1. ¿Compró Ud. algo la semana pasada? _____

2. ¿Llamó Ud. por teléfono a alguien anoche? _____

3. ¿Encontró Ud. a alguno de sus amigos en la biblioteca ayer? _____

4. ¿Trató Ud. de llamar a sus padres anoche? _____

Actividades y práctica: E

E. The definite article with time expressions
(El artículo definido con expresiones de tiempo)

Fuimos a España **el año pasado** (**el mes pasado**).	We went to Spain last year (last month).
Tomás sale para Montevideo **el miércoles que viene**.	Thomas is leaving for Montevideo next Wednesday.

- In Spanish, when an expression of time such as **semana, mes, año,** a day of the week, or a month of the year is modified by an adjective or a relative clause, the definite article must be used.

Práctica 7 Supply the corresponding definite article when necessary.

1. Recibí tu carta _____ viernes por _____ mañana. 2. Hoy es _____ martes. 3. Voy a visitar a Diana _____ domingo que viene. 4. Tomamos el desayuno generalmente a _____ ocho. 5. Leo el periódico todos _____ días. 6. Mis tíos llegaron de España _____ miércoles por _____ noche. 7. Ellos viajaron mucho _____ año pasado. 8. Nosotros pensamos salir para México _____ semana próxima. 9. Volvemos a casa _____ mes que viene. 10. Ayer fue _____ lunes, ¿verdad?

Actividades y práctica: F

Repaso

A. Circle the item that does not belong in each series of words.

1. el baile / la bailarina / el cine / bailar
2. la comedia / el recuerdo / un drama / el teatro
3. la canción / el cantante / la entrada / cantar
4. anoche / otra vez / ayer / el miércoles que viene

B. Use the expressions in parentheses in complete sentences.

1. (a propósito) _____

2. (el año pasado) _____

3. (recordar) _____

4. (tratar de + *inf.*) _____

C. Give the Spanish equivalent.

1. One Sunday night George saw his friend Lola at (**en**) a movie in Madrid. _____

2. George never wrote to Lola from California, but he remembered that she liked musical films. _____

3. The film that they went to see was a success in the United States; everybody loved it in Spain, too. _____

4. Young people in Spain dance more than ever, and they also go to concerts. _____

5. In November, Lola and her friend Sarah went to a concert. _____

6. Lola is in a hurry. She tells George, "Try to call me another day if you can." _____

7. George replies (to her) that he is leaving for the United States next Wednesday. _____

Expansión

A. Write answers to these questions, using complete sentences.

1. ¿A qué hora se levantó Ud. hoy? _____

2. ¿Dónde se desayunó Ud. hoy? _____

3. ¿Se quedó Ud. en su casa anoche o estudió en la biblioteca? _____

4. ¿Cuántas cartas recibió Ud. la semana pasada? _____

5. ¿Fueron Ud. y su amigo(-a) de compras ayer? _____

6. ¿Le vendió Ud. algo a alguien el mes pasado? _____

7. ¿Le dio Ud. dinero a alguien la semana pasada? _____

8. ¿Salió Ud. del país durante las vacaciones el año pasado? _____

B. On Monday morning, you meet a friend, James, who has been away for the weekend; you ask him where he has been and then you tell him what you did; you also make plans for the following Saturday.

USTED —¡Hola, Jaime! No te vi anoche. ¿Cuándo volviste?

JAIME —_____

USTED —Entonces pasaste dos días con tus primos, ¿verdad?

JAIME —_____

USTED —Lo siento mucho. Algunos de nuestros amigos están enfermos también.

JAIME —_____

USTED —Pues, el sábado, Jorge y yo fuimos al cine. A propósito, no nos gustó la película.

JAIME —_____

USTED —El domingo por la noche fuimos con varias amigas a un club en la Calle Catorce. La música fue fantástica.

JAIME —_____

USTED —Si recuerdo bien, la entrada costó siete dólares. Y, claro, siempre hay que tomar algo.

JAIME —_____

USTED —Muy bien; podemos salir a eso de las ocho y media. Invita a alguna amiga.

JAIME —_____

USTED —De acuerdo. Te llamo el viernes por la noche si no me llamas antes. Hasta luego, Jaime.

Para comprender y escribir

A. From the three choices offered, select the one that best completes the statement or answers the question you hear and circle it.

1. (a) mirar una película.
   (b) escuchar música.
   (c) cantar una canción.

2. (a) anoche.
   (b) pasado mañana.
   (c) los sábados por la noche.

3. (a) —¡Qué casualidad!
   (b) —¡Buen viaje!
   (c) —Vale.

4. (a) recuerdos.
   (b) teatros.
   (c) espectáculos.

B. Answer each question negatively, using the preterit tense and substituting the correct object pronoun for the noun, as in the models.

   MODELS: ¿Lavas el coche? → **No, ya lo lavé.**
   ¿Cierra Tomás la puerta? → **No, ya la cerró.**

1. _____
2. _____
3. _____
4. _____
5. _____
6. _____
7. _____
8. _____

C. Write the affirmative version of the sentence you hear if it is negative, and the negative version of the sentence you hear if it is affirmative, as in the models.

   MODELS: Nadie llama ahora. → **Alguien llama ahora.**
   Siempre le doy algo. → **Nunca le doy nada.**

1. _____
2. _____
3. _____
4. _____
5. _____
6. _____
7. _____
8. _____
9. _____
10. _____

D. Dictado. You will hear a short paragraph about a concert in Madrid. You will hear the narrative three times. Listen the first time. Write what you hear on the lines provided the second time. Make any necessary corrections the third time.

_____
_____
_____
_____
_____
_____
_____

E. You will hear a series of statements about the conversation you just heard. Indicate in the space provided whether each statement is True (**Cierto**) or False (**Falso**). If the statement is false, write the correct statement. After all six statements have been given to you, you will hear the conversation again so you can check your answers.

1. _____ Cierto   _____ Falso

2. _____ Cierto   _____ Falso

3. _____ Cierto   _____ Falso

4. _____ Cierto   _____ Falso

5. _____ Cierto   _____ Falso

6. _____ Cierto   _____ Falso

VOCABULARIO

¡**adiós**! good-bye
alguien *pron.* someone, somebody; anyone, anybody
alguno, -a *adj.* and *pron.* some; any; someone; *pl.* some, a few, several; any
anoche last night
apurado, -a in a hurry (*Am.*)
ayer yesterday
bailar to dance
el **bailarín** (*pl.* **bailarines**) dancer (*m.*)
la **bailarina** dancer (*f.*)
el **baile** dance
buen *used for* **bueno** *before m. sing. nouns*
la **canción** (*pl.* **canciones**) song
el (la) **cantante** singer
cantar to sing
la **casualidad** chance, accident
la **ciencia-ficción** science fiction
el **cine** movie(s)

la **comedia** comedy
comenzar (ie) (a + *inf.*) to begin *or* commence (to + *verb*)
el **concierto** concert
contar (ue) to tell, relate; to count
divertido, -a amused, amusing
el **drama** (*note gender*) drama
la **entrada** ticket (*for admission*)
el **espectáculo** show
el **éxito** success, "hit"
famoso, -a famous
fantástico, -a fantastic, "great"
la **guerra** war
mal *used for* **malo** *before m. sing. nouns*
el **misterio** mystery
la **música** music
musical *adj.* (*m.* or *f.*) musical
nada *pron.* nothing; (not) . . . anything
nadie *pron.* no one, nobody, (not) . . . anybody (anyone)

ninguno, -a *adj.* and *pron.* no one, none, (not) . . . any (anybody, anyone); nobody
Norteamérica North America
nunca *adv.* never, (not) . . . ever
el **oeste** West
pasado, -a past, last
la **película** movie, film
perdonar to pardon, excuse
popular (*m.* or *f.*) popular
precioso, -a precious, beautiful
la **prima** cousin (*f.*)
el **primo** cousin (*m.*)
próximo, -a next
quedar(se) to stay, remain; to be
recordar (ue) to recall, remember
el **recuerdo** memory, remembrance; *pl.* regards, best wishes
tampoco *adv.* neither, (not) . . . either
el **teatro** theater
el **terror** horror, terror
la **tía** aunt
el **tío** uncle; *pl.* uncles, uncle(s) and aunt(s)
el **tipo** type
todos, -as all, everybody
tratar de + *obj.* to treat, deal (with); **tratar de** + *inf.* to try to + *verb*
vale O.K., all right

antes de *prep.* before (*time*)
antes de (entrar) before (entering)
el **año (mes) pasado** last year (month)
a propósito by the way
¡buen viaje! (have) a good or fine trip!
la **comedia musical** musical comedy or play
en serio seriously
estar apurado, -a to be in a hurry (*Am.*)
háblele (usted) de cómo... speak to him (her) about how . . .
más que nunca more than ever
el **(miércoles) que viene** next (Wednesday)
el **número de baile** dance number
otra vez again
la **película de misterio (de ciencia-ficción, de guerra, de terror, del oeste)** mystery (science-fiction, war, horror, western) movie or film
la **película musical** musical movie or film
perdóname pardon me, excuse me (*fam.*)
¡qué casualidad! what a coincidence!
los **(sábados) por la noche** (on) (Saturday) evenings/nights
salir para to leave for
la **semana pasada** last week
todo el mundo everybody

Lección 10

- Sounds of Spanish x and j
- Triphthongs
- The imperfect indicative
- Use of the imperfect indicative
- The preterit and the imperfect contrasted
- **Hacer** and **haber** in impersonal expressions

Recuerdos de niñez

Después de terminar el primer[1] semestre, Jaime Delgado y Miguel Ramos decidieron pasar las vacaciones de invierno en San Antonio. Mientras iban camino de esta ciudad, hablaban del tiempo y de su niñez, entre otras cosas…

JAIME —¡Caramba, Miguel, hoy hace mucho frío! El cielo está nublado y, como siempre aquí en Chicago, hace mucho viento.

MIGUEL —¡Por suerte no está nevando! Seguramente en San Antonio hace buen tiempo, aunque hace fresco en esta estación.

JAIME —Ah, pero en Cozumel[2] y el Caribe la gente está gozando de las playas preciosas, del sol, de la luna tropical…

MIGUEL —Pero, hablando de otras cosas, ¿dónde vivías cuando eras pequeño?

JAIME —Mi familia tenía ganado y vivíamos en el campo. La vida era agradable en Cuba…, pero un día fue necesario venir a este país. ¿Y tú?

MIGUEL —Nosotros vivíamos en San Antonio. Como mis padres eran de un pueblo que estaba cerca de la frontera, en casa siempre hablábamos español.

JAIME —¿Y qué hacían Uds. cuando terminaba la escuela? ¿Nunca salían de excursión durante los veranos?

MIGUEL —Sí, hombre.[3] Por cierto, hace poco mi abuelo me recordó una. Me contó que un día, cuando regresábamos de una excursión en las montañas de Colorado, encontramos una tormenta horrible. ¡Llovía a cántaros!

JAIME —¿Y cómo volvieron a casa? ¿Veían bien el camino?

MIGUEL —El regreso fue muy peligroso. Recuerdo que el agua corría por todas partes y no veíamos nada. Había mucho lodo en el camino y no podíamos cruzar el río.

JAIME —¡Qué aventura! Como mi padre decía, hay recuerdos de niñez que nunca olvidamos.

Preguntas sobre el diálogo

1. ¿Qué decidieron hacer Jaime y Miguel al terminar el semestre? _____

2. ¿De qué hablaban ellos durante el viaje? _____

3. ¿Qué tiempo hace en Chicago? ¿Y cómo está el cielo? _____

4. ¿Qué tiempo hace seguramente en San Antonio? _____

---

1. The adjective **primero** is shortened to **primer** before masculine singular nouns; it retains its regular form otherwise: **los primeros días**, *the first days*.
2. An island off the coast of the Yucatan peninsula, where the Spanish conquistador Hernán Cortés landed in 1518 before conquering the Aztec empire.
3. An informal form of address meaning, *yes, my friend*; **Sí, mujer** when addressing a female friend.

5. ¿Por qué piensa Jaime en Cozumel y en el Caribe? _____

6. ¿Dónde vivía Jaime cuando era pequeño? ¿Cómo era la vida allí? _____

7. ¿Por qué hablaban español en casa de Miguel? _____

8. ¿Qué aventura le contó a Miguel su abuelo? _____

9. ¿Cómo fue el regreso a casa? ¿Por qué? _____

10. ¿Qué decía el padre de Jaime de los recuerdos de niñez? _____

Pronunciación

A. Sounds of Spanish **x** and **j**

- Before a consonant, the letter **x** is pronounced like English *s* in *sent*.

  excelente   excursión   expresión   extranjero

- Between vowels, **x** is usually a double sound, consisting of a weak English *g* in *go* followed by a hissed *s*.

  examen   existir   éxito

- In a few words, **x**, even when between vowels, is pronounced like English *s* in *sent*.

  exacto   exactamente

- The letter **x** in the words **México**, **mexicano**, **Texas**, **texano**, and **Xavier**, spelled **Méjico**, **mejicano**, **Tejas**, **tejano** and **Javier** in Spain, is pronounced like Spanish **j** (see **Lección 5**, page 66). For most speakers, Spanish **j** is silent in **reloj**, but it is always pronounced in **relojes**.

  Jaime no tiene reloj.   El joven es extranjero.
  José tiene dos relojes.   ¿Es texano o mexicano?
  Terminaron el año con éxito.   La expresión es exacta.

B. Triphthongs

A triphthong is a combination in a single syllable of a stressed strong vowel between two weak vowels. There are four combinations in Spanish: **iai**, **iei**, **uai** (**uay**), and **uei** (**uey**).

estudiáis (es-tu-di*ái*s)   apreciáis (a-pre-ci*ái*s)
enviéis (en-vi*éi*s)   pronunciéis (pro-nun-ci*éi*s)
Uruguay (U-ru-g*uay*)   Paraguay (Pa-ra-g*uay*)
buey (b*uey*)   continuéis (con-ti-n*uéi*s)

Notas gramaticales

A. The imperfect indicative (*El imperfecto del indicativo*)

Regular verbs

	hablar	**comer**	**vivir**
Singular	hablaba	comía	vivía
	hablabas	comías	vivías
	hablaba	comía	vivía
Plural	hablábamos	comíamos	vivíamos
	hablabais	comíais	vivíais
	hablaban	comían	vivían

- The imperfect indicative tense is formed by adding the endings **-aba, -abas, -aba, -ábamos, -abais, -aban** to the infinitive stem of **-ar** verbs. The endings **-ía, -ías, -ía, -íamos, -íais, -ían** are added to the infinitive stem of all **-er** and **-ir** verbs, except **ir, ser,** and **ver**.
- All forms of **-er** and **-ir** verbs have an accent mark, while only the **nosotros** form of **-ar** verbs is accented.
- Since the first- and third-persons singular are identical in all verbs in the imperfect tense, subject pronouns are used more with this tense than with other tenses.
- The imperfect indicative tense, (**yo**) **hablaba**, corresponds in English to *I was talking, used to (would) talk, talked* (habitually).

¡Atención! Stem-changing verbs do not undergo any stem changes in the imperfect indicative: **pensar: yo pienso,** *I think*; but **yo pensaba,** *I was thinking*; **volver: yo vuelvo,** *I return*; but **yo volvía,** *I was returning*. Note that **hay,** *there is, there are*, becomes **había,** *there was, there were* in the imperfect.

The irregular verbs **ir, ser,** and **ver**

	ir	**ser**	**ver**
Singular	iba	era	veía
	ibas	eras	veías
	iba	era	veía
Plural	íbamos	éramos	veíamos
	ibais	erais	veíais
	iban	eran	veían

- **Ir, ser,** and **ver** are the only verbs in Spanish that have irregular forms in the imperfect indicative tense.

- In **ir** and **ser**, only the **nosotros** form has a written accent mark: **éramos, íbamos**. All forms of **ver** have a written accent mark.
- The meanings are: **iba**, *I was going, used to go, went*; **era**, *I used to be, was*; **veía**, *I used to see, was seeing, saw*.

Práctica I Complete with the corresponding form of the imperfect indicative tense of the verb.

(cenar) 1. Ellos _____ temprano. 2. Jorge _____ tarde. 3. ¿Cuándo _____ tú?

(nadar) 4. Yo _____ todos los días. 5. Uds. _____ en el río. 6. ¿Dónde _____ Ud.?

(aprender) 7. ¿_____ Uds. las canciones? 8. Yo las _____. 9. No sé si Mario las _____.

(decir) 10. ¿Qué _____ Uds.? 11. Nosotros no _____ una palabra. 12. ¿No _____ tú algo?

(ir) 13. ¿Adónde _____ Uds. cuando encontraron a la profesora? 14. Nosotros _____ a la librería. 15. Creo que ella _____ a la biblioteca.

(volver) 16. Nosotros _____ pronto de la escuela. 17. Ellos no _____ con nosotros. 18. Tomás _____ más tarde.

(sentarse) 19. ¿Dónde _____ Uds.? 20. Nosotros _____ cerca de la mesa de la profesora. 21. Diana _____ siempre al lado de María.

(ser) 22. Nosotros _____ niños entonces. 23. Ellos _____ niños también. 24. Tú no _____ de nuestro grupo.

(pensar) 25. Ellos _____ regresar hoy. 26. Silvia _____ quedarse varios días más. 27. ¿_____ tú hacer el viaje?

Actividades y práctica: A, B

B. Use of the imperfect indicative *(El uso del imperfecto del indicativo)*

The imperfect indicative tense (often called the past descriptive) is used to describe past actions, scenes, or conditions that occurred repeatedly or were continuing for an indefinite period of time in the past. The speaker transfers himself mentally to the past and views the action or condition as taking place before him. There is no reference to the beginning or the end of the action or condition.

The imperfect tense corresponds to the English *used to* + infinitive or *was (were)* + the present participle (*-ing* form). Note carefully the following examples in which the imperfect is used.

- To describe an action as it unfolds in the past

Jaime y Miguel **iban** camino de San Antonio; **hablaban** de su niñez.	*James and Michael were on the (their) way to San Antonio; they were talking about their childhood.*

Cuando Jaime **era** pequeño, su
familia **vivía** en Cuba.

*When (while) James was small, his
family lived (was living) in Cuba.*

- To indicate repeated or habitual past action, equivalent to the English *used to* or *would* and often to the past tense of *to be* + a present participle

Durante los veranos **íbamos** a Cozumel.
Nadábamos, **corríamos** las olas,
buceábamos y **tomábamos** el sol.
En el invierno **nevaba** mucho en las
montañas de Colorado; **esquiábamos**
todos los fines de semana.

*During the summers we used to go
to Cozumel. We would swim,
surf, scuba dive, and sunbathe.
During winter it used to snow a lot
in the Colorado mountains; we
used to (would) ski every
weekend.*

- To indicate that an action was in progress, or to describe a condition or what was going on when something else happened. (The preterit indicates what happened under the circumstances described.)

Cuando **regresábamos**, encontramos
una tormenta horrible.
Como **era** muy tarde, llamamos a casa.

*When we were coming back, we
encountered a horrible storm.
Since it was very late, we called
home.*

Estábamos en las montañas cuando
comenzó a llover.

*We were in the mountains when it
began to rain.*

- To describe mental activity or a state in the past with verbs such as **creer**, *to believe*; **pensar**, *to think*; **saber**, *to know*; **querer**, *to wish, want*; **poder**, *to be able*, etc.

Yo no les **creía**.
Jaime y Miguel **pensaban** en las playas
de Cozumel.
Nosotros **queríamos** tomar unas
vacaciones pero no **sabíamos** adónde
ir.
Ellos no **podían** ir durante el invierno.

*I did not believe them.
James and Michael were thinking
about the beaches in Cozumel.
We wanted to take a vacation but
we didn't know where to go.
They were not able to go during
the winter.*

¡Atención! The imperfect tense is used to express time of day in the past: **¿Qué hora era?** *What time was it?*; **Eran las tres de la mañana**, *It was three o'clock in the morning.*

Práctica 2 Substitute the proper form of the imperfect tense of each infinitive in parentheses. Observe carefully how the imperfect tense is used.

1. Cuando yo (**ser**) _____ pequeño, mi familia (**vivir**) _____ en el campo. 2. En el verano (**hacer**) _____ mucho calor. 3. Generalmente (**hacer**) _____ sol, no (**hacer**) _____ mucho viento. 4. Los domingos yo (**levantarse**) _____ tarde. 5. De vez en cuando mi padre nos (**llevar**) _____ en coche a visitar a mis abuelos. 6. Nosotros siempre (**querer**) _____ ir a verlos. 7. Durante los veranos nosotros (**ir**) _____ a una playa que no (**estar**) _____ muy lejos de nuestra casa. 8. También nos (**gustar**) _____ salir de excursión a las montañas. 9. Allí siempre (**hacer**) _____ fresco y no (**llover**) _____ mucho. 10. A menudo (**ser**) _____ las nueve de la noche cuando nosotros (**regresar**) _____ a casa.

Actividades y práctica: C

C. The preterit and the imperfect contrasted
(El contraste del pretérito con el imperfecto)

The preterit indicates	The imperfect describes
■ actions or events that occurred in the past and ended at a specific time.	■ actions or events that unfolded or went on in the past.
El año pasado viví en Madrid; **hablé** mucho en español. *Last year I lived in Madrid; I spoke a lot in Spanish.*	**Mientras yo vivía** en Madrid **hablaba** mucho en español. *While I was living in Madrid I would speak a lot in Spanish.*
Anoche llovió a cántaros y no **regresé** a casa hasta las once. *Last night it rained cats and dogs and I did not return home until eleven o'clock.*	**Anoche llovía** a cántaros mientras yo **regresaba** a casa. *Last night it was raining cats and dogs while I was returning home.*
■ actions or events that occurred in the past within a definite time period.	■ actions or events that were in progress within a period of time.
El semestre pasado estudié mucho. *Last semester I studied a lot.*	**El semestre pasado yo estudiaba** mucho. *Last semester I used to study a lot.*
Trabajé en la biblioteca de la universidad. *I worked at the university library.*	**Yo trabajaba** en la biblioteca de la universidad. *I was working at the university library.*
■ a series of actions or events that were completed one after the other in the past.	■ a series of actions or events that occurred habitually or were repeated in the past.
Ayer **fuimos** a la playa; **tomamos** el sol un rato, y después **nadamos** y **corrimos** las olas. *Yesterday we went to the beach; we sunbathed for a while and then we swam and surfed.*	Cuando **íbamos** a la playa, **tomábamos** el sol, **nadábamos** y **corríamos** las olas. *When we went to the beach, we used to sunbathe, swim, and surf.*
Esta mañana **me levanté** tarde. **Me bañé, me afeité** y **me arreglé**, pero no (me) **desayuné**. *This morning I got up late. I bathed, shaved, and got ready, but I didn't eat breakfast.*	Todas las mañanas **me levantaba** tarde. **Me bañaba, me afeitaba** y **me arreglaba**, pero no (me) **desayunaba**. *Every morning I would get up late. I would bathe, shave, and get ready, but I would not eat breakfast.*

¡Atención! The preterit is often accompanied by adverbial expressions that indicate a specific point in time or time period such as **ayer**, *yesterday*; **anoche**, *last night*; **esta mañana (tarde, noche, semana)**, *this morning (afternoon, evening, week)*; **un día (año, mes, verano)**, *one day (year, month, summer)*.

The imperfect is often accompanied by adverbial expressions that indicate habitual or repeated actions, such as **todos los días**, *every day*; **todas las mañanas (tardes, noches, semanas)**, *every morning (afternoon, evening, week)*; **generalmente**, *generally*; **por lo común**, *usually*; **de vez en cuando**, *once in a while*.

Práctica 3 Rewrite each of the following sentences, first changing the verb to the preterit indicative tense and then to the imperfect tense.

1. Ud. cuenta su dinero. _____

2. Yo vuelvo de la playa. _____

3. Jaime los ve. _____

4. Vamos al teatro. _____

5. Yo cierro la puerta. _____

6. Uds. hablan de su niñez. _____

7. Ellos corren por el camino. _____

8. ¿Escribes tú los ejercicios? _____

Práctica 4 Complete each sentence with the corresponding form of the preterit or imperfect indicative tense, as required.

1. Como Jaime y Miguel no (**querer**) _____ llegar a Los Ángeles de noche, (**decidir**) _____ salir muy temprano. 2. No (**ser**) _____ todavía las cinco cuando Jaime (**llamar**) _____ a la puerta del cuarto de Miguel. 3. Aunque (**hacer**) _____ fresco a esa hora, no (**hacer**) _____ mal tiempo. 4. Miguel (**estar**) _____ seguro de que en Los Ángeles (**haber**) _____ sol. 5. A Jaime no le (**gustar**) _____ el invierno aquí. 6. Jaime (**recordar**) _____ la vida en Cuba, donde la gente seguramente (**estar**) _____ gozando del sol. 7. La familia de Jaime (**ser**) _____ cubana; cuando (**ser**) _____ necesario salir de Cuba, sus padres (**comprar**) _____ una casa en Los Ángeles. 8. Los padres de Miguel (**ser**) _____ mexicanos; (**vivir**) _____ en un pueblo cerca de Los Ángeles. 9. Cuando (**entrar**) _____ en la ciudad, (**comenzar**) _____ a llover. 10. Miguel (**llevar**) _____ a Jaime a su casa y después (**ir**) _____ a la casa de sus padres.

Copyright © Houghton Mifflin Company. All rights reserved.

Actividades y práctica: D, E

D. Hacer and haber in impersonal expressions
(Hacer y haber en expresiones impersonales)

Hacer + noun (***Hacer*** + *sustantivo*)

¿Qué tiempo **hace**?	*How is the weather?*
Hace buen (mal) tiempo.	*The weather is fine (bad).*
Hacía calor (fresco, frío, viento).	*It was hot (cool, cold, windy).*
En verano **hace** mucho calor.	*It's very hot in the summer.*
En otoño **hace** poco frío.	*It's not very cold in the fall.*
¿Qué temperatura **hace**?	*What's the temperature?*
Hace noventa grados.	*It's ninety degrees.*

- **Hacer** + noun is used in the third-person singular to describe weather conditions and to tell the temperature. Most of these weather expressions are expressed in English with *to be* + adjective.

- The nouns **calor, fresco, frío, sol,** and **viento** may be modified by **mucho** or **poco**.

Haber + noun (***Haber*** + *sustantivo*)

Hay (**Había**) nieve en Chicago.	*There is (was) snow in Chicago.*
Hay (**Había**) niebla.	*It's (It was) foggy.*
Hay (**Había**) mucho lodo.	*It's (It was) very muddy.*
Hay (**Había**) poca humedad.	*It's (It was) not very humid.*

- **Haber** + noun is also used in the third-person singular to describe visible weather conditions. Note that these expressions correspond in English to *to be* + adjective, or *to be* + present participle (*-ing*).

- The nouns **sol** and **viento** are also used with **hacer** when the weather phenomenon is felt rather than observed: **Hay** (**Había**) **sol**, *The sun is (was) shining* or *It was sunny*.

¡Atención!   Remember from **Lección 5** that **ser** + adjective expresses an inherent characteristic: **Los inviernos son muy fríos en Chicago**, *The winters are very cold in Chicago*. On the other hand, **estar** + adjective expresses a changeable state or condition: **El día está muy frío hoy en Chicago**, *The day (Today) is very cold in Chicago*.

Práctica 5 Complete each sentence with the correct imperfect form of **estar, haber, hacer,** or **ser**.

1. —¿Qué tiempo _____ en Chicago cuando Uds. salieron? —_____ mal tiempo; _____ muchas nubes en el cielo y _____ frío, pero no _____ nevando.

2. Durante los veranos _____ mucho calor en San Antonio; los días _____ muy calurosos pero las noches _____ frescas.

3. Cuando estábamos en Cozumel no podíamos ir a la playa. No _____ sol; _____ lloviendo mucho y _____ mucho viento.

4. Los inviernos _____ muy fríos en las montañas. Llovía mucho y siempre _____ mucho lodo; a veces _____ niebla también.

5. —¿Qué temperatura _____ ayer? —_____ 95 grados. El día _____ muy caluroso y _____ mucha humedad.

6. La semana pasada, cuando fuimos al río, el cielo _____ despejado; no _____ nublado y _____ fresco.

Actividades y práctica: F

Repaso

A. Complete the following conversation by selecting appropriate words or phrases from the list below. Do not use a word or phrase more than once.

camino de	gozar de	las montañas	peligroso
cántaros	grados	nadar	primer
de excursión	hacía	neblina	recuerdo
despejado	llover	nieve	el sol
fresco	el mar	las olas	suerte

1. —¿Qué tiempo _____ cuando Uds. salieron _____ ayer?
2. —Hacía _____, pero el cielo estaba _____.
3. —¿Encontraron Uds. mucha _____ en _____?
4. —No; pero cuando volvíamos, comenzó a _____; por _____ el regreso no fue muy _____.
5. —No _____ si ya me lo dijiste, ¿fue Jaime con Uds. en la excursión?
6. —No, Jaime sabía que iba a llover a _____; cuando nos despertamos, él ya iba _____ San Antonio.
7. —Pero, ¿no fue Jaime a San Antonio el _____ domingo del mes?
8. —No, como había _____ por aquí, él fue al lago para tomar _____.

B. Give the Spanish equivalent.

1. While James and Michael were on their way to San Antonio, they talked about the weather and their childhood. _____

2. It was cold and very windy in Chicago; the sky was cloudy but it was not snowing yet. _____

3. Michael was thinking that in San Antonio the weather is generally nice, although it is cool in winter. _____

4. James's family lived in Cuba when he was small. _____

5. Life was pleasant there, but one day they had to leave the country. _____

6. Michael's parents were from a town that was near the border. _____

7. During the summers Michael's grandfather used to take them to the mountains in Colorado. _____

8. There are childhood memories that we never forget. _____

Expansión

A. Write answers to these questions, using complete sentences.

1. ¿Qué tiempo hace hoy? _____

2. ¿Hacía frío o calor cuando Ud. se levantó hoy? _____

3. ¿Estaba el cielo nublado o despejado esta mañana? _____

4. ¿Vivían Uds. en una ciudad o en el campo cuando Ud. era niño(-a)? _____

5. ¿Era grande o pequeña la casa en que Uds. vivían? ¿Cuántos cuartos tenía? _____

6. ¿Nevaba mucho donde vivían Uds.? ¿Nevaba de vez en cuando? _____

B. Write in Spanish a brief account of what you told a friend from South America when he asked you for information about yourself. Include the following: information about your family, about the town or city you come from and what it's like, whether you liked school as a child and were a good or bad student, school friends you recall and what they were like, teachers you remember and whether you liked them, the sports you took part in.

Mis padres _____

Para comprender y escribir

A. From the three choices offered, select the one that best completes the statement or answers the question you hear and circle it.

1. (a) En invierno.
   (b) En primavera.
   (c) En verano.
2. (a) Un cielo despejado.
   (b) Una tormenta tropical.
   (c) Una frontera peligrosa.
3. (a) Al mar Caribe en junio.
   (b) A Colorado en diciembre.
   (c) A Los Ángeles en marzo.
4. (a) el centro.
   (b) el campo.
   (c) la playa.

B. Write new sentences using the information given and making any other necessary changes, as in the model.

   MODEL: Yo siempre iba a la escuela temprano. (Ayer) → **Ayer fui a la escuela temprano.**

1. _____
2. _____
3. _____
4. _____
5. _____
6. _____
7. _____
8. _____

C. Write the weather forecast for each of the indicated cities, using the information given. Follow the model.

   MODEL: Nueva York: viento, nublado → **En Nueva York hace viento y está nublado.**

1. _____
2. _____
3. _____
4. _____
5. _____
6. _____

D. Dictado. You will hear María give a brief description of her trip to Mexico. You will hear the narrative three times. Listen the first time. Write what you hear on the lines provided the second time. Make any necessary corrections the third time.

_____

_____

E. You will hear a series of statements about the conversation you just heard. Indicate in the space provided whether each statement is True (**Cierto**) or False (**Falso**). If the statement is false, write the correct statement. After all six statements have been given to you, you will hear the conversation again so you can check your answers.

1. _____ Cierto   _____ Falso

2. _____ Cierto   _____ Falso

3. _____ Cierto   _____ Falso

4. _____ Cierto   _____ Falso

5. _____ Cierto   _____ Falso

6. _____ Cierto   _____ Falso

VOCABULARIO

el **abuelo** grandfather; *pl.* grandparents
el **agua** (*f.*, *pl.* **las aguas**) water
la **aventura** adventure
  bucear to (skin *or* scuba) dive
  caluroso, -a warm, hot
el **camino** road, way

el **campo** country, field
el **Caribe** Caribbean Sea (area)
  cerca *adv.* near
el **cielo** sky
  como *adv.* as, like; *conj.* since
  correr to run
  cruzar to cross

decidir to decide
despejado, -a clear (*weather*)
la escuela school
esquiar to ski
la excursión (*pl.* excursiones) excursion, trip
el fresco coolness
el frío cold
la frontera frontier, border
el ganado cattle, livestock
la gente people (*requires sing. verb.*)
gozar (de + *obj.*) to enjoy
el grado degree (*weather*)
había there was, there were
el hombre man
horrible (*m. or f.*) horrible
la humedad humidity
el lago lake
llover (ue) to rain
el lodo mud
la luna moon
el mar sea, ocean
la montaña mountain
la mujer woman
nadar to swim
la neblina fog

nevar (ie) to snow
la niebla fog
la nieve snow
la niñez childhood
la nube cloud
nublado, -a cloudy
la ola wave
la parte part
peligroso, -a dangerous
la playa beach
primer *used for* primero *before m. sing. nouns*
el pueblo town, village
recordar (ue) to remind (*someone*)
el regreso return
seguramente *adv.* surely, certainly
el semestre semester
el sol sun
la suerte luck
la temperatura temperature
el tiempo weather
la tormenta storm
tropical (*m. or f.*) tropical
la vida life
el viento wind

correr las olas to surf
esquiar en el agua to water-ski
estar nublado to be cloudy (*sky*)
hace buen tiempo the weather is fine (nice)
hace poco a short while ago, not long ago
hacer… grados to be . . . degrees (*temperature*)
hacer (mucho) calor/fresco/frío/sol/viento to be (very) hot/cool/cold/sunny/windy (*weather*)
(ir) camino de (to be *or* go) on the (one's) way to
llover a cántaros to rain cats and dogs
por cierto certainly, surely, for certain (sure), by the way
por lo común usually, commonly, generally
por suerte luckily
por todas partes everywhere
¿Qué tiempo hace/hacía? How is/was the weather?
salir de excursión to go (set out) on an excursion
tomar el sol to sunbathe

Lección 11

- The pronunciation of **y**, *and*
- Formal commands
- Position of object and reflexive pronouns in commands
- Possessive adjectives: Emphatic forms
- Idiomatic expressions with **tener**
- Spanish equivalents for the English word *time*

Una fiesta de cumpleaños

Una tarde, mientras las chicas descansaban, sonó el teléfono en el recibidor de la residencia en que vivían. Elena Santos, que es de la República Dominicana, estaba en la sala sentada junto a la chimenea porque tenía frío. Corrió a contestarlo.

ELENA	—Dígame.
ANTONIO	—¿Puedo hablar con Margarita Díaz López? Hágame el favor de decirle que la llama...
ELENA	—Margarita está descansando un rato. Vuelva Ud. a llamarla más tarde, por favor.
ANTONIO	—Perdone Ud. No la moleste... Pero..., ¿eres tú[1] Elena, por casualidad?
ELENA	—Sí, soy yo. Y tú eres Antonio Morales, de Chile, ¿no? Margarita estaba cansada hoy y tenía mucho sueño. ¿Quieres dejarle algún recado?[2]
ANTONIO	—Sólo quería avisarles que el viernes que viene hay una fiesta de cumpleaños... Va a ser en la casa de un tío mío que está en la calle 24 y Constitución.[3]
ELENA	—¡Ah, no sabía que era tu cumpleaños! ¿Cuántos años vas a cumplir?
ANTONIO	—No, no es el cumpleaños mío. Celebramos los veintiún años de mi primo Carlos Morales García.
ELENA	—¡Claro, es un día tan importante! Oye, ¿podemos llevarles algo? ¿Tienen muchos invitados?
ANTONIO	—¡Dios mío! ¡Esperamos unos veinte chicos y chicas más o menos! Mis tíos ya tienen todo arreglado, pero si quieren, piensen Uds. en algún plato típico.

Al día siguiente, Antonio volvió a llamar a Margarita y hablaron más sobre la fiesta que van a dar sus tíos.

MARGARITA	—¡Hola, Antonio! Elena me contó que me llamaste ayer mientras yo dormía.
ANTONIO	—Pues, sí. Van a poder venir a la fiesta, ¿verdad?
MARGARITA	—Por supuesto. Pero con los exámenes finales no tenemos mucho tiempo para cocinar. Yo puedo llevar un guacamole y Elena unas bebidas.
ANTONIO	—¡Fantástico! Yo pienso preparar empanadas y un flan de postre. Jorge prometió hacer una paella[4] valenciana, y mis tíos tienen...

---

1. Note the change to the familiar form of address when Antonio realizes that Elena, a friend, has answered the telephone.
2. The transitive verb **dejar**, *to leave (behind)*, requires a direct object. Do not confuse **dejar** with **salir**, *to leave, go out (of a place)*.
3. Remember that when the English verb *to be* means *to take place*, Spanish uses **ser**, and when *to be* expresses location, **estar** is used: **Va a ser** en la casa de un tío mío que **está** en la calle 24 y Constitución, *It is going to be (= to take place) at the house of an uncle of mine, which is (located) on 24th Street and Constitution.*
4. Paella, a rice dish containing chicken, meat, shellfish, and vegetables, cooked with saffron.

Copyright © Houghton Mifflin Company. All rights reserved.

MARGARITA —¡La última vez había tanta comida! ¡Huy! Ya tengo hambre… Escucha, ¿a qué hora comienza la fiesta?
ANTONIO —Vengan a las siete y sean puntuales. ¡Ah! Y no olviden traer música alegre; nos compramos un tocadiscos para compactos que es excelente.
MARGARITA —Pensamos llevarles algunos discos nuevos de cumbia, de merengue[1] y de otros ritmos de salsa que podemos tocar.
ANTONIO —Escucha, esta vez tienen que enseñarme a bailar bien el merengue. ¡Qué buen rato vamos a pasar! ¿No te parece?
MARGARITA —Tienes muchísima razón. ¡Hasta el viernes, y gracias por la invitación!

Preguntas sobre los diálogos

1. ¿Qué hacían las chicas una tarde cuando sonó el teléfono en la residencia? _____

2. ¿Dónde estaba sentada Elena? ¿Por qué estaba sentada ella allí? _____

3. ¿Por qué llamó por teléfono Antonio? ¿Dónde van a celebrar la fiesta? _____

4. ¿Qué creía Elena? ¿Qué celebra Carlos? _____

5. ¿Van a poder cocinar mucho las chicas? ¿Por qué no? _____

6. ¿Qué plato puede llevar Margarita? ¿Qué va a llevar Elena? _____

7. ¿Qué platos piensa preparar Antonio para la fiesta? ¿Qué prometió Jorge? _____

8. ¿Qué compraron Jorge y Antonio? ¿Qué piensan llevarles las chicas? _____

Pronunciación

The pronunciation of **y**, and

The following principles govern the pronunciation of the conjunction **y**.

- When initial in a breath group preceding a consonant, or when between consonants, it is pronounced like the Spanish vowel **i**: **¿Y tú?** (**¿Y-tú?**), **dos y dos** (**do-s y-dos**).

- When initial in a breath group preceding a vowel, or when between vowels, it is pronounced like Spanish **y**: **¿Y usted?** (**¿Y us-ted?**), **rojo y azul** (**ro-jo-y a-zul**).

---

1. The **cumbia**, originally from Colombia, and the **merengue**, originally from the Dominican Republic, are two of the most popular dances among Latin Americans, particularly in the Caribbean and Central American countries.

- Between the letters **d**, **s**, or **z** and a vowel within a breath group, it is pronounced like Spanish **y**: **usted y ella** (us-ted-y e-lla), **meses y años** (me-ses-y a-ños).
- Between the letters **l**, **n**, or **r** and a vowel within a breath group, it is pronounced as the first element of a diphthong, with the preceding consonant, the **y**, and the following vowel in a single syllable: **entran y esperan** (en-tra-n y es-pe-ran), **mirar y escuchar** (mi-ra-r y es-cu-char).
- Between a vowel and a consonant, it forms a diphthong with the vowel that precedes it: **treinta y tres** (trein-ta y-tres).

España y América   Hablan y escriben español.
Vamos Carlos y yo.   Miren y escuchen.
un lápiz y un libro   Tengo hambre y sed.
Estudio inglés y alemán.   Tengo sed y hambre.

Notas gramaticales

A. Formal commands (El mandato formal)

Infinitive	Stem	Regular Commands		
		Singular Command	Plural Command	
abrir	abr-	abra Ud.	abran Uds.	open
comer	com-	coma Ud.	coman Uds.	eat
decir	dig-	diga Ud.	digan Uds.	say, tell
hablar	habl-	hable Ud.	hablen Uds.	speak
hacer	hag-	haga Ud.	hagan Uds.	do, make
ofrecer	ofrezc-	ofrezca Ud.	ofrezcan Uds.	offer
pensar	piens-	piense Ud.	piensen Uds.	think
poner	pong-	ponga Ud.	pongan Uds.	put, place
salir	salg-	salga Ud.	salgan Uds.	leave, go out
tener	teng-	tenga Ud.	tengan Uds.	have
traer	traig-	traiga Ud.	traigan Uds.	bring
venir	veng-	venga Ud.	vengan Uds.	come
ver	ve-	vea Ud.	vean Uds.	see
volver	vuelv-	vuelva Ud.	vuelvan Uds.	return

- In Spanish, the stem for the formal command forms of all but five verbs (**dar, estar, ir, saber,** and **ser**) is that of the first-person singular present indicative.
- To form the singular formal commands, add the ending **-e** to the stem of **-ar** verbs, and the ending **-a** to the stem of **-er** and **-ir** verbs. Stem-changing verbs follow the same rule.
- The plural formal commands are formed by adding **-n** to the singular formal commands. In this text, the **Uds.** form is used for all plural commands, formal and familiar, affirmative and negative.
- Affirmative commands are made negative by placing **no** before the verb: *no* hable Ud., *no* escriban Uds.

	Irregular Commands		
Infinitive	Singular Command	Plural Command	
dar	dé Ud.	den Uds.	give
estar	esté Ud.	estén Uds.	be
ir	vaya Ud.	vayan Uds.	go
saber	sepa Ud.	sepan Uds.	be aware
ser	sea Ud.	sean Uds.	be

- The formal commands of these verbs do not follow the rules as stated above, but have special forms.

¡Atención! The subject pronouns **usted (Ud.)** and **ustedes (Uds.)** are used more frequently with commands in Spanish than *you* in English. They are often used for courtesy and to make the command less abrupt: **Abra Ud. la puerta**, *Open the door*; **No hablen Uds.**, *Don't (you) talk*. Note that when the subject pronouns are used, they follow the command form.

Práctica 1 Use the expressions in the parentheses in formal commands appropriate to the situation described.

1. Un día de verano le dice Ud. a un invitado: —(ir a la playa; tomar el sol; nadar en el mar; correr las olas) _____

2. En clase la profesora les dice a los estudiantes: —(no mirar la televisión tanto; cerrar los libros; escribir las frases en la pizarra; leer las lecturas) _____

3. El profesor que sale de excursión con sus estudiantes les dice: —(estar preparados a las ocho; llevar el almuerzo; no olvidar el número del autobús; regresar a las cuatro) _____

4. El entrenador (*coach*) de fútbol le dice a uno de los jugadores (*players*): —(comer bien todos los días; tratar de practicar más; descansar el viernes por la noche; no venir tarde el sábado) _____

Actividades y práctica: A, B

B. Position of object and reflexive pronouns in commands
(*La posición de los pronombres objeto y reflexivos con el mandato*)

Ábrala Ud. Ciérrenla Uds.	*Open it. (You) close it.*
Escríbame Ud. y hágalo pronto.	*Write to me and do it soon.*
Lávense Uds. las manos.	*Wash your hands.*
Perdóneme, no se siente aquí.	*Excuse me, don't sit (down) here.*
¡No les dé Ud. el dinero!	*Don't (you) give them the money!*

- Object and reflexive pronouns are placed after the verb and are attached to it when used with an affirmative command. Note that an accent mark must be placed on the stressed syllable of a verb that has more than one syllable.
- In negative commands, object and reflexive pronouns precede the verb.

¡Atención! Remember from **Lección 8** that object and reflexive pronouns are placed immediately before the verb, except when used as the object of an infinitive, in which case they are attached to it: **Ud. *se* lava las manos,** *you wash (are washing) your hands,* but **Ud. tiene que lavar*se* las manos,** *you have to wash your hands.*

Práctica 2   Answer the following questions with formal singular commands in the affirmative and then in the negative, using pronouns for the noun objects.

   MODEL: ¿Mando la invitación? → **Sí, mándela Ud. No, no la mande Ud.**

1. ¿Invito a Miguel? _____
2. ¿Llamo a Lola? _____
3. ¿Traigo las bebidas? _____
4. ¿Vendo el coche? _____
5. ¿Hago el viaje? _____
6. ¿Pongo el anuncio? _____

Práctica 3   Rewrite each sentence, placing the object or reflexive pronoun in the correct position.

1. (la) Elena espera. No quiere esperar. Espere Ud. No espere Ud. _____

2. (lo) Antonio deja. No puede dejar. Deje Ud. No deje Ud. _____

3. (los) Ana abre. Trata de abrir. Abra Ud. No abra Ud. _____

4. (las) Ellos cierran. Van a cerrar. Cierren Uds. No cierren Uds. _____

5. (se) Ramón acuesta. Desea acostar. Acueste Ud. No acueste Ud. _____

6. (se) Ellos levantan. Prometen levantar. Levanten Uds. No levanten Uds. _____

   Actividades y práctica: C

C. Possessive adjectives: Emphatic forms
(Adjetivos posesivos: Formas enfáticas)

Singular	Plural	
mío, mía	míos, mías	my, of mine
tuyo, tuya	tuyos, tuyas	your (*fam.*), of yours (*fam.*)
suyo, suya	suyos, suyas	his, her, your (*formal*), its, of his, of hers, of yours (*formal*), of its
nuestro, nuestra	nuestros, nuestras	our, of ours
vuestro, vuestra	vuestros, vuestras	your (*fam. pl.*), of yours (*fam. pl.*)
suyo, suya	suyos, suyas	their, your (*pl.*), of theirs, of yours (*pl.*)

- In **Lección 4** you learned the short forms of possessive adjectives, which always precede the noun: **mi** compañera, *my companion*; **nuestra** casa, *our house*. Spanish also has a set of long possessive forms, which follow the noun and agree with it in gender and number.

- The long possessive forms are used

  1. for emphasis or contrast.

     No es el cumpleaños **mío**; es el cumpleaños **suyo**.   *It is not my birthday; it is his (her, your [formal]) birthday.*

  2. as the equivalent of the English *of mine, of yours, of his,* etc.

     Unos amigos **suyos** la invitaron.   *Some friends of hers invited her.*
     Una hermana **mía** llega hoy.   *A sister of mine is arriving today.*

  3. in certain set phrases.

     ¡Dios **mío**! ¡Invitamos a tantos!   *Heavens! (My God!) We invited so many!*

- Since **suyo, -a (-os, -as)** may be ambiguous in meaning, a prepositional form with **de** may be substituted to make the meaning clear: **las invitaciones suyas** = **las invitaciones de él** (**de ella, de Ud., de ellos, de ellas, de Uds.**), *his (her, your, their, your) invitations.*

Práctica 4   Answer each question affirmatively, following the model.

   MODEL: —Es tu camisa, ¿verdad?
   —Sí, es la camisa mía.

1. Es tu falda, ¿verdad? _____
2. Son tus blusas, ¿verdad? _____
3. Es mi diccionario, ¿no es cierto? _____
4. Son mis periódicos, ¿verdad? _____
5. Es la pluma de Antonio, ¿no es cierto? _____
6. Son nuestros boletos, ¿no es cierto? _____
7. Son los discos compactos de Elena, ¿verdad? _____

Práctica 5 Rewrite each phrase, substituting **suyo** (-a, -os, -as) for italicized expression, as required.

1. Lupe y varias tías *de ella* _____
2. Carlos y dos primos *de él* _____
3. Miguel y una amiga *de él* _____
4. Clara y dos amigas *de ella* _____
5. ellas y un amigo *de ellas* _____
6. los chicos y un tío *de ellos* _____
7. Ud. y el profesor *de Ud.* _____
8. Uds. y un compañero *de Uds.* _____

Actividades y práctica: D

D. Idiomatic expressions with **tener**
(*Expresiones idiomáticas con tener*)

Lola tiene { hambre. / sed. / sueño. / calor. } Lola is { hungry. / thirsty. / sleepy. / hot. }

Yo tengo (mucho) { frío. / cuidado. } I'm (very) { cold. / careful. }

Ellos tienen (mucha) { razón. / suerte. } They are (very) { right. / lucky. }

Tengo diecinueve años. I'm nineteen years old.
Tengo ganas de dar una fiesta. I feel like giving a party.

- In describing certain physical and mental conditions related to living things, **tener** is used with certain nouns in Spanish to express the English equivalent of *to be* with adjectives.
- A limiting adjective such as **mucho, -a; poco, -a; suficiente; bastante** may be used to modify the noun: **Él tiene *mucha* (*bastante*) suerte,** *He is very (rather) lucky.*
- Note that in the expression **tener (diecinueve) años,** *to be (nineteen) years old,* there is no equivalent in Spanish for the English adjective *old.*
- The expression **tener ganas de** takes an infinitive and corresponds to the English *to feel like + -ing*: **No *tengo ganas de* bailar ahora,** *I don't feel like dancing now.*

Práctica 6 Complete the sentences with the appropriate expression, **tener** + noun.

1. Hace mucho calor hoy. Yo _____ _____.
2. Como esta mañana no tomaron el desayuno, ahora _____ _____

3. Elena se acostó temprano; estaba muy cansada y _____ _____.

4. —¿Qué quieren hacer Uds. esta noche? —Nosotros _____ _____ _____ ir a bailar.

5. —Voy a la fiesta con Elena. —¡Tú _____ mucha _____ porque ella sabe bailar muy bien!

6. Está lloviendo mucho. ¡_____ Uds. mucho _____ en el camino, por favor!

7. Antonio es muy joven; sólo _____ diecisiete _____.

8. Uds. _____ _____; esta clase no es fácil.

9. Necesito tomar algo frío; _____ mucha _____.

10. —¿Qué temperatura hace? —Hace veinte grados y yo _____ mucho _____.

E. Spanish equivalents for the English word *time*
(*Equivalentes en español del inglés* time)

¿Qué **hora** es?	What time is it?
¿A qué **hora** comienza la fiesta?	At what time does the party begin?
Perdona, no tenemos **tiempo** para charlar.	I am sorry, we have no time to chat.
Los invitados van a llegar **a tiempo**.	The guests are going to arrive on time.
¡Pero necesito descansar **un rato**!	But I need to rest for a while!
Pasamos **un buen rato** en la fiesta.	We had a good time at the party.
Esta vez bailé mucho.	This time I danced a lot.
La próxima vez, invítame.	Next (The next) time, invite me.
A veces sólo escuchamos música.	Sometimes (At times) we only listen to music.

- Remember that **hora** is used to express *time of day*, **tiempo** refers to *length of time* or *time in general*, and **un rato** is used for *a while, a short time*.
- The English expression *to have a good time* corresponds in Spanish to **pasar un buen rato** or to other verbs.
- **Vez** (*pl.* **veces**) is used to express time in a series, such as **esta vez**, *this time*; **la próxima vez**, *the next time*; **la última vez**, *the last time*; **a veces**, *sometimes, at times*; **otra vez**, *another time, again*.[1]

Práctica 7 Complete the sentences with the appropriate word: **hora, rato, tiempo, vez,** or **veces**.

1. ¿No quieres charlar un _____ con las muchachas? 2. Me parece que ellas charlan todo el _____. 3. ¿Adónde van Uds. a esta _____ de la tarde? 4. ¿Qué _____ es? 5. Hoy no tengo _____ para ir al concierto. 6. Además, no me gustó la última _____ que fui. 7. Lupe y Silvia pasan un _____ aquí todos los días. 8. A _____ preparan sus lecciones aquí. 9. Ellas siempre llegan a _____. 10. Ramón también viene de _____ en cuando.

---

[1] In **Lección 6** you also learned the expression **de vez en cuando,** *from time to time, once in a while, occasionally.*

Repaso

A. You and your friends Martha and George are setting up for a party. Other friends are supplying the food, drinks, paper plates and napkins, and CDs for dancing.
   Complete the exchanges by selecting appropriate words or phrases from the list that follows. Use each phrase or word only once.

bebidas	las empanadas	paella	la sed
la chimenea	los invitados	los platos	sueño
las copas	junto a	los postres	suerte
déjenlos	el merengue	prometió	un tocadiscos
los discos compactos	nos ofrecen	rato	vino

1. MARTA —Como pensamos bailar, pongan esta mesa _____ la pared.

2. USTED —En ella podemos poner _____ principales; la _____ valenciana en el centro, ¿verdad?

3. MARTA —No; pónganla como el primer plato, y después _____ que prepara Antonio y el guacamole de Ana.

4. JORGE —Vamos a poner las _____, con _____ y las servilletas en la mesa pequeña que está al lado de _____.

5. USTED —¿Y dónde ponemos los bocaditos y _____?

6. MARTA —_____ en la mesa grande. Ah, y necesitamos sillas para _____.

7. JORGE —Y, ¡tenemos _____! Por casualidad, Mario compró _____ para compactos nuevo ayer y _____ traerlo.

8. USTED —Y podemos tocar _____ nuevos que traen Rita y Elena.

B. Give the Spanish equivalent.

1. While the girls were studying in their rooms, the telephone rang. _____

2. It was Anthony; Helen tells him, "Margaret is resting; please call her again later." _____

3. Anthony wanted to inform them that he is going to have a party next Friday. _____

4. They are going to celebrate the birthday of Charles Morales García, who is going to be twenty-one years old. _____

5. The girls have finals and they do not have much time (in order) to cook. _____

6. Anthony intends to prepare turnovers and flan for dessert. _____

7. Anthony tells Helen that they are going to have a good time. _____

Expansión

A. Write answers to these questions, using complete sentences.

1. ¿Cuántos años tiene Ud.? _____

2. ¿Cuál es el día de su cumpleaños? _____

3. ¿Dónde celebró Ud. su cumpleaños la última vez? _____

4. ¿Qué le dieron sus amigos para su cumpleaños? _____

5. ¿Qué platos típicos de España y de Hispanoamérica conoce Ud.? _____

6. ¿Conoce Ud. algunos bailes típicos del Caribe? _____

7. ¿Tiene Ud. sueño ahora? _____

8. ¿Qué tiene Ud. que hacer ahora? _____

B. James had a conflicting engagement and was not able to attend the birthday party of his friend Charles. The following day, you give James an account of the party in Spanish. Include the following information: where the party was held; the number of guests; who brought food and drinks; what the dishes were; two gifts that Charles received; whether there was singing and dancing; who brought compact discs, and the type of music played; whether all had a good time.

Ayer celebramos _____

Para comprender y escribir

A. From the three choices offered, select the one that best completes the statement or answers the question you hear and circle it.

1. (a) el tiempo.
   (b) la hora.
   (c) la vez.
2. (a) un rato.
   (b) a tiempo.
   (c) a veces.
3. (a) un recibidor.
   (b) una cumbia.
   (c) un recado.
4. (a) ¡Tengo mucha sed!
   (b) ¡Tengo mucha suerte!
   (c) ¡Tengo mucha hambre!

B. Write an affirmative answer to the questions you hear, using the subject indicated, as in the models.

MODELS: ¿Aviso a Margarita? (Ud.) → **Sí, avise Ud. a Margarita.**
¿Dejo el tocadiscos aquí? (tú) → **Sí, deja el tocadiscos aquí.**

1. _____
2. _____
3. _____
4. _____
5. _____
6. _____

C. Answer the questions affirmatively or negatively, depending on the cue you see below. Pay careful attention to the placement of the object pronouns. Follow the model.

MODEL: ¿Te espero en el centro? → **Sí, espérame en el centro.**

1. Sí, _____
2. Sí, _____
3. No, _____
4. Sí, _____
5. Sí, _____
6. No, _____

D. Dictado. You will hear a short paragraph. You will hear the narrative three times. Listen the first time. Write what you hear on the lines provided the second time. Make any necessary corrections the third time.

LECCIÓN 11

_____
_____
_____
_____
_____
_____
_____
_____

E. You will hear a series of statements about the conversation you just heard. Indicate in the space provided whether each statement is True (**Cierto**) or False (**Falso**). If the statement is false, write the correct statement. After all six statements have been given to you, you will hear the conversation again so you can check your answers.

1. _____ Cierto   _____ Falso
_____

2. _____ Cierto   _____ Falso
_____

3. _____ Cierto   _____ Falso
_____

4. _____ Cierto   _____ Falso
_____

5. _____ Cierto   _____ Falso
_____

6. _____ Cierto   _____ Falso
_____

VOCABULARIO

algún (*used for* **alguno** *before m. sing. nouns*) some, any
avisar to inform, notify
la **bebida** drink
los **bocaditos** appetizers, hors d'oeuvres
celebrar to celebrate
la **cerveza** beer
la **chimenea** fireplace; chimney
cocinar to cook
la **copa** glass (*for wine*), goblet
el **cuidado** care
la **cumbia** *a Colombian dance*
el **cumpleaños** (*pl.* **los cumpleaños**)[1] birthday

---

[1] Some Spanish nouns, usually compound nouns that end in **-s**, have the same form for singular and plural: **el (los) cumpleaños**, *birthday(s)*; **el (los) tocadiscos**, *record player(s)*. Recall that the days of the week that end in **-s** also have the same form for singular and plural: **el (los) lunes**, (*on*) *Monday(s)*.

cumplir to reach one's birthday, be (years old)
dejar to leave (behind)
la **despedida** farewell
dígame hello (*telephone*)
el **disco** record (*phonograph*); disk
la **empanada** turnover, small meat pie
el **examen** (*pl.* **exámenes**) exam
el **favor** favor
la **fiesta** party; festival, holiday
final (*m.* or *f.*) final
el **flan** flan (*a custard*)
el **guacamole** guacamole salad, avocado salad
el **hambre** (*f.*) hunger
el **hielo** ice
la **invitación** (*pl.* **invitaciones**) invitation
el **invitado** guest
junto a *prep.* near (to), close to
el **merengue** *a Caribbean dance*
molestar to molest, bother, disturb
ofrecer to offer
la **paella** paella (*a rice dish containing chicken, meat, shellfish, and vegetables, cooked with saffron*)
el **plato** plate, dish; course (*at meals*)
el **postre** dessert
prometer to promise
puntual (*m.* or *f.*) punctual, on time
la **razón** (*pl.* **razones**) reason
el **recado** message
el **recibidor** reception area (room)
el **refresco** cold (soft) drink, soda
la **salsa** *Latin rhythm* (lit., sauce)
la **sed** thirst
la **servilleta** napkin
el **sueño** sleepiness; sleep
tanto, -a (-os, -as) so much (*pl.* so many)
típico, -a typical
el **tocadiscos (para compactos)** (*pl.* **los tocadiscos**) record (compact disk) player
tocar to play (music); to touch
valenciano, -a Valencian, from or of Valencia (Spain)
el **vino** wine

a tiempo on time
a veces at times
el **Año Nuevo** New Year
celebramos los veintiún años de (...) we celebrate (are celebrating) (. . .)'s twenty-first birthday
¿cuántos años tienes (tiene Ud.)? how old are you?
¿cuántos años vas a cumplir (tú)? how old are you going to be?
cumplir... años to be . . . years old (i.e., reach the age of . . . years)
de postre for dessert
¡Dios mío! Heavens! (My God!)
el **disco compacto** compact disc, CD
esta vez this time
los **exámenes finales** final exams, finals
la **fiesta de cumpleaños (despedida, Año Nuevo)** birthday (farewell, New Year's) party
hága(n)me *or* **haga(n) Ud(s). el favor de** + *inf.* please + *verb*
hasta el viernes until (see you) Friday
más tarde later
pasar un buen rato to have a good time
pensar (ie) en + *obj.* to think of (about)
perdone(n) Ud(s). excuse (pardon) me (us)
por casualidad by chance
la **próxima vez** next time
¡qué buen rato! what a good time!, what fun!

la **República Dominicana** Dominican Republic
la **servilleta de papel** paper napkin
   sólo quería avisarles que I just (only) wanted to inform you
      (let you know) that
   tener… años to be . . . years old
   tener calor to be hot
   tener cuidado to be careful
   tener frío to be cold
   tener ganas de + *inf.* to feel like (doing something)
   tener hambre to be hungry
   tener razón to be right
   tener sed to be thirsty
   tener sueño to be sleepy
   tener suerte to be lucky or fortunate
   tener tiempo para to have time to (for)
la **última vez** the last time
el **(viernes) que viene** next (Friday)
   volver (ue) a (llamar) (to call) again

Repaso, Lecciones 6–11: Appendix C

Appendix A

The Spanish alphabet (El alfabeto español)

Letter	Name	Letter	Name	Letter	Name
a	a	j	jota	r	ere
b	be	k	ka	rr	erre
c	ce	l	ele	s	ese
(ch)	che	(ll)	elle	t	te
d	de	m	eme	u	u
e	e	n	ene	v	ve, uve
f	efe	ñ	eñe	w	doble ve
g	ge	o	o	x	equis
h	hache	p	pe	y	i griega
i	i	q	cu	z	zeta

The Spanish alphabet is divided into vowels (**a, e, i, o, u**) and consonants. The letter **y** represents the vowel sound **i** in the conjunction y, *and*, or when final in a word: **hoy**, *today*; **muy**, *very*; **hay**, *there is, there are*.

In 1994, the **Real Academia Española** made a new ruling on the alphabetization of the Spanish consonants **ch, ll, ñ,** and **rr. Ch, ll,** and **rr** are no longer alphabetized as compound letters; the letter **ñ** continues to follow the letter **n.** Accordingly, Spanish **cancha**, *court*, precedes **canción**, *song*; **bollo**, *roll*, precedes **bolsa**, *purse*; **canela**, *cinnamon*, precedes **caña**, *cane*; **carro**, *car*, precedes **carta**, *letter*, etc. The Academia's revision of the Spanish alphabet has been followed in *Spanish On Your Own*. One should note, however, that dictionaries and vocabularies published before or shortly after this recent decision may use the older system in which Spanish words or syllables beginning with **ch** and **ll** are ordered after words or syllables beginning with **c** and **l**, respectively.

Division of words into syllables

Spanish words are hyphenated at the end of a line and are divided into syllables according to the following principles:

- A single consonant (including **ch, ll, rr**) is placed with the vowel that follows: **me-sa, no-che, si-lla, pi-za-rra.**
- Two consonants are usually divided: **tar-des, es-pa-ñol, bas-tan-te.** Consonants followed by **l** or **r**, however, are generally pronounced with the **l** or **r**, and the two together go with the following vowel: **ha-blan, li-bro, ma-dre, a-pren-do.** By exception to the last principle, the groups **nl, rl, sl, tl, nr,** and **sr** are divided: **Car-los, En-ri-que.**
- In combinations of three or more consonants, on the last consonant or the two consonants of the inseparable groups just mentioned (consonant plus **l** or **r**, with the exceptions listed) begin a syllable: **in-glés, en-tra, siem-pre, cons-tru-ye.**

- Two adjacent strong vowels (**a, e, o**) are in separate syllables: **cre-o, ca-en, le-a**.
- Combinations of a strong and weak vowel (**i, u**) or of two weak vowels normally form single syllables: **An-to-nio, bue-nos, bien, gra-cias, ciu-dad, Luis**. Such combinations are called diphthongs.
- In combinations of a strong and weak vowel, a written accent mark on the weak vowel divides the two vowels into separate syllables: **dí-as, pa-ís, tí-o**. An accent on the strong vowel of such combinations does not result in two syllables: **a-diós, lec-ción, tam-bién**.

Word stress and use of the written accent

- Most words that end in a vowel, or in **n** or **s**, are stressed on the next to the last syllable. The stressed syllable or syllables are shown here in italics: *cla*-se, *to*-mo, *en*-tran, *Car*-men.
- Most words that end in a consonant, except **n** or **s**, are stressed on the last syllable: us-*ted*, re-gu-*lar*, ha-*blar*, se-*ñor*, ciu-*dad*, es-pa-*ñol*.
- Words not pronounced according to these two rules have a written accent on the stressed syllable: a-*diós*, es-*tás*, lec-*ción*, tam-*bién*, *lá*-piz.

Intonation *(La entonación)*

The term *intonation* refers to the variations in pitch that occur in speech. Every language has its characteristic patterns of intonation. The intonation of Spanish is quite different from that of English.

The alternate rise and fall of pitch depends upon the particular meaning of the sentence, the position of stressed syllables, and whether the sentence expresses command, affirmation, interrogation, exclamation, request, or other factors. In general, three meaningful levels of pitch can be distinguished in Spanish: one below the speaker's normal pitch (level 1), the speaker's normal tone (level 2), and a tone higher than the normal one (level 3). Study carefully these examples.

Declarative Statement

Estudiamos español.

Es-tu-dia-mo-ses-pa-ñol.

Interrogative Sentences

¿Estudiamos español?

¿Es-tu-dia-mo-ses-pa-ñol?

¿Cómo está usted?

¿Có-mo es-tá us-ted?

(*Or, more politely*)

¿Có-mo es-tá us-ted?

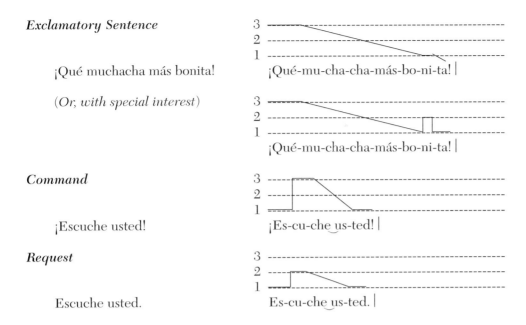

With respect to the use of these levels, the following basic principles should be observed:

- At the beginning of a breath group, the voice begins and continues in a relatively low pitch (level 1) as long as the first accented syllable is not reached.
- When the first accented syllable of a breath group is reached, the voice rises to the speaker's normal tone (level 2) and continues in the same pitch as long as the last accented syllable is not reached.
- When the last accented syllable of the breath group is reached, the voice falls or rises, depending on the following circumstances:
    1. At the end of a declarative statement, the voice falls to a pitch even lower than that of the initial unaccented syllable or syllables.
    2. At the end of an interrogative sentence, or of an incomplete sentence interrupted by a pause, the voice rises to a pitch above the normal tone (level 3).
- In exclamations, and in questions that begin with an interrogative word, the voice begins in a pitch above the normal tone (level 3) and gradually falls in the following syllables as long as the final accented syllable is not reached; when the last accented syllable is reached, the voice falls to a pitch even lower than that of the initial unaccented syllable or syllables, as in the case of the end of a simple affirmative sentence, unless special interest or courtesy is intended, in which case the voice rises to the normal tone or even higher.
- The pattern observed in an exclamatory sentence is also typical of commands and requests. In commands, the voice begins on a relatively low tone (level 1) as long as the first stressed syllable is not reached. When the first stressed syllable is reached, it is pronounced on a tone above the normal one (level 3), and then the voice descends notably in the following syllables; the last syllable (stressed or unstressed) is uttered on a tone below that of the initial unstressed syllable or syllables. Requests differ from commands in that the entire breath group is usually uttered on a somewhat higher tone.

Punctuation marks (*Signos de puntuación*)

,	coma	( )	(los) paréntesis
;	punto y coma	« »	comillas
:	dos puntos	´	acento escrito
.	punto final	¨	(la) diéresis
...	puntos suspensivos	~	(la) tilde
¿ ?	signo(s) de interrogación	-	(el) guión
¡ !	signo(s) de admiración	—	raya

Spanish punctuation is much the same as in English. The most important differences are as follows:

- Inverted question marks and exclamation points precede questions and exclamations. They are placed at the actual beginning of the question or exclamation, not necessarily at the beginning of the sentence.

    ¿Cómo se llama Ud.? *What is your name?*
    El señor Ruiz es el profesor de español, ¿verdad? *Mr. Ruiz is the Spanish teacher, isn't he?*
    ¡Buenos días, estudiantes! *Good morning, students!*

- In Spanish a comma is not used between the last two words of a series, while in English it often is.

    Tenemos libros, cuadernos y lápices. *We have books, notebooks, and pencils.*

- A dash is generally used instead of the quotation marks of English and to denote a change of speaker in dialogue. It appears at the beginning of each speech, but is omitted at the end.

    —¿Eres tú estudiante? *"Are you a student?"*
    —Sí, soy estudiante de español. *"Yes, I am a student of Spanish."*

    If Spanish quotation marks are used, the statement is placed on the same line:

    Pablo contestó: «Buenos días». *Paul answered, "Good morning."*

Capitalization (*Mayúsculas*)

Only proper names and the first word of a sentence begin with a capital letter in Spanish. The subject pronoun **yo** (*I* in English), names of months and days of the week, adjectives of nationality and nouns formed from them, and titles (unless abbreviated) are not capitalized. In titles of books and works of art, only the first word is capitalized. By exception, sometimes short titles are capitalized.

Carmen y yo hablamos. *Carmen and I are talking.*
Hoy es lunes. *Today is Monday.*
Buenos días, señorita (Srta.) Martí. *Good morning, Miss Martí.*
Son españoles. *They are Spanish (Spaniards).*
Las meninas *The Little Ladies in Waiting*
Don Quijote de la Mancha *Don Quixote of La Mancha*

Grammatical terms (*Términos gramaticales*)

el **adjetivo** adjective
   demostrativo demonstrative
   posesivo possessive
el **adverbio** adverb
el **artículo** article
   definido definite

indefinido indefinite
el **cambio ortográfico** change in spelling
la **capitalización** capitalization
la **cláusula** clause
la **comparación** comparison
el **comparativo** comparative
el **complemento** object
   directo direct
   indirecto indirect
la **composición** composition
la **concordancia** agreement
la **conjugación** conjugation
la **conjunción** conjunction
la **consonante** consonant
el **diptongo** diphthong
el **género** gender
   masculino masculine
   femenino feminine
el **gerundio** gerund, present participle
el **infinitivo** infinitive
la **interjección** interjection
la **interrogación** interrogation, question (mark)
la **letra** letter (*of the alphabet*)
   mayúscula capital
   minúscula small, lowercase
el **modo indicativo (subjuntivo)** indicative (subjunctive) mood
el **nombre (sustantivo)** noun, substantive
el **nombre propio** proper noun
el **número** number, numeral
   cardinal cardinal
   ordinal ordinal
el **objeto** object
la **palabra (negativa)** (negative) word
las **partes de la oración** parts of speech
el **participio pasado (presente)** past (present) participle
la **persona** person
   primera first
   segunda second
   tercera third
el **plural** plural
la **posición** position
el **predicado** predicate
la **preposición** preposition
el **pronombre** pronoun
   interrogativo interrogative
   personal personal
   reflexivo reflexive
   relativo relative
la **puntuación** punctuation
el **radical (la raíz)** stem
el **significado** meaning
la **sílaba** syllable
   última last
   penúltima next to the last
el **singular** singular
el **subjuntivo** subjunctive
el **sujeto** subject
el **superlativo (absoluto)** (absolute) superlative
la **terminación** ending
el **tiempo** tense
   compuesto compound
   simple simple
   presente present
   imperfecto imperfect
   pretérito preterit
   futuro future
   condicional conditional
   perfecto presente present perfect
   pluscuamperfecto pluperfect
   futuro perfecto future perfect
   condicional perfecto conditional perfect
el **triptongo** triphthong
el **verbo** verb
   auxiliar auxiliary
   impersonal impersonal
   irregular irregular
   reflexivo reflexive
   regular regular
   (in)transitivo (in)transitive
la **vocal** vowel
la **voz** voice
   activa active
   pasiva passive

Appendix B

Verb Charts

Regular verbs

Infinitive	hablar, *to speak*	comer, *to eat*	vivir, *to live*
Spanish Gerund (-ndo form)	hablando, *speaking*	comiendo, *eating*	viviendo, *living*

The simple tenses

Indicative mood

Present	*I speak, do speak, am speaking, etc.*	*I eat, do eat, am eating, etc.*	*I live, do live, am living, etc.*
	hablo	como	vivo
	hablas	comes	vives
	habla	come	vive
	hablamos	comemos	vivimos
	habláis	coméis	vivís
	hablan	comen	viven
Imperfect	*I was speaking, used to speak, spoke, etc.*	*I was eating, used to eat, ate, etc.*	*I was living, used to live, lived, etc.*
	hablaba	comía	vivía
	hablabas	comías	vivías
	hablaba	comía	vivía
	hablábamos	comíamos	vivíamos
	hablabais	comíais	vivíais
	hablaban	comían	vivían
Preterit	*I spoke, did speak, etc.*	*I ate, did eat, etc.*	*I lived, did live, etc.*
	hablé	comí	viví
	hablaste	comiste	viviste
	habló	comió	vivió
	hablamos	comimos	vivimos
	hablasteis	comisteis	vivisteis
	hablaron	comieron	vivieron

Comments Concerning Forms of Verbs

- The first- and second-persons plural of the present indicative tense of all verbs are regular, except in the cases of **haber, ir, ser.**

- The third-person plural is formed by adding -n to the third-person singular in all tenses, except the preterit (of all verbs) and the present indicative tense of **ser**.
- All familiar forms (second-person singular and plural) end in -s, except the second-person singular preterit tense and the imperative.
- The imperfect indicative tense is regular in all verbs, except **ir** (iba), **ser** (era), **ver** (veía).
- If the first-person singular preterit tense ends in unaccented -e, the third-person singular ends in unaccented -o; the other endings are regular, except that after **j** the ending for the third-person plural is -eron. Eight verbs of this group, in addition to those that end in -**ducir**, have a u-stem preterit (**andar, caber, estar, haber, poder, poner, saber, tener**); four have an i-stem (**decir, hacer, querer, venir**); **traer** has a regular stem with the above endings. (The third-person plural preterit forms of **decir** and **traer** are **dijeron** and **trajeron**, respectively. The third-person singular form of **hacer** is **hizo**). **Ir** and **ser** have the same preterit, while **dar** has second-conjugation endings in this tense.
- The singular imperative is the same in form as the third-person singular present indicative tense, except in the case of ten verbs (**decir, di; haber, he; hacer, haz; ir, ve; poner, pon; salir, sal; ser, sé; tener, ten; valer, val** or **vale; venir, ven**). The plural imperative is always formed by dropping the final -r of the infinitive and adding -d. (Remember that the imperative is used only for familiar affirmative commands.)

Irregular Verbs

Participles are given with the infinitive; tenses not listed are regular.

1. **andar**, andando, *to go, walk*

| Preterit | anduve | anduviste | anduvo | anduvimos | anduvisteis | anduvieron |

2. **caber**, cabiendo, *to fit, be contained in*

| Pres. Ind. | quepo | cabes | cabe | cabemos | cabéis | caben |
| Preterit | cupe | cupiste | cupo | cupimos | cupisteis | cupieron |

3. **caer**, cayendo, *to fall*

| Pres. Ind. | caigo | caes | cae | caemos | caéis | caen |
| Preterit | caí | caíste | cayó | caímos | caísteis | cayeron |

4. **dar**, dando, *to give*

| Pres. Ind. | doy | das | da | damos | dais | dan |
| Preterit | di | diste | dio | dimos | disteis | dieron |

5. **decir**, diciendo, *to say, tell*

Pres. Ind.	digo	dices	dice	decimos	decís	dicen
Imperative		di	diga		decid	digan
Preterit	dije	dijiste	dijo	dijimos	dijisteis	dijeron

6. **estar**, estando, *to be*

| Pres. Ind. | estoy | estás | está | estamos | estáis | están |
| Preterit | estuve | estuviste | estuvo | estuvimos | estuvisteis | estuvieron |

APPENDIX B

7. **haber**, habiendo, *to have* (auxiliary)

Pres. Ind.	he	has	ha	hemos	habéis	han
Preterit	hube	hubiste	hubo	hubimos	hubisteis	hubieron

8. **hacer**, haciendo, *to do, make*

Pres. Ind.	hago	haces	hace	hacemos	hacéis	hacen
Imperative		haz	haga		haced	hagan
Preterit	hice	hiciste	hizo	hicimos	hicisteis	hicieron

Like **hacer**: **satisfacer**, *to satisfy*

9. **ir**, **yendo**, *to go*

Pres. Ind.	voy	vas	va	vamos	vais	van
Imperative		ve	vaya		id	vayan
Imp. Ind.	iba	ibas	iba	íbamos	ibais	iban
Preterit	fui	fuiste	fue	fuimos	fuisteis	fueron

10. **oír**, **oyendo**, *to hear*

Pres. Ind.	oigo	oyes	oye	oímos	oís	oyen
Imperative		oye	oiga		oíd	oigan
Preterit	oí	oíste	oyó	oímos	oísteis	oyeron

11. **poder**, **pudiendo**, *to be able*

Pres. Ind.	puedo	puedes	puede	podemos	podéis	pueden
Preterit	pude	pudiste	pudo	pudimos	pudisteis	pudieron

12. **poner**, poniendo, *to put, place*

Pres. Ind.	pongo	pones	pone	ponemos	ponéis	ponen
Imperative		pon	ponga		poned	pongan
Preterit	puse	pusiste	puso	pusimos	pusisteis	pusieron

13. **querer**, queriendo, *to wish, want*

Pres. Ind.	quiero	quieres	quiere	queremos	queréis	quieren
Preterit	quise	quisiste	quiso	quisimos	quisisteis	quisieron

14. **saber**, sabiendo, *to know*

Pres. Ind.	sé	sabes	sabe	sabemos	sabéis	saben
Preterit	supe	supiste	supo	supimos	supisteis	supieron

15. **salir**, saliendo, *to go out, leave*

Pres. Ind.	salgo	sales	sale	salimos	salís	salen
Imperative		sal	salga		salid	salgan

Copyright © Houghton Mifflin Company. All rights reserved.

16. **ser**, siendo, *to be*

Pres. Ind.	soy	eres	es	somos	sois	son
Imperative		sé	sea		sed	sean
Imp. Ind.	era	eras	era	éramos	erais	eran
Preterit	fui	fuiste	fue	fuimos	fuisteis	fueron

17. **tener**, teniendo, *to have*

Pres. Ind.	tengo	tienes	tiene	tenemos	tenéis	tienen
Imperative		ten	tenga		tened	tengan
Preterit	tuve	tuviste	tuvo	tuvimos	tuvisteis	tuvieron

Like **tener**: **contener**, *to contain*; **detener**, *to stop*; **entretener**, *to entertain*; **mantener**, *to maintain*; **obtener**, *to obtain*.

18. **traer**, trayendo, *to bring*

Pres. Ind.	traigo	traes	trae	traemos	traéis	traen
Preterit	traje	trajiste	trajo	trajimos	trajisteis	trajeron

19. **valer**, valiendo, *to be worth*

Pres. Ind.	valgo	vales	vale	valemos	valéis	valen

20. **venir**, viniendo, *to come*

Pres. Ind.	vengo	vienes	viene	venimos	venís	vienen
Imperative		ven	venga		venid	vengan
Preterit	vine	viniste	vino	vinimos	vinisteis	vinieron

21. **ver**, viendo, *to see*

Pres. Ind.	veo	ves	ve	vemos	veis	ven
Preterit	vi	viste	vio	vimos	visteis	vieron
Imp. Ind.	veía	veías	veía	veíamos	veíais	veían

Verbs with Changes in Spelling

1. Verbs ending in **-car** change **c** to **qu** before **e**: **buscar**, *to look for*.

Preterit	busqué	buscaste	buscó, etc.
Imperative	busque Ud.	busquen Uds.	

Like **buscar**: **acercarse**, *to approach*; **comunicar**, *to communicate*; **dedicar**, *to dedicate*; **desembocar**, *to empty*; **destacarse**, *to stand out*; **indicar**, *to indicate*; **intensificar**, *to intensify*; **mascar**, *to chew*; **pescar**, *to fish*; **practicar**, *to practice*; **sacar**, *to take out*; **significar**, *to mean*; **simplificar**, *to simplify*; **tocar**, *to play (music)*.

2. Verbs ending in **-gar** change **g** to **gu** before **e**: **llegar**, *to arrive*.

Preterit	llegué	llegaste	llegó, etc.
Imperative	llegue Ud.	lleguen Uds.	

Like **llegar**: **cargar**, *to load*; **entregar**, *to hand (over)*; **jugar** (**ue**), *to play (a game)*; **navegar**, *to sail*; **pagar**, *to pay*; **rogar** (**ue**), *to beg, ask*.

3. Verbs ending in **-zar** change **z** to **c** before **e**: **cruzar**, *to cross*.

Preterit	crucé	cruzaste	cruzó, etc.
Imperative	cruce Ud.	crucen Uds.	

Like **cruzar**: **alcanzar**, *to reach*; **almorzar** (**ue**), *to have lunch*; **caracterizar**, *to characterize*; **comenzar** (**ie**), *to commence, begin*; **empezar** (**ie**), *to begin*; **organizar**, *to organize*; **realizar**, *to realize, carry out*; **utilizar**, *to utilize*.

4. Verbs ending in **-guar** change **gu** to **gü** before **e**: **averiguar**, *to find out*.

Preterit	averigüé	averiguaste	averiguó, etc.
Imperative	averigüe Ud.	averigüen Uds.	

5. Verbs ending in **-ger** or **-gir** change **g** to **j** before **a** or **o**: **escoger**, *to choose*.

Pres. Ind.	escojo	escoges	escoge, etc.
Imperative	escoja Ud.	escojan Uds.	

Like **escoger**: **dirigir**, *to direct*; **proteger**, *to protect*; **recoger**, *to pick up*.

6. Verbs ending in **-guir** change **gu** to **g** before **a** or **o**: **distinguir**, *to distinguish*.

Pres. Ind.	distingo	distingues	distingue, etc.
Imperative	distinga Ud.	distingan Uds.	

Like **distinguir**: **conseguir** (**i, i**), *to get*; **seguir** (**i, i**), *to follow*.

7. Verbs ending in **-cer** or **-cir** preceded by a consonant change **c** to **z** before **a** or **o**: **vencer**, *to overcome*.

Pres. Ind.	venzo	vences	vence, etc.
Imperative	venza Ud.	venzan Uds.	

Like **vencer**: **ejercer**, *to exert*.

8. Verbs ending in **-quir** change **qu** to **c** before **a** and **o**: **delinquir**, *to commit a crime*.

Pres. Ind.	delinco	delinques	delinque, etc.

Verbs with Special Changes

1. Verbs ending in **-cer** or **-cir** following a vowel insert **z** before **c** in the first-person singular present indicative tense and throughout the present subjunctive (Volume 2) tense: **conocer**, *to know, be acquainted with*.

Pres. Ind.	conozco	conoces	conoce, etc.
Imperative	conozca Ud.	conozcan Uds.	

Like **conocer**: **aparecer**, *to appear*; **establecer**, *to establish*; **merecer**, *to deserve*; **nacer**, *to be born*; **parecer**, *to seem*; **pertenecer**, *to belong*; **prevalecer**, *to prevail*; **reconocer**, *to recognize*.

2. Verbs ending in **-ducir** have the same changes as **conocer**, with additional changes in the preterit indicative and imperfect subjunctive (Volume 2) tenses: **traducir**, *to translate*.

Pres. Ind.	traduzco	traduces	traduce, etc.			
Preterit	traduje	tradujiste	tradujo	tradujimos	tradujisteis	tradujeron
Imperative			traduzca Ud.			traduzcan Uds.

Like **traducir**: **conducir**, *to lead, drive* (Spain); **introducir**, *to introduce*; **producir**, *to produce*.

3. Verbs ending in **-uir** (except **-guir**) insert **y** except before **i**, and change unaccented **i** between vowels to **y**: **construir**, *to construct*.

Span. Ger.	construyendo					
Pres. Ind.	construyo	construyes	construye	construimos	construís	construyen
Imperative		construye	construya		construid	construyan
Preterit	construí	construiste	construyó	construimos	construisteis	construyeron

Like **construir**: **constituir**, *to constitute*; **destruir**, *to destroy*.

4. Certain verbs ending in **-er** preceded by a vowel replace unaccented **i** of the ending by **y**: **creer**, *to believe*.

Span. Ger.	creyendo					
Preterit	creí	creíste	creyó	creímos	creísteis	creyeron

Like **creer**: **leer**, *to read*; **poseer**, *to possess*.

5. Some verbs ending in **-iar** require a written accent on the **i** in all singular and in the third-person plural in the present indicative and present subjunctive (Volume 2) tenses and in the singular imperative: **enviar**, *to send*.

Pres. Ind.	envío	envías	envía	enviamos	enviáis	envían
Imperative		envía	envíe		enviad	envíen

Like **enviar**: **criar**, *to grow*; **variar**, *to vary*.

However, verbs such as **ampliar**, *to enlarge*; **anunciar**, *to announce*; **apreciar**, *to appreciate*; **cambiar**, *to change*; **estudiar**, *to study*; **iniciar**, *to initiate*; **limpiar**, *to clean*; **pronunciar**, *to pronounce*, do not have the accented **i**.

6. Verbs ending in **-uar** have a written accent on the **u** in the same forms as verbs in section 5:[1] **continuar**, *to continue*

Pres. Ind.	continúo	continúas	continúa	continuamos	continuáis	continúan
Imperative		continúa	continúe		continuad	continúen

Stem-changing Verbs

Class I (-ar, -er)

Many verbs of the first and second conjugations change the stem vowel **e** to **ie** and **o** to **ue** when the vowels **e** and **o** are stressed, i.e., in the singular and third-person plural of the present indicative and present subjunctive (Volume 2) tenses and in the singular imperative. Class I verbs are designated: **cerrar** (ie), **volver** (ue).

---

[1]. **Reunir(se)**, *to gather*, has a written accent on the **u** in the same forms as **continuar**.
Pres. Ind.   reúno, reúnes, reúne...reúnen
Imperative   reúne

	cerrar, *to close*					
Pres. Ind.	cierro	cierras	cierra	cerramos	cerráis	cierran
Imperative		cierra	cierre		cerrad	cierren

Like **cerrar**: **atravesar**, *to cross*; **comenzar**, *to commence*; **empezar**, *to begin*; **pensar**, *to think*; **recomendar**, *to recommend*; **sentarse**, *to sit down*.

	perder, *to lose*					
Pres. Ind.	pierdo	pierdes	pierde	perdemos	perdéis	pierden
Imperative		pierde	pierda		perded	pierdan

Like **perder**: **defender**, *to defend*; **entender**, *to understand*; **extenderse**, *to extend*.

	contar, *to count*					
Pres. Ind.	cuento	cuentas	cuenta	contamos	contáis	cuentan
Imperative		cuenta	cuente	contad		cuenten

Like **contar**: **acostarse**, *to go to bed*; **almorzar**, *to have lunch*; **costar**, *to cost*; **encontrar**, *to find*; **mostrar**, *to show*; **probar**, *to try*; **recordar**, *to remember, remind*; **rogar**, *to beg, ask*; **sonar**, *to sound, ring*.

	volver, *to return*					
Pres. Ind.	vuelvo	vuelves	vuelve	volvemos	volvéis	vuelven
Imperative		vuelve	vuelva		volved	vuelvan

Like **volver**: **devolver**, *to give back*; **doler**, *to ache*; **envolver**, *to wrap up*; **llover**, *to rain*; **mover**, *to move*; **resolver**, *to resolve*.

	jugar, *to play* (a game)					
Pres. Ind.	juego	juegas	juega	jugamos	jugáis	juegan
Imperative		juega	juegue		jugad	jueguen

Class II (-*ir*)

Certain verbs of the third conjugation have the changes in the stem indicated below. Class II verbs are designated: **sentir** (**ie, i**) **dormir** (**ue, u**).

Pres. Ind.	1st, 2nd, 3rd sing.; 3rd plural	} e > ie	Span. Ger.		} e > i
Imperative	*Sing.*	} o > ue	Preterit	3rd sing.; 3rd pl.	} o > u

	singular			plural		
sentir, *to feel*						
	1st person	2nd person	3rd person	1st person	2nd person	3rd person
Pres. Ind.	siento	sientes	siente	sentimos	sentís	sienten
Imperative		siente	sienta		sentid	sientan
Preterit	sentí	sentiste	sintió	sentimos	sentisteis	sintieron
Span. Ger.	sintiendo					

Like **sentir**: **advertir**, *to advise*; **convertir**, *to convert*; **divertirse**, *to amuse oneself*; **preferir**, *to prefer*; **sugerir**, *to suggest*.

dormir, *to sleep*						
Pres. Ind.	duermo	duermes	duerme	dormimos	dormís	duermen
Imperative		duerme	duerma		dormid	duerman
Preterit	dormí	dormiste	durmió	dormimos	dormisteis	durmieron
Span. Ger.	durmiendo					

Class III (*-ir*)

Certain verbs of the third conjugation change **e** to **i** in all forms in which changes occur in Class II verbs. These verbs are designated: **pedir** (i, i).

pedir, *to ask*						
Pres. Ind.	pido	pides	pide	pedimos	pedís	piden
Imperative		pide	pida		pedid	pidan
Preterit	pedí	pediste	pidió	pedimos	pedisteis	pidieron
Span. Ger.	pidiendo					

Like **pedir**: **competir**, *to compete*; **conseguir**, *to get*; **despedirse**, *to say good-bye*; **repetir**, *to repeat*; **seguir**, *to follow*; **servir**, *to serve*.

reír, *to laugh*						
Pres. Ind.	río	ríes	ríe	reímos	reís	ríen
Imperative		ríe	ría		reíd	rían
Preterit	reí	reíste	rió	reímos	reísteis	rieron
Span. Ger.	riendo					

Copyright © Houghton Mifflin Company. All rights reserved.

Appendix C

The *Repaso* exercises that follow, including written exercises that correspond to the audio program, should be completed on separate sheets of paper. Answers to the *Repasos* are found in Appendix D.

REPASO 1: *Lecciones 1–5*

A. Review the list of expressions. Create an appropriate response for each question.

norteamericanos   siempre
bien   todos los días (todas las noches)
bastante   en la universidad
un poco   con mis compañeros (compañeras)

1. ¿Eres estudiante aquí?
2. ¿Sabes hablar español?
3. ¿Con quiénes practicas la lengua?
4. ¿Cuándo vas a la biblioteca?
5. Tú y tu compañero (compañera), ¿son de los Estados Unidos?
6. ¿Quieren Uds. aprender el español?
7. ¿Están Uds. contentos(-as) en la clase?
8. ¿Tienen Uds. que estudiar para aprender?

B. Read each statement and respond negatively to the follow-up question.

1. Ahora voy a la universidad. ¿Y tú?
2. Ellos llegan tarde a clase. ¿Y tú?
3. Su hermana sabe hablar francés. ¿Y él?
4. Ella escribe cartas interesantes. ¿Y él?
5. Yo leo revistas en español. ¿Y Uds.?
6. Yo necesito un diccionario. ¿Y Uds.?
7. Luisa está muy ocupada. ¿Y ellas?
8. Mis amigos están aquí. ¿Y tus amigos?
9. Él es estudiante. ¿Y yo?
10. Ellos son norteamericanos. ¿Y yo?

C. Read each sentence; then form a new sentence, using the information given in parentheses.

1. Yo regreso a casa a las siete.   (Mis padres, llegar, ocho)
2. Nuestra familia cena temprano.   (Ellos, comer, tarde)
3. Diana y María necesitan descansar un rato.   (Yo, necesitar estudiar, un poco)
4. Mi hermano llega hoy de México.   (Diana y María, venir, Perú)
5. Mis amigos viven en la Argentina.   (Él, trabajar, Buenos Aires)
6. ¿Reciben Uds. periódicos españoles?   (Tener, tú, revistas)

D. Fill in the blanks with the appropriate form of **ser**, **estar**, or **hay**.

Carlos y Tomás (1) _____ dos estudiantes extranjeros en la universidad. Carlos (2) _____ de Colombia, pero su familia (3) _____ viviendo ahora en los Estados Unidos. Yo no sé de dónde (4) _____ Tomás; creo que sus padres (5) _____ uruguayos. Carlos y yo (6) _____ viviendo en una residencia de

180

estudiantes; (7) _____ compañeros de cuarto. (8) _____ una residencia nueva que (9) _____ muy cerca de la biblioteca. En la residencia (10) _____ un cuarto grande para leer y mirar la televisión. Los estudiantes extranjeros siempre (11) _____ allí. (12) _____ una muchacha del Perú que (13) _____ muy agradable; siempre (14) _____ contenta. Yo (15) _____ en su clase de inglés, pero no conozco a Luisa todavía.

E. Fill in the blanks with the appropriate interrogative word(s).

1. —¿_____ lengua habla Mario en casa? —Él habla italiano.
2. —¿_____ es su familia? —Es muy agradable.
3. —¿_____ son ellos? —Son de Cuba.
4. —¿_____ están viviendo tus padres ahora? —En México.
5. —¿_____ estudiantes hay en tu residencia? —Hay veinte estudiantes.
6. —¿_____ es tu compañero de cuarto? —Es Tomás.
7. —¿_____ son las revistas? —Son de Tomás.
8. —¿_____ van Uds. ahora? —Vamos a la biblioteca.

F. Select the most logical phrase from the list below and complete the following statements.

al mediodía   papel y pluma
en la televisión   ir de vacaciones

1. Generalmente tomamos el almuerzo _____.
2. Siempre miro las noticias _____.
3. Uds. están muy cansados; necesitan _____.
4. Tengo que escribir unas cartas. ¿Tienes _____?

Now choose logical answers to respond to the following questions.

5. —¿Quieren Uds. comer bien hoy? —Sí, vamos a _____.
6. —¿Dónde practicas la pronunciación? —Generalmente practico en _____.
7. —Quiero comprar unas revistas españolas. —En el centro hay _____.
8. —¡No conozco a tu amiga! —Aquí tengo su _____.

G. Answer each question according to your own experience.

1. ¿Qué estaciones del año son muy agradables?
2. ¿En qué meses del año va Ud. de vacaciones?
3. ¿Sabe Ud. cuándo es verano en la Argentina?
4. ¿Qué días de la semana estudia Ud. español?
5. ¿Cuántos días tiene septiembre? ¿Y diciembre? ¿Y febrero?
6. ¿A qué hora más o menos llega Ud. a clase o a su trabajo (*work*)? ¿A qué hora toma Ud. el desayuno? ¿Y a qué hora cena?

H. The following is a brief letter that George is writing to a friend. Complete the letter by selecting the appropriate item(s) from the list of choices.

Amigo Tomás:

Ya soy estudiante (1) _____. Estoy (2) _____ bastante, pero estoy (3) _____ y aprendiendo mucho. Mis profesores (4) _____ y los compañeros de clase son muy (5) _____.

    Mi universidad es (6) _____ grande, pero las clases son (7) _____. Generalmente, (8) _____ veinte estudiantes. Como los alumnos viven (9) _____, es (10) _____ conocer a (11) _____. Ya (12) _____ muchos amigos. Hay (13) _____ de España y de Suramérica y (14) _____ el español con ellos.

    La (15) _____ es agradable. Tiene un (16) _____ muy bonito (17) _____ hay buenos restaurantes, librerías y (18) _____.

    Bueno, Tomás, estoy muy (19) _____. ¡Hasta pronto y no (20) _____ escribir! Tu amigo,

Jorge

estudiando
hay
olvides
practico
tengo
son buenos
en la universidad
en residencias
bibliotecas
centro
ciudad
estudiantes
tus compañeros
contento
fácil
interesantes
ocupado
pequeñas
donde
muy

I. Give the Spanish equivalent.

1. How are you, Mr. Lopez? How is Mrs. Lopez?
2. Miss Molina speaks French, doesn't she? Does she pronounce French well?
3. I don't know Diane, but I know that her sister lives in Argentina.
4. There are many new students at the residence hall; they are foreign students.
5. "Three girls are from Chile; they are very good-looking, aren't they?" "Of course!"
6. Thomas is returning to Montevideo soon; Mary is arriving today from Buenos Aires.
7. Where are you going to spend your vacation?
8. We are going to Peru; my family knows the country very well.

Verbs, Possessive Adjectives, Time of Day, *Para comprender y escribir*

REPASO 2: *Lecciones 6–11*

A. Restate each sentence, changing the verb to the preterit indicative.

1. Hoy llevo a Carmen al cine.
2. Vamos a ver una película extranjera.

3. Es una película de guerra.
4. Nos parece una película muy seria.
5. Me gusta verla con Carmen.
6. ¿Quién te llama por teléfono?
7. Diana y María llegan de visita.
8. Yo voy a buscarlas.
9. Ellas salen pronto para Buenos Aires.
10. ¿Por qué no les das mi dirección en Montevideo?

B. Restate each sentence, changing the verb(s) to the imperfect indicative.

1. Siempre me acuesto tarde.
2. Mi compañero se despierta temprano.
3. Nos arreglamos y salimos para la clase a las ocho.
4. Yo me compro *El País* todos los días.
5. ¿Dónde se desayunan Uds.?
6. ¿Dónde se sientan Uds. generalmente?
7. ¿A qué hora te levantas tú?
8. Siempre me levanto muy temprano y estudio un rato.

C. Complete the paragraph by supplying the preterit or imperfect indicative tense of the verb in parentheses, as necessary.

Cuando Carlos y yo (1. ser) más jóvenes, nuestras familias (2. vivir) en California. Mi familia (3. tener) una casa cerca del mar y nos (4. gustar) mucho la playa. Nosotros (5. ir) a la playa todos los fines de semana. Allí siempre (6. estar) nuestros amigos y compañeros. Nosotros (7. charlar) con las chicas mientras ellas (8. tomar) el sol. Mis amigos (9. correr) las olas y yo (10. nadar) mucho. El verano pasado Carlos y yo (11. ir) a México. Él (12. querer) visitar Cozumel. Las playas allí (13. ser) preciosas y no (14. hacer) mucho calor. Nosotros (15. bucear) y nos (16. bañar) en el agua azul del Caribe. (17. Ser) unas vacaciones muy agradables. Nosotros (18. descansar) mucho; nos (19. encantar) Cozumel. Carlos no (20. querer) regresar, ni yo tampoco.

D. Answer each question negatively, substituting the correct direct object pronoun for each noun object.

1. ¿Escribiste las cartas?
2. ¿Cobraste los cheques?
3. ¿Mandaste el anuncio?
4. ¿Viste a la vendedora?
5. ¿Escucharon Uds. el concierto?
6. ¿Trataban Uds. de llamar a Diana?
7. ¿Querían Uds. llevar a sus padres?
8. ¿Pensaban Uds. comprar las entradas?

E. Answer each question affirmatively, making the necessary changes.

1. ¿Quién te mandó el dinero? ¿Tu padre?
2. ¿Quién te escribió la carta? ¿Mi hermana?
3. ¿Quién te cobró los cheques? ¿Tu amigo?
4. ¿Quién les enseñó la mercancía a Uds.? ¿La vendedora?
5. ¿Quién les abrió la puerta a Uds.? ¿Tomás?
6. ¿Quién les dio la dirección a Uds.? ¿Su compañero?

F. Read each sentence; then form a new sentence, using the information given in parentheses.

1. Me encanta esta falda. (gustar más, estas blusas)
2. Le gustan las sandalias. (encantar, el estilo)
3. Me gusta esta calle. (encantar, las tiendas)
4. Le encantan esas chicas. (gustar mucho, la española)
5. Nos gusta mucho esta universidad. (encantar, los estudiantes)
6. Nos gusta esta clase. (encantar, la profesora o el profesor)

G. Supply the correct form of the definite article where required.

1. _____ vida allí era muy agradable, pero no me gustaban _____ inviernos.
2. Después de lavarse _____ manos y _____ cara, Elena se arregló.
3. Buenas tardes, _____ señor Salas. ¿Cómo está _____ señora Salas?
4. Mi profesor de _____ español habla muy bien _____ francés.
5. —Hoy es _____ jueves, ¿verdad? —Sí, pero Diana llega _____ jueves que viene.
6. _____ ropa es muy cara en esa tienda y no me gustan _____ vestidos que ofrecen a precio especial.

H. Rewrite each sentence in the negative.

1. Alguien llamó a Lola.
2. Jorge tiene algo en la mano.
3. Yo también los conozco.
4. Ella siempre canta en español.
5. Alguien le habló o le escribió.
6. También me dieron algo de comer.

I. Select an expression from the list that most logically completes each of the statements below.

1. El sábado pasado _____ con unos amigos.
2. Cuando _____ San Antonio, encontramos mal tiempo.
3. No podíamos ver el camino porque _____.
4. En las tiendas de Tijuana la mercancía no _____.
5. El verano que viene vamos a _____ a España.
6. El año pasado _____ las faldas largas.

estaban de moda
hacer un viaje
íbamos camino de
llovía a cántaros
salimos de excursión
tiene precio fijo

Now choose logical expressions to complete your answers.

7. —¿Te gusta el cine? —¡Mucho! ¿Por qué no vamos a ver una _____ en el Cine Rex?
8. —¡Hace mucho frío! —Me parece que hoy puede _____.
9. —En agosto hace calor. —Sí, es el mes más _____ del _____.
10. —Hoy es un día precioso. —Sí, el cielo está _____ y hace _____.

11. —¿Dónde compras tu ropa? —Voy al centro; allí hay muchas _____.
12. —Me parece que va a llover. —Sí, el cielo está _____.

J. Answer each question with a formal singular (**Ud.**) command, first affirmatively, and then negatively. Substitute the appropriate direct object pronoun for the noun.

1. ¿Hago el café ahora?
2. ¿Llevo las tazas afuera?
3. ¿Pongo los platos en la mesa?
4. ¿Traigo la mercancía adentro?
5. ¿Envuelvo los paquetes con el papel rojo?
6. ¿Escribo las direcciones con una pluma verde?

K. Complete each sentence with **hora, rato, tiempo, vez,** or **veces,** as appropriate.

1. Marta no tiene _____ para ir al centro.
2. Uds. hablan muy alto a _____.
3. Tomás y yo vamos a pescar de _____ en cuando.
4. ¿Cuánto _____ puedes jugar hoy?
5. ¿A qué _____ comienza el concierto?
6. ¿No se lo dijiste a ella esta _____?
7. Alberto está descansando un _____.
8. Creo que ellos llegarán a _____.
9. ¿Qué _____ será?
10. ¿Ha estado Ud. alguna _____ en Córdoba?

L. Answer the questions in complete sentences, using words that you have learned in previous lessons.

1. ¿A qué hora se levanta Ud. generalmente? ¿A qué hora se levantó Ud. esta mañana? ¿Qué hace Ud. después de levantarse?
2. ¿Le gusta a Ud. ir de compras? ¿Cuándo fue Ud. de compras? ¿Qué cosas compró?
3. ¿Va Ud. al cine mucho? ¿Qué películas le gustan a Ud.? ¿Vio Ud. alguna película este fin de semana? ¿Qué le pareció?
4. ¿Le gustan a Ud. los conciertos? ¿Qué cantantes famosos le gustan a Ud.? ¿Sabe Ud. quién es Miguel Bosé? ¿Conoce Ud. sus canciones?
5. ¿Qué le gustaba a Ud. hacer cuando era pequeño(-a)? ¿Qué le gusta a Ud. hacer ahora?
6. ¿Le gusta a Ud. viajar? ¿Qué ciudades norteamericanas conoce Ud.? ¿Qué le parece (San Antonio)? ¿Qué países extranjeros conoce Ud.?

M. Write in words the numbers found in the following sentences.

1. El vestido costó 75 dólares.
2. Ayer la temperatura llegó a los 90 grados.
3. Cuando hace 31 grados, puede nevar.
4. Recibimos 55 periódicos y 71 revistas.
5. Compramos 81 diccionarios.

N. Give the Spanish equivalent.

1. Upon seeing Laura in the street, Diane waited for her.
2. They arrived downtown and they entered a very large store.
3. The clerk (*f.*) showed them several dresses.
4. Laura liked a white dress. It was very young looking, but it wasn't her size.
5. James wanted to spend a weekend at home.
6. He didn't have enough money to buy (himself) the plane ticket.
7. Mario tells James that it is easy to find a traveling companion.
8. When I lived in Los Angeles, I used to go to the movies often.
9. By the way, I saw some Spanish films. I liked them.
10. I'm tired of studying. What are you (*pl.*) doing now?

Verbs, Object Pronouns, Indefinite and Negative Words, *Para comprender y escribir*

Appendix D

Answer Keys

Lección 1

Preguntas sobre los diálogos, page 5: 1. (Los alumnos *or* Ellos) Estudian la lección *or* (Los alumnos *or* Ellos) Estudian español. 2. (Los alumnos *or* Ellos) Preparan bastante bien los ejercicios (*or* Preparan los ejercicios bastante bien). 3. (Los alumnos *or* Ellos) Hablan español en la clase de español. 4. Mario y Luisa estudian inglés en los Estados Unidos. 5. Luisa (Ella) habla francés. Mario (Él) habla italiano. 6. Mario (Él) pronuncia el inglés bastante mal. (Él) Necesita practicar la pronunciación. 7. Luisa (Ella) prepara los ejercicios de pronunciación en el laboratorio. 8. Luisa (Ella) estudia las lecciones todos los días.

Práctica 1, page 8: 1. hablo 2. estudia; habla 3. pronunciamos 4. preparan; pronuncian 5. habla 6. preparan 7. estudias 8. necesito

Práctica 2, page 9: 1. Nosotros 2. Nosotros 3. Tú/yo 4. Yo 5. Ud. 6. Él 7. Ellas 8. Ella/él 9. Tú/ellos 10. Ud.

Práctica 3, page 11: 1. __/__ 2. La/__/los 3. el/el 4. los/(__) 5. (el)/(el) 6. las/__

Práctica 4, page 12: 1. las lecciones de inglés 2. los estudiantes de francés 3. los profesores de portugués 4. las clases de español 5. los ejercicios de pronunciación 6. las universidades en los Estados Unidos 7. las casas de Mario 8. las conversaciones con la señorita Molina

Práctica 5, page 12: 1. la/las palabras 2. el/los mapas 3. la/las expresiones 4. la/las lenguas 5. los/el alumno 6. el/los días 7. las/la palabra 8. la/las tardes 9. las/la lección 10. la/las fotos

Práctica 6, page 13: 1. Ellas no practican en casa./¿No practican ellas en casa? 2. Luisa no necesita estudiar más./¿No necesita Luisa estudiar más? 3. No pronuncian bien el español./¿No pronuncian bien el español? 4. No preparo el ejercicio en clase./¿No preparo el ejercicio en clase? 5. Nosotros no hablamos japonés./¿No hablamos nosotros japonés?

Práctica 7, page 13: 1. No, nosotros no hablamos inglés en clase. 2. Sí, practico mucho el español. 3. No, ellas no pronuncian bien el español. 4. No, él no estudia la lección de alemán. 5. Ud. prepara los ejercicios en casa.

Repaso

A, page 14: 1. la lengua 2. pero 3. también 4. ya 5. el alemán 6. la tarde 7. la palabra 8. enseñar 9. otro 10. bastante

B, page 14: 1. Los alumnos (*or* estudiantes) preparan la lección de español en casa. 2. Mario y Luisa siempre preparan los ejercicios en el laboratorio. 3. (Ellos) Practican los ejercicios en clase. 4. El profesor de español siempre habla con los alumnos (*or* estudiantes). 5. Buenos días, Luisa. ¿Habla Ud. español bien? *or* ¿Habla Ud. bien el español? 6. Luisa habla francés y Mario habla italiano en casa. 7. (Ellos) Estudian inglés en los Estados Unidos. 8. Mario pronuncia el inglés bastante mal; (él) necesita practicar más el inglés.

Expansión

A, page 15: 1. Estudio español. 2. Hablo inglés en casa. 3. Sí, pronuncio bien el español. 4. Sí, estudio las lecciones todos los días. 5. Estudio en casa.

B, page 15: (*Answers will vary.*)

Para comprender y escribir

A, page 15: 1. Hablamos con la señorita Martí. 2. La profesora Molina enseña español. 3. Uds. preparan los ejercicios. 4. El alumno necesita practicar más. 5. ¿Qué lenguas estudia Mario?

B, page 16: 1. las lecciones de inglés 2. los estudiantes de francés 3. los profesores de portugués 4. las clases de español 5. los ejercicios de pronunciación 6. las universidades en los Estados Unidos 7. las casas de Mario 8. las conversaciones con la señorita Molina

C, page 16: 1. El profesor no habla inglés; habla español. 2. Mario no estudia español; estudia alemán. 3. El profesor no enseña mal; enseña bien. 4. Los estudiantes no estudian bastante; estudian poco. 5. Pablo no practica el francés en clase; practica en casa.

D, page 16: 1. Cierto 2. Falso 3. Falso 4. Falso 5. Cierto

Lección 2

Preguntas sobre los diálogos, page 21: 1. Antonio y Carlos son dos estudiantes de Suramérica. Ellos aprenden inglés (en los Estados Unidos). 2. Antonio es de Chile. Carlos es de Colombia. 3. El muchacho que tiene unos papeles es panameño. La muchacha que tiene unos lápices rojos es argentina. 4. Los estudiantes tienen que preparar la lección porque la profesora de inglés llega (allí). 5. Carlos y Antonio comen en la cafetería de la universidad. Llega un grupo de estudiantes norteamericanos. *or* Llegan unos estudiantes norteamericanos. 6. (La señorita Molina) Es la profesora de español. (Ella) Es mexicana; es una profesora muy buena. También es muy guapa. 7. (El libro de español que usan los estudiantes) Es muy bueno. (El libro) Tiene unas fotografías a colores de Hispanoamérica (que son muy bonitas).   8. (Los estudiantes) Tienen la clase de español en el edificio principal. Es una sala muy grande (que tiene unas paredes amarillas). La sala es muy agradable porque tiene muchas ventanas. En las paredes hay una pizarra, y (también hay) unos mapas y unos carteles muy bonitos (de España y de Hispanoamérica).

Práctica 1, page 22:   1. creen   2. como   3. aprendemos   4. cree   5. aprendemos   6. comen   7. aprendes   8. come   9. cree   10. leo

Práctica 2, page 24:   1. es   2. es   3. somos   4. soy   5. son   6. eres   7. tenemos   8. tienen   9. tiene   10. tienen   11. tenemos   12. son

Práctica 3, page 24:   1. Hay un mapa en la pared.   2. Hay una profesora allí.   3. Hay unos ejercicios en el cuaderno.   4. Hay una pizarra en la sala de clase.   5. Hay unas fotografías a colores en el libro.   6. Hay unos ejercicios en el cuaderno.

Práctica 4, page 25:   1. Ellos tienen que aprender francés.   2. Tú tienes que comer en un restaurante.   3. Diego y yo tenemos que usar los mapas.   4. Ud. tiene que estudiar todos los días.   5. Francisco y Ana tienen que leer el libro.   6. El profesor tiene que enseñar la clase.   7. Yo tengo que escuchar bien en el laboratorio de lenguas.

Práctica 5, page 26:   1. un   2. unas   3. unos   4. unas   5. un   6. unos   7. una   8. una   9. unos   10. una

Práctica 6, page 27:   1. una; unas   2. *not needed* (*negative sentence*); un   3. un   4. *not needed* (*negative sentence*)   5. unos; un   6. *not needed* (*quantity not emphasized*); una   7. una; una   8. unos; *not needed* (*quantity not emphasized*)   9. *not needed* (*nationality*)   10. unas; *not needed* (*nationality*)

Práctica 7, page 28:   1. Los profesores son franceses.   2. ¿Son buenos los alumnos?   3. Ellos son muy inteligentes.   4. Las muchachas son mexicanas.   5. Los muchachos son españoles.   6. ¿Son chilenas las profesoras?   7. Las casas son amarillas.   8. ¿Son verdes los libros?   9. Los lápices no son rojos.   10. Las pizarras no son blancas.

Práctica 8, page 29:   1. negra. . . Las pizarras son negras.   2. azules. . . El lápiz es azul.   3. amarillas. . . La pared es amarilla.   4. verdes. . . La mesa es verde.   5. ingleses. . . El estudiante es inglés.   6. bonito. . . ¿Son bonitos los edificios?   7. colombiana. . . ¿Son colombianas las estudiantes?   8. francesa. . . ¿Son francesas las profesoras?

Repaso

A, page 29:   1. aprender   2. el cartel   3. la pared   4. aquí   5. el cuaderno   6. ¿cuántos, -as?   7. hay   8. guapo   9. la ventana   10. allí   11. llegar   12. el lápiz

B, page 29:   1. Hay muchos estudiantes hispanoamericanos en la universidad; (ellos) aprenden inglés.   2. Antonio es chileno. Carlos es de Colombia; (él) es colombiano.   3. La muchacha que tiene unos papeles es argentina; ella también aprende inglés.   4. La señorita Molina llega y los estudiantes (*or* alumnos) tienen que preparar la lección.   5. Un día, un grupo come en la cafetería después de la clase de español.   6. (Ellos) usan un libro muy interesante; tiene unas fotografías que son muy bonitas.   7. Los estudiantes (*or* alumnos) tienen la clase de español en el edificio principal; las salas de clase son muy agradables.   8. La profesora es muy buena, pero ellos tienen que estudiar mucho.

Expansión

A, page 30:   (*Answers will vary.*)   1. Sí, soy norteamericano(-a).   2. No, no es de México.   3. Sí, el libro de español es interesante.   4. Sí, tengo que estudiar mucho.   5. Como en la cafetería.

B, page 30:   (*Answers will vary.*)

Para comprender y escribir

A, page 31:   1. Somos alumnos de español.   2. ¿Qué hay en la pared?   3. Tengo que aprender alemán.   4. Señorita Molina, ¿es Ud. de Chile?   5. Los franceses pronuncian bien el inglés.   6. Hay unos estudiantes hispanoamericanos aquí.

B, page 31:   1. ¿Quién estudia alemán?   2. ¿Cómo es el edificio?   3. Creo que ella es argentina.

C, page 31:   1. Luisa es inteligente también.   2. La lección es interesante también.   3. La profesora es buena también.   4. El mapa es bonito también.   5. Las ventanas son amarillas también.   6. Los cuadernos son verdes también.

D, page 31:   1. Cierto   2. Falso   3. Falso   4. Cierto   5. Falso

Lección 3

Preguntas sobre los diálogos, page 36:   1. (Ana y Carolina *or* Ellas) Son compañeras de cuarto. *or* (Ana y Carolina *or* Ellas) Son estudiantes. (Ana y Carolina *or* Ellas) Viven en una residencia de estudiantes.   2. Son casi las siete y media de la mañana.   3. (Ana) Tiene clase a las ocho en punto.   4. (Ana) Va al restaurante para tomar el desayuno.   5. (Jorge y Laura *or* Ellos) Hablan de los horarios de las comidas.   6. (Laura *or* Ella) Toma el almuerzo a las doce y cuarto. (En la residencia) Cenan a las seis.   7. (Jorge *or* Él) Estudia en la biblioteca todas las noches. (Jorge *or* Él) Vive en un apartamento lejos de la universidad.   8. (Jorge *or* Él) Cena más o menos a las diez de la noche. (Jorge *or* Él) Toma el almuerzo y la cena tarde porque (él) es español (*or* de España).

Práctica 1, page 37:   1. Escriben   2. escribimos   3. Recibe   4. recibo   5. vive   6. viven   7. vivimos   8. escribes

Práctica 2, page 38: **1.** vas **2.** Voy **3.** Van **4.** va **5.** vamos

Práctica 3, page 39: **1.** Hoy vamos a comer en el restaurante. **2.** Después voy a escribir las cartas. **3.** ¿Vas a ir a la biblioteca mañana? **4.** Jorge y Laura van a regresar hoy. **5.** Ella va a preparar las lecciones después.

Práctica 4, page 40: **1.** trece y doce son veinticinco **2.** dieciocho y cinco son veintitrés **3.** veintidós menos uno son veintiuno **4.** veintiséis menos nueve son diecisiete **5.** tres por ocho son veinticuatro **6.** siete por dos son catorce **7.** treinta y dos dividido por cuatro son ocho **8.** treinta dividido por diez son tres

Práctica 5, page 41: **1.** Son las seis y diez de la mañana (noche). **2.** Son las cuatro y cuarto de la tarde (mañana). **3.** Son las tres menos veinte de la tarde (mañana). **4.** Son las once y veinticinco de la mañana (noche). **5.** Son las doce menos cinco de la tarde (de la mañana). **6.** Son las seis menos diez de la mañana (tarde).

Práctica 6, page 41: **1.** Voy a la universidad a las doce y cinco de la tarde. **2.** Voy a la universidad a las ocho menos cuarto de la mañana (noche). **3.** Voy a la universidad a las doce y media de la tarde. **4.** Voy a la universidad a las ocho y veinte de la mañana. **5.** Voy a la universidad a las diez en punto. **6.** Voy a la universidad a la una y diez de la tarde.

Práctica 7, page 43: **1.** a *or* de **2.** Adónde **3.** a; al *or* del **4.** al **5.** De **6.** del **7.** De **8.** del *or* de

Práctica 8, page 43: **1.** Mañana es jueves. **2.** Mañana es sábado. **3.** Mañana es miércoles. **4.** Mañana es domingo. **5.** Mañana es martes. **6.** Mañana es viernes.

Repaso

A, page 44: *The following items should be circled:* **1.** la carta **2.** el horario **3.** la pared **4.** el muchacho **5.** la silla **6.** el reloj **7.** el mapa **8.** en clase

B, page 44: **1.** Carolina es la compañera de cuarto de Ana. **2.** ¡Oye, Carolina! ¿Qué hora es? **3.** Son casi las siete y media de la mañana. **4.** ¿A qué hora tienes clase el lunes? A las ocho y media, ¿verdad? **5.** Laura y Jorge son compañeros de clase; toman una taza de café. **6.** Generalmente, Laura toma el almuerzo a las doce o a eso de la una. **7.** Jorge tiene que estudiar en la biblioteca hasta las nueve de la noche. **8.** (Él) Regresa a casa tarde todas las noches y no cena hasta las diez, más o menos.

Expansión

A, page 44: (Answers will vary.) **1.** Vivo en una casa. **2.** Tomo el desayuno a las ocho de la mañana. **3.** Generalmente tomo el desayuno en el comedor de la universidad. **4.** Tengo dos clases por la mañana. **5.** Tomo el almuerzo a las dos menos veinte de la tarde. **6.** Preparo la lección de español por la noche. **7.** Generalmente ceno a las seis y media de la noche. **8.** Sí, voy a la biblioteca todos los días.

B, page 45: (Answers will vary.)

Para comprender y escribir

A, page 45: **1.** (b) Al mediodía. **2.** (a) Por la mañana. **3.** (a) compañeras de cuarto. **4.** (b) las siete y media. **5.** (c) en la biblioteca.

B, page 46: **1.** Son las dos y media. **2.** Tomo el almuerzo a la una. **3.** Llego a clase a las nueve menos diez. **4.** Voy al laboratorio a las once y veinte. **5.** Regreso al cuarto a las cuatro menos cuarto.

C, page 46: **1.** Carlos va a la cafetería. **2.** Ana y Pablo llegan de la biblioteca. **3.** Jorge regresa del restaurante. **4.** El apartamento es de la muchacha. **5.** Los cuadernos son de los estudiantes.

D, page 47: Marta no tiene clases los lunes. Hoy es un día muy agradable. Ella toma el desayuno a eso de las diez y entonces va al apartamento de Luisa, una compañera de clase. Las dos muchachas hablan y toman café hasta el mediodía. Hay un restaurante francés cerca de la universidad. Toman el almuerzo allí. Después de comer, van a la biblioteca. Regresan a sus casas temprano.

E, page 47: **1.** Falso **2.** Falso **3.** Cierto **4.** Cierto **5.** Falso

Lección 4

Preguntas sobre los diálogos, page 51: **1.** En la ciudad donde viven Miguel y Jaime, hay una librería (pequeña) que vende libros extranjeros. **2.** (Miguel) Quiere comprar un diccionario bilingüe porque (con un diccionario) va a ser bastante fácil escribir en español. **3.** La librería (también) vende revistas, periódicos y libros en español. **4.** Es necesario leer mucho para aprender palabras y frases nuevas. **5.** Miguel mira una revista. Los artículos son cortos y no son difíciles de comprender. **6.** (Alberto) Es el compañero de apartamento de Jaime; es uno de los dependientes de la librería. **7.** (Miguel) Quiere recibir *Siempre*, una revista mexicana. (El *ABC* y *El País*) Son periódicos españoles. **8.** (Jaime) Quiere recibir *El País* porque (él) quiere leer más noticias de España.

Práctica 1, page 52: **1.** Tú vienes a nuestra residencia a las dos. Ellos vienen a nuestra residencia a las dos. **2.** Ella viene a clase todos los días. Yo vengo a clase todos los días. **3.** Nosotros venimos hoy a la librería. Mis amigas vienen hoy a la librería. **4.** ¿Quieren Uds. escribir en la pizarra? ¿Quiere Laura escribir en la pizarra? **5.** Yo quiero comprar una revista argentina. Ellos quieren comprar una revista argentina. **6.** Tú quieres leer noticias de España. Tomás y yo queremos leer noticias de España. **7.** Yo sé tu dirección. Ellas saben tu dirección. **8.** ¿Sabe Ud. si venden periódicos españoles aquí? ¿Saben Uds. si venden periódicos españoles aquí? **9.** Nosotras sabemos poco del mundo hispánico. Tú sabes poco del mundo hispánico.

Práctica 2, page 53: **1.** quiero **2.** sé **3.** queremos **4.** sabemos **5.** Sabe **6.** viene **7.** vienen **8.** vengo

Práctica 3, page 54: **1.** Compra la revista. No compres la revista. **2.** Vende el reloj. No vendas el reloj. **3.** Escribe las frases. No escribas las frases. **4.** Regresa temprano. No regreses temprano. **5.** Aprende la palabra. No aprendas la palabra.

Práctica 4, page 54: **1.** Sí, lee las noticias. No, no leas las noticias. **2.** Sí, cena aquí. No, no cenes aquí. **3.** Sí, manda el periódico. No, no mandes el periódico. **4.** Sí, mira la televisión. No, no mires la televisión. **5.** Sí, estudia en la biblioteca. No, no estudies en la biblioteca.

Práctica 5, page 55: **1.** Sí, estudio mi lección. No, no estudio mi lección. **2.** Sí, voy con mi profesor. No, no voy con mi profesor. **3.** Sí, ellas leen sus (tus) cartas. No, ellas no leen sus (tus) cartas. **4.** Sí, él viene con su amigo. No, él no viene con su amigo. **5.** Sí, nosotros olvidamos nuestros libros. No, no olvidamos nuestros libros. **6.** Sí, tengo tu (su) lápiz. No, no tengo tu (su) lápiz. **7.** Sí, ella sabe su (tu) dirección. No, ella no sabe su (tu) dirección. **8.** Sí, vivo con mi familia. No, no vivo con mi familia.

Práctica 6, page 56: **1.** nuestra biblioteca excelente **2.** nuestra librería de libros extranjeros **3.** sus revistas españolas **4.** sus artículos interesantes **5.** sus periódicos hispanoamericanos **6.** mis mapas viejos **7.** nuestros programas de televisión **8.** sus temas aburridos **9.** su residencia de estudiantes **10.** mi horario de clases

Práctica 7, page 56: **1.** los ejercicios difíciles **2.** un país pequeño **3.** las alumnas francesas **4.** dos artículos cortos **5.** mi reloj nuevo **6.** unas ciudades viejas **7.** Recibo varias revistas. **8.** Tenemos muchas amigas.

Práctica 8, page 57: **1.** No, nosotros no leemos noticias extranjeras. **2.** No, nosotros no recibimos revistas argentinas. **3.** No, nosotros no compramos periódicos españoles. **4.** No, yo no tengo un apartamento grande. **5.** No, yo no vivo en una ciudad pequeña. **6.** No, yo no voy a la librería extranjera.

Práctica 9, page 58: **1.** la lección de español **2.** los ejercicios de pronunciación **3.** un comedor de estudiantes **4.** un profesor (*or* una profesora) de universidad **5.** el programa de noticias **6.** un compañero (*or* una compañera) de cuarto

Práctica 10, page 59: **1.** soy (identifies the subject) **2.** es (expresses an inherent characteristic) **3.** es (an inherent characteristic) **4.** son (identifies the subjects) **5.** somos (identifies the subject) **6.** son (inherent characteristic) **7.** es (expresses origin) **8.** es (origin) **9.** son (inherent characteristic) **10.** Es (impersonal expression) **11.** es (expression of time) **12.** es (expression of time) **13.** son (expression of time) **14.** es (indicates for whom a thing is intended) **15.** es (indicates for whom a thing is intended)

Repaso

A, page 59: **1.** la noche **2.** pequeño **3.** preguntar **4.** fácil **5.** tarde **6.** vender **7.** malo **8.** allí **9.** poco **10.** menos

B, page 59: **1.** Miguel y su amigo Jaime van al centro; van a una librería grande (que hay) en su ciudad. **2.** (Nosotros) Tenemos que leer mucho para aprender bien una lengua extranjera. **3.** La librería vende varios periódicos de Hispanoamérica que tienen buenos artículos. **4.** Muchos son cortos; los temas son interesantes y los artículos no son difíciles. **5.** La librería va a mandar la revista a la dirección de Miguel. **6.** Jaime quiere leer más sobre España. **7.** Él cree que (nosotros) no sabemos mucho del mundo hispánico. **8.** No hay muchas noticias de países extranjeros en nuestros programas de televisión.

Expansión

A, page 60: (*Answers will vary.*) **1.** Compro los libros que necesito en la (una) librería. **2.** La librería es bastante grande. **3.** Sí, es necesario comprar un diccionario para estudiar español. **4.** Sí, venden libros extranjeros en mi librería favorita. **5.** No, no leo el periódico todos los días. **6.** No, no hay muchas noticias del mundo hispánico en el periódico. **7.** Hay más noticias de México en los programas de televisión.

B, page 60: (*Answers will vary.*)

Para comprender y escribir

A, page 61: **1.** (b) El desayuno. **2.** (a) En una librería. **3.** (c) Un periódico.

B, page 61: **1.** Vamos a la librería. **2.** Quiero comprar un diccionario. **3.** Alberto sabe inglés y español. **4.** Miguel y yo queremos leer una revista española. **5.** Ellos vienen a nuestro apartamento el viernes. **6.** Muchos estudiantes reciben el periódico.

C, page 61: Hoy va a ser un día muy interesante. Por la tarde voy con Jaime a comprar un diccionario bilingüe. Su compañero de apartamento es un dependiente en la librería extranjera. Después vamos a cenar en un restaurante argentino.

D, page 62: **1.** Falso. Marta es una estudiante. (Marta es una alumna.) **2.** Cierto **3.** Falso. Marta prepara un lección para su clase de inglés. **4.** Cierto **5.** Falso. Hay un artículo bueno para Marta en la revista *Newsweek*. **6.** Falso. Marta no tiene que ir a otra librería.

Lección 5

Preguntas sobre los diálogos, page 65: **1.** (Diana) Está hablando con Tomás. Él (*or* Tomás) es un amigo (suramericano) (del Uruguay) (que está en la universidad). (Ellos) Están en la cafetería. **2.** María es la hermana de Diana. (Ella) Está viviendo en Buenos Aires (ahora). **3.** Diana está tan contenta porque María (*or* su hermana) llega a pasar las vacaciones con ellos (*or* va a estar de visita). **4.** María va a pasar (sólo) dos semanas con su familia. **5.** (Tomás) Regresa al Uruguay pronto. (Él) Regresa el diez de junio. **6.** (Las hermanas) Llegan a su casa a las cinco y media (de la tarde). (Ellas) Buscan a sus padres. Su madre está en su cuarto porque está un poco enferma. **7.** (María) Llama por teléfono a su padre. (Él) Está (trabajando) en la oficina. (María *or* Ella) No habla con él porque la línea está ocupada. **8.** (Tomás) Viene a casa de Diana porque quiere conocer a María (*or* a su hermana, *or* a la hermana de Diana).

Práctica 1, page 67: **1.** Nosotros estamos bien ahora. **2.** Yo estoy de vacaciones. **3.** Mi hermano está cansado. **4.** Uds. están contentos, ¿verdad? **5.** Uds. no conocen la ciudad. **6.** Yo no conozco a María. **7.** Ud. no conoce Buenos Aires. **8.** Nosotros no conocemos a Tomás.

Práctica 2, page 69: **1.** está (expresses location) **2.** está (expresses location) **3.** está (expresses state or condition) **4.** estoy (expresses state or condition) **5.** estás (expresses state or condition) **6.** estamos (expresses idiomatic use with **de**) **7.** está (expresses location) **8.** estamos (expresses state or condition)

Práctica 3, page 69: **1.** es/está **2.** está/es **3.** es **4.** es/es **5.** son **6.** están **7.** es/está

Práctica 4, page 70: (*Answers will vary.*) **1.** Ella está descansando un rato. **2.** Estoy tomando el desayuno. **3.** Él está trabajando todavía. **4.** Ellas están comprando libros. **5.** Uds. están tomando una taza de café. **6.** Nosotros estamos hablando. **7.** Ud. está aprendiendo francés. **8.** Tú estás practicando español.

Práctica 5, page 71: **1.** es; es; está **2.** estamos; somos **3.** estamos; es **4.** es; está **5.** son; están **6.** es; está **7.** están; están **8.** son; estoy

Práctica 6, page 71: **1.** A **2.** a **3.** a **4.** *none* **5.** A **6.** a **7.** *none* **8.** *none* **9.** *none* **10.** a

Práctica 7, page 72: **1.** Conoces **2.** sé **3.** Conocen **4.** sabemos **5.** conozco **6.** sé **7.** sabe **8.** conoce

Práctica 8, page 73: **1.** julio **2.** febrero **3.** mayo **4.** noviembre **5.** enero **6.** diciembre **7.** marzo **8.** octubre **9.** junio **10.** septiembre

Práctica 9, page 74: **1.** la primavera **2.** el invierno **3.** el invierno **4.** el verano **5.** la primavera **6.** el otoño **7.** el verano **8.** el otoño **9.** el verano **10.** el invierno **11.** la primavera **12.** el otoño

Repaso

A, page 74: (*Answers will vary.*) **1.** En el invierno trabajamos mucho. **2.** ¿Cuántos meses van a estar Uds. aquí? **3.** En el mes de enero, necesito descansar (estoy de vacaciones). **4.** El otoño es una estación muy agradable.

B, page 74: (*Answers will vary.*) **1.** Mi hermano está de visita en Buenos Aires. **2.** María está ocupada ahora. **3.** Carlos y Diana van de vacaciones con nosotros. **4.** Mi madre viene bastante cansada.

C, page 74: **1.** Diana y Tomás están hablando (*or* hablan) de la hermana de Diana, que viene de la Argentina. **2.** Ella está viviendo (*or* vive) en Buenos Aires y llega (*or* viene) a pasar las vacaciones con la (*or* su) familia. **3.** Tomás, que es del Uruguay, no conoce a María. **4.** Tomás regresa (*or* va a regresar) pronto a Montevideo, que está cerca de Buenos Aires. Él quiere conocer a la hermana de Diana. **5.** María y Diana llegan a su casa y buscan a sus padres. **6.** La madre está en su cuarto; (ella) está un poco enferma. **7.** La familia está muy contenta con la llegada de María. **8.** María está (*or* viene) bastante cansada porque el viaje en avión es muy largo.

Expansión

A, page 75: (*Answers will vary.*) **1.** Estamos en el invierno. **2.** Estamos en el mes de noviembre. **3.** Mi familia está en. . . **4.** Tengo dos hermanos y una hermana. **5.** Por las noches voy a la biblioteca. Regreso a casa a las ocho. **6.** Tengo vacaciones en los meses de julio y agosto. **7.** No voy de vacaciones a Suramérica porque no tengo amigos suramericanos. **8.** Sí, conozco a personas de Colombia y Perú.

B, page 75: (*Answers will vary.*)

Para comprender y escribir

A, page 76: **1.** (b) Un diccionario bilingüe. **2.** (c) ir de vacaciones. **3.** (a) ¡Qué lástima! **4.** (a) pronto. **5.** (c) hermana.

B, page 76: **1.** Tomás es de Montevideo. **2.** Ahora está estudiando inglés. **3.** Él yo estamos en la universidad. **4.** Somos compañeros de cuarto. **5.** Nuestro apartamento es muy grande. **6.** Sus padres son uruguayos también. **7.** Ellos están de visita por aquí. **8.** Ellos son muy agradables. **9.** La madre es muy guapa. **10.** Yo estoy contento con su visita.

C, page 76: ¡Hola! Me llamo Isabel. Voy a ir de vacaciones a los Estados Unidos. ¿Conoce Ud. San Francisco? La ciudad es muy bonita. Hoy voy a ir allí en avión. ¿Sabe Ud. cuánto tiempo toma el viaje de la Argentina? Mis padres vienen en agosto por cuatro semanas. Entonces vamos a descansar un rato en casa de mi amiga Ana en Sacramento.

D, page 77: **1.** Falso. (Pilar) Está en la Argentina. **2.** Cierto **3.** Falso. El hermano de Pilar vive en Buenos Aires. (Marta vive en Rosario.) **4.** Cierto **5.** Cierto

Lección 6

Preguntas sobre los diálogos, page 81: **1.** (Rita) Ve a Enriqueta y la saluda. **2.** (Enriqueta) Está estudiando medicina. **3.** (Rita) Quiere entrar en la Facultad de Administración de Negocios. **4.** (Rita) Puede ganar un poco de dinero (al terminar sus estudios). *or* Al terminar sus estudios (Rita) puede ganar un poco de dinero. **5.** (Enriqueta *or* Ella) Está cansada de estudiar porque sólo de vez en cuando sale con chicos (y no ve a su familia muy a menudo). **6.** (Tomás) Va a casa de (su amigo) Ramón.

7. (Tomás y su amigo *or* Tomás y Ramón) Hablan de Diana y de (su hermana) María.   8. No, (Ramón) no conoce a Diana todavía. *or* Ramón siempre ve a Diana cuando sale de su casa, pero (él) no la conoce todavía. Sí (él *or* Ramón) sabe dónde ella (*or* Diana) vive.   9. (Diana *or* Ella) Vive en el edificio número cincuenta (que está enfrente de la farmacia). *or* Diana vive (en el edificio que está) enfrente de la farmacia; en el (edificio) número cincuenta.
10. Tomás, Diana y María (su hermana) van a ir a casa de Ramón.

Práctica 1, page 82:   1. Yo veo a Diana a menudo. Ud. ve a Diana a menudo.   2. Uds. salen hoy un poco más temprano. Felipe sale hoy un poco más temprano.   3. Tú no puedes llegar tarde. Ana y Juan no pueden llegar tarde.   4. Yo traigo los boletos.   5. Ud. trae los boletos.

Práctica 2, page 83:   1. pueden   2. pueden   3. podemos   4. puedo   5. puede   6. sales   7. salgo   8. sale   9. salimos   10. salen   11. traen   12. traemos   13. traes   14. traigo   15. traen   16. vemos   17. ves   18. Ven   19. ve   20. ven

Práctica 3, page 84:   1. ¿Lo esperan Uds.?   2. Ramón la escribe.   3. Los leo.   4. Lo miramos.   5. ¿Lo buscas tú?   6. Rita las abre.

Práctica 4, page 84:   1. Sí, lo vemos.   2. Sí, la llamo.   3. Sí, la conocemos.   4. Sí, las espero.   5. Sí, las miro.   6. Sí, los traemos.

Práctica 5, page 84:   1. No, no lo leo.   2. No, no la conozco.   3. No, no los veo.   4. No, no lo escuchamos.   5. No, no las recibimos.   6. No, no la aprendemos.

Práctica 6, page 85:   1. esta   2. aquellas   3. aquel   4. estos   5. Ese   6. Este   7. Estas   8. esos   9. esa   10. esos   11. Aquella   12. aquellos

Práctica 7, page 86:   1. Ramón va a abrir esta carta. Ramón va a abrir estos cuadernos. Ramón va a abrir estas puertas. Ramón va a abrir esta ventana.   2. Tomás quiere esa revista. Tomás quiere esas plumas. Tomás quiere ese lápiz. Tomás quiere esos carteles.   3. Conozco bien aquella ciudad. Conozco bien aquellos programas. Conozco bien aquellas calles. Conozco bien aquella universidad.

Práctica 8, page 87:   1. a   2. (*none*)   3. de   4. a   5. (*none*)   6. en   7. (*none*)   8. (*none*)   9. a   10. a

Práctica 9, page 87:   1. Busco a la profesora de historia.   2. Busco al dependiente.   3. Ellos están mirando la fotografía de Diana.   4. Ellas están mirando a los chicos.   5. Escucha al profesor.   6. Escucha el teléfono.   7. Estamos esperando a mi hermana.   8. Salimos de casa (tarde) y entramos en la oficina (ahora).

Práctica 10, page 88:   1. sesenta y seis   2. veintidós   3. ochenta y cuatro   4. setenta y cinco   5. cuarenta y nueve   6. cincuenta y un   7. noventa   8. cuarenta y tres   9. Treinta y ocho   10. Setenta y siete   11. treinta y un   12. treinta y cuatro; sesenta y ocho   13. setenta y cuatro; ochenta y tres; noventa y siete   14. sesenta y cinco; cuarenta y siete   15. ochenta y nueve

Repaso

A, page 89:   *The following items should be circled:*   1. el abogado   2. la carrera   3. la calle   4. por fin

B, page 89:   1. dinero   2. a casa   3. la puerta   4. la sala   5. de la casa   6. los estudios

C, page 89:   1. Al salir de la residencia, Rita ve a Enriqueta en la calle.   2. Rita la espera, y (ellas) charlan de sus estudios unos momentos.   3. Enriqueta está estudiando medicina. Rita desea (*or* quiere) entrar en la Facultad de Administración de Negocios.   4. Enriqueta no sale a menudo con sus amigos, y sólo de vez en cuando puede ver a su familia.   5. Las chicas están cansadas de estudiar, pero (ellas) desean (*or* quieren) terminar sus estudios.   6. Ramón abre la puerta y, al ver a su amigo, lo saluda.   7. Los dos jóvenes entran en la sala, y charlan de María, la hermana de Diana.   8. Ramón no conoce a Diana, pero (él) sabe dónde (ella) vive.

Expansión

A, page 90:   (*Answers will vary.*)   1. Sí, salgo mucho por la noche. Salgo con mis amigos.   2. No, no miro la televisión todos los días. La miro más por la noche.   3. Leo mucho. Tengo tiempo para leer revistas en el verano.   4. No, no veo a mis amigos todos los días. Los veo los sábados. Sí, los invito a tomar algo.   5. Estoy tan ocupado porque tengo que estudiar. No, no tengo tiempo para descansar.   6. Salgo de mi casa a las ocho de la mañana. Voy a clase.

B, page 90:   (*Answers will vary.*)

Para comprender y escribir

A, page 90:   1. (c) Administración de Negocios.   2. (c) ¡Qué alegría!   3. (b) No, tiene poco dinero.   4. (c) charlar un rato?

B, page 91:   1. Busco a la profesora de historia.   2. Busco unas revistas españolas.   3. Ellos están mirando la fotografía de Diana.   4. Ellas están mirando las noticias.   5. Escucha al profesor.   6. Estamos esperando el avión.

C, page 91:   1. Los estudiantes las ven.   2. Mis amigos lo escuchan.   3. Carlos y yo la miramos.   4. Tomás los escribe.   5. La conocemos.   6. Lo busco.   7. ¿Quién las escribe?

D, page 91:   Hoy día gano mucho con mis negocios en esta ciudad, pero no estoy contento. Tengo que salir de casa muy temprano para llegar a la oficina. En la oficina no puedo trabajar porque llaman a la puerta o me llaman por teléfono muy a menudo. Creo que voy a buscar una carrera más interesante. No es necesario ganar mucho dinero. No es necesario trabajar largas horas todo el tiempo.

E, page 92:   1. Falso. Enriqueta ve a Tomás muy poco. (Enriqueta no ve a Tomás todos los días.)   2. Falso. Tomás está estudiando en la Facultad de Medicina.   3. Cierto   4. Falso. Tomás sólo tiene tiempo para los estudios.   5. Cierto

Lección 7

Preguntas sobre los diálogos, page 96: **1.** (Silvia) Está pasando las vacaciones en San Diego. Su amiga Lupe vive en Tijuana. **2.** (Silvia) Llama por teléfono a su amiga porque quiere ir a Tijuana (*or* de compras en Tijuana). **3.** (Silvia) Necesita cobrar un cheque. **4.** (El banco) Abre a las nueve y media. **5.** (Silvia) Va a estar en casa de Lupe a las once. **6.** (En la calle Constitución) Hay muchas tiendas de ropa. **7.** (Los escaparates de las tiendas) Están llenos de mercancía. Hay vestidos, blusas, faldas, pantalones, camisetas, zapatos y otras cosas. **8.** (A Silvia) Le gusta mucho el (vestido) rojo. Es el más bonito de todos (y le encanta el estilo). **9.** (Silvia) Cree que esa tienda es la más cara de Tijuana. **10.** (Las dos chicas) Van a otra tienda (que tiene cosas muy buenas y menos caras).

Práctica 1, page 97: **1.** Da **2.** damos **3.** dan **4.** doy **5.** dan **6.** da **7.** dice **8.** Dicen **9.** digo **10.** decimos **11.** dices **12.** dice

Práctica 2, page 99: **1.** le **2.** le **3.** Les **4.** les **5.** le **6.** les

Práctica 3, page 99: **1.** Sí, me mandan el cheque mañana. **2.** Sí, me escriben en español. **3.** Sí, nos enseñan las compras. **4.** Sí, me venden el mapa. **5.** Sí, me parece barato el reloj. **6.** Sí, nos dicen la verdad.

Práctica 4, page 100: **1.** gusta **2.** gusta **3.** gustan **4.** gustan **5.** gusta **6.** gustan **7.** gusta **8.** gustan

Práctica 5, page 100: **1.** Me gusta **2.** Me gustan **3.** Te gusta **4.** No le gusta **5.** Nos encanta **6.** No nos parecen **7.** Les parece **8.** Me encantan

Práctica 6, page 101: **1.** Cuál **2.** Qué **3.** Qué **4.** Cuáles **5.** Cuál **6.** Qué **7.** Cuáles **8.** Cuál **9.** qué **10.** Qué

Práctica 7, page 102: **1.** Me encantan estas rojas. **2.** La vendedora les enseña la verde. **3.** El rosado es de talla ocho. **4.** Las celestes son de Lupe. **5.** Los azules son muy caros. **6.** ¿De quién son estos blancos? **7.** Esta negra es muy bonita. **8.** ¿No te gusta la amarilla?

Práctica 8, page 103: **1.** La camiseta amarilla es más cara que la camiseta roja. **2.** Los periódicos son más baratos que las revistas. **3.** Ramón es más alto que Rita. **4.** La Lección siete es más difícil que la Lección seis. **5.** Las muchachas están menos contentas que los muchachos. **6.** Nosotros estamos menos ocupados que Juan. **7.** Sus profesores están menos preocupados que Lupe. **8.** Laura está menos enferma que Luisa.

Práctica 9, page 104: **1.** Sí, es la más fina de todas. **2.** Sí, son los más juveniles de todos. **3.** Sí, es el más caro de todos. **4.** Sí, es el más largo de todos. **5.** Sí, son las más fáciles de todas. **6.** Sí, son los más difíciles de todos.

Repaso

A, page 104: **1.** cómodo **2.** el cuero **3.** el escaparate **4.** el algodón

B, page 104: (*Answers will vary.*)

C, page 105: **1.** Silvia está pasando (*or* pasa) las vacaciones del Día de Acción de Gracias cerca de San Diego. **2.** Ella llama por teléfono a Lupe y le dice a su amiga que quiere comprar unas cosas en Tijuana. **3.** Lupe no está muy ocupada y le dice a Silvia que (a ella) le encanta ir de compras. **4.** Silvia tiene que ir al banco porque (ella) tiene menos de veinte dólares. **5.** Las dos amigas entran en una tienda grande y le dicen a la vendedora que quieren ver los vestidos que están a precio especial. **6.** —¿No te gusta este vestido blanco, Silvia? ¡Qué bonito es! Es de algodón puro y es de talla ocho. **7.** —Mira este rojo; es el más bonito de todos. **8.** Silvia le dice a la vendedora que la tienda es la más cara de Tijuana.

Expansión

A, page 105: (*Answers will vary.*) **1.** Sí, tengo que hacer algunas compras hoy. **2.** Necesito una chaqueta y un pantalón. **3.** Tengo ocho camisetas. **4.** En esta ciudad abren las tiendas a las diez. **5.** Sí, las tiendas de esta ciudad tienen precio fijo. **6.** Sí, me gusta ir de compras.

B, page 106: (*Answers will vary.*)

Para comprender y escribir

A, page 106: **1.** (c) a precio especial. **2.** (b) ese estilo. **3.** (a) Lo siento mucho.

B, page 106: **1.** Me gustan estos zapatos. **2.** Me gusta esta camiseta. **3.** ¿Te gustan las blusas? **4.** A Silvia no le gustan las vendedoras. **5.** Nos encantan tus amigos. **6.** No nos parece cara la casa. **7.** Les parecen muy agradables tus padres. **8.** Me encanta su ropa.

C, page 107: Elena pasa las vacaciones cerca de San Diego. El jueves por la noche llama a su amiga Marta, que vive en Tijuana. A Marta le encanta ir de compras. Al otro día, las dos amigas van al centro y entran en una tienda de ropa. Ven vestidos que están muy de moda y que dan a precios especiales. Les gusta el mismo vestido y compran uno azul y uno verde. A Marta le encanta el verde. ¡Salen de la tienda muy contentas!

D, page 107: **1.** Cierto **2.** Falso. Alberto es el amigo de Tomás. **3.** Falso. Rita termina sus estudios en diciembre. **4.** Cierto **5.** Falso. Tomás va a ir a casa de Alberto a las diez.

Lección 8

Preguntas sobre los diálogos, page 111: **1.** (Jaime) Está en la cafetería (de la Facultad de Derecho) porque se prepara para desayunarse. Mario lo encuentra allí. **2.** (Jaime) Está tan serio porque (él) quiere pasar las vacaciones de Navidad en Los Ángeles y (desgraciadamente) no tiene suficiente dinero para comprar(se) el boleto de avión. **3.** Su amigo (*or* Mario *or* Él) le pregunta (a Jaime) por qué no hace el viaje en coche y por qué no pone un anuncio en el periódico. **4.** No es difícil (encontrar un compañero de viaje) porque hay muchos estudiantes que vuelven a casa durante las vacaciones. (Los muchachos *or* Ellos) Escriben un anuncio (para el periódico). **5.** Miguel Ramos es un estudiante de ingeniería. Él (también) quiere viajar a Los Ángeles en coche. **6.** (Jaime *or* Él) Quiere salir el domingo por la mañana temprano porque así (ellos) pueden almorzar en Monterrey y visitar la misión de Carmel. **7.** (A Miguel) Le parece menos aburrido (el viaje en coche con un compañero). *or* El viaje en coche con un compañero le parece menos aburrido (a Miguel). **8.** (Jaime *or* Él) Piensa que es más barato también. *or* (Jaime *or* Él) Piensa que también es más barato.

Práctica 1, page 112: **1.** hace **2.** hago **3.** hacen **4.** hacemos **5.** haces **6.** hago **7.** ponemos **8.** pones **9.** pongo **10.** ponen **11.** pone **12.** pone

Práctica 2, page 112: **1.** Aprendemos (or Aprenden) las palabras. **2.** Voy a la biblioteca **3.** Escribimos unos anuncios. **4.** (Diana) Tiene que trabajar. **5.** (Jaime y Mario) Hacen un viaje en coche.

Práctica 3, page 113: **1.** piensa **2.** pensamos **3.** pienso **4.** piensan **5.** piensan **6.** piensas **7.** vuelven **8.** volvemos **9.** vuelves **10.** vuelvo **11.** vuelve **12.** vuelve

Práctica 4, page 114: **1.** piensan **2.** almuerza **3.** cuesta **4.** cierra **5.** vuelvo **6.** encuentro **7.** suena **8.** quiere

Práctica 5, page 115: **1.** Te afeitas **2.** se bañan **3.** se despiertan **4.** se peina **5.** me pinto **6.** nos sentamos

Práctica 6, page 115: **1.** se llama **2.** nos acostamos **3.** se levanta **4.** se pone **5.** me arreglo **6.** me lavo **7.** nos desayunamos **8.** nos preparamos

Práctica 7, page 116: **1.** Jaime se acuesta tarde. No quiere acostarse temprano. **2.** Yo me levanto a las siete. Hoy tengo que levantarme a las seis. **3.** ¿Por qué nos sentamos aquí? Podemos sentarnos cerca de la puerta. **4.** ¿Se afeita Ud. por la mañana? ¿Va Ud. a afeitarse hoy? **5.** Yo me preparo para salir. Necesito prepararme para salir. **6.** Tú te pones las gafas. Tienes que ponerte las gafas. **7.** Ellas se desayunan tarde. No desean desayunarse todavía. **8.** ¿Dónde nos lavamos? No podemos lavarnos aquí.

Práctica 8, page 117: **1.** Puedo llamarlo. **2.** Tenemos que cerrarlas. **3.** Van a sentarse. **4.** Deseamos sentarnos. **5.** Quiero enseñarte las compras. **6.** ¿No va Ud. a decirle el precio? **7.** ¿No puedes mandarnos los periódicos? **8.** ¿No deseas escribirles a menudo?

Práctica 9, page 117: **1.** La (denotes a class) **2.** (none) **3.** (none) **4.** La (denotes a class) **5.** los (denotes a class) **6.** los (used in place of a possessive adjective) **7.** el (denotes a class) **8.** (none) **9.** los (used in place of a possessive adjective) **10.** la, las (used in place of a possessive adjective)

Repaso

A, page 118: (Answers will vary.)

B, page 118: (Answers will vary.)

C, page 118: **1.** Mario encuentra a Jaime sentado en la cafetería y le pregunta por qué está tan serio. **2.** Jaime quiere (*or* desea) pasar las vacaciones de Navidad en Los Ángeles. **3.** (Él) No tiene suficiente dinero para comprarse el boleto de avión. **4.** Mario le dice que puede poner un anuncio en el periódico porque muchos estudiantes vuelven (*or* regresan) a casa en coche. **5.** Jaime se pone las gafas, se sienta a la mesa con Mario y luego (ellos) escriben el anuncio. **6.** Al día siguiente suena el teléfono (*or* el teléfono suena) y Jaime contesta. **7.** Miguel, un estudiante de ingeniería, también quiere viajar a Los Ángeles en coche. **8.** Le parece que con un compañero el viaje va a ser menos aburrido.

Expansión

A, page 119: (Answers will vary.) **1.** Paso las vacaciones con mis amigos. **2.** No, no podemos ir a México porque cuesta mucho viajar en avión. **3.** Me gusta viajar en avión. **4.** Me gusta más viajar en tren. **5.** Sí, me gusta viajar con un compañero (una compañera). **6.** Cuando viajo, me levanto temprano. **7.** Cuando estoy en casa, me acuesto a las diez de la noche y me levanto a las siete de la mañana.

B, page 119: (Answers will vary.)

Para comprender y escribir

A, page 120: **1.** (b) almorzar. **2.** (c) las manos. **3.** (c) viajar. **4.** (b) la Navidad.

B, page 120: **1.** No, estas gafas no cuestan mucho. **2.** No, no vuelvo a casa para almorzar. **3.** No, las tiendas no cierran temprano hoy. **4.** No, no almorzamos en la cafetería mañana. **5.** No, no encuentro buenos precios en esta tienda. **6.** No, no pongo los libros sobre la mesa. **7.** No, no nos sentamos enfrente del profesor. **8.** No, el teléfono no suena en la oficina.

C, page 120: **1.** Puedo llamarlo. **2.** Tenemos que cerrarlas. **3.** Van a sentarse. **4.** Deseamos sentarnos. **5.** Quiero enseñarte las compras. **6.** ¿No va Ud. a decirle el precio? **7.** ¿No puedes mandarnos los periódicos? **8.** ¿No deseas escribirles a menudo?

D, page 121: Busco un compañero para ir en coche a San Diego. Salgo de San Francisco el jueves, veinte de diciembre, a las siete de la mañana. Pienso almorzar en San Luis Obispo y llegar a San Diego a eso de las seis de la tarde. Si desea hacer el viaje, llame a Jaime García, al 934–7125, después de las siete de la noche.

E, page 121: **1.** Falso. Pilar y Jaime van a hacer un viaje a San Diego. **2.** Cierto **3.** Falso. Pilar tiene familia en San Diego. (La hermana de Pilar vive en San Diego.) **4.** Cierto **5.** Cierto **6.** Falso. Jaime y Pilar piensan llegar a San Diego esa noche.

Lección 9

Preguntas sobre los diálogos, page 126: **1.** (Jorge Ibarra *or* Él) Fue (a Madrid en el mes de diciembre) a pasar las vacaciones de Navidad (con su familia y sus amigos). **2.** (Jorge *or* Él) Encontró a Lola antes de entrar en un cine de la Gran Vía. **3.** (La película que van a ver) Fue un éxito en los Estados Unidos. **4.** (Los primos de Lola *or* Ellos) La vieron la semana pasada. **5.** (Ellos) Le contaron que (la película) tiene algunos números de baile fantásticos. **6.** (La película) Le pareció un poco larga. *or* A Lola le pareció un poco larga la película. (Ella) Esperaba más canciones populares. **7.** (Miguel Bosé) Cantó en el teatro Calderón en septiembre. (Él) Cantó algunas canciones preciosas en español. **8.** (Jorge *or* Él) Sale para los Estados Unidos el miércoles que viene.

Práctica 1, page 127: **1.** pasó **2.** pasaron **3.** pasamos **4.** bailaron **5.** bailaste **6.** bailé **7.** Aprendiste **8.** aprendí **9.** aprendió **10.** vendieron **11.** vendieron **12.** vendimos **13.** abriste **14.** abrí **15.** abrió **16.** Escribieron **17.** escribimos **18.** escribieron

Práctica 2, page 128: **1.** dieron **2.** dimos **3.** dieron **4.** dio **5.** di **6.** diste **7.** dio **8.** fueron **9.** fuimos **10.** fueron **11.** fue **12.** fue **13.** fui **14.** fuiste **15.** fue **16.** fue **17.** fui **18.** fuiste **19.** fueron **20.** fueron **21.** fuimos

Práctica 3, page 129: **1.** Action occurred at a specific time in the past. **2.** Action occurred within a definite time period in the past. **3.** Action occurred at a specific time in the past. **4.** Action occurred at a specific time in the past. **5.** Action describes a series of events that took place one after the other. **6.** Action occurred within a definite time period in the past.

Práctica 4, page 129: **1.** Yo me levanté a las seis y me desayuné a las siete. **2.** Mario la compró la semana pasada. Le costó veinte dólares. **3.** Los conocimos ayer. Los invitamos a venir a las doce. **4.** Yo volví de España el domingo pasado. Pasé dos semanas en Madrid. **5.** Sonó el teléfono dos veces. No contestó nadie. **6.** Ellos visitaron algunas de mis clases ayer. Me dieron un poco de dinero anoche.

Práctica 5, page 131: **1.** No baila nadie ahora./Nadie baila ahora. **2.** No llamó ninguno de tus amigos./Ninguno de tus amigos llamó. **3.** No veo a nadie en la calle./A nadie veo en la calle. **4.** Ana no se quedó tampoco./Tampoco se quedó Ana. **5.** Él no está escribiendo nada. **6.** ¿No conoces a ninguna de las chicas?/¿A ninguna de las chicas conoces? **7.** Ni bailo ni canto el jueves./El jueves ni bailo ni canto. **8.** Ellos nunca me dan nada./Ellos no me dan nada nunca.

Práctica 6, page 132: **1.** Sí, yo compré algo. No, yo no compré nada. **2.** Sí, yo llamé por teléfono a alguien. No, yo no llamé por teléfono a nadie. **3.** Sí, yo encontré a uno de mis amigos ayer en la biblioteca. No, yo no encontré a ninguno. **4.** Sí, yo traté de llamar a mis padres anoche. No, yo no traté de llamar a mis padres anoche.

Práctica 7, page 132: **1.** el/la **2.** *(none)* **3.** el **4.** las **5.** los **6.** el/la **7.** el **8.** la **9.** el **10.** *(none)*

Repaso

A, page 132: **1.** el cine **2.** el recuerdo **3.** la entrada **4.** otra vez

B, page 133: *(Answers will vary.)*

C, page 133: **1.** Un domingo por la noche Jorge vio a su amiga Lola en un cine en Madrid. **2.** Jorge nunca le escribió (*or* no le escribió nunca) a Lola de California pero recordó que (a ella) le gustaban las películas musicales. **3.** La película que fueron a ver fue un éxito en los Estados Unidos; a todo el mundo en España le encantó también (*or* le encantó a todo el mundo en España también). **4.** Los jóvenes en España bailan más que nunca y también van a conciertos. **5.** En noviembre, Lola y su amiga Sara fueron a un concierto. **6.** Lola está apurada. (Ella) Le dice a Jorge: —Trata de llamarme otro día si puedes. **7.** Jorge le contesta que él sale para los Estados Unidos el miércoles que viene.

Expansión

A, page 133: *(Answers will vary.)* **1.** Yo me levanté a las siete. **2.** Yo me desayuné en la cafetería. **3.** Anoche yo estudié en la biblioteca. **4.** La semana pasada recibí tres cartas. **5.** Sí, ayer fuimos de compras. **6.** Sí, yo le vendí un libro a mi amigo el mes pasado. **7.** No, yo no le di dinero a nadie la semana pasada. **8.** No, yo no salí del país durante las vacaciones el año pasado.

B, page 134: *(Answers will vary.)*

Para comprender y escribir

A, page 134: **1.** (b) escuchar música. **2.** (c) los sábados por la noche. **3.** (a) —¡Qué casualidad! **4.** (a) recuerdos.

B, page 135: **1.** No, ya la llevé al teatro. **2.** No, ya lo vi. **3.** No, ya lo vendimos. **4.** No, ya la preparé. **5.** No, ya lo tomé. **6.** No, ya las cantamos. **7.** No, ya las abrió. **8.** No, ya la escribimos.

C, page 135: **1.** Jorge le escribe a alguien. **2.** Yo no vi a nadie allí. **3.** Tú tienes algo en la mano. **4.** Alguien les trae algo a ellos. **5.** Mi tía nunca le da nada a nadie. **6.** Hay alguien en la casa. **7.** No hay ninguna película más divertida. **8.** Nadie compró nada. **9.** Ningún hombre recordó el día. **10.** Yo no sé nada tampoco.

D, page 135: El domingo por la noche, Jorge llevó a su amiga Alicia a un concierto de música popular. El concierto fue un éxito en los Estados Unidos. En España le gustó a todo el mundo también. Estoy seguro de que Uds. ya saben cómo se llama el cantante. Se llama Miguel Bosé y canta canciones preciosas en español y en inglés. Es muy popular y no sólo entre los jóvenes.

E, page 136: **1.** Falso. Antonio y Marta fueron de compras el sábado. **2.** Falso. Antonio compró algo en la tienda. **3.** Falso. A Marta le encantó la película. **4.** Cierto **5.** Falso. El sábado que viene ponen otra película. **6.** Cierto

Lección 10

Preguntas sobre el diálogo, page 139: **1.** (Jaime y Miguel *or* Ellos) Decidieron pasar las vacaciones (de invierno) en San Antonio (al terminar el semestre). **2.** (Ellos) Hablaban del tiempo y de su niñez (durante el viaje.) *or* Durante el viaje [ellos]… **3.** Hace mucho frío en Chicago y (como siempre) hace mucho viento. *or* En Chicago hace mucho frío y mucho viento. El cielo está nublado. **4.** (Seguramente) Hace buen tiempo (en San Antonio). **5.** (Jaime *or* Él) Piensa en Cozumel y en el Caribe porque la gente está gozando de las playas preciosas, del sol y de la luna tropical. **6.** (Jaime *or* Él) Vivía en Cuba cuando era pequeño. La vida era agradable allí. **7.** Hablaban español (en casa de Miguel) porque sus padres eran de un pueblo de la frontera. **8.** Su abuelo le contó (a Miguel) que un día, cuando regresaban de las montañas de Colorado, encontraron una tormenta horrible. **9.** El regreso a casa fue muy peligroso. (Porque) El agua corría por todas partes, no veían nada, había mucho lodo y no podían cruzar el río. **10.** (El padre de Jaime *or* Él) Decía que hay recuerdos de niñez que nunca olvidamos.

Práctica 1, page 142: **1.** cenaban **2.** cenaba **3.** cenabas **4.** nadaba **5.** nadaban **6.** nadaba **7.** Aprendían **8.** aprendía **9.** aprendía **10.** decían **11.** decíamos **12.** decías **13.** iban **14.** íbamos **15.** iba **16.** volvíamos **17.** volvían **18.** volvía **19.** se sentaban **20.** nos sentábamos **21.** se sentaba **22.** éramos **23.** eran **24.** eras **25.** pensaban **26.** pensaba **27.** Pensabas

Práctica 2, page 143: **1.** era; vivía **2.** hacía **3.** hacía; hacía **4.** me levantaba **5.** llevaba **6.** queríamos **7.** íbamos; estaba **8.** gustaba **9.** hacía; llovía **10.** eran; regresábamos

Práctica 3, page 145: **1.** Ud. contó su dinero. Ud. contaba su dinero. **2.** Yo volví de la playa. Yo volvía de la playa. **3.** Jaime los vio. Jaime los veía. **4.** Fuimos al teatro. Íbamos al teatro. **5.** Yo cerré la puerta. Yo cerraba la puerta. **6.** Uds. hablaron de su niñez. Uds. hablaban de su niñez. **7.** Ellos corrieron por el camino. Ellos corrían por el camino. **8.** ¿Escribiste tú los ejercicios? ¿Escribías tú los ejercicios?

Práctica 4, page 145: **1.** querían/decidieron **2.** eran/llamó **3.** hacía/hacía **4.** estaba/había **5.** gustaba **6.** recordaba/estaba **7.** era/fue/compraron **8.** eran/vivían **9.** entraban/comenzó **10.** llevó/fue

Práctica 5, page 146: **1.** hacía; Hacía; había; hacía; estaba **2.** hacía; eran; eran **3.** hacía; estaba; hacía **4.** eran; había; había **5.** hacía; Hacía; estaba; había **6.** estaba; estaba; hacía

Repaso

A, page 147: **1.** hacía/de excursión **2.** fresco/despejado **3.** nieve/montañas **4.** llover/suerte/peligroso **5.** recuerdo **6.** cántaros/camino de **7.** primer **8.** neblina/el sol

B, page 147: **1.** Mientras Jaime y Miguel iban camino de San Antonio, hablaban del tiempo y de su niñez. **2.** Hacía frío y (hacía) mucho viento en Chicago; el cielo estaba nublado pero no estaba nevando todavía (*or* todavía no estaba nevando). **3.** Miguel pensaba que en San Antonio generalmente el tiempo es agradable (*or* hace buen tiempo), aunque hace fresco en el invierno. **4.** La familia de Jaime vivía en Cuba cuando (él) era pequeño. **5.** La vida era agradable allí, pero un día (ellos) tuvieron que salir del país. **6.** Los padres de Miguel eran de un pueblo que estaba cerca de la frontera. **7.** Durante los veranos el abuelo de Miguel los llevaba a las montañas de Colorado. **8.** Hay recuerdos de niñez que nunca olvidamos.

Expansión

A, page 148: (*Answers will vary.*) **1.** Hoy hace sol y mucho calor. **2.** Cuando me levanté hoy, hacía frío. **3.** Esta mañana el cielo estaba nublado. **4.** Cuando yo era niño(-a), vivíamos en una ciudad. **5.** La casa en que vivíamos era grande. Tenía seis cuartos. **6.** Sí, nevaba mucho donde vivíamos.

B, page 148: (*Answers will vary.*)

Para comprender y escribir

A, page 149: **1.** (c) En verano. **2.** (b) Una tormenta tropical. **3.** (a) Al mar Caribe en junio. **4.** (b) el campo.

B, page 149: **1.** Todos los días regresábamos a las siete. **2.** El mes pasado nevó mucho en las montañas. **3.** Por lo común, (yo) cenaba en un restaurante español. **4.** Esta mañana compré el periódico. **5.** Todos los veranos estudiaban en Los Ángeles. **6.** (Yo) siempre trabajaba en una librería. **7.** Generalmente nos levantábamos a las seis. **8.** Esa vez escuché las noticias.

C, page 149: **1.** En Miami hace buen tiempo y hay sol (hace sol). **2.** En San Antonio hace mucho calor y el cielo está despejado. **3.** En Chicago está lloviendo (llueve) y hace fresco. **4.** En Los Ángeles hay niebla y hace setenta grados. **5.** En Atlanta hace mal tiempo y hay tormentas. **6.** En Washington es un día agradable y hay poca humedad.

D, page 149: El primer día que pasamos en Acapulco fue horrible. Como llovía mucho y hacía mucho viento, no fuimos a la playa. Pero al día siguiente, gozamos del buen tiempo. Durante el día hacía calor, pero de noche hacía fresco. Un día fuimos a las montañas y allí hacía frío. Había mucha niebla y había mucho lodo por todas partes.

E, page 150: **1.** Falso. Cuando José era pequeño, vivía en el campo. **2.** Falso. José er pequeño cuando le mandaron a la escuela. **3.** Cierto **4.** Cierto **5.** Falso. La madre de José no era profesora. **6.** Cierto

Lección 11

Preguntas sobre los diálogos, page 154: **1.** Las chicas descansaban (una tarde cuando sonó el teléfono en la residencia). **2.** (Elena *or* Ella) Estaba sentada en la sala junto a la chimenea. (Ella) Estaba sentada allí porque tenía frío. **3.** (Antonio *or* Él) Llamó por teléfono porque quería invitar a las chicas a una fiesta de cumpleaños (*or* quería avisarles que el viernes que viene hay una fiesta de cumpleaños). Van a celebrar en la casa de su tío (*or* de un tío de Antonio) (que está en la Calle 24 y Constitución). **4.** (Elena *or* Ella) Creía que era el cumpleaños de Antonio. (Carlos *or* Él) Celebra sus veintiún años (*or* va a cumplir veintiún años). **5.** No, las chicas no van a poder cocinar mucho. (Porque) Con los exámenes finales (ellas) no tienen mucho tiempo (para cocinar). **6.** Margarita puede llevar un guacamole. Elena va a llevar unas bebidas. **7.** Antonio piensa preparar (unas) empanadas y (un) flan de postre (para la fiesta). Jorge prometió hacer una paella valenciana. **8.** (Jorge y Antonio *or* Ellos) Compraron un tocadiscos para compactos (que es excelente). (Las chicas) Piensan llevarles algunos discos nuevos de cumbia, de merengue y de otros ritmos de salsa.

Práctica 1, page 156: **1.** Vaya Ud. a la playa; tome el sol; nade en el mar; corra las olas **2.** No miren Uds. la televisión tanto; cierren los libros; escriban las frases en la pizarra; lean las lecturas **3.** Estén Uds. preparados a las ocho; lleven el almuerzo; no olviden el número del autobús; regresen a las cuatro **4.** Coma Ud. bien todos los días; trate de practicar más; descanse el viernes por la noche; no venga tarde el sábado

Práctica 2, page 157: **1.** Sí, invítelo Ud. No, no lo invite Ud. **2.** Sí, llámela Ud. No, no la llame Ud. **3.** Sí, tráigalas Ud. No, no las traiga Ud. **4.** Sí, véndalo Ud. No, no lo venda Ud. **5.** Sí, hágalo Ud. No, no lo haga Ud. **6.** Sí, póngalo Ud. No, no lo ponga Ud.

Práctica 3, page 157: **1.** Elena la espera. No quiere esperarla. Espérela Ud. No la espere Ud. **2.** Antonio lo deja. No puede dejarlo. Déjelo Ud. No lo deje Ud. **3.** Ana los abre. Trata de abrirlos. Ábralos Ud. No los abra Ud. **4.** Ellos las cierran. Van a cerrarlas. Ciérrenlas Uds. No las cierren Uds. **5.** Ramón se acuesta. Desea acostarse. Acuéstese Ud. No se acueste Ud. **6.** Ellos se levantan. Prometen levantarse. Levántense Uds. No se levanten Uds.

Práctica 4, page 158: **1.** Sí, es la falda mía. **2.** Sí, son las blusas mías. **3.** Sí, es el diccionario tuyo (*or* suyo). **4.** Sí, son los periódicos tuyos (suyos). **5.** Sí, es la pluma suyo (*or* de él). **6.** Sí, son los boletos nuestros (*or* suyos, *or* de Uds.). **7.** Sí, son los discos compactos suyos (*or* de ella).

Práctica 5, page 159: **1.** Lupe y varias tías suyas. **2.** Carlos y dos primos suyos. **3.** Miguel y una amiga suya. **4.** Clara y dos amigas suyas. **5.** Ellas y un amigo suyo. **6.** Los chicos y un tío suyo. **7.** Ud. y el profesor suyo. **8.** Uds. y un compañero suyo.

Práctica 6, page 159: **1.** tengo calor **2.** tienen hambre **3.** tenía sueño **4.** tenemos ganas de **5.** tienes… suerte **6.** Tengan… cuidado **7.** tiene… años **8.** tienen (tuvieron) razón **9.** tengo… sed **10.** tengo… frío (*or* calor)

Práctica 7, page 160: **1.** rato **2.** tiempo **3.** hora **4.** hora **5.** tiempo **6.** vez **7.** rato **8.** veces **9.** tiempo **10.** vez

Repaso

A, page 161: **1.** junto a **2.** los platos/paella **3.** el merengue **4.** bebidas/copas/chimenea **5.** los postres **6.** Déjenlos/los invitados **7.** suerte/un tocadiscos/prometió **8.** los discos/compactos

B, page 161: **1.** Mientras las muchachas (*or* chicas) estudiaban en sus cuartos, sonó el teléfono. **2.** Era Antonio; Elena le dice: —Margarita está descansando; por favor, vuelve a llamarla más tarde. **3.** Antonio quería avisarles que él va a tener (*or* dar) una fiesta el próximo viernes (*or* el viernes que viene). **4.** (Ellos) Van a celebrar un el cumpleaños de Carlos Morales García, quien va a cumplir veintiún años. **5.** Las muchachas (*or* chicas) tienen exámenes finales y (ellas) no tienen mucho tiempo para cocinar. **6.** Antonio piensa preparar (unas) empanadas y (un) flan de postre. **7.** Antonio le dice a Elena que van a pasar un buen rato.

Expansión

A, page 162: (*Answers will vary.*) **1.** Yo tengo diecinueve años. **2.** Mi cumpleaños es el dieciocho de diciembre. **3.** Yo celebré mi cumpleaños la última vez en casa. **4.** Mis amigos me dieron un coche nuevo. **5.** Conozco la paella, el guacamole y el flan. **6.** Sí, conozco la cumbia y el merengue. **7.** No, no tengo sueño ahora. **8.** Ahora tengo que preparar el ejercicio IX.

B, page 162: (*Answers will vary.*)

Para comprender y escribir

A, page 163: **1.** (b) la hora. **2.** (a) un rato. **3.** (c) un recado. **4.** (b) ¡Tengo mucha suerte!

B, page 163: **1.** Sí, llame Ud. a Antonio. **2.** Sí, espera a Ana. **3.** Sí, ponga Ud. la música. **4.** Sí, vuelve a llamar. **5.** Sí, trae unos discos nuevos. **6.** Sí, siéntese Ud. allí.

C, page 163: **1.** Sí, cómprenle Uds. algo a Elena. **2.** Sí, cómprale algo también. (Sí, cómprele Ud. algo también.) **3.** No, no le compres un disco. (No, no le compre Ud. un disco.) **4.** Sí, denle Uds. una fiesta. **5.** Sí, llévales empanadas. (Sí, lléveles Ud. empanadas.) **6.** No, no les lleven Uds. bebidas también.

D, page 163: Mientras las chicas estudiaban en sus cuartos, sonó el teléfono. Elena estaba sentada en la sala, junto a la chimenea, y fue a contestarlo. Era Antonio, que quería hablar con Margarita. Como Margarita no estaba en su cuarto, Elena le preguntó a Antonio si quería dejarle algún recado. Antonio le contó a Elena que él y su compañero de cuarto tenían un tocadiscos para compactos nuevo y que pensaban dar una fiesta. A Elena le pareció una idea fantástica.

E, page 164: **1.** Falso. Carlos tiene ganas de dar una fiesta y pasar un buen rato. **2.** Cierto **3.** Falso. El cumpleaños de Alberto es el domingo. **4.** Cierto **5.** Falso. Hay veintitrés personas en la clase de Carlos y Jorge. **6.** Cierto

Repaso 1: Lecciones 1–5 (Appendix C)

Ejercicios escritos

A, page 180: **1.** Sí, soy estudiante en la universidad. **2.** Sí, sé hablar español un poco (*or* bastante). **3.** Practico la lengua con mis compañeros (*or* compañeras). **4.** Voy a la biblioteca todos los días (*or* todas las noches). **5.** Sí, (*or* No, no) somos norteamericanos(-as). **6.** Sí, queremos aprender el español bien (*or* un poco). **7.** Sí, (*or* No, no) estamos contentos(-as) en la clase siempre. *or* Sí, (*or* No, no) estamos bastante contentos(-as) en la clase. **8.** Sí, tenemos que estudiar bastante (*or* un poco).

B, page 180: **1.** No, no voy **2.** No, yo no llego **3.** No, él no sabe **4.** No, él no escribe **5.** No, nosotros no leemos **6.** No, nosotros no necesitamos **7.** No, ellas no están **8.** No, mis amigos (*or* ellos) no están **9.** No, Ud. no es *or* No, tú no eres **10.** No, Ud. no es *or* No, tú no eres

C, page 180: **1.** Mis padres llegan a casa a las ocho. **2.** Ellos comen tarde. **3.** Yo necesito estudiar un poco. **4.** Diana y María vienen hoy del Perú. **5.** Él trabaja en Buenos Aires. **6.** ¿Tienes tú revistas españolas?

D, page 180: **1.** son **2.** es **3.** está **4.** es **5.** son **6.** estamos **7.** somos **8.** Es **9.** está **10.** hay **11.** están **12.** Hay **13.** es **14.** está **15.** estoy

E, page 181: **1.** Qué **2.** Cómo **3.** De dónde **4.** Dónde **5.** Cuántos **6.** Quién **7.** De quién **8.** Adónde

F, page 181: **1.** al mediodía **2.** en la televisión **3.** ir de vacaciones **4.** papel y pluma **5.** to **8.** (*Answers will vary.*)

G, page 181: (*Answers will vary.*)

H, page 182: **1.** en la universidad **2.** estudiando **3.** contento **4.** son buenos **5.** interesantes **6.** muy **7.** pequeñas **8.** hay **9.** en residencias **10.** fácil **11.** tus compañeros **12.** tengo **13.** estudiantes **14.** practico **15.** ciudad **16.** centro **17.** donde **18.** bibliotecas **19.** ocupado **20.** olvides

I, page 182: **1.** ¿Cómo está Ud., señor (*or* Sr.) López? ¿Cómo está la señora (*or* Sra.) López? **2.** La señorita (*or* Srta.) Molina habla francés, ¿(no es) verdad? ¿Pronuncia (ella) bien el francés (*or* el francés bien)? **3.** No conozco a Diana, pero sé que su hermana vive en la Argentina. **4.** Hay muchos estudiantes nuevos en la residencia; son estudiantes extranjeros. **5.** —Tres chicas son de Chile; son muy guapas (*or* bonitas), ¿(no es) verdad? —¡Cómo no! **6.** Tomás regresa a Montevideo pronto (*or* pronto a Montevideo); María llega de Buenos Aires hoy (*or* hoy de Buenos Aires). **7.** ¿Dónde vas (va Ud. *or* van Uds.) a pasar tus (sus) vacaciones? **8.** Vamos al Perú; mi familia conoce el país muy bien (*or* muy bien el país).

Para comprender y escribir

A, page 225: **1.** la hermana, la hija, la mamá, el padre **2.** los libros, la revista, leer, el dependiente **3.** la biblioteca, los estudiantes, el laboratorio, la profesora, preguntar **4.** la tarde, la semana, la hora **5.** llegar, el horario, regresar, las vacaciones **6.** el mapa, los países, las ciudades **7.** las cartas, la compañera, el grupo

B, page 225: **1.** el periódico **2.** el alumno **3.** la capital **4.** la biblioteca **5.** el avión **6.** difícil **7.** fácil **8.** olvidar **9.** la frase **10.** después **11.** contento **12.** también

C, page 226: **1.** pequeño **2.** largo **3.** fácil **4.** ir **5.** poco **6.** cerca **7.** tarde **8.** mal **9.** bueno **10.** aquí

D, page 226: **1.** 7 días **2.** 12 meses **3.** 4 estaciones **4.** 31 años **5.** 20 estudiantes **6.** 9 alumnas **7.** 11 alumnos **8.** 21 lecciones **9.** 18 clases **10.** 2 profesores

E, page 226: **1.** lunes, martes, miércoles, jueves, viernes **2.** sábado, domingo **3.** (*Answers will vary.*) **4.** (*Answers will vary.*) **5.** (*Answers will vary.*) **6.** (*Answers will vary.*)

Repaso 2: Lecciones 6–11 (Appendix C)

A, page 182: **1.** llevé **2.** Fuimos **3.** Fue **4.** Nos pareció **5.** Me gustó **6.** llamó **7.** llegaron **8.** fui **9.** salieron **10.** diste

B, page 183: **1.** me acostaba **2.** se despertaba **3.** Nos arreglábamos; salíamos **4.** me compraba **5.** se desayunaban **6.** se sentaban **7.** te levantabas **8.** me levantaba; estudiaba

C, page 183: **1.** éramos **2.** vivían **3.** tenía **4.** gustaba **5.** íbamos **6.** estaban **7.** charlábamos **8.** tomaban **9.** corrían **10.** nadaba **11.** fuimos **12.** quería **13.** eran **14.** hacía **15.** buceábamos **16.** bañábamos **17.** Fueron **18.** descansamos **19.** encantó **20.** quería

D, page 183: **1.** No, no las escribí. **2.** No, no los cobré. **3.** No, no lo mandé. **4.** No, no la vi. **5.** No, no lo escuchamos. **6.** No, no tratábamos de llamarla (*or* no la tratábamos de llamar). **7.** No, no queríamos llevarlos (*or* no los queríamos llevar). **8.** No, no pensábamos comprarlas (*or* no las pensábamos comprar).

***E**, page 183:* **1.** Sí, mi padre me mandó el dinero. **2.** Sí, tu (*or* su) hermana me escribió la carta. **3.** Sí, mi amigo me cobró los cheques. **4.** Sí, la vendedora nos enseñó la mercancía. **5.** Sí, Tomás nos abrió la puerta. **6.** Sí, su (*or* mi *or* nuestro) compañero nos dio la dirección.

***F**, page 184:* **1.** Me gustan más estas blusas. **2.** Le encanta el estilo. **3.** Me encantan las tiendas. **4.** Le gusta mucho la española. **5.** Nos encantan los estudiantes. **6.** Nos encanta la profesora (*or* el profesor).

***G**, page 184:* **1.** La; los **2.** las; la **3.** (*none*); la **4.** (*none*); el **5.** (*none*); el **6.** La; los

***H**, page 184:* **1.** Nadie llamó a Lola. *or* No llamó nadie a Lola. **2.** Jorge no tiene nada en la mano. **3.** Yo tampoco los conozco. *or* Yo no los conozco tampoco. **4.** Ella nunca canta en español. *or* Ella no canta en español nunca. **5.** Nadie le habló ni le escribió. *or* No le habló ni le escribió nadie. **6.** Tampoco me dieron nada de comer. *or* No me dieron nada de comer tampoco.

***I**, page 184:* **1.** salimos de excursión **2.** íbamos camino de **3.** llovía a cántaros **4.** tiene precio fijo **5.** hacer un viaje **6.** estaban de moda **7.** película **8.** nevar (*or* llover) **9.** caluroso; año **10.** despejado; fresco (*or* sol *or* buen tiempo) **11.** tiendas **12.** nublado

***J**, page 185:* **1.** Sí, hágalo Ud. ahora. No, no lo haga Ud. ahora. **2.** Sí, llévelas Ud. afuera. No, no las lleve Ud. afuera. **3.** Sí, póngalos Ud. en la mesa. No, no los ponga Ud. en la mesa. **4.** Sí, tráigala Ud. adentro. No, no la traiga Ud. adentro. **5.** Sí, envuélvalos Ud. con el papel rojo. No, no los envuelva Ud. con el papel rojo. **6.** Sí, escríbalas Ud. con una pluma verde. No, no las escriba Ud. con una pluma verde.

***K**, page 185:* **1.** tiempo **2.** veces **3.** vez **4.** tiempo **5.** hora **6.** vez **7.** rato **8.** tiempo **9.** hora **10.** vez

***L**, page 185:* (*Answers will vary.*)

***M**, page 185:* **1.** setenta y cinco **2.** noventa **3.** treinta y un **4.** cincuenta y cinco; setenta y una **5.** ochenta y un

***N**, page 186:* **1.** Al ver a Laura en la calle, Diana la esperó. **2.** Llegaron al centro y entraron en una tienda muy grande. **3.** La vendedora les enseñó varios vestidos. **4.** A Laura le gustó un vestido blanco. Era muy juvenil, pero no era su talla. **5.** Jaime quería pasar un fin de semana en su casa. **6.** No tenía suficiente (*or* bastante) dinero para comprarse el boleto de avión. **7.** Mario le dice a Jaime que es fácil encontrarse un compañero de viaje. **8.** Cuando yo vivía en Los Ángeles, iba mucho al cine. **9.** Por cierto, vi algunas películas españolas. Me gustaron. **10.** Estoy cansada de estudiar. ¿Qué están haciendo (*or* Qué hacen) Uds. ahora?

Para comprender y escribir

***A**, page 227:* **1.** las gafas, los pantalones, la blusa, la talla, la tienda **2.** la nube, el invierno, el frío, la tormenta **3.** el tío, el chico, el abuelo, la niñez **4.** el espectáculo, gozar, el baile, la película **5.** levantarse, desayunarse, comenzar, lavarse, afeitarse **6.** almozar, cenar, barata, el precio

***B**, page 228:* **1.** divertido **2.** encontrar **3.** también **4.** la comedia **5.** parecer **6.** la discoteca **7.** el grado **8.** correr **9.** el viento **10.** el lodo **11.** la playa **12.** la puerta

***C**, page 228:* **1.** cerrar **2.** mucho **3.** llevar **4.** caro **5.** preguntar **6.** comprar **7.** nada **8.** levantarse **9.** terminar **10.** malo **11.** alguien **12.** calor

Appendix E

TAPESCRIPTS: ACTIVIDADES Y PRÁCTICA, PARA COMPRENDER Y ESCRIBIR, REPASO SELF-TESTS

Lección I

Actividades y práctica

A. Repeat the model sentence. When you hear a new subject, form a new sentence, making the verb agree with the subject. After your response, you will hear the correct answer.

    MODEL: Yo estudio español. //
              Yo estudio español.
               Nosotros //
               Nosotros estudiamos español.

1. Yo hablo inglés en casa. //
   Yo hablo inglés en casa.
   Él //
   Él habla inglés en casa.
   Usted //
   Usted habla inglés en casa.
   Tú //
   Tú hablas inglés en casa.
   Nosotros //
   Nosotros hablamos inglés en casa.
2. Yo estudio español en la universidad. //
   Yo estudio español en la universidad.
   Luisa //
   Luisa estudia español en la universidad.
   Mario y yo //
   Mario y yo estudiamos español en la universidad.
   Ustedes //
   Ustedes estudian español en la universidad.
   Tú //
   Tú estudias español en la universidad.
3. Yo siempre preparo las lecciones. //
   Yo siempre preparo las lecciones.
   Los estudiantes //
   Los estudiantes siempre preparan las lecciones.
   Ella //
   Ella siempre prepara las lecciones.
   Ustedes //
   Ustedes siempre preparan las lecciones.
   Nosotros //
   Nosotros siempre preparamos las lecciones.
4. Yo ya pronuncio bastante bien. //
   Yo ya pronuncio bastante bien.
   Ellos //
   Ellos ya pronuncian bastante bien.
   Nosotros //
   Nosotros ya pronunciamos bastante bien.
   Usted //
   Usted ya pronuncia bastante bien.
   Tú //
   Tú ya pronuncias bastante bien. //

B. Answer each question you hear affirmatively, following the model. After your response, you will hear the correct answer.

    MODEL: ¿Practican ustedes la pronunciación?
              Sí, practicamos la pronunciación.

1. ¿Preparan ustedes las lecciones? //
   Sí, preparamos las lecciones.
2. ¿Pronuncian ustedes bien? //
   Sí, pronunciamos bien.
3. ¿Estudia usted español mucho? //
   Sí, estudio español mucho.
4. ¿Practica usted en clase? //
   Sí, practico en clase.
5. ¿Hablo yo español en clase? //
   Sí, usted habla español en clase.
6. ¿Enseño yo bien? //
   Sí, usted enseña bien.

¡Ustedes son estudiantes muy buenos! //

C. Respond affirmatively to each statement you hear without repeating the subject. Follow the model and listen for the confirmation.

    MODEL: Marta pronuncia bien.
              Sí, pronuncia bien.

1. Pablo practica mucho. //
   Sí, practica mucho.
2. El señor Ortega enseña todos los días. //
   Sí, enseña todos los días.
3. Carmen estudia en casa. //
   Sí, estudia en casa.
4. Yo preparo los ejercicios en clase. //
   Sí, preparas los ejercicios en clase.
5. Antonio y yo pronunciamos mal. //
   Sí, pronuncian mal.
6. Tú hablas francés también. //
   Sí, hablo francés también. //

D. Answer each question you hear negatively, following the model. You will then hear confirmation of a correct response.

    MODEL: Ella estudia japonés. ¿Y usted? //
              No, yo no estudio japonés.

1. Ella habla italiano en casa. ¿Y usted? //
   No, yo no hablo italiano en casa.
2. Él estudia francés. ¿Y usted? //
   No, yo no estudio francés.
3. Yo preparo la clase. ¿Y ustedes? //
   No, nosotros no preparamos la clase.
4. Él practica bastante. ¿Y ustedes? //
   No, nosotros no practicamos bastante.
5. Ellos pronuncian bien. ¿Y yo? //
   No, usted no pronuncia bien.
6. Yo necesito practicar. ¿Y tú? //
   No, yo no necesito practicar. //

Para comprender y escribir

A. You will hear a series of short sentences. Each one will be spoken three times. Listen the first time; write what you hear the second time; listen again and make any necessary corrections the third time.

1. Hablamos con la señorita Martí. ///
2. La profesora Molina enseña español. ///
3. Ustedes preparan los ejercicios. ///
4. El alumno necesita practicar más. ///
5. ¿Qué lenguas estudia Mario? ///

B. You will hear a series of phrases. Each one will be spoken twice. Write the plural of each phrase, following the model. You will then hear the correct answer. Now listen to the model.

   MODEL: la alumna de alemán
   las alumnas de alemán

1. la lección de inglés //
   las lecciones de inglés
2. el estudiante de francés //
   los estudiantes de francés
3. el profesor de portugués //
   los profesores de portugués
4. la clase de español //
   las clases de español
5. el ejercicio de pronunciación //
   los ejercicios de pronunciación
6. la universidad en los Estados Unidos //
   las universidades en los Estados Unidos
7. la casa de Mario //
   las casas de Mario
8. la conversación con la señorita Molina //
   las conversaciones con la señorita Molina //

C. Listen to each question and the cue; then write an answer, following the model. The first part of your answer should be negative, and the second part should provide the correct information using the cue. You will hear each question and cue twice.

   MODEL: ¿Enseña la profesora japonés? (español) //
   La profesora no enseña japonés; enseña español.

1. ¿Habla el profesor inglés? (español) //
   El profesor no habla inglés; habla español.
2. ¿Estudia Mario español? (alemán) //
   Mario no estudia español; estudia alemán.
3. ¿Enseña mal el profesor? (bien) //
   El profesor no enseña mal; enseña bien.
4. ¿Estudian bastante los estudiantes? (poco) //
   Los estudiantes no estudian bastante; estudian poco.
5. ¿Practica Pablo el francés en clase? (en casa) //
   Pablo no practica el francés en clase; practica en casa. //

D. The following conversation takes place in Puerto Rico. Listen to find out where the people are and what they are talking about.

SRTA. ORTIZ —¡Buenas tardes, estudiantes!
ESTUDIANTES —¡Buenas tardes, profesora!
SRTA. ORTIZ —Mario, ¿practica usted el español en el laboratorio?
MARIO —Sí, profesora. Practico el español y el francés en el laboratorio.
SRTA. ORTIZ —¿El francés también? ¡Muy bien! ¿Y usted, Carmen?
CARMEN —En casa mi familia habla francés. Y practico italiano con Mario.
SRTA. ORTIZ —Muy bien, Carmen. Bueno, ahora necesitamos preparar la lección de español.
ESTUDIANTES —Sí, profesora. //

You will hear a series of statements about the conversation you have just heard. Each statement will be read twice. Indicate in the space provided whether each statement is True (**Cierto**) or False (**Falso**). After all five statements have been read, you will hear the conversation again so you can check your answers.

1. Los estudiantes hablan con la profesora de la clase. //
2. Mario practica italiano en el laboratorio. //
3. Carmen es la profesora. //
4. La profesora enseña inglés. //
5. La familia de Carmen habla francés. //

Now listen to the conversation again and check your answers.

End of **Lección uno.**

Lección 2

Actividades y práctica

A. Repeat the model sentence and then substitute each new subject. Listen for the confirmation.

1. Carlos aprende inglés. //
   Carlos aprende inglés.
   Yo //
   Yo aprendo inglés.
   Nosotros //
   Nosotros aprendemos inglés.

Los estudiantes //
   Los estudiantes aprenden inglés.
   Tú //
   Tú aprendes inglés.
2. Él cree que hay profesores buenos aquí. //
   Él cree que hay profesores buenos aquí.
   Yo //
   Yo creo que hay profesores buenos aquí.
   Ella //
   Ella cree que hay profesores buenos aquí.
   Ellos //
   Ellos creen que hay profesores buenos aquí.
   Nosotros //
   Nosotros creemos que hay profesores buenos aquí.
3. Después de la clase, nosotros comemos en la cafetería. //
   Después de la clase, nosotros comemos en la cafetería.
   ellos //
   Después de la clase, ellos comen en la cafetería.
   Antonio //
   Después de la clase, Antonio come en la cafetería.
   yo //
   Después de la clase, yo como en la cafetería.
   ustedes //
   Después de la clase, ustedes comen en la cafetería. //

B. Repeat the model sentence and then substitute each new subject. Listen for the confirmation.

1. Ana es de los Estados Unidos. //
   Ana es de los Estados Unidos.
   Yo //
   Yo soy de los Estados Unidos.
   Nosotros //
   Nosotros somos de los Estados Unidos.
   Ellos //
   Ellos son de los Estados Unidos.
   Tú //
   Tú eres de los Estados Unidos.
2. Ella es estudiante de español. //
   Ella es estudiante de español.
   Ustedes //
   Ustedes son estudiantes de español.
   Ellas //
   Ellas son estudiantes de español.
   Nosotros //
   Nosotros somos estudiantes de español.
   Usted //
   Usted es estudiante de español.
3. Yo tengo una profesora muy buena. //
   Yo tengo una profesora muy buena.
   Nosotros //
   Nosotros tenemos una profesora muy buena.
   Ustedes //
   Ustedes tienen una profesora muy buena.
   Ellos //
   Ellos tienen una profesora muy buena.
   Él //
   Él tiene una profesora muy buena.

4. Ahora yo tengo una clase. //
   Ahora yo tengo una clase.
   ellos //
   Ahora ellos tienen una clase.
   tú //
   Ahora tú tienes una clase.
   nosotros //
   Ahora nosotros tenemos una clase.
   ella //
   Ahora ella tiene una clase. //

C. Listen to each question. Respond affirmatively as in the models, using the information provided. You will then hear a confirmation of your answer.

   MODELS: ¿De dónde es Ana? ¿De los Estados Unidos?
   Sí, Ana es de los Estados Unidos.
   ¿Qué estudia? ¿Español?
   Sí, es estudiante de español.

1. ¿De dónde eres tú? ¿De Colombia? //
   Sí, soy de Colombia.
2. ¿Qué estudias? ¿Italiano? //
   Sí, soy estudiante de italiano.
3. ¿De dónde son ustedes? ¿De Panamá? //
   Sí, somos de Panamá.
4. ¿Qué estudian ustedes? ¿Historia? //
   Sí, somos estudiantes de historia.
5. ¿De dónde son ellos? ¿De la Argentina? //
   Sí, son de la Argentina.
6. ¿Qué estudian? ¿Francés? //
   Sí, son estudiantes de francés. //

D. Listen to the two choices offered in each question. Respond, saying you have to do the second activity. Follow the model and listen for confirmation of your answer.

   MODEL: ¿Comemos ahora o hablas con la señorita Ortiz?
   Tengo que hablar con la señorita Ortiz.

1. ¿Comemos ahora o estudias? //
   Tengo que estudiar.
2. ¿Practicamos ahora o preparas la lección? //
   Tengo que preparar la lección.
3. ¿Hablamos con Mario ahora o comes? //
   Tengo que comer.
4. ¿Estudiamos historia ahora o practicas el francés? //
   Tengo que practicar el francés.
5. ¿Preparamos el ejercicio ahora o hablas con la profesora? //
   Tengo que hablar con la profesora. //

E. Listen to each question and confirm the information, saying that there are many of the items mentioned. Follow the model and then listen to the correct answer.

   MODEL: ¿Tienes un lápiz azul?
   ¡Claro! Tengo muchos lápices azules.

1. ¿Tienes una clase interesante? / /
   ¡Claro! Tengo muchas clases interesantes.
2. ¿Llega un estudiante español a la clase? / /
   ¡Claro! Muchos estudiantes españoles llegan a la clase.
3. ¿Aprendemos una lección fácil? / /
   ¡Claro! Aprendemos muchas lecciones fáciles.
4. ¿Hay una muchacha guapa en la cafetería? / /
   ¡Claro! Hay muchas muchachas guapas en la cafetería.
5. ¿Come el profesor francés allí? / /
   ¡Claro! Muchos profesores franceses comen allí. / /

F. Listen to each statement and the question that follows. Confirm the information in your response, and then listen to the correct answer.

> MODEL: La profesora es hispanoamericana. ¿Y los estudiantes?
> **Los estudiantes son hispanoamericanos también.**

1. Yo soy argentina. ¿Y Miguel? / /
   Miguel es argentino también.
2. Carlos es chileno. ¿Y ella? / /
   Ella es chilena también.
3. La clase de álgebra es buena. ¿Y la clase de español? / /
   La clase de español es buena también.
4. La revista es interesante. ¿Y el libro? / /
   El libro es interesante también.
5. Antonio es inteligente. ¿Y Carlos y Felipe? / /
   Carlos y Felipe son inteligentes también. / /

G. Listen to each statement and the question that follows. Confirm the information in your response; then listen to the correct answer.

> MODEL: La pizarra es grande. ¿Y los mapas?
> **Los mapas son grandes también.**

1. El cartel es bonito. ¿Y las fotografías? / /
   Las fotografías son bonitas también.
2. El mapa es interesante. ¿Y los libros? / /
   Los libros son interesantes también.
3. La pluma es azul. ¿Y los lápices? / /
   Los lápices son azules también.
4. La mesa es verde. ¿Y las sillas? / /
   Las sillas son verdes también.
5. El profesor es inteligente. ¿Y los estudiantes? / /
   Los estudiantes son inteligentes también.
6. El muchacho es español. ¿Y la muchacha? / /
   La muchacha es española también. / /

Para comprender y escribir

A. You will hear a series of short sentences. Each one will be spoken three times. Listen the first time; write what you hear the second time; listen again and make any necessary corrections the third time.

1. Somos alumnos de español. / /
2. ¿Qué hay en la pared? / /
3. Tengo que aprender alemán. / /
4. Señorita Molina, ¿es usted de Chile? / /
5. Los franceses pronuncian bien el inglés. / /
6. Hay unos estudiantes hispanoamericanos aquí. / /

B. You will hear three more short sentences spoken three times. First listen, then write, then correct.

1. ¿Quién estudia alemán? / /
2. ¿Cómo es el edificio? / /
3. Creo que ella es argentina. / /

C. Write answers to the questions following the pattern of the response in the model. Be sure to make your modifiers agree.

> MODEL: Ana es inteligente. ¿Y Antonio?
> **Antonio es inteligente también.**

1. Mario es inteligente. ¿Y Luisa? / /
   Luisa es inteligente también.
2. El ejercicio es interesante. ¿Y la lección? / /
   La lección es interesante también.
3. El grupo es bueno. ¿Y la profesora? / /
   La profesora es buena también.
4. El cartel es bonito. ¿Y el mapa? / /
   El mapa es bonito también.
5. El edificio es amarillo. ¿Y las ventanas? / /
   Las ventanas son amarillas también.
6. El libro es verde. ¿Y los cuadernos? / /
   Los cuadernos son verdes también. / /

D. The following conversation takes place in Colombia. Listen to find out where the people are and what they are doing.

ISABEL —¡Hola, muchachos! ¿De dónde son ustedes?
CARLOS —Yo soy colombiano y mi amigo Felipe es chileno.
ISABEL —Yo me llamo Isabel y soy norteamericana, pero ahora estudio aquí en Colombia.
FELIPE —¡Qué interesante! ¿Estudias en la universidad?
ISABEL —Sí, estudio español y francés en la universidad.
CARLOS —¡Ah! Yo estudio francés también. ¿Con quién tienes la clase?
ISABEL —Con el profesor Ortiz. ¿Y tú, Carlos?
CARLOS —Con la profesora Molina. Ella es mexicana.
FELIPE —Tengo una clase a la una en el edificio principal.
CARLOS —Isabel, ¿comemos en la cafetería?
ISABEL —¡Muy bien!

You will hear a series of statements about the conversation you have just heard. Each statement will be read twice. Check whether each statement is True (**Cierto**) or False (**Falso**). After all five statements have been read, you will hear the conversation again so you can check your answers.

1. Los dos muchachos son de Hispanoamérica. / /
2. Isabel es colombiana. / /
3. Carlos estudia con Isabel. / /
4. Felipe tiene una clase en el edificio principal. / /
5. Carlos come con la profesora Molina en la cafetería. / /

Now listen to the conversation again and check your answers.

End of **Lección dos**.

Lección 3

Actividades y práctica

A. Repeat the model sentence and then substitute each new subject. You will hear a confirmation of your response.

1. Jorge vive en un apartamento. //
   Jorge vive en un apartamento.
   Tú //
   Tú vives en un apartamento.
   Ana y Carolina //
   Ana y Carolina viven en un apartamento.
   Yo //
   Yo vivo en un apartamento.
   Nosotros //
   Nosotros vivimos en un apartamento.
   Ellas //
   Ellas viven en un apartamento.
2. Jorge escribe todas las tardes. //
   Jorge escribe todas las tardes.
   Nosotros //
   Nosotros escribimos todas las tardes.
   Laura //
   Laura escribe todas las tardes.
   Tú //
   Tú escribes todas las tardes.
   Ustedes //
   Ustedes escriben todas las tardes.
   Mario y Carlos //
   Mario y Carlos escriben todas las tardes.
3. Él recibe muchas cartas. //
   Él recibe muchas cartas.
   Yo //
   Yo recibo muchas cartas.
   Nosotros //
   Nosotros recibimos muchas cartas.
   Ustedes //
   Ustedes reciben muchas cartas.
   Felipe //
   Felipe recibe muchas cartas. //

B. Repeat the model sentence and then substitute each new subject. You will hear a confirmation of your response.

1. Ana va a la universidad a las ocho. //
   Ana va a la universidad a las ocho.
   Yo //
   Yo voy a la universidad a las ocho.
   Carolina y yo //
   Carolina y yo vamos a la universidad a las ocho.
   Ustedes //
   Ustedes van a la universidad a las ocho.
   Jorge //
   Jorge va a la universidad a las ocho.
   Tú //
   Tú vas a la universidad a las ocho.
2. Ella va a la biblioteca todas las noches. //
   Ella va a la biblioteca todas las noches.
   Usted //
   Usted va a la biblioteca todas las noches.
   Yo //
   Yo voy a la biblioteca todas las noches.
   Ana y yo //
   Ana y yo vamos a la biblioteca todas las noches.
   Tú //
   Tú vas a la biblioteca todas las noches. //

C. Answer each question negatively, saying you are going to do the activity in the afternoon. Follow the model and listen to the correct response.

> MODEL: ¿Estudias la lección de inglés?
> No, voy a estudiar la lección por la tarde.

1. ¿Hablas con Marta? //
   No, voy a hablar con Marta por la tarde.
2. ¿Practicas la pronunciación? //
   No, voy a practicar la pronunciación por la tarde.
3. ¿Preparas el ejercicio? //
   No, voy a preparar el ejercicio por la tarde.
4. ¿Comes en la cafetería ahora? //
   No, voy a comer en la cafetería por la tarde.
5. ¿Llegas a casa al mediodía? //
   No, voy a llegar a casa por la tarde.
6. ¿Tienes la clase a las diez? //
   No, voy a tener la clase por la tarde.
7. ¿Escribes la carta ahora? //
   No, voy a escribir la carta por la tarde.
8. ¿Vas al laboratorio por la mañana? //
   No, voy a ir al laboratorio por la tarde. //

D. Repeat the numbers after the model.

cero // uno // dos // tres // cuatro // cinco // seis // siete // ocho // nueve // diez // once // doce // trece // catorce // quince // dieciséis // diecisiete // dieciocho // diecinueve // veinte // veintiuno // veintidós // veintitrés // veinticuatro // veinticinco // veintiséis // veintisiete // veintiocho // veintinueve // treinta // treinta y uno // treinta y dos //

Repeat the following pairs of phrases, remembering the difference between the two.

un profesor, una profesora //
veintiún alumnos, veintiuna alumnas //
treinta y un alumnos, treinta y una alumnas //

E. You will hear two questions. Confirm the information, following the models. Then listen to the correct answer.

> MODEL: ¿Qué hora es? ¿Las siete?
> Sí, son las siete.

¿A qué hora llega Luisa? ¿A las ocho?
Sí, llega a las ocho.

1. ¿Qué hora es? ¿Las ocho? / /
   Sí, son las ocho.
2. ¿A qué hora tomamos el desayuno? ¿A las ocho y media? / /
   Sí, tomamos el desayuno a las ocho y media.
3. ¿A qué hora vamos a clase? ¿A las diez menos cuarto? / /
   Sí, vamos a clase a las diez menos cuarto.
4. ¿A qué hora comemos? ¿Al mediodía? / /
   Sí, comemos al mediodía.
5. ¿Qué hora es? ¿La una? / /
   Sí, es la una.
6. ¿Cuándo estudiamos? ¿Por la tarde? / /
   Sí, estudiamos por la tarde.
7. ¿A qué hora regresa Jorge? ¿A las nueve de la noche? / /
   Sí, regresa a las nueve de la noche.
8. ¿A qué hora tengo que ir al laboratorio? ¿A las once de la mañana? / /
   Sí, tienes que ir al laboratorio a las once de la mañana. / /

F. Repeat the names of the days of the week as you hear them. Then listen for confirmation.

el lunes / / el martes / / el miércoles / / el jueves / / el viernes / / el sábado / / el domingo / /

Now say these phrases, first with the pauses and then as whole sentences.

El viernes / / es el último día de clases. / /
El viernes es el último día de clases. / /
Tenemos la clase de historia / / el martes. / /
Tenemos la clase de historia el martes. / /
Tenemos clase / / los viernes. / /
Tenemos clase los viernes. / /
Estudiamos / / los sábados y los domingos. / /
Estudiamos los sábados y los domingos. / /
Hoy es lunes, / / mañana es martes. / /
Hoy es lunes, mañana es martes. / /

Para comprender y escribir

A. From the three choices offered, select the one that best completes the statement or answers the question you hear.

1. Generalmente, ¿cuándo tomamos el almuerzo?
   (a) A las seis.
   (b) Al mediodía.
   (c) A la medianoche. / /
2. ¿Cuándo tomamos el desayuno?
   (a) Por la mañana.
   (b) Por la tarde.
   (c) Por la noche. / /
3. Carolina y Ana viven en la universidad. Las dos muchachas son...
   (a) compañeras de cuarto.
   (b) horarios de comidas.
   (c) residencias de estudiantes. / /
4. Jorge vive muy cerca de la universidad. Toma el desayuno a las siete y llega a clase a eso de...
   (a) las seis.
   (b) las siete y media.
   (c) las once. / /
5. Por la noche Isabel tiene que estudiar...
   (a) en el reloj.
   (b) en el horario.
   (c) en la biblioteca. / /

B. Using complete sentences, write answers to the questions by referring to the time on the clocks.

1. ¿Qué hora es? / /
   Son las dos y media.
2. ¿A qué hora tomas el almuerzo? / /
   Tomo el almuerzo a la una.
3. ¿A qué hora llegas a clase? / /
   Llego a clase a las nueve menos diez.
4. ¿A qué hora vas al laboratorio? / /
   Voy al laboratorio a las once y veinte.
5. ¿A qué hora regresas al cuarto? / /
   Regreso al cuarto a las cuatro menos cuarto. / /

C. Listen carefully to each question and then write an answer using the cue, as in the model.

MODEL: ¿Adónde va Carolina? (el comedor)
Carolina va al comedor.

1. ¿Adónde va Carlos? (la cafetería) / /
   Carlos va a la cafetería.
2. ¿De dónde llegan Ana y Pablo? (la biblioteca) / /
   Ana y Pablo llegan de la biblioteca.
3. ¿De dónde regresa Jorge? (el restaurante) / /
   Jorge regresa del restaurante.
4. ¿De quién es el apartamento? (la muchacha) / /
   El apartamento es de la muchacha.
5. ¿De quiénes son los cuadernos? (los estudiantes) / /
   Los cuadernos son de los estudiantes. / /

D. Dictado

You will hear a short description of Marta's day. It will be read three times. Listen the first time. Write what you hear on the lines provided the second time. Make any corrections you feel are necessary the third time.

Marta no tiene clases / / los lunes. / / Hoy es un día / / muy agradable. / / Ella toma el desayuno / / a eso de las diez / / y entonces va / / al apartamento de Luisa, / / una compañera de clase. / / Las dos muchachas / / hablan y toman café / / hasta el mediodía. / / Hay un restaurante francés / / cerca de la universidad. / / Toman el almuerzo allí. / / Después de comer, / / van a la biblioteca. / / Regresan a sus casas temprano. / /

E. Listen to the following conversation between señor Ruiz and Carlos to find out what they are talking about.

SR. RUIZ —¡Carlos! Llega usted muy tarde.
CARLOS —No es tarde, señor Ruiz. Tomo el desayuno temprano para llegar a clase a las ocho.
SR. RUIZ —¿Las ocho? Usted tiene mucha imaginación, Carlos.
CARLOS —No, Sr. Ruiz. Son las ocho en punto en el reloj.
SR. RUIZ —Creo que usted necesita otro reloj. La hora correcta es las nueve.
CARLOS —¿Cómo? ¡No es posible!
SR. RUIZ — Sí, es muy posible. Pero tengo otra clase a las tres de la tarde. Y ahora usted también tiene una clase a las tres. Hasta entonces, Carlos.
CARLOS —¡Ay, caramba! Ahora no voy a tomar café con Elena... //

You will hear a series of statements about the conversation between señor Ruiz and Carlos. In the space provided, check whether each statement is True (**Cierto**) or False (**Falso**). After you have heard all five statements, you will hear the conversation again so you can check your answers.

1. Carlos llega a clase temprano. //
2. Carlos toma el desayuno después de la clase. //
3. Carlos cree que son las ocho en punto. //
4. El señor Ruiz tiene otra clase por la tarde. //
5. Carlos va a tomar café con Elena. //

Now listen to the conversation again and check your answers.

End of **Lección tres**.

Lección 4

Actividades y práctica

A. Repeat the model sentence and then substitute each new subject. You will hear a confirmation of your response.

1. Alberto sabe poco del mundo hispánico. //
   Alberto sabe poco del mundo hispánico.
   Tú //
   Tú sabes poco del mundo hispánico.
   Ustedes //
   Ustedes saben poco del mundo hispánico.
   Carmen y Ana //
   Carmen y Ana saben poco del mundo hispánico.
   Nosotros //
   Nosotros sabemos poco del mundo hispánico.
   Jaime //
   Jaime sabe poco del mundo hispánico.
2. Miguel quiere leer noticias de España. //
   Miguel quiere leer noticias de España.
   Carolina y yo //
   Carolina y yo queremos leer noticias de España.
   Ustedes //
   Ustedes quieren leer noticias de España.
   Mario //
   Mario quiere leer noticias de España.
   Yo //
   Yo quiero leer noticias de España.
   Laura y Carlos //
   Laura y Carlos quieren leer noticias de España.
3. Ellos vienen hoy a la librería. //
   Ellos vienen hoy a la librería.
   Tú //
   Tú vienes hoy a la librería.
   Mis amigos //
   Mis amigos vienen hoy a la librería.
   Usted //
   Usted viene hoy a la librería.
   Tomás y yo //
   Tomás y yo venimos hoy a la librería.
   Yo //
   Yo vengo hoy a la librería. //

B. Listen to each sentence and the new subject. Create a new sentence with the cue. You will hear a confirmation of your response.

1. Mis amigos y yo queremos ir al centro. (Ana) //
   Ana quiere ir al centro.
2. Nosotros vamos a comprar un diccionario bilingüe. (Yo) //
   Yo voy a comprar un diccionario bilingüe.
3. Yo siempre leo artículos del mundo hispánico. (Tú) //
   Tú siempre lees artículos del mundo hispánico.
4. Yo también miro programas de televisión en español. (Mis compañeros) //
   Mis compañeros también miran programas de televisión en español.
5. Nosotros escuchamos las noticias a las seis. (Yo) //
   Yo escucho las noticias a las seis.
6. ¿No quieren ustedes comprar revistas mexicanas? (tú) //
   ¿No quieres tú comprar revistas mexicanas?
7. Mis amigos siempre van a la librería extranjera. (Yo) //
   Yo siempre voy a la librería extranjera.
8. Los estudiantes extranjeros reciben muchas cartas. (Nosotros) //
   Nosotros recibimos muchas cartas.
9. Miguel escribe cartas muy interesantes. (Tú) //
   Tú escribes cartas muy interesantes.
10. ¿A qué hora viene la dependienta? (tus amigos) //
    ¿A qué hora vienen tus amigos? //

C. Respond affirmatively to each question you hear, using a familiar **tú** command. Follow the model and listen for confirmation of your answer.

   MODEL: ¿Leo las frases?
          Sí, lee las frases, por favor.

1. ¿Compro *El País*? //
   Sí, compra *El País*, por favor.
2. ¿Leo el artículo? //
   Sí, lee el artículo, por favor.

3. ¿Escribo las palabras nuevas? //
   Sí, escribe las palabras nuevas, por favor.
4. ¿Mando los periódicos? //
   Sí, manda los periódicos, por favor.
5. ¿Regreso a la librería? //
   Sí, regresa a la librería, por favor.
6. ¿Estudio en la biblioteca? //
   Sí, estudia en la biblioteca, por favor. //

Now answer each question negatively, with a familiar **tú** command.

> MODEL: ¿Escucho la radio?
> **No, no escuches la radio.**

7. ¿Escucho las noticias? //
   No, no escuches las noticias.
8. ¿Miro la televisión? //
   No, no mires la televisión.
9. ¿Leo los periódicos? //
   No, no leas los periódicos.
10. ¿Compro el diccionario? //
    No, no compres el diccionario.
11. ¿Regreso temprano? //
    No, no regreses temprano.
12. ¿Mando las cartas? //
    No, no mandes las cartas. //

D. Answer each question affirmatively, following the models.

> MODELS: ¿Va usted con su amiga?
> **Sí, voy con mi amiga.**
> ¿Tengo yo mi libro?
> **Sí, usted tiene su libro.**

1. ¿Preparas tu lección de español? //
   Sí, preparo mi lección de español.
2. ¿Necesita usted mis libros? //
   Sí, necesito sus libros.
3. ¿Quieres su diccionario? //
   Sí, quiero su diccionario.
4. ¿Habla usted con sus profesores? //
   Sí, hablo con mis profesores.
5. ¿Tengo yo tu pluma? //
   Sí, tienes mi pluma.
6. ¿Comprenden ustedes mi carta? //
   Sí, comprendemos tu carta.
7. ¿Vienen ustedes con sus compañeros? //
   Sí, venimos con nuestros compañeros.
8. ¿Miran ustedes mis fotografías? //
   Sí, miramos tus fotografías. //

E. Answer each question affirmatively, following the models.

> MODELS: La casa es grande, ¿no?
> **Sí, es una casa grande.**
> Los cuartos son grandes, ¿verdad?
> **Sí, son unos cuartos grandes.**

1. La librería es pequeña, ¿no? //
   Sí, es una librería pequeña.
2. Las revistas son extranjeras, ¿no? //
   Sí, son unas revistas extranjeras.
3. El artículo es difícil, ¿verdad? //
   Sí, es un artículo difícil.
4. Los temas son aburridos, ¿verdad? //
   Sí, son unos temas aburridos.
5. El apartamento es bonito, ¿no? //
   Sí, es un apartamento bonito.
6. La ciudad es interesante, ¿no? //
   Sí, es una ciudad interesante.
7. Los restaurantes son buenos, ¿verdad? //
   Sí, son unos restaurantes buenos.
8. La universidad es excelente, ¿verdad? //
   Sí, es una universidad excelente. //

Para comprender y escribir

A. From the three choices offered, select the one that best completes the statement or answers the question.

1. ¿Cómo se llama la comida que tomamos entre las siete y las nueve de la mañana?
   (a) El almuerzo.
   (b) El desayuno.
   (c) La cena. //
2. ¿Dónde compramos libros?
   (a) En una librería.
   (b) En una biblioteca.
   (c) En una revista. //
3. Si queremos saber las noticias, ¿qué leemos?
   (a) Un diccionario.
   (b) Un ejemplo.
   (c) Un periódico. //

B. Respond in writing to the questions using the cue given. You will hear each question and cue twice. After you have been given time to write, you will hear the correct response.

> MODEL: ¿Cuándo vienen Jorge y Ana? (a las seis)
> **Jorge y Ana vienen a las seis.**

1. ¿Adónde van ustedes? (a la librería) //
   Vamos a la librería.
2. ¿Qué quiere usted comprar? (un diccionario) //
   Quiero comprar un diccionario.
3. ¿Qué lenguas sabe Alberto? (inglés y español) //
   Alberto sabe inglés y español.
4. ¿Quién quiere leer una revista española? (Miguel y yo) //
   Miguel y yo queremos leer una revista española.
5. ¿Cuándo vienen ellos a nuestro apartamento? (el viernes) //
   Ellos vienen a nuestro apartamento el viernes.
6. ¿Cuántos estudiantes reciben el periódico? (muchos) //
   Muchos estudiantes reciben el periódico. //

C. Dictado

You will hear a short narrative about Miguel's day. You will hear the narrative three times. Listen the first time.

Write what you hear on the lines provided the second time. Make any necessary corrections the third time.

Hoy va a ser // un día muy interesante. // Por la tarde // voy con Jaime // a comprar // un diccionario bilingüe. // Su compañero de apartamento // es un dependiente // en la librería extranjera. // Después vamos a cenar // en un restaurante argentino. //

D. The following conversation between Marta and Mario takes place in Buenos Aires. Listen to find out who they are, where they are, and what Marta needs.

MARIO —¡Hola, Marta! ¿Cómo estás?
MARTA —Bien, gracias, ¿y tú?
MARIO —Bien. ¿Qué necesitas hoy?
MARTA —Quiero comprar unas revistas norteamericanas.
MARIO —¡Cómo no! ¿Quieres revistas con noticias de actualidad?
MARTA —Sí. Tengo que preparar una lección para mi clase de inglés.
MARIO —Como tema fácil hay los programas de televisión norteamericanos.
MARTA —Muy bien. ¿Sabes de un artículo sobre el tema?
MARIO —Aquí tienes la revista *Newsweek,* con un artículo bueno sobre el tema.
MARTA —Muchas gracias, Mario. Hasta luego.
MARIO —Hasta luego, Marta. //

You will hear a series of statements about the conversation between Marta and Mario. Indicate in the space provided whether each statement is True (**Cierto**) or False (**Falso**). If the statement is false, write the correct statement. After all six statements have been given to you, you will hear the conversation again so you can check your answers.

1. Marta es una profesora. //
2. Mario es uno de los dependientes de una librería. //
3. Marta prepara una lección para su clase de español. //
4. El tema va a ser los programas de televisión norteamericanos. //
5. Hay un artículo bueno para Marta en la revista *Cambio.* //
6. Marta tiene que ir a otra librería. //

Now listen to the conversation again and check your answers.

End of **Lección cuatro.**

Lección 5

Actividades y práctica

A. Repeat the model sentence and then substitute each new subject. You will hear a confirmation of your response.

1. María está en su cuarto. //
   María está en su cuarto.
   Ellas //
   Ellas están en su cuarto.
   Nosotros //
   Nosotros estamos en nuestro cuarto.
   Yo //
   Yo estoy en mi cuarto.
   Él //
   Él está en su cuarto.
2. Diana está muy contenta. //
   Diana está muy contenta.
   Yo //
   Yo estoy muy contenta.
   Ustedes //
   Ustedes están muy contentos.
   Nosotros //
   Nosotros estamos muy contentos.
   María y Diana //
   María y Diana están muy contentas.
3. Tomás no conoce a María. //
   Tomás no conoce a María.
   Nosotros //
   Nosotros no conocemos a María.
   Tú //
   Tú no conoces a María.
   Yo //
   Yo no conozco a María.
   Ustedes //
   Ustedes no conocen a María.
4. Él conoce Buenos Aires muy bien. //
   Él conoce Buenos Aires muy bien.
   Yo //
   Yo conozco Buenos Aires muy bien.
   María //
   María conoce Buenos Aires muy bien.
   Nosotros //
   Nosotros conocemos Buenos Aires muy bien.
   Tú //
   Tú conoces Buenos Aires muy bien. //

B. Answer each question you hear affirmatively, following the model. You will hear a confirmation of your answer.

   MODEL: ¿Estás contento?
   Sí, estoy contento.

1. ¿Estás ocupado? //
   Sí, estoy ocupado.
2. ¿Estás bien en la residencia? //
   Sí, estoy bien en la residencia.
3. ¿Están tus compañeros aquí? //
   Sí, mis compañeros están aquí.
4. ¿Está de visita tu hermana? //
   Sí, mi hermana está de visita. //

C. Listen to each question. Answer the first question affirmatively and the second question negatively. Listen for confirmation of your response.

1. ¿De dónde es Miguel, del Uruguay? //
   Sí, Miguel es del Uruguay.

¿Y dónde está, en Montevideo? //
No, no está en Montevideo.
2. ¿Qué es Antonio, un estudiante? //
Sí, es estudiante.
¿Y cómo está, cansado? //
No, no está cansado.
3. ¿Eres una amiga de Ana? //
Sí, soy una amiga de Ana.
¿Y a quién estás buscando, a Tomás? //
No, no estoy buscando a Tomás.
4. ¿Cómo es Tomás, agradable? //
Sí, es agradable.
¿Y cómo está ahora, contento? //
No, no está contento ahora.
5. ¿De dónde eres tú, de Buenos Aires? //
Sí, soy de Buenos Aires.
¿Y estás de vacaciones aquí? //
No, no estoy de vacaciones aquí. //

D. Listen to each question. Answer the first question affirmatively using **ahora** and the second question negatively using **todavía**. Follow the models.

> MODELS: ¿Descansa Marta ahora?
> **Sí, está descansando ahora.**
> ¿Y ustedes?
> **No, nosotros no estamos descansando todavía.**

1. ¿Estudias tú ahora? //
Sí, estoy estudiando ahora.
¿Y ellos? //
No, ellos no están estudiando todavía.
2. ¿Preparas tú las lecciones ahora? //
Sí, estoy preparando las lecciones ahora.
¿Y ellas? //
No, ellas no están preparando las lecciones todavía.
3. ¿Escribes tú las cartas ahora? //
Sí, estoy escribiendo las cartas ahora.
¿Y Mario? //
No, Mario no está escribiendo las cartas todavía.
4. ¿Come Ana ahora? //
Sí, Ana está comiendo ahora.
¿Y sus amigas? //
No, sus amigas no están comiendo todavía.
5. ¿Trabaja Tomás ahora? //
Sí, Tomás está trabajando ahora.
¿Y sus compañeros? //
No, sus compañeros no están trabajando todavía. //

E. Listen to each question. Answer the first question affirmatively and the second question negatively, as in the models.

> MODELS: ¿Conoce usted a María?
> **Sí, conozco a María.**
> ¿Sabe usted dónde está?
> **No, no sé dónde está.**

1. ¿Conoce usted a Elena? //
Sí, conozco a Elena.
¿Sabe dónde vive? //
No, no sé dónde vive.
2. ¿Conoce usted la Argentina? //
Sí, conozco la Argentina.
¿Sabe cuál es la capital? //
No, no sé cuál es la capital.
3. ¿Conoce usted al señor Martí? //
Sí, conozco al señor Martí.
¿Sabe de dónde es? //
No, no sé de dónde es.
4. ¿Conoce usted a la nueva librería? //
Sí, conozco la nueva librería.
¿Sabe dónde está? //
No, no sé dónde está.
5. ¿Conoce usted a mi hermana? //
Sí, conozco a su hermana.
¿Sabe usted dónde trabaja? //
No, no sé dónde trabaja. //

F. Los meses del año

Repeat the names of the months of the year as you hear them. Then the speaker will repeat them again for your confirmation.

enero // febrero // marzo // abril // mayo // junio // julio // agosto // septiembre // octubre // noviembre // diciembre //

G. Las estaciones del año

Repeat the names of the seasons of the year, as you hear them. Then listen for confirmation.

la primavera // el verano // el otoño // el invierno //

Para comprender y escribir

A. From the three choices offered, select the one that best completes the statement or answers the question you hear and circle it in your Lab Manual.

1. Luis está estudiando inglés. ¿Qué necesita comprar en la librería extranjera?
   (a) Una pluma azul.
   (b) Un diccionario bilingüe.
   (c) Una biblioteca nueva. //
2. María estudia mucho y siempre está muy cansada. Ella tiene que...
   (a) estar de visita.
   (b) llamar a la puerta.
   (c) ir de vacaciones. //
3. ¿Sabes? Tomás está muy enfermo.
   (a) ¡Qué lástima!
   (b) ¡Qué alegría!
   (c) ¡Qué gusto! //

4. Son las doce y media y tienes que estar en clase a la una. Necesitas estar allí...
   (a) pronto.
   (b) todavía.
   (c) tarde. //
5. Mis padres tienen tres hijos: Laura, Ramón y yo. Laura es mi...
   (a) madre.
   (b) dependienta.
   (c) hermana. //

B. The sentences you hear will offer an option of a form of **ser** or **estar**. Each sentence will be spoken twice. Write the complete sentence using either **ser** or **estar**.

1. Tomás ¿es o está? de Montevideo. //
2. Ahora ¿es o está? estudiando inglés. //
3. Él y yo ¿somos o estamos? en la universidad. //
4. ¿Somos o estamos? compañeros de cuarto. //
5. Nuestro apartamento ¿es o está? muy grande. //
6. Sus padres ¿son o están? uruguayos también. //
7. Ellos ¿son o están? de visita por aquí. //
8. Ellos ¿son o están? muy agradables. //
9. La madre ¿es o está? muy guapa. //
10. Yo ¿soy o estoy? contento con su visita. //

C. Dictado

You will hear a short paragraph about Isabel's visit to the U.S. You will hear the narrative three times. Listen the first time. Write what you hear the second time. Make any necessary corrections the third time.

¡Hola! // Me llamo Isabel. // Voy a ir de vacaciones // a los Estados Unidos. // ¿Conoce usted San Francisco? // La ciudad es muy bonita. // Hoy va a ir allí en avión. // ¿Sabe usted cuánto tiempo // toma el viaje // de la Argentina? // Mis padres // vienen en agosto // por cuatro semanas. // Entonces vamos a descansar un rato // en casa de mi amiga Ana // en Sacramento. //

D. Listen to the following conversation to find out who the people are, where they are, and why they are there.

PABLO —¡Hola, Pilar! ¿Estás contenta con tu visita a la Argentina?
PILAR —¡Por supuesto! Tengo muchos buenos amigos aquí.
PABLO —¿Cuánto tiempo vas a pasar en Rosario?
PILAR —Voy a pasar tres semanas en casa de Marta.
PABLO —¿Y después?
PILAR —Después regreso a Buenos Aires. Mi hermano Carlos vive allí.
PABLO —Sé que vas a pasar unos días muy agradables aquí. Hasta pronto, Pilar.
PILAR —Marta, ¡qué alegría estar aquí entre amigos!
MARTA —Aquí llega otro amigo. ¿Conoces a Felipe Ortega?
PILAR —¡Ah, sí! Tú conoces a mi hermano Carlos, ¿verdad?
FELIPE —Sí. Tu hermano es un viejo amigo de la universidad. ¡Y ahora conozco a dos de sus hermanas! //

You will hear a series of statements about the conversation you just heard. Indicate in the space provided whether each statement is True (**Cierto**) or False (**Falso**). If the statement is false, write the correct statement. After all five statements have been given to you, you will hear the conversation again so you can check your answers.

1. Pilar está en el Uruguay. //
2. Pilar está muy contenta. //
3. El hermano de Pilar vive en Rosario. //
4. Felipe conoce a Carlos de la universidad. //
5. Ahora Felipe conoce a dos hermanas de Carlos. //

Now listen to the conversation again and check your answers.

End of **Lección cinco**.

Lección 6

Actividades y práctica

A. Repeat the model sentence and then substitute each new subject. You will hear a confirmation of your response.

1. Yo veo a Diana a menudo. //
   Yo veo a Diana a menudo.
   Mario y yo //
   Mario y yo vemos a Diana a menudo.
   Tú //
   Tú ves a Diana a menudo.
   Ustedes //
   Ustedes ven a Diana a menudo.
   Ella //
   Ella ve a Diana a menudo.
2. Ella sale hoy un poco más temprano. //
   Ella sale hoy un poco más temprano.
   Yo //
   Yo salgo hoy un poco más temprano.
   Carmen y Felipe //
   Carmen y Felipe salen hoy un poco más temprano.
   Nosotros //
   Nosotros salimos hoy un poco más temprano.
   Usted //
   Usted sale hoy un poco más temprano.
3. Nosotros no podemos llegar tarde. //
   Nosotros no podemos llegar tarde.
   Tú //
   Tú no puedes llegar tarde.
   Ustedes //
   Ustedes no pueden llegar tarde.
   Yo //
   Yo no puedo llegar tarde.
   Las chicas //
   Las chicas no pueden llegar tarde.
4. Tomás trae los boletos. //
   Tomás trae los boletos.
   Yo //
   Yo traigo los boletos.
   Tú //
   Tú traes los boletos.

Ellos //
Ellos traen los boletos.
Nosotros //
Nosotros traemos los boletos. //

B. Answer the first question affirmatively and the second negatively, as in the model. You will hear a confirmation of your response.

> MODEL: Ramón trae el dinero. ¿Y tú?
> **Yo traigo el dinero también.**
> ¿Y ellos?
> **Ellos no traen el dinero.**

1. Ana puede leer artículos en español. ¿Y tú? //
   Yo puedo leer artículos en español también.
   ¿Y ellos? //
   Ellos no pueden leer artículos en español.
2. Tomás sale todas las noches. ¿Y tú? //
   Yo salgo todas las noches también.
   ¿Y ellos? //
   Ellos no salen todas las noches.
3. Rita trae buenas noticias. ¿Y tú? //
   Yo traigo buenas noticias también.
   ¿Y ustedes? //
   Nosotros no traemos buenas noticias.
4. Ramón ve muchos programas de televisión. ¿Y usted? //
   Yo veo muchos programas de televisión también.
   ¿Y ustedes? //
   Nosotros no vemos muchos programas de televisión. //

C. Listen to the question; then answer affirmatively, substituting the correct direct object pronoun for each noun object and modifiers.

> MODEL: Ana escribe las cartas, ¿verdad?
> **Sí, Ana las escribe.**

1. Jorge mira a las chicas, ¿verdad? //
   Sí, Jorge las mira.
2. Tú escuchas las noticias, ¿verdad? //
   Sí, yo las escucho.
3. Ellos ven a Ramón, ¿verdad? //
   Sí, ellos lo ven.
4. Usted saluda al dependiente, ¿verdad? //
   Sí, yo lo saludo.
5. Ustedes leen los periódicos, ¿verdad? //
   Sí, nosotros los leemos.
6. Tú escribes las frases, ¿verdad? //
   Sí, yo las escribo. //

D. Answer the first question affirmatively and the second one negatively, as in the model. Listen for a confirmation of your response.

> MODEL: ¿Ves a ese joven?
> **Sí, veo a ese joven.**
> ¿Y a la joven?
> **No, no veo a esa joven.**

1. ¿Ves a esa chica? //
   Sí, veo a esa chica.
   ¿Y a los chicos? //
   No, no veo a esos chicos.
2. ¿Conoces a ese profesor? //
   Sí, conozco a ese profesor.
   ¿Y a las profesoras? //
   No, no conozco a esas profesoras.
3. ¿Conoces este país? //
   Sí, conozco este país.
   ¿Y la ciudad? //
   No, no conozco esta ciudad.
4. ¿Necesitas esta revista? //
   Sí, necesito esta revista.
   ¿Y el periódico? //
   No, no necesito este periódico.
5. ¿Quieres aquellas fotografías? //
   Sí, quiero aquellas fotografías.
   ¿Y las cartas? //
   No, no quiero aquellas cartas.
6. ¿Quieres aquel mapa? //
   Sí, quiero aquel mapa.
   ¿Y los carteles? //
   No, no quiero aquellos carteles. //

E. Answer each question affirmatively, using an appropriate demonstrative adjective. Then listen for a confirmation of your response.

> MODEL: ¿Quieres invitar a la joven y al joven que están aquí?
> **Sí, quiero invitar a esta joven y a este joven.**

1. ¿Vas a abrir la puerta y la ventana aquí en el cuarto? //
   Sí, voy a abrir esta puerta y esta ventana.
2. ¿Quieres el periódico y los carteles que están allí? //
   Sí, quiero ese periódico y esos carteles.
3. ¿Vas a comprar el diccionario y las plumas que están allí? //
   Sí, voy a comprar ese diccionario y esas plumas.
4. ¿Necesitas ir al edificio que está allá lejos? //
   Sí, necesito ir a aquel edificio.
5. ¿Buscas el diccionario que está aquí? //
   Sí, busco este diccionario. //

F. Answer each math problem, following the model; then listen for a confirmation of your response.

> MODEL: ¿Cuántos son veinte y veinte?
> **Veinte y veinte son cuarenta.**

1. ¿Cuántos son treinta y diez? //
   Treinta y diez son cuarenta.
2. ¿Cuántos son cuarenta y cincuenta? //
   Cuarenta y cincuenta son noventa.
3. ¿Cuántos son veinte y treinta? //
   Veinte y treinta son cincuenta.
4. ¿Cuántos son cincuenta y once? //
   Cincuenta y once son sesenta y uno.

5. ¿Cuántos son treinta y cinco libros y seis libros? //
   Treinta y cinco libros y seis libros son cuarenta y un libros. //

Para comprender y escribir

A. From the three choices offered, select the one that best completes the statement or answers the question you hear.

1. Ramón quiere estudiar los negocios. Por eso quiere entrar en la Facultad de...
   (a) Derecho.
   (b) Ingeniería.
   (c) Administración de Negocios. //
2. Cuando una amiga llama a tu puerta, ¿cómo la saludas?
   (a) ¡Claro!
   (b) ¡Caramba!
   (c) ¡Qué alegría! //
3. ¿Sale Tomás con sus amigos a menudo?
   (a) No, tiene mucho dinero.
   (b) No, tiene poco dinero.
   (c) Sí, tiene que terminar sus estudios. //
4. Ya estoy cansado de trabajar. ¿Quieres...
   (a) estudiar más?
   (b) recibir el título?
   (c) charlar un rato? //

B. On the lines provided for Exercise B, write a new sentence, using the cue and making any necessary changes.

1. Busco el libro de historia. (la profesora de historia) //
2. Busco al dependiente. (unas revistas españolas) //
3. Ellos están mirando a Diana. (la fotografía de Diana) //
4. Ellas están mirando a los chicos. (las noticias) //
5. Escucha la radio. (el profesor) //
6. Estamos esperando a mi hermano. (el avión) //

C. On the lines provided for Exercise C, rephrase the sentences you hear, using direct object pronouns.

   MODEL: Rita lee el libro.
   Rita lo lee.

1. Los estudiantes ven las fotografías. //
2. Mis amigos escuchan el programa. //
3. Carlos y yo miramos la televisión. //
4. Tomás escribe los ejercicios. //
5. Conocemos a María Ortega. //
6. Busco a mi compañero de cuarto. //
7. ¿Quién escribe las cartas? //

D. Dictado

You will hear a short paragraph about Jorge's impressions of his work. You will hear the narrative three times. Listen the first time. Write what you hear on the lines provided for Exercise D the second time. Make any necessary corrections the third time.

Hoy día gano mucho // con mis negocios // en esta ciudad, // pero no estoy contento. // Tengo que salir de casa muy temprano // para llegar a la oficina. // En la oficina // no puedo trabajar // porque llaman a la puerta // o me llaman por teléfono muy a menudo. // Creo que voy a buscar // una carrera más interesante. // No es necesario // ganar mucho dinero. // No es necesario // trabajar largas horas // todo el tiempo. //

E. Listen to the following conversation to find out what Tomás is doing and how Enriqueta reacts.

ENRIQUETA —¡Hola, Tomás! ¿Cómo estás? Te veo muy poco en la universidad.
TOMÁS —¡Ay, Enriqueta! ¡Estoy tan ocupado con mis estudios!
ENRIQUETA —¿En qué facultad estás estudiando?
TOMÁS —Estoy en la Facultad de Medicina. Como sabes, es una carrera muy difícil. Vengo a la universidad a eso de las siete y no regreso a casa hasta las diez o las once de la noche.
ENRIQUETA —Pero Tomás, ¿no puedes descansar de vez en cuando de los estudios?
TOMÁS —No es fácil. Sólo tengo tiempo para los libros, los laboratorios y la biblioteca.
ENRIQUETA —Pero nosotros, tus amigos, no te vemos...
TOMÁS —Es cierto. Pues, mira, Enriqueta. Mañana es domingo. Te invito a tomar el almuerzo mañana, a la una, en la cafetería que está enfrente de la Facultad de Medicina.
ENRIQUETA —Gracias, Tomás. Estoy allí mañana a la una en punto.
TOMÁS —De acuerdo. Hasta mañana, Enriqueta. //

You will hear a series of statements about the conversation you just heard. Indicate in the space provided whether each statement is True (**Cierto**) or False (**Falso**). If the statement is false, write the correct statement. After all five statements have been given to you, you will hear the conversation again so you can check your answers.

1. Enriqueta ve a Tomás todos los días. //
2. Tomás está estudiando en la Facultad de Farmacia. //
3. Tomás tiene un día muy largo. //
4. Enriqueta sólo tiene tiempo para los estudios. //
5. Tomás va a ver a Enriqueta el domingo. //

Now listen to the conversation again and check your answers.

End of **Lección seis**.

Lección 7

Actividades y práctica

A. Repeat the model sentence and then substitute each new subject. You will hear a confirmation of your response.

1. La vendedora le dice el precio. //
   La vendedora le dice el precio.

Copyright © Houghton Mifflin Company. All rights reserved.

Yo //
Yo le digo el precio.
Ellas //
Ellas le dicen el precio.
Ustedes //
Ustedes le dicen el precio.
Ana y yo //
Ana y yo le decimos el precio.
Tú //
Tú le dices el precio.
2. Silvia le da un cheque. //
Silvia le da un cheque.
Nosotros //
Nosotros le damos un cheque.
Sylvia y Lupe //
Sylvia y Lupe le dan un cheque.
Yo //
Yo le doy un cheque.
Tú //
Tú le das un cheque.
Ustedes //
Ustedes le dan un cheque. //

B. Answer the first question you hear affirmatively and the second question negatively, as in the model. You will hear a confirmation of your response.

> MODEL: ¿Te gusta esta bolsa?
> **Sí, me encanta esa bolsa.**
> ¿Y estos zapatos?
> **No, no me gustan esos zapatos.**

1. ¿Te gusta esta camiseta? //
   Sí, me encanta esa camiseta.
   ¿Y estos pantalones? //
   No, no me gustan esos pantalones.
2. ¿Te gustan estas blusas? //
   Sí, me encantan esas blusas.
   ¿Y esta falda? //
   No, no me gusta esa falda.
3. ¿Te gusta este vestido de hilo? //
   Sí, me encanta ese vestido de hilo.
   ¿Y esta camisa de hilo? //
   No, no me gusta esa camisa de hilo.
4. ¿Te gustan estas sandalias rojas? //
   Sí, me encantan esas sandalias rojas.
   ¿Y estas blancas? //
   No, no me gustan esas blancas. //

C. Listen to each statement; then ask the question that would have elicited the statement. Use ¿qué? or ¿cuál? in your questions. Listen for confirmation of your response.

> MODELS: Quiero comprar unos pantalones.
> **¿Qué quieres comprar?**
> Me gustan esos pantalones de algodón.
> **¿Qué pantalones te gustan?**
> Me gustan más los azules.
> **¿Cuáles te gustan más?**

1. Quiero comprar una chaqueta nueva. //
   ¿Qué quieres comprar?
   Me gusta esa chaqueta verde. //
   ¿Qué chaqueta te gusta?
   Me gusta más la verde. //
   ¿Cuál te gusta más?
2. Quiero comprar unos zapatos. //
   ¿Qué quieres comprar?
   Me gustan esos zapatos. //
   ¿Qué zapatos te gustan?
   Me gustan más los negros. //
   ¿Cuáles te gustan más? //

D. Restate each sentence you hear with a comparative construction, following the model. Then listen for confirmation of your response.

> MODEL: La ropa de cuero es cómoda pero la ropa de algodón es más cómoda.
> **Sí, la ropa de algodón es más cómoda que la ropa de cuero.**

1. Esta tienda es cara. La otra tienda es menos cara. //
   Sí, la otra tienda es menos cara que esta tienda.
2. Aquella vendedora es agradable. Esta vendedora es menos agradable. //
   Sí, esta vendedora es menos agradable que aquella vendedora.
3. El vestido rojo es juvenil. El vestido azul es menos juvenil. //
   Sí, el vestido azul es menos juvenil que el vestido rojo.
4. Los zapatos negros son cómodos. Los zapatos marrones son más cómodos. //
   Sí, los zapatos marrones son más cómodos que los zapatos negros.
5. La clase de inglés es fácil. La clase de español es más fácil. //
   Sí, la clase de español es más fácil que la clase de inglés. //

E. Answer each question affirmatively, using a superlative construction. Follow the model and then listen for confirmation of your response.

> MODEL: ¿Es bonito esta ciudad?
> **Sí, me parece la más bonita de todas.**

1. ¿Es grande esta librería? //
   Sí, me parece la más grande de todas.
2. ¿Es interesante esta revista? //
   Sí, me parece la más interesante de todas.
3. ¿Es barato este diccionario? //
   Sí, me parece el más barato de todos.
4. ¿Son cómodos estos cuartos? //
   Sí, me parecen los más cómodos de todos.
5. ¿Son caras estas casas? //
   Sí, me parecen las más caras de todas.
6. ¿Son nuevos estos apartamentos? //
   Sí, me parecen los más nuevos de todos. //

Para comprender y escribir

A. From the three choices offered, select the one that best completes the statement or answers the question you hear and circle it.

1. Como no tengo mucho dinero, me encanta comprar cosas...
    (a) a precio fijo.
    (b) caras.
    (c) a precio especial. //
2. Busca otro vestido más juvenil; no compres un vestido de...
    (a) esa bolsa.
    (b) ese estilo.
    (c) ese modo. //
3. ¡Hola, Carmen! No puedo ir de compras mañana.
    (a) Lo siento mucho.
    (b) Me encanta.
    (c) ¡Cómo no! //

B. Write a new sentence using the cue and making any necessary changes.

1. Me gusta esta bolsa. (estos zapatos) //
2. Me gustan estos pantalones. (esta camiseta) //
3. ¿Te gusta la falda? (las blusas) //
4. A Silvia no le gusta la tienda. (las vendedoras) //
5. Nos encanta tu apartamento. (tus amigos) //
6. No nos parecen caros los apartamentos. (la casa) //
7. Les parece muy agradable tu hermana. (tus padres) //
8. Me encantan sus sandalias. (su ropa) //

C. Dictado

You will hear a short paragraph about Elena's vacation with Marta. You will hear the narrative three times. Listen the first time. Write what you hear on the lines provided for Exercise C the second time. Make any necessary corrections the third time.

Elena pasa las vacaciones // cerca de San Diego. // El jueves por la noche // llama a su amiga Marta, // que vive en Tijuana. // A Marta le encanta // ir de compras. // Al otro día // las dos amigas van al centro // y entran en una tienda de ropa. // Ven vestidos que están muy de moda // y que dan a precios especiales. // Les gusta el mismo vestido // y compran uno azul // y uno verde. // A Marta le encanta el verde. // ¡Salen de la tienda muy contentas! //

D. Listen to the following conversation to find out why Alberto calls Tomás.

TOMÁS —¿Aló?
ALBERTO —¡Aló! Habla Alberto Vásquez. ¿Es Tomás?
TOMÁS —¡Hola, Alberto! ¿Qué tal?
ALBERTO —Pues, bien. Pero tenemos que hablar sobre algo muy importante.
TOMÁS —Pues, ¿para qué son los amigos? Ya sabes que somos muy buenos amigos. ¿Qué pasa, Alberto?
ALBERTO —Como te digo, es algo muy importante.
TOMÁS —Pero, ¿de qué estás hablando?
ALBERTO —Tomás, mi hermana Rita termina sus estudios en la universidad en diciembre.
TOMÁS —Lo sé, Alberto, y ¡claro!, es algo muy importante.
ALBERTO —La verdad es que quiero comprar algo muy especial para mi hermana. ¡No tengo otra hermana!
TOMÁS —Pues, no me parece una cosa muy difícil. Si te parece bien, vamos al centro mañana y compramos algo muy especial para Rita.
ALBERTO —¡De acuerdo! ¿Puedes pasar por mi casa a eso de las diez?
TOMÁS —¡Cómo no! ¡A las diez estoy allí!
ALBERTO —¡Excelente! Gracias, Tomás.
TOMÁS —Hasta mañana, Alberto. Adiós. //

You will hear a series of statements about the conversation you just heard. Indicate in the space provided whether each statement is True (**Cierto**) or False (**Falso**). If the statement is false, write the correct statement. After all five statements have been given to you, you will hear the conversation again so you can check your answers.

1. Alberto necesita hablar con Tomás. //
2. Alberto es el hermano de Tomás. //
3. Rita termina sus estudios en mayo. //
4. Alberto y Tomás van a ir de compras. //
5. Tomás va a ir a casa de Alberto a las nueve. //

Now listen to the conversation again and check your answers.

End of **Lección siete**.

Lección 8

Actividades y práctica

A. Repeat the first sentence and then substitute each new subject. You will hear a confirmation of your response.

1. Nosotros hacemos muchos viajes en coche. //
    Nosotros hacemos muchos viajes en coche.
    Lupe y yo //
    Lupe y yo hacemos muchos viajes en coche.
    Ustedes //
    Ustedes hacen muchos viajes en coche.
    Carlos //
    Carlos hace muchos viajes en coche.
    Mis amigos //
    Mis amigos hacen muchos viajes en coche.
    Yo //
    Yo hago muchos viajes en coche.
2. ¿Por qué no ponemos nosotros un anuncio? //
    ¿Por qué no ponemos nosotros un anuncio?
    tú //

¿Por qué no pones tú un anuncio?
ustedes //
¿Por qué no ponen ustedes un anuncio?
Jaime //
¿Por qué no pone Jaime un anuncio?
ellos //
¿Por qué no ponen ellos un anuncio?
yo //
¿Por qué no pongo yo un anuncio?
3. ¿Qué hacen ustedes ahora? //
¿Qué hacen ustedes ahora?
usted //
¿Qué hace usted ahora?
tú //
¿Qué haces tú ahora?
yo //
¿Qué hago yo ahora?
nosotros //
¿Qué hacemos nosotros ahora? //

B. Repeat the first sentence and then substitute each new subject. You will hear a confirmation of your response.

1. Yo pienso mucho en la familia. //
   Yo pienso mucho en la familia.
   Diana //
   Diana piensa mucho en la familia.
   Nosotros //
   Nosotros pensamos mucho en la familia.
   Tú //
   Tú piensas mucho en la familia.
   Mis compañeros //
   Mis compañeros piensan mucho en la familia.
   Ustedes //
   Ustedes piensan mucho en la familia.
2. Yo pienso ir a casa este fin de semana. //
   Yo pienso ir a casa este fin de semana.
   Jorge //
   Jorge piensa ir a casa este fin de semana.
   Ustedes //
   Ustedes piensan ir a casa este fin de semana.
   Mis amigos //
   Mis amigos piensan ir a casa este fin de semana.
   Tú //
   Tú piensas ir a casa este fin de semana.
   Nosotros //
   Nosotros pensamos ir a casa este fin de semana.
3. Yo vuelvo el domingo a las nueve. //
   Yo vuelvo el domingo a las nueve.
   Ellos //
   Ellos vuelven el domingo a las nueve.
   Tú //
   Tú vuelves el domingo a las nueve.
   Miguel y yo //
   Miguel y yo volvemos el domingo a las nueve.
   Ustedes //
   Ustedes vuelven el domingo a las nueve.
   Lupe //
   Lupe vuelve el domingo a las nueve. //

C. Listen to the statement and the question. Respond, saying you do the same thing. Follow the model and listen for confirmation of your answer.

   MODEL: Ellos se acuestan tarde. ¿Y tú?
   Yo también me acuesto tarde.

1. Ellas se levantan tarde. ¿Y tú? //
   Yo también me levanto tarde.
2. Yo me lavo las manos ahora. ¿Y tú? //
   Yo también me lavo las manos ahora.
3. Yo me desayuno ahora. ¿Y ustedes? //
   Nosotros también nos desayunamos ahora.
4. Yo me siento aquí. ¿Y ustedes? //
   Nosotros también nos sentamos aquí.
5. Nosotros nos preparamos para salir. ¿Y ella? //
   Ella también se prepara para salir.
6. Nosotros nos acostamos a las doce? ¿Y él? //
   Él también se acuesta a las doce.
7. Ella se pinta los labios. ¿Y tu madre? //
   Mi madre también se pinta los labios.
8. Él se afeita todos los días. ¿Y tu papá? //
   Mi papá también se afeita todos los días. //

D. Answer each question affirmatively, following the models; then listen for confirmation of your response.

   MODELS: ¿Se desayuna usted temprano?
   Sí, me desayuno temprano.
   ¿Van ustedes a desayunarse temprano?
   Sí, vamos a desayunarnos temprano.

1. ¿Se acuesta usted tarde? //
   Sí, me acuesto tarde.
2. ¿Se preparan ustedes para el almuerzo? //
   Sí, nos preparamos para el almuerzo.
3. ¿Vas a sentarte aquí? //
   Sí, voy a sentarme aquí.
4. ¿Quieren ustedes arreglarse? //
   Sí, queremos arreglarnos.
5. ¿Te levantas a las siete? //
   Sí, me levanto a las siete.
6. ¿Se afeitan ustedes todos los días? //
   Sí, nos afeitamos todos los días.
7. ¿Vas a desayunarte ahora? //
   Sí, voy a desayunarme ahora.
8. ¿Pueden ustedes peinarse bien? //
   Sí, podemos peinarnos bien. //

E. Answer each question affirmatively, substituting an object pronoun for the direct or indirect object noun. You will hear a confirmation of your response.

   MODEL: ¿Puedes llevar el libro a la biblioteca?
   Sí, puedo llevarlo a la biblioteca hoy.

1. ¿Piensas invitar al profesor esta tarde? //
   Sí, pienso invitarlo hoy.
2. ¿Puedes escribir a los Ruiz? //
   Sí, puedo escribirles hoy.

3. ¿Vas a llamar a mi hermana? //
   Sí, voy a llamarla hoy.
4. ¿Puedes poner el anuncio? //
   Sí, puedo ponerlo hoy.
5. ¿Tienes que pagar al dependiente? //
   Sí, tengo que pagarle hoy.
6. ¿Deseas visitar a mis padres? //
   Sí, deseo visitarlos hoy.
7. ¿Tienes que preparar las lecciones? //
   Sí, tengo que prepararlas hoy.
8. ¿Vas a decir algo a mis amigas? //
   Sí, voy a decirles algo hoy. //

Para comprender y escribir

A. From the three choices offered, select the one that best completes the statement or answers the question you hear.

1. Es mediodía y Jaime está pensando en cosas buenas para comer. Va a la cafetería para...
   (a) desayunarse.
   (b) almorzar.
   (c) cenar. //
2. Antes de comer piensa lavarse...
   (a) la barba.
   (b) los ojos.
   (c) las manos. //
3. Para conocer muchos países, es necesario...
   (a) acostarse.
   (b) sonar.
   (c) viajar. //
4. En diciembre celebramos...
   (a) el Día de Acción de Gracias.
   (b) la Navidad.
   (c) la primavera. //

B. On the lines provided for Exercise B, write a negative response to the questions asked, as in the model.

   MODEL: ¿Piensan ustedes ir a Tijuana?
   No, no pensamos ir a Tijuana.

1. ¿Cuestan mucho estas gafas? //
2. ¿Vuelves a casa para almorzar? //
3. ¿Cierran las tiendas temprano hoy? //
4. ¿Almuerzan ustedes en la cafetería mañana? //
5. ¿Encuentra usted buenos precios en esta tienda? //
6. ¿Pones los libros sobre la mesa? //
7. ¿Se sientan ustedes enfrente del profesor? //
8. ¿Suena el teléfono en la oficina? //

C. On the lines provided for Exercise C, make a new sentence with each cue, following the models.

   MODELS: La abro. (Voy a)
   Voy a abrirla.
   Me pongo las gafas. (Necesito)
   Necesito ponerme las gafas.

1. Lo llamo. (Puedo) //
2. Las cierro. (Tenemos que) //
3. Nos sentamos. (Van a) //
4. Me siento. (Deseamos) //
5. Te enseño las compras. (Quiero) //
6. Le dicen el precio. (¿No va usted a?) //
7. Nos manda los periódicos. (¿No puedes?) //
8. Les escribes a menudo. (¿No deseas?) //

D. Dictado

You will hear a short ad in which somebody is seeking a traveling companion to share driving costs. You will hear the narrative three times. Listen the first time. The second time it is read, write what you hear on the lines provided. The third time, make any necessary corrections.

Busco un compañero // para ir en coche // a San Diego. // Salgo de San Francisco el jueves, // veinte de diciembre, // a las siete de la mañana, // Pienso almorzar en San Luis Obispo // y llegar a San Diego // a eso de las seis de la tarde. // Si desea hacer el viaje, // llame a Jaime García, // al 934-7125, // después de las siete de la noche. //

E. Listen to the following conversation to find out who the people are and what they are planning to do.

PILAR —¡Qué agradable es poder viajar con un compañero!
JAIME —Yo también estoy muy contento. Además, el viaje nos cuesta menos.
PILAR —¿Tienes familia en San Diego o sólo vas a pasar las vacaciones?
JAIME —Mis padres viven cerca de San Diego. Pienso pasar dos semanas en casa, y luego voy a ir a Baja California.
PILAR —Mi hermana vive con su familia en San Diego, pero yo no conozco la ciudad muy bien. Dicen que es una ciudad muy bonita.
JAIME —Sí; puedes pasar varios días y no ver toda la ciudad.
PILAR —Si quieres, te llamo por teléfono y vienes a pasar una tarde con mi familia.
JAIME —¿Por qué no? Me parece una idea excelente.
PILAR —Esta noche vas a conocer a mi familia en San Diego y podemos hablar del día de tu visita.
JAIME —¡Estupendo! Pero ya es hora de salir o no vamos a llegar a San Diego hasta mañana. //

You will hear a series of statements about the conversation you just heard. Indicate in the space provided whether each statement is True (**Cierto**) or False (**Falso**). If the statement is false, write the correct statement. After all six statements have been given to you, you will hear the conversation again so you can check your answers.

1. Pilar y Jaime van a hacer un viaje a Baja California. //
2. Jaime va a pasar dos semanas con sus padres. //
3. Pilar no tiene familia en San Diego. //
4. Pilar no conoce muy bien la ciudad de San Diego. //
5. Jaime va a conocer a la familia de Pilar. //
6. Jaime y Pilar piensan llegar a San Diego al día siguiente. //

Now listen to the conversation again and check your answers.

End of Lección ocho.

Lección 9

Actividades y práctica

A. Repeat the first sentence and then substitute each new subject. You will hear a confirmation of your response.

1. ¿Hablaron ustedes con Jorge? / /
   ¿Hablaron ustedes con Jorge?
   tú / /
   ¿Hablaste tú con Jorge?
   Lola / /
   ¿Habló Lola con Jorge?
   ellos / /
   ¿Hablaron ellos con Jorge?
   nosotros / /
   ¿Hablamos nosotros con Jorge?
   usted / /
   ¿Habló usted con Jorge?
2. Anoche nosotros comimos en su casa. / /
   Anoche nosotros comimos en su casa.
   yo / /
   Anoche yo comí en su casa.
   Carolina / /
   Anoche Carolina comió en su casa.
   ustedes / /
   Anoche ustedes comieron en su casa.
   Mario y Ana / /
   Anoche Mario y Ana comieron en su casa.
   Lupe y yo / /
   Anoche Lupe y yo comimos en su casa.
3. Él vivió en España varios años. / /
   Él vivió en España varios años.
   Tú / /
   Tú viviste en España varios años.
   Ustedes / /
   Ustedes vivieron en España varios años.
   Tus amigos / /
   Tus amigos vivieron en España varios años.
   Yo / /
   Yo viví en España varios años.
   Nosotros / /
   Nosotros vivimos en España varios años.
4. Él volvió la semana pasada. / /
   Él volvió la semana pasada.
   Ana y yo / /
   Ana y yo volvimos la semana pasada.
   Tú / /
   Tú volviste la semana pasada.
   Yo / /
   Yo volví la semana pasada.
   Mi tío / /
   Mi tío volvió la semana pasada.
   Ellos / /
   Ellos volvieron la semana pasada. / /

B. Answer each question negatively. Follow the model and then listen for confirmation of your response.

MODEL: ¿Van a darle ustedes el programa a Ana?
No, ya le dimos el programa a Ana.

1. ¿Van ustedes al teatro hoy? / /
   No, ya fuimos al teatro hoy.
2. ¿Le das la entrada a Lola? / /
   No, ya le di la entrada a Lola.
3. ¿Tengo que ver el programa? / /
   No, ya viste el programa.
4. ¿Visitan ustedes a Miguel Bosé hoy? / /
   No, ya visitamos a Miguel Bosé.
5. ¿Vuelves a tu casa antes del concierto? / /
   No, ya volví a mi casa.
6. ¿Encuentras un buen restaurante? / /
   No, ya encontré un buen restaurante. / /

C. Answer each question affirmatively and then listen for confirmation of your response.

MODEL: ¿Se quedaron ustedes en casa?
Sí, nos quedamos en casa.

1. ¿Fuiste al centro con Elena ayer? / /
   Sí, fui al centro con Elena ayer.
2. ¿Les gustó a ustedes la mercancía? / /
   Sí, nos gustó la mercancía.
3. ¿Encontraron ustedes cara la ropa? / /
   Sí, encontramos cara la ropa.
4. ¿Se compraron ustedes muchas cosas? / /
   Sí, nos compramos muchas cosas.
5. ¿Llevaste a tu prima al cine? / /
   Sí, llevé a mi prima al cine.
6. ¿Fueron ustedes a bailar? / /
   Sí, fuimos a bailar.
7. ¿Bailaste mucho? / /
   Sí, bailé mucho.
8. ¿Te acostaste tarde anoche? / /
   Sí, me acosté tarde anoche. / /

D. Answer each question negatively, following the model. You will hear a confirmation of your response.

MODEL: ¿Te levantas a las siete siempre?
No, pero hoy me levanté a las siete.

1. ¿Sales de tu cuarto pronto por la mañana? / /
   No, pero hoy salí pronto de mi cuarto.
2. ¿Te desayunas siempre en el comedor? / /
   No, pero hoy me desayuné en el comedor.
3. ¿Les habla la profesora siempre en español? / /
   No, pero hoy ella nos habló en español.
4. ¿Van tú y Lola a la biblioteca a menudo? / /
   No, pero hoy Lola y yo fuimos a la biblioteca.
5. ¿Estudian ustedes generalmente dos horas en la biblioteca? / /
   No, pero hoy estudiamos dos horas en la biblioteca.
6. ¿Se quedan ustedes allí hasta las once y media? / /
   No, pero hoy nos quedamos allí hasta las once y media. / /

E. Answer each question negatively, as in the model. Then listen for confirmation of your response.

> MODEL: ¿Escuchas algo?
> **No, no escucho nada.**

1. ¿Viene alguien? //
   No, no viene nadie.
2. ¿Quieres poner algún disco? //
   No, no quiero poner ningún disco.
3. ¿Vienes aquí siempre de noche? //
   No, no vengo aquí nunca de noche.
4. ¿Quieres mirar algo en la televisión? //
   No, no quiero mirar nada en la televisión.
5. ¿Ves a alguna chica bonita? //
   No, no veo a ninguna chica bonita. //

F. You will hear two questions. Confirm the information, following the model. Then listen to the correct response.

> MODEL: ¿Cuándo sale Tomás para Montevideo? ¿El miércoles que viene?
> **Sí, Tomás sale para Montevideo el miércoles que viene.**

1. ¿Cuándo vas a visitarlo? ¿El lunes próximo? //
   Sí, voy a visitarlo el lunes próximo.
2. ¿Cuándo fuiste a España? ¿El año pasado? //
   Sí, fui a España el año pasado.
3. ¿Cuándo vas a casa de tu primo? ¿El domingo que viene? //
   Sí, voy a casa de mi primo el domingo que viene.
4. ¿Cuándo quieres hablar de tu carrera? ¿La semana próxima? //
   Sí, quiero hablar de mi carrera la semana próxima. //

Para comprender y escribir

A. From the three choices offered, select the one that best completes the statement or answers the question you hear and circle it.

1. Paco y Juan quieren ir a un concierto para...
   (a) mirar una película.
   (b) escuchar música.
   (c) cantar una canción. //
2. Mis amigos y yo siempre vamos a una discoteca...
   (a) anoche.
   (b) pasado mañana.
   (c) los sábados por la noche. //
3. Casi nunca veo a Antonio, pero ayer lo vi en el cine y le dije:
   (a) —¡Qué casualidad!
   (b) —¡Buen viaje!
   (c) —Vale. //
4. Cuando voy a Madrid, siempre regreso con muy buenos...
   (a) recuerdos.
   (b) teatros.
   (c) espectáculos. //

B. Answer each question negatively, using the preterit tense and substituting the correct object pronoun for the noun, as in the models.

> MODELS: ¿Lavas el coche?
> **No, ya lo lavé.**
> ¿Cierra Tomás la puerta?
> **No, ya la cerró.**

1. ¿Llevas a Lola al teatro? //
2. ¿Ves el programa sobre España? //
3. ¿Venden ustedes el coche? //
4. ¿Preparas la comida? //
5. ¿Toma usted el almuerzo? //
6. ¿Cantan ustedes estas canciones? //
7. ¿Abre Juan las ventanas? //
8. ¿Escriben ustedes la carta? //

C. Write the affirmative version of the sentence you hear if it is negative, and the negative version of the sentence you hear if it is affirmative, as in the models.

> MODELS: Nadie llama ahora.
> **Alguien llama ahora.**
> Siempre le doy algo.
> **Nunca le doy nada.**

1. Jorge no le escribe a nadie. //
2. Yo vi a alguien allí. //
3. Tú no tienes nada en la mano. //
4. Nadie les trae nada a ellos. //
5. Mi tía siempre le da algo a alguien. //
6. No hay nadie en la casa. //
7. Hay alguna película más divertida. //
8. Alguien compró algo. //
9. Algún hombre recordó el día. //
10. Yo sé algo también. //

D. Dictado

You will hear a short paragraph about a concert in Madrid. You will hear the narrative three times. Listen the first time. Write what you hear on the lines provided the second time. Make any necessary corrections the third time.

El domingo por la noche // Jorge llevó a su amiga Alicia // a un concierto de música popular. // El concierto fue un éxito // en los Estados Unidos. // En España // le gustó a todo el mundo también. // Estoy seguro de que ustedes ya saben // cómo se llama el cantante. // Se llama Miguel Bosé // y canta canciones preciosas // en español y en inglés. // Es muy popular // y no sólo entre los jóvenes. //

E. Listen to the following conversation to find out how a group of students spent their Saturday.

ENRIQUETA —¡Hola, compañeros! ¿Qué nos trae otro lunes? ¿Otra semana larga de clases y lecciones?

ANTONIO —Pero pasamos un sábado estupendo. ¡Qué recuerdos tan buenos!
ENRIQUETA —¿Ah, sí? ¿Adónde fueron?
MARTA —Por la mañana fuimos de compras a una tienda nueva en la calle Cuarta. La ropa nos pareció muy barata y yo me compré dos faldas.
ANTONIO —Yo también encontré cosas a precios especiales.
MARTA —Después fuimos a ver una película nueva muy divertida. Me encantó cómo terminó.
ENRIQUETA —¿No fue una de las películas extranjeras que ponen en el Teatro de las Artes?
ANTONIO —¡Exactamente! La semana que viene van a poner otra película, también estupenda. ¿Por qué no vienes con nuestro grupo?
ENRIQUETA —¡Con mucho gusto! Ya me parece que nos espera una semana más agradable. //

You will hear a series of statements about the conversation you just heard. Indicate in the space provided whether each statement is True (**Cierto**) or False (**Falso**). If the statement is false, write the correct statement. After all six statements have been given to you, you will hear the conversation again so you can check your answers.

1. Enriqueta y Marta fueron de compras el sábado. //
2. Antonio no compró nada en la tienda. //
3. A Marta no le gustó la película. //
4. Antonio y Marta vieron una película extranjera. //
5. El sábado que viene ponen la misma película. //
6. Enriqueta va a ir al cine con Marta y Antonio la semana que viene. //

Now listen to the conversation again and check your answers.

End of **Lección nueve**.

Lección 10

Actividades y práctica

A. Repeat the first sentence and then substitute each new subject. You will hear a confirmation of your response.

1. Mis padres vivían en San Antonio. //
   Mis padres vivían en San Antonio.
   Yo //
   Yo vivía en San Antonio.
   Ustedes //
   Ustedes vivían en San Antonio.
   Miguel //
   Miguel vivía en San Antonio.
   Usted //
   Usted vivía en San Antonio.
   Tú //
   Tú vivías en San Antonio. //
2. En casa todos hablábamos español. //
   En casas todos hablábamos español.
   ustedes //
   En casa ustedes hablaban español.
   la familia //
   En casa la familia hablaba español.
   yo //
   En casa yo hablaba español.
   tú //
   En casa tú hablabas español.
   usted //
   En casa usted hablaba español. //
3. Yo siempre comía con la familia. //
   Yo siempre comía con la familia.
   Tú //
   Tú siempre comías con la familia.
   Jaime //
   Jaime siempre comía con la familia.
   Ustedes //
   Ustedes siempre comían con la familia.
   Nosotros //
   Nosotros siempre comíamos con la familia.
   Usted //
   Usted siempre comía con la familia. //

B. Repeat the first sentence and then substitute each new subject. You will hear a confirmation of your response.

1. Durante los veranos nosotros íbamos a la playa. //
   Durante los veranos nosotros íbamos a la playa.
   yo //
   Durante los veranos yo iba a la playa.
   ustedes //
   Durante los veranos ustedes iban a la playa.
   Miguel //
   Durante los veranos Miguel iba a la playa.
   usted //
   Durante los veranos usted iba a la playa.
   tú //
   Durante los veranos tú ibas a la playa.
2. Ellas eran de Cuba. //
   Ellas eran de Cuba.
   Ustedes //
   Ustedes eran de Cuba.
   Nosotros //
   Nosotros éramos de Cuba.
   Carolina //
   Carolina era de Cuba.
   Mario y Miguel //
   Mario y Miguel eran de Cuba.
   Yo //
   Yo era de Cuba.
3. Yo no veía bien el camino. //
   Yo no veía bien el camino.
   Tú //
   Tú no veías bien el camino.
   Jaime //
   Jaime no veía bien el camino.
   Ustedes //
   Ustedes no veían bien el camino.
   Ellos //
   Ellos no veían bien el camino.

Nosotros //
Nosotros no veíamos bien el camino. //

C. You will hear two questions. Confirm the information, following the model. Then listen to the correct answer.

> MODEL: ¿Qué hacías durante los veranos? ¿Ir a la playa?
> **Sí, durante los veranos yo iba a la playa.**

1. ¿Qué hacía tu familia los fines de semana? ¿Visitar a tus abuelos? //
   Sí, los fines de semana mi familia visitaba a mis abuelos.
2. ¿Qué hacían ustedes los domingos? ¿Levantarse tarde? //
   Sí, los domingos nos levantábamos tarde.
3. ¿Qué tiempo hacía en las montañas? ¿Llover mucho? //
   Sí, en las montañas llovía mucho.
4. ¿Qué hacías en la escuela? ¿Aprender inglés? //
   Sí, en la escuela yo aprendía inglés.
5. ¿Qué hacían ustedes después de la escuela? ¿Nadar en el mar? //
   Sí, después de la escuela nadábamos en el mar. //

D. You will hear two questions. Confirm the information, following the model. Then listen to the correct answer.

> MODEL: ¿Cuándo regresaste a Chicago? ¿Ayer?
> **Sí, regresé a Chicago ayer.**

1. ¿Cuánto tiempo pasaste en Cozumel? ¿Un mes? //
   Sí, pasé un mes en Cozumel.
2. ¿Cuándo ibas a la playa? ¿Todos los días? //
   Sí, yo iba a la playa todos los días.
3. ¿Cuánto tiempo estudiaste en México? ¿Dos semestres? //
   Sí, estudié dos semestres en México.
4. ¿Cuándo leías en la biblioteca? ¿Por la noche? //
   Sí, yo leía en la biblioteca por la noche.
5. Y, ¿cuándo gozaban ustedes de la vida? ¿Los sábados? //
   Sí, gozábamos de la vida los sábados.
6. ¿A qué hora salió el avión de México? ¿A las nueve de la noche? //
   Sí, el avión salió de México a las nueve de la noche. //

E. You will hear two questions. Confirm the information, following the model. Then listen to the correct answer.

> MODEL: ¿Qué hacías cuando Jaime regresó? ¿Descansabas?
> **Sí, yo descansaba cuando Jaime regresó.**

1. ¿Qué hacías cuando Lola llamó? ¿Estudiabas? //
   Sí, yo estudiaba cuando Lola llamó.
2. ¿Qué hacías cuando Tomás entró? ¿Mirabas la televisión? //
   Sí, yo miraba la televisión cuando Tomás entró.
3. ¿Qué hacían tú y Jorge cuando ellos salieron? ¿Leían el periódico? //
   Sí, Jorge y yo leíamos el periódico cuando ellos salieron.
4. ¿Qué hacían ustedes cuando ellas volvieron? ¿Comían? //
   Sí, nosotros comíamos cuando ellas volvieron. //

F. You will hear a series of questions. Answer the first question affirmatively and the second question negatively, as in the models. Then listen for confirmation of your response.

> MODELS: ¿Qué tiempo hace en verano? ¿Hace calor?
> **Sí, en verano hace calor.**
> ¿Hay mucho viento siempre?
> **No, no hay mucho viento siempre.**

1. ¿Qué tiempo hace en invierno? ¿Hace frío? //
   Sí, en invierno hace frío.
   ¿Hay mucha niebla? //
   No, no hay mucha niebla.
2. ¿Qué tiempo hace en agosto? ¿Hace mucho sol? //
   Sí, hace mucho sol en agosto.
   ¿Hace fresco por la tarde? //
   No, no hace fresco por la tarde.
3. ¿Qué tiempo hace en primavera? ¿Llueve mucho? //
   Sí, llueve mucho en primavera.
   ¿Está nublado todos los días? //
   No, no está nublado todos los días.
4. ¿Qué tiempo hace en mayo? ¿Hace buen tiempo? //
   Sí, hace buen tiempo en mayo.
   ¿Hay mucha humedad? //
   No, no hay mucha humedad. //

Para comprender y escribir

A. From the three choices offered, select the one that best completes the statement or answers the question you hear and circle it.

1. Estamos en San Antonio. Hay mucho sol y hace noventa y ocho grados de temperatura. ¿En qué estación estamos?
   (a) En invierno.
   (b) En primavera.
   (c) En verano. //
2. Está lloviendo a cántaros. El agua corre por todas partes y hay mucho lodo. También hay mucho viento. ¿Qué pasa?
   (a) Un cielo despejado.
   (b) Una tormenta tropical.
   (c) Una frontera peligrosa. //
3. Te encanta bucear, esquiar en el agua y tomar el sol. ¿Adónde prefieres ir de vacaciones?
   (a) Al mar Caribe en junio.
   (b) A Colorado en diciembre.
   (c) A Los Ángeles en marzo. //
4. Por lo común, la gente que tiene mucho ganado vive en...
   (a) el centro.
   (b) el campo.
   (c) la playa. //

B. On the lines provided for Exercise B, write new sentences using the information given and making any other necessary changes, as in the model.

> MODEL: Yo siempre iba a la escuela temprano. (Ayer)
> **Ayer fui a la escuela temprano.**

1. Ayer regresamos a las siete. (Todos los días) / /
2. En el invierno nevaba mucho en las montañas. (El mes pasado) / /
3. Anoche cené en un restaurante español. (Por lo común) / /
4. Todas las mañanas yo compraba el periódico. (Esta mañana) / /
5. El año pasado estudiaron en Los Ángeles. (Todos los veranos) / /
6. Ese año trabajé en una librería. (Siempre) / /
7. Un día nos levantamos a las seis. (Generalmente) / /
8. De vez en cuando yo escuchaba las noticias. (Esa vez) / /

C. On the lines provided for Exercise C, write the weather forecast for each of the indicated cities, using the information given. Follow the model.

> MODEL: Nueva York: viento, nublado
> **En Nueva York hace viento y esta nublado.**

1. Miami: buen tiempo, sol / /
2. San Antonio: mucho calor, cielo despejado / /
3. Chicago: llover, fresco / /
4. Los Ángeles: niebla, setenta grados / /
5. Atlanta: mal tiempo, tormentas / /
6. Washington: día agradable, poca humedad / /

D. Dictado

You will hear María give a brief description of her trip to Mexico. You will hear the narrative three times. Listen the first time. Write what you hear on the lines provided for Exercise D the second time. Make any necessary corrections the third time.

El primer día / / que pasamos en Acapulco / / fue horrible. / / Como llovía mucho / / y hacía mucho viento, / / no fuimos a la playa. / / Pero al día siguiente, / / gozamos del buen tiempo. / / Durante el día hacía calor, / / pero de noche hacía fresco. / / Un día fuimos a las montañas / / y allí hacía frío. / / Había mucha niebla / / y había mucho lodo por todas partes. / /

E. Listen to find out what José's life was like as a child in Mexico.

LUIS —¿Quieres contarme algo de tu niñez en México? ¿Qué recuerdos tienes de aquellos años?
JOSÉ —Como sabes, mi familia vivía en el campo, y muchos de los recuerdos que tengo son de la vida del campo.
LUIS —¿Cómo era la escuela?
JOSÉ —Me mandaron a la escuela cuando yo era muy pequeño. Iba a la escuela con mis hermanos. Cuando llovía mucho, nos quedábamos en casa. Tengo buenos recuerdos de esos días: yo salía de casa y corría en el lodo.
LUIS —¿Estaban todos los niños en la misma sala o había varios grupos?
JOSÉ —Los pequeños estaban en la misma sala, pero había otras salas para los otros alumnos. En la clase de primer año había dieciocho alumnos. Entrábamos en clase a las ocho y media y terminábamos a las cuatro de la tarde. Nos daban una hora para comer.
LUIS —¿Eran difíciles las lecciones?
JOSÉ —Sí; desde el primer año yo tenía que estudiar unas dos horas todas las noches. Mi madre y yo preparábamos las lecciones después de cenar.
LUIS —Entonces tu madre te enseñó a ser tan buen estudiante.
JOSÉ —Puede ser... Mi madre me enseñó muchas cosas. / /

You will hear a series of statements about the conversation you just heard. Indicate in the space provided whether each statement is True (**Cierto**) or False (**Falso**). If the statement is false, write the correct statement. After all six statements have been given to you, you will hear the conversation again so you can check your answers.

1. Cuando José era pequeño, vivía en una ciudad grande. / /
2. José ya era grande cuando le mandaron a la escuela. / /
3. Cuando llovía mucho, José no tenía que ir a la escuela. / /
4. Había varios grupos en la escuela de José. / /
5. La madre de José era profesora. / /
6. Parece que José tiene buenos recuerdos de su niñez. / /

Now listen to the conversation again and check your answers.

End of **Lección diez.**

Lección 11

Actividades y práctica

A. Listen to each question and respond affirmatively, using a formal command. Follow the model and then listen to the correct answer.

> MODEL: ¿Regreso pronto?
> **Sí, regrese usted pronto, por favor.**

1. ¿Cierro la puerta ya? / /
   Sí, cierre usted la puerta ya, por favor.
2. ¿Abro las ventanas ahora? / /
   Sí, abra usted las ventanas ahora, por favor.
3. ¿Leo los artículos hoy? / /
   Sí, lea usted los artículos hoy, por favor.
4. ¿Escribo las frases esta vez? / /
   Sí, escriba usted las frases esta vez, por favor.
5. ¿Llamo a Miguel otra vez? / /
   Sí, llame usted a Miguel otra vez, por favor.
6. ¿Termino la clase temprano? / /
   Sí, termine usted la clase temprano, por favor. / /

Now answer each question affirmatively, using a plural formal command. Follow the model and then listen to the correct answer.

> MODEL: ¿Tenemos una fiesta de despedida?
> ¡Fantástico! Tengan ustedes una fiesta de despedida.

7. ¿Invitamos al profesor? / /
   ¡Fantástico! Inviten ustedes al profesor.
8. ¿Hacemos una paella? / /
   ¡Fantástico! Hagan ustedes una paella.
9. ¿Ofrecemos unas bebidas frías? / /
   ¡Fantástico! Ofrezcan ustedes unas bebidas frías.
10. ¿Tenemos vino y cerveza? / /
    ¡Fantástico! Tengan ustedes vino y cerveza.
11. ¿Llevamos el tocadiscos para compactos? / /
    ¡Fantástico! Lleven ustedes el tocadiscos para compactos.
12. ¿Compramos algunos discos de salsa? / /
    ¡Fantástico! Compren ustedes algunos discos de salsa. / /

B. You will hear questions. Answer the first one affirmatively and the second one negatively. Use formal commands, as in the models. Then listen to the correct response.

> MODELS: ¿Aviso a Margarita?
> Sí, avise usted a Margarita.
> ¿Avisamos nosotros a Margarita también?
> No, no avisen ustedes a Margarita.

1. ¿Vuelvo a llamar más tarde? / /
   Sí, vuelva usted a llamar más tarde.
   ¿Volvemos a llamar nosotros más tarde también? / /
   No, no vuelvan a llamar ustedes más tarde.
2. ¿Invito a las chicas? / /
   Sí, invite usted a las chicas.
   ¿Invitamos nosotros a las chicas también? / /
   No, no inviten ustedes a las chicas.
3. ¿Llevo las bebidas? / /
   Sí, lleve usted las bebidas.
   ¿Llevamos nosotros las bebidas también? / /
   No, no lleven ustedes las bebidas.
4. ¿Pongo el tocadiscos? / /
   Sí, ponga usted el tocadiscos.
   ¿Ponemos nosotros el tocadiscos también? / /
   No, no pongan ustedes el tocadiscos.
5. ¿Vengo temprano? / /
   Sí, venga usted temprano.
   ¿Venimos nosotros temprano también? / /
   No, no vengan ustedes temprano.
6. ¿Preparo la comida? / /
   Sí, prepare usted la comida.
   ¿Preparamos nosotros la comida también? / /
   No, no preparen ustedes la comida. / /

C. You will hear two questions. Answer the first one affirmatively and the second one negatively. Use formal commands and watch the placement of object pronouns in your responses. Follow the models and then listen to the correct answer.

> MODELS: ¿Le traemos nuestros cuadernos?
> Sí, tráiganme ustedes sus cuadernos.
> ¿Y nuestros ejercicios?
> No, no me traigan ustedes sus ejercicios.

1. ¿Los ponemos allí? / /
   Sí, pónganlos ustedes allí.
   ¿Y aquí? / /
   No, no los pongan ustedes aquí.
2. ¿Me levanto? / /
   Sí, levántese usted.
   ¿Me pongo la chaqueta? / /
   No, no se ponga usted la chaqueta.
3. ¿Los dejamos sobre la mesa? / /
   Sí, déjenlos ustedes sobre la mesa.
   ¿Los abrimos? / /
   No, no los abran ustedes.
4. ¿Vuelvo a leerlas? / /
   Sí, vuelva usted a leerlas.
   ¿Las llevo a casa? / /
   No, no las lleve usted a casa.
5. ¿Le doy a Elena el recado? / /
   Sí, déle usted a Elena el recado.
   ¿Les doy a ellos el recado? / /
   No, no les dé usted a ellos el recado. / /

D. Restate each sentence you hear, using the emphatic forms of the possessive adjectives, as in the model. Listen for confirmation of your response.

> MODEL: Mi reloj es de oro.
> El reloj mío es de oro.

1. Tus vestidos son bonitos. / /
   Los vestidos tuyos son bonitos.
2. Sus lápices son rojos. / /
   Los lápices suyos son rojos.
3. Nuestra casa es cómoda. / /
   La casa nuestra es cómoda.
4. Tu chaqueta es verde. / /
   La chaqueta tuya es verde.
5. Mis fotos son interesantes. / /
   Las fotos mías son interesantes.
6. Su pluma es negra. / /
   La pluma suya es negra.
7. Mi bolsa es de cuero. / /
   La bolsa mía es de cuero.
8. Su camiseta es de hilo. / /
   La camiseta suya es de hilo.
9. Nuestro coche es nuevo. / /
   El coche nuestro es nuevo.
10. Su apartamento es grande. / /
    El apartamento suyo es grande. / /

E. Respond to each statement you hear, using an expression with **tener**. Follow the model and listen for confirmation of your answer.

MODEL: Esta mañana no me desayuné.
Seguramente tienes hambre.

1. ¡Hace más de noventa grados hoy! //
   Seguramente tienes calor.
2. Elena va a acostarse muy temprano hoy. //
   Seguramente ella tiene sueño.
3. Quiero tomar una bebida fría. //
   Seguramente tienes sed.
4. Necesitamos ponernos la chaqueta. //
   Seguramente ustedes tienen frío.
5. Ayer gané cincuenta dólares. //
   Seguramente tienes suerte. //

Para comprender y escribir

A. From the three choices offered, select the one that best completes the statement or answers the question you hear and circle it.

1. No tienes reloj. Entonces tienes que preguntarle a alguien...
   (a) el tiempo.
   (b) la hora.
   (c) la vez. //
2. ¡Hay una fiesta en casa de Antonio! Vamos a ir a bailar...
   (a) un rato.
   (b) a tiempo.
   (c) a veces. //
3. ¿Por qué no me llamaste? Cuando pasé por tu residencia ayer te dejé...
   (a) un recibidor.
   (b) una cumbia.
   (c) un recado. //
4. Ayer perdí mi cuaderno con todas mis notas. Mi amigo Carlos lo encontró.
   (a) ¡Tengo mucha sed!
   (b) ¡Tengo mucha suerte!
   (c) ¡Tengo mucha hambre! //

B. Write an affirmative answer to the questions you hear, using the subject indicated, as in the models.

MODELS: ¿Aviso a Margarita? (usted)
Sí, avise usted a Margarita.
¿Dejo el tocadiscos aquí? (tú)
Sí, deja el tocadiscos aquí.

1. ¿Llamo a Antonio? (usted) //
2. ¿Espero a Ana? (tú) //
3. ¿Pongo la música? (usted) //
4. ¿Vuelvo a llamar? (tú) //
5. ¿Traigo unos discos nuevos? (tú) //
6. ¿Me siento allí? (usted) //

C. Answer the questions affirmatively or negatively, depending on the cue you see in your manual. Pay careful attention to the placement of object pronouns. Follow the model.

MODEL: ¿Te espero en el centro?
Sí, espérame en el centro.

1. ¿Le compramos algo a Elena? //
2. ¿Le compro yo algo también? //
3. ¿Le compro un disco? //
4. ¿Le damos una fiesta? //
5. ¿Les llevo empanadas? //
6. ¿Les llevamos bebidas también? //

D. Dictado

You will hear a short paragraph. You will hear the narrative three times. Listen the first time. Write what you hear on the lines provided for Exercise D the second time. Make any necessary corrections the third time.

Mientras las chicas // estudiaban en sus cuartos, // sonó el teléfono. // Elena estaba sentada en la sala, // junto a la chimenea, // y fue a contestarlo. // Era Antonio, // que quería hablar con Margarita. // Como Margarita no estaba en su cuarto, // Elena le preguntó a Antonio // si quería dejarle algún recado. // Antonio le contó a Elena // que él y su compañero de cuarto // tenían un tocadiscos para compactos nuevo // y que pensaban dar una fiesta. // A Elena le pareció una idea fantástica. //

E. Listen to the following conversation to find out the details for the party.

CARLOS —Oye, Jorge, ya que tenemos un tocadiscos para compactos nuevo, tengo ganas de dar una fiesta y pasar un buen rato. ¿Qué te parece la idea?
JORGE —Me parece excelente. ¿A quiénes vamos a invitar?
CARLOS —A Enriqueta y a su hermana les gusta mucho bailar. ¿Las invitamos?
JORGE —¡Claro! Llámalas por teléfono y pregúntales qué piensan hacer el sábado.
CARLOS —El domingo es el cumpleaños de Alberto. Podemos invitarlo también.
JORGE —¡Qué te parece si invitamos a toda la clase para celebrar el cumpleaños de Alberto? Todos pueden traer algo de comer y nosotros compramos las bebidas.
CARLOS —Pero Jorge, ¡somos veintitrés en la clase! No tenemos un apartamento bastante grande... Y si vamos a bailar...
JORGE —No olvides que cuando celebramos el cumpleaños tuyo, invitamos a unos treinta amigos y la fiesta fue un éxito.
CARLOS —Tienes razón. ¡Mañana invitamos a toda la clase a celebrar el cumpleaños de Alberto! //

You will hear a series of statements about the conversation you just heard. Indicate in the space provided whether each statement is True (**Cierto**) or False (**Falso**). If the statement is false, write the correct statement. After all six statements have been given to you, you will hear the conversation again so you can check your answers.

1. Carlos tiene ganas de comer. //
2. A Enriqueta y a su hermana les gusta mucho bailar. //
3. El cumpleaños de Alberto es el sábado. //
4. Jorge quiere invitar a toda la clase a la fiesta. //
5. Hay unos treinta estudiantes en la clase de Carlos y Jorge. //
6. Al terminar la conversación, Carlos y Jorge están de acuerdo. //

Now listen to the conversation again and check your answers.

End of **Lección once.**

Repaso 1: Lecciones 1–5

I. Verbs

A. In Lessons 1 through 5, you learned how to use regular verbs that end in **-ar**, **-er**, and **-ir**. This exercise works with some of those verbs. Listen to the statement and the question that follows; then respond negatively.

MODEL: Ellos llegan tarde. ¿Y tú?
        Yo no llego tarde.

1. Su hermana habla francés muy bien. ¿Y yo? //
   Tú no hablas francés muy bien.
2. Ella escribe cartas interesantes. ¿Y tú? //
   Yo no escribo cartas interesantes.
3. Yo leo revistas en español. ¿Y ustedes? //
   Nosotros no leemos revistas en español.
4. Ella necesita un diccionario. ¿Y tú? //
   Yo no necesito un diccionario.
5. Tú aprendes mucho. ¿Y tu hermano? //
   Mi hermano no aprende mucho.
6. Nosotros comemos en el restaurante. ¿Y ellos? //
   Ellos no comen en el restaurante. //

B. You also learned about some verbs that are irregular in the present tense. This exercise uses some of those verbs. Listen to the question and respond affirmatively.

MODEL: ¿Sabes hablar español un poco?
        Sí, sé hablar español un poco.

1. ¿Eres estudiante en la universidad? //
   Sí, soy estudiante en la universidad.
2. ¿Vienes a clase todos los días? //
   Sí, vengo a clase todos los días.
3. ¿Vas a la biblioteca por la tarde? //
   Sí, voy a la biblioteca por la tarde.
4. ¿Son ustedes americanos? //
   Sí, somos americanos.
5. ¿Quieren ustedes ir a Suramérica? //
   Sí, queremos ir a Suramérica.
6. ¿Tienen ustedes que estudiar mucho? //
   Sí, tenemos que estudiar mucho.
7. ¿Conoces bien al profesor? //
   Sí, conozco bien al profesor.
8. ¿Tenemos que comer en la cafetería? //
   Sí, ustedes tienen que comer en la cafetería.
9. ¿Vienen tú y tu amigo a la residencia de estudiantes? //
   Sí, mi amigo y yo venimos a la residencia de estudiantes.
10. ¿Estás en la clase del señor Ruiz? //
    Sí, estoy en la clase del señor Ruiz. //

C. You learned that you can express the future by using the verb **ir** plus **a** with an infinitive. Practice using this future construction by answering the questions negatively, as in the model.

MODEL: ¿Mandas la carta hoy?
        No, voy a mandar la carta mañana.

1. ¿Estudias la lección de francés esta mañana? //
   No, voy a estudiar la lección de francés mañana.
2. ¿Llegan tus amigos hoy? //
   No, mis amigos van a llegar mañana.
3. ¿Preparan ustedes el ejercicio ahora? //
   No, vamos a preparar el ejercicio mañana.
4. ¿Cenas con Miguel esta noche? //
   No, voy a cenar con Miguel mañana.
5. ¿Compra usted la revista nueva hoy? //
   No, voy a comprar la revista nueva mañana.
6. ¿Recibe Marta las noticias esta tarde? //
   No, Marta va a recibir las noticias mañana.
7. ¿Regresan ustedes a la universidad hoy? //
   No, vamos a regresar a la universidad mañana.
8. ¿Vienen Alberto y Elena a casa hoy? //
   No, Alberto y Elena van a venir a casa mañana. //

D. You can emphasize that an action is taking place by using a progressive form of the present. To do this, you must use a form of the verb **estar** and the present participle form of the verb. Listen to the questions and answer affirmatively, using the progressive form of the verb, as in the model.

MODEL: Mario, ¿practicas la lección?
        Sí, estoy practicando la lección.

1. ¿Aprenden ustedes mucho? //
   Sí, estamos aprendiendo mucho.
2. ¿Pronuncio las palabras bien? //
   Sí, estás pronunciando las palabras bien.
3. ¿Escribe usted una carta? //
   Sí, estoy escribiendo una carta.
4. ¿Miran ustedes el programa en francés? //
   Sí, estamos mirando el programa en francés.
5. ¿Vive Ana en la residencia ahora? //
   Sí, Ana está viviendo en la residencia ahora.
6. ¿Descansan los alumnos? //
   Sí, los alumnos están descansando. //

E. Answer the first question with an affirmative command and the second question with a negative command, as in the model.

MODEL: ¿Compro la revista?
Sí, compra la revista.
¿Qué crees tú, Tomás?
No, no compres la revista.

1. ¿Llamo a tu hermano? / /
   Sí, llama a mi hermano.
   ¿Qué crees tú, Elena? / /
   No, no llames a su hermano.
2. ¿Escribo la carta? / /
   Sí, escribe la carta.
   ¿Qué crees tú, Ana? / /
   No, no escribas la carta.
3. ¿Regreso a la librería? / /
   Sí, regresa a la librería.
   ¿Qué crees tú, Marta? / /
   No, no regreses a la librería.
4. ¿Compro el diccionario? / /
   Sí, compra el diccionario.
   ¿Qué crees tú, Diana? / /
   No, no compres el diccionario.
5. ¿Llego temprano? / /
   Sí, llega temprano.
   ¿Qué crees tú, Carlos? / /
   No, no llegues temprano.
6. ¿Escucho las noticias? / /
   Sí, escucha las noticias.
   ¿Qué crees tú, Ramón? / /
   No, no escuches las noticias. / /

II. Possessive adjectives

F. You have learned how to indicate to whom something belongs, by using possessive adjectives. Answer the following questions affirmatively, as in the model.

MODEL: ¿Qué quieren ustedes? ¿Sus fotografías?
Sí, queremos nuestras fotografías.

1. ¿Qué buscas? ¿Tu cuaderno? / /
   Sí, busco mi cuaderno.
2. ¿Quién llega? ¿Su profesora? / /
   Sí, llega mi profesora.
3. ¿Dónde trabajas? ¿En su casa? / /
   Sí, trabajo en mi casa.
4. ¿Conoces a mis compañeros de cuarto? / /
   Sí, conozco a tus compañeros de cuarto.
5. ¿Sabes su dirección? / /
   Sí, sé su dirección.
6. Pilar, ¿están aquí tus padres? / /
   Sí, están aquí mis padres.
7. María y Tomás, ¿visitan ustedes a su hermana? / /
   Sí, visitamos a nuestra hermana. / /

III. Time of day

G. In Lesson 3 you learned how to express time of day. From the choices offered, answer with what seems most likely, as in the model.

MODEL: Miguel, ¿desayunas a las ocho de la mañana o a las ocho de la noche?
Desayuno a las ocho de la mañana.

1. Jorge, ¿comes en la cafetería al mediodía o a la medianoche? / /
   Como en la cafetería al mediodía.
2. Tomás, ¿estudias a las cuatro de la tarde o a las cuatro de la mañana? / /
   Estudio a las cuatro de la tarde.
3. Mario, ¿cenas por la tarde o por la noche? / /
   Ceno por la noche.
4. Alberto, ¿vas a trabajar a las nueve de la mañana o a las nueve de la noche? / /
   Voy a trabajar a las nueve de la noche. / /

IV. Vocabulario—Para comprender y escribir

A. Write the words that belong to each category listed. Not all the words or expressions you hear will belong to the category mentioned, so listen carefully.

1. La familia /
   la hermana / / la hija / / el viaje / /
   la mamá / / el alumno / / el reloj / /
   el padre / /
2. La librería /
   los libros / / la semana / / la revista / /
   el desayuno / / leer / / el restaurante / /
   el dependiente / /
3. La universidad /
   la frase / / la biblioteca / / los estudiantes / /
   el laboratorio / /la profesora / /la fotografía / /
   preguntar / /
4. El día /
   la tarde / / pronunciar / / el avión / /
   el programa de televisión / / la semana / /
   la hora / /
5. El viaje /
   llegar / / el horario / / el artículo / /
   ocupado / / la mesa / / regresar / /
   las vacaciones / /
6. El mundo /
   el cuarto / / el lapíz / / el mapa / /
   descansar / / los países / / difícil / /
   las ciudades / / cansado / /
7. Los amigos /
   las cartas / / la línea / / la compañera / /
   pronto / / de acuerdo / / el papel / /
   el grupo / /

B. You will hear three words or phrases. Write the one word or phrase that does NOT belong with the other two.

1. el desayuno / el periódico / el almuerzo / /
2. el alumno / el hijo / el padre / /
3. la casa / la residencia / la capital / /
4. el restaurante / la biblioteca / el comedor / /
5. la ventana / la pared / el avión / /

6. difícil / pequeño / grande //
7. largo / corto / fácil //
8. olvidar / ir / venir //
9. la hora / la frase / el reloj //
10. después / allí / aquí //
11. argentino / italiano / contento //
12. lejos / cerca / también //

C. Write down the opposite for the words you hear.

1. grande //
2. corto //
3. difícil //
4. venir //
5. mucho //
6. lejos //
7. temprano //
8. bien //
9. malo //
10. allí //

D. Write the phrases you hear. You will hear each phrase three times. You may use Arabic numerals for the numbers.

1. siete días //
2. doce meses //
3. cuatro estaciones //
4. treinta y un años //
5. veinte estudiantes //
6. nueve alumnas //
7. once alumnos //
8. veintiuna lecciones //
9. dieciocho clases //
10. dos profesores //

E. Write in Spanish the information requested.

1. What are the work days of the week? ///
2. What are the days of the weekend? ///
3. What days does your Spanish class meet? ///
4. In what month does the school year begin? ///
5. In what month does the school year end? ///
6. What is your favorite season? ///

End of **Repaso uno**.

Repaso 2: Lecciones 6–11

I. Verbs

A. In Lessons 6 through 11 you learned some new verbs that are irregular in the present tense. This exercise uses some of those verbs. Listen to each question and respond affirmatively, as in the model.

MODEL: ¿Vuelven ustedes temprano hoy?
  Sí, volvemos temprano hoy.

1. ¿Ves aquella chaqueta de cuero? //
   Sí, veo aquella chaqueta de cuero.
2. ¿Podemos esperar un rato? //
   Sí, ustedes pueden esperar un rato.
3. ¿Sales al mediodía? //
   Sí, salgo al mediodía.
4. ¿Le doy las cartas a Ramón? //
   Sí, le das las cartas a Ramón.
5. ¿Piensas ir al cine? //
   Sí, pienso ir al cine.
6. ¿Traes los discos nuevos? //
   Sí, traigo los discos nuevos.
7. ¿Pongo los zapatos aquí? //
   Sí, pones los zapatos aquí.
8. ¿Dices que hace frío? //
   Sí, digo que hace frío. //

B. Repeat the sentence you hear, changing the verb to the preterit indicative.

1. Hoy llevo a Carmen al cine. //
   Hoy llevé a Carmen al cine.
2. Vamos a ver una película extranjera. //
   Fuimos a ver una película extranjera.
3. Es una película de guerra. //
   Fue una película de guerra.
4. Nos parece una película muy seria. //
   Nos pareció una película muy seria.
5. Me gusta verla con Carmen. //
   Me gustó verla con Carmen.
6. ¿Quién te llama por teléfono? //
   ¿Quién te llamó por teléfono?
7. Diana y María llegan de visita. //
   Diana y María llegaron de visita.
8. Yo voy a buscarlas. //
   Yo fui a buscarlas.
9. Ellas salen pronto para Buenos Aires. //
   Ellas salieron pronto para Buenos Aires.
10. ¿Por qué no les das mi dirección en Montevideo? //
    ¿Por qué no les diste mi dirección en Montevideo? //

C. Repeat each sentence you hear, changing the verb to the imperfect indicative.

1. Siempre me acuesto tarde. //
   Siempre me acostaba tarde.
2. Mi compañero se despierta temprano. //
   Mi compañero se despertaba temprano.
3. Nos arreglamos y salimos para la clase a las ocho. //
   Nos arreglábamos y salíamos para la clase a las ocho.
4. Yo me compro *El País* todos los días. //
   Yo me compraba *El País* todos los días.
5. ¿Dónde se desayunan ustedes? //
   ¿Dónde se desayunaban ustedes?
6. ¿Dónde se sientan ustedes generalmente? //
   ¿Dónde se sentaban ustedes generalmente?
7. ¿A qué hora te levantas tú? //
   ¿A qué hora te levantabas tú?
8. Siempre me levanto muy temprano y estudio un rato. //
   Siempre me levantaba muy temprano y estudiaba un rato. //

Copyright © Houghton Mifflin Company. All rights reserved.

D. Now you must decide whether to express the sentences in the past with the preterit or the imperfect. Look for clues that will help you. First listen to the sentence in the present; then change it to an appropriate past tense. You will hear a confirmation of your response.

1. Nosotros vamos a la playa los fines de semana. //
   Nosotros íbamos a la playa los fines de semana.
2. Allí siempre están nuestros amigos. //
   Allí siempre estaban nuestros amigos.
3. Nosotros charlamos con las chicas mientras tomamos el sol. //
   Nosotros charlábamos con las chicas mientras tomábamos el sol.
4. Isabel me llama por teléfono esta mañana. //
   Isabel me llamó por teléfono esta mañana.
5. Esta noche termino a las nueve. //
   Esta noche terminé a las nueve.
6. Durante el semestre estudio mucho. //
   Durante el semestre estudié mucho. //

E. Listen to the model sentence and then form a new sentence, using the information given.

1. Me encanta esta falda. (gustar más, estas blusas) //
   Me gustan más estas blusas.
2. Le gustan las sandalias. (encantar, el estilo) //
   Le encanta el estilo.
3. Me gusta esta calle. (encantar, las tiendas) //
   Me encantan las tiendas.
4. Le encantan esas chicas. (gustar mucho, la española) //
   Le gusta mucho la española.
5. Nos gusta mucho esta universidad. (encantar, los estudiantes) //
   Nos encantan los estudiantes.
6. Nos gusta esta clase. (encantar, el profesor) //
   Nos encanta el profesor. //

II. Object pronouns

F. Answer each question negatively, substituting the correct direct object pronoun for each noun object.

1. ¿Escribiste las cartas? //
   No, no las escribí.
2. ¿Cobraste los cheques? //
   No, no los cobré.
3. ¿Mandaste el anuncio? //
   No, no lo mandé.
4. ¿Viste a la vendedora? //
   No, no la vi.
5. ¿Escucharon ustedes el concierto? //
   No, no lo escuchamos.
6. ¿Trataban ustedes de llamar a Diana? //
   No, no tratábamos de llamarla.
7. ¿Querían ustedes llevar a sus padres? //
   No, no queríamos llevarlos.
8. ¿Pensaban ustedes comprar las entradas? //
   No, no pensábamos comprarlas. //

G. Answer each question affirmatively, making the necessary changes.

1. ¿Quién te mandó el dinero? ¿Tu padre? //
   Sí, mi padre me mandó el dinero.
2. ¿Quién te escribió la carta? ¿Mi hermana? //
   Sí, tu hermana me escribió la carta.
3. ¿Quién te cobró los cheques? ¿Tu amigo? //
   Sí, mi amigo me cobró los cheques.
4. ¿Quién les enseñó la mercancía a ustedes? ¿La vendedora? //
   Sí, la vendedora nos enseñó la mercancía.
5. ¿Quién les abrió la puerta a ustedes? ¿Tomás? //
   Sí, Tomás nos abrió la puerta.
6. ¿Quién les dio la dirección a ustedes? ¿Su compañero? //
   Sí, nuestro compañero nos dio la dirección. //

III. Indefinite and negative words

H. In these lessons you learned how to use indefinite and negative words. You also learned that double negatives can be used in Spanish. Answer each question you hear negatively. Then listen for confirmation of your response.

1. ¿Tienes algún libro bueno? //
   No, no tengo ningún libro bueno.
2. ¿Vienen ustedes aquí siempre? //
   No, no venimos aquí nunca.
3. ¿Sabe alguien dónde vive María? //
   No, no sabe nadie dónde vive María.
4. ¿Quieres algo de la cafetería? //
   No, no quiero nada de la cafetería.
5. ¿Llega Jorge también? //
   No, no llega Jorge tampoco. //

IV. Vocabulario—Para comprender y escribir

A. Write the words that belong to each category listed. You will hear the words only once. Not all the words or expressions you hear will belong to the category mentioned, so listen carefully.

1. La ropa /
   las gafas // los pantalones // la cara // la blusa // la talla // la carrera // la tienda // el dinero //
2. El tiempo /
   el coche // la nube // el invierno // la carrera // el frío // el cheque // el barco // la tormenta //
3. La familia /
   el tío // la moda // el escaparate // el chico // el abuelo // el agua // la niñez // el mes //
4. La música /
   el espectáculo // los dientes // el modo // gozar // el baile // la falda // el hilo // la película //

5. La mañana /
   levantarse // desayunarse // cerrar // comenzar // lavarse // llamarse // charlar // afeitarse //
6. La comida /
   almorzar // cruzar // el tipo // cenar // bucear // barata // el precio // la vendedora //

B. You will hear three words or phrases. Write the one word or phrase that does NOT belong with the other two.

1. serio // preocupado // divertido //
2. volver // regresar // encontrar //
3. ninguno // también // nada //
4. la comedia // el coche // el tren //
5. parecer // gustar // encantar //
6. el cine // la película // la discoteca //
7. la humedad // la lluvia // el grado //
8. bucear // nadar // correr //
9. la nube // el viento // la neblina //
10. la estación // el lodo // el invierno //
11. la playa // la ciudad // el pueblo //
12. la radio // la puerta // las noticias //

C. Write the opposite for the words you hear.

1. abrir //
2. poco //
3. traer //
4. barato //
5. contestar //
6. vender //
7. algo //
8. acostarse //
9. comenzar //
10. bueno //
11. nadie //
12. frío //

End of **Repaso dos**.

Vocabulario

The Spanish-English Vocabulary lists in alphabetical order the words, expressions, and phrases that appear in Volumes I and II of **Spanish on Your Own**. Phrases are also listed under the entries for the most important words in each phrase. Active vocabulary items (the words and expressions that you are expected to know) are followed by a number in parentheses indicating the lesson in which each word is introduced. The reference (1), for example, indicates that the item was introduced in **Lección 1**.

The English-Spanish Vocabulary lists the words and expressions that are needed to complete the translations in the **Repaso** section of each lesson, as well as the **Repaso** self-tests in Appendix C.

The following abbreviations are used in the vocabulary lists.

adj.	adjective	*Mex.*	Mexican
adv.	adverb	*n.*	noun
Am.	Latin American	*obj.*	object
conj.	conjunction	*p.p.*	past participle
dir.	direct	*part.*	participle
etc.	and so forth	*pl.*	plural
f.	feminine	*prep.*	preposition
fam.	familiar	*pres.*	present
i.e.	that is	*pron.*	pronoun
indef.	indefinite	*reflex.*	reflexive
indir.	indirect	*s./sing.*	singular
inf.	infinitive	*subj.*	subjunctive
lit.	literally	*U.S.*	United States
m.	masculine	+	followed by

Spanish-English

A

a *prep.* to, at, in (3)
  a cada rato every short while (moment) (16)
  a casa de su amigo (Ramón) to his friend (Raymond)'s house (6)
  a cualquier hora at any time (hour) (21)
  a eso de at about (*time*) (3)
  a (la) medianoche at midnight (3)
  a la una at one o'clock (12)
  a menos que *conj.* unless (20)
  a menudo often, frequently (6)
  a orillas de on the banks of
  a partir de beginning with (19)
  a precio especial on sale, at a special price, at special prices (7)
  a propósito by the way (9)
  ¿a qué hora… ? (at) what time . . . ? (3)
  a tiempo on time (11)
  a veces at times (11); sometimes
  a ver let's (let me) see (13)
abandonar to abandon
abarcar to include
abierto, -a *p.p. of* **abrir** *and adj.* open, opened (14)
la abogada lawyer (*f.*) (6)
el abogado lawyer (*m.*) (6)
el abono fertilizer
el abrigo topcoat, overcoat, coat (21)
  abril April (5)
  abrir to open (6)
la abuela grandmother
el abuelo grandfather; *pl.* grandparents (*m. and f.*) (10)
aburrido, -a boring (4)
acabar to end, finish (13)
  acabar de + *inf.* to have just + *p.p.* (13)
la academia academy
el accidente accident (18)
  el accidente de tráfico traffic accident (18)
la acción (*pl.* **acciones**) action (7)
  el Día de Acción de Gracias Thanksgiving Day (7)
aceptar to accept (12)
acercarse (a + *obj.*) to approach (15)
acompañar to accompany, go with (21)
acondicionado: el aire ____ air conditioning (12)
aconsejar to advise (17)
acostarse (ue) to go to bed, lie down (8)
la actividad activity
el actor actor
la actriz (*pl.* **actrices**) actress
la actualidad present time (4)
  de actualidad contemporary, of the present time (4)
acuerdo: de ____ agreed, I agree, O.K. (4)
adelante *adv.* ahead, forward (18)
  seguir (i, i) adelante to continue (go on) ahead (18)
además *adv.* besides (7)
adentro *adv.* inside, within (14)
¡adiós! good-bye! (9)
el adjetivo adjective
la administración (*pl.* **administraciones**) administration (6)
  la administración de negocios business administration (6)
  la Facultad de Administración de Negocios Business School, School of Business Administration (6)
¿adónde? where? (*with verbs of motion*) (3)
adquirir (ie) to acquire
la aduana customs
aéreo, -a *adj.* air (21)
  la línea aérea airline (21)
el aeróbic aerobics (15)
  hacer el aeróbic to do aerobics (15)
el aeromozo flight attendant (*m.*) (20)
el aeropuerto airport (20)
afeitarse to shave (8)
aficionado, -a (a) *adj. and n.* fond (of); fan (15)
  ser aficionado, -a (a) to be fond (of) (15)
afuera *adv.* outside (14)
la agencia agency (20)
  la agencia de empleo employment agency (19)
  la agencia de viajes travel agency (20)
el (la) agente agent (19)
  el (la) agente de viajes travel agent (20)
  como agente as an agent (19)
agosto August (5)
agradable pleasant, nice (2)
  ¡qué encuentro más agradable! what a pleasant encounter (meeting)!
agradecer to be grateful (thankful) for (19)
  ¡cuánto se lo agradezco! how grateful I am to you for it (that)! (19)
agrícola (*m. and f.*) *adj.* agricultural, farm (19)
  la Ingeniería Agrícola Agricultural Engineering (19)
el agua (*f. pl.* **las aguas**) water (10)
  esquiar en el agua to water-ski (10)
¡ah! ah! oh! (1)
ahí *adv.* there (*near or related to person addressed*) (7)
los ahijados godson and goddaughter
ahora *adv.* now (1)
  por ahora for the present, for now
el aire air
  el aire acondicionado air conditioning (12)
  al aire libre outdoor, open-air
al = a + el to the (3)
  al + *inf.* on, upon + *pres. part.* (6)
  al día per day (12)
  al día siguiente (on) the following or next day (8)
  al lado de *prep.* beside, next to, at the side of (8)
  al mediodía at noon (3)
  al menos at least (16)
  al mes a (per) month, monthly (17)
  al poco rato after a short while (13)
  al sur de(l) south of (21)
  al suroeste southwest
Alberto Albert
alegrarse (mucho) de (+ *inf.*) to be (very) glad to (+ *verb*) (15)
  alegrarse de que to be glad that (18)
  ¡cuánto me alegro! how glad I am! (22)
alegre (*m. or f.*) cheerful, joyful, happy (5)
la alegría joy (5)
  ¡qué alegría! what joy! (5)
el alemán German (*the language*) (1)
  la lección de alemán German lesson (1)
  el profesor (la profesora) de alemán the German teacher (professor) (1)
Alemania Germany (15)

alérgico, -a allergic (16)
   ser alérgico(-a) a to be allergic to (16)
algo *pron.* anything, something (6)
   algo más something more, anything else (13)
   tomar algo to have *or* take something to eat *or* drink (6)
algo *adv.* somewhat (16)
el algodón cotton (7)
alguien *pron.* someone, somebody, anyone, anybody (9)
algún (*used for* **alguno** *before m. sing. nouns*) some, any (11)
alguno, -a (-os, -as) *adj. and pron.* some, any, someone; *pl.* some, a few, several, any (9)
   alguna vez sometime; ever (14)
allá there (*often used after verbs of motion*) (3)
   ¡vamos allá! let's go there!
allí there (*distant*) (2)
   allí llega there comes (arrives) (2)
el almacén (*pl.* **almacenes**) department store (17)
la almohada pillow (17)
almorzar (ue) to have (eat) lunch (8)
el almuerzo lunch (3)
   tomar el almuerzo to eat *or* have lunch (3)
¡aló! hello! (*telephone*)
alquilar to rent (17)
el alquiler rent, rental (*property*) (17)
alrededor de around
el altar altar
la altiplanicie highland plain
alto *adv.* loudly (14)
   hablar más alto to talk louder (14)
alto, -a high; tall (16)
la alumna pupil, student (*f.*) (1)
el alumno pupil, student (*m.*) (1)
   los alumnos de la profesora students of (the) professor (*f.*) (2)
alzar to lift (15)
   alzar (las) pesas to lift weights (15)
amable (*m. or f.*) friendly, kind (12)
amarillo, -a yellow (2)
ambiente: el medio ____ environment
la ambulancia ambulance (18)
   no hay heridos ni ambulancias there aren't any injured persons or ambulances (there are no . . . nor . . .) (18)
América America
   la América Latina Latin America
   la América del Sur South America
americano, -a American
   el fútbol americano football (15)
la amiga friend (*f.*) (4)

el amigo friend (*m.*) (4)
ampliar to broaden
amueblar to furnish (17)
   sin amueblar unfurnished (17)
Ana Ann, Anne, Anna
andar to go, walk
   anda (*fam. sing. command*) go, come on (now); *often used in an exclamation* (5)
el ángel (*pl.* **ángeles**) angel
el anillo ring (13)
   (**el anillo**) **de plata** silver (ring) 13
animadamente *adv.* animatedly (22)
animado, -a animated, lively (12)
anoche *adv.* last night (9)
antes *adv.* before (*time*), first (5)
   antes de *prep.* before (*time*) (9)
   antes de (entrar) before (entering) (9)
   antes (de que) *conj.* before (20)
el antibiótico antibiotic (16)
antiguo, -a ancient, old; former (*before a noun*) (14)
Antonio Anthony, Tony
anunciar to announce (22)
el anuncio ad(vertisement) (8)
el año year (5)
   Año Nuevo New Year (11)
   el año (mes) pasado last year (month) (9)
   ¿cuántos años tienes (tiene Ud.)? how old are you? (11)
   ¿cuántos años vas a cumplir (tú)? how old are you going to be? (11)
   cumplir... años to be . . . years old (i.e., reach the age of . . . years) (11)
   en este tiempo del año in (at) this time of (the) year (12)
   las estaciones del año the seasons of the year (5)
   tener... años to be . . . years old (11)
el aparador buffet (17)
el aparato (eléctrico) (electrical) appliance (17)
el apartamento apartment (3)
   la compañera de apartamento apartment mate, roommate (*f.*) (4)
   el compañero de apartamento apartment mate, roommate (*m.*) (4)
   el edificio de apartamentos apartment building (6)
apenas *adv.* scarcely, hardly (14)
   hace apenas (unos minutos) que it has been scarcely (a few minutes) since (14)

el apogeo apogee, highest point
apreciar to appreciate
aprender to learn (2)
apurado, -a in a hurry (*Am.*) (9)
   estar apurado, -a to be in a hurry (*Am.*) (9)
el apuro hurry, rush (18)
   ¿cuál es el apuro? what's the hurry (rush)? (18)
aquel, aquella (-os, -as) *adj.* that, those (*distant*) (6)
aquél, aquélla (-os, -as) *pron.* that, that one (those) (13)
aquello *neuter pron.* that (13)
aquí *adv.* here (2)
   aquí tiene(n) Ud(s). (la llave) here is (the key) (*lit.*, here you have . . .) (12)
   por aquí by (around) here, this way (5)
árabe (*m. and f.*) *also noun* Arab, Arabic
la arena sand (14)
el arete earring (13)
   (**el arete**) **de oro** gold earring (13)
la Argentina Argentina (5)
argentino, -a *also noun* Argentine (2)
el arpa (*f.*) harp
arqueológico, -a archeological
la arquitecta architect (*f.*) (6)
el arquitecto architect (*m.*) (6)
la arquitectura architecture (6)
   la Facultad de Arquitectura School of Architecture
arreglar to arrange, fix (14); *reflex.* to get ready (fixed up) (8)
   arreglarse el pelo to have one's hair done (14)
el arte (*f. pl.* **las artes**) art (6)
   las artes liberales liberal arts (6)
   la clase de historia del arte art history class
la artesanía handicraft (13)
   los artículos de artesanía handiwork, work of craftspeople (13)
el artículo article (4)
   los artículos de artesanía handiwork, work of craftspeople (13)
el ascenso promotion (19)
el ascensor elevator (12)
   tomar el ascensor to take the elevator (12)
así *adv.* so, thus, that way (8)
   así como as well as
   así es so it is (8)
   así que *conj.* so, so that (15); as soon as (20)
el asiento seat (20)

no quedan asientos no seats are left (remain), there aren't any seats left
asistir (a) to attend (16)
asomado, -a a looking out from
asomarse a to look out, lean out
asombrarse to be amazed, be surprised (22)
la **aspiradora** vacuum cleaner (17)
la **aspirina** aspirin (16)
el **asunto** matter, affair (19)
aún *adv.* even; still, yet (15)
aunque *conj.* although, even though (4)
el **autobús** (*pl.* **autobuses**) bus (8)
  en autobús by (in a) bus (8)
avanzar to advance (15)
la **aventura** adventure (10)
la **avería** breakdown, failure (*of motor vehicle*) (18)
  tener una avería to have a breakdown, failure (*in the car*) (18)
el **avión** (*pl.* **aviones**) (air)plane (4)
  el boleto de avión (air)plane ticket (8)
  en avión by (in a) plane (5)
  por avión by airmail, by plane (4)
avisar to inform, notify (11)
¡ay! ah! oh! (5)
ayer *adv.* yesterday (9)
  ayer por la mañana (tarde) yesterday morning (afternoon) (14)
la **ayuda** aid
ayudar (a + *inf.*) to help or to aid (19)
la **azafata** flight attendant (*f.*) (20)
azul (*m. or f.*) blue (2)

B

bailar to dance (9)
el **bailarín** (*pl.* **bailarines**) dancer (*m.*) (9)
la **bailarina** dancer (*f.*)
el **baile** dance (9)
  el número de baile dance number (9)
bajar to go down, descend (12)
el **baluarte** bulwark
el **banco** bank (7)
bañarse to bathe (8)
el **baño** bath, bathroom (12)
  el traje de baño bathing suit (14)
barato, -a inexpensive, cheap (7)
la **barba** beard (8)
barbaridad: ¡qué ___! how awful! (16)

el **barco** ship, boat (8)
  el **equipo de barcos de vela** sailing team
  en barco by (in a) boat (8)
el **barrio** quarter, district, neighborhood (17)
el **basquetbol** basketball (15)
bastante *adv.* quite, quite a bit; rather; *adj.* enough, sufficient (1)
  venir bastante cansado, -a to be quite tired (5)
la **batidora** mixer, beater, blender (17)
Beatriz Beatrice
beber to drink (3)
la **bebida** drink (11)
la **beca** scholarship (19)
el **béisbol** baseball (15)
la **belleza** beauty
bello, -a beautiful, pretty
benéfico, -a beneficent, good
la **biblioteca** library (3)
  en la biblioteca at (in) the library (3)
la **bicicleta** bicycle (15)
  en bicicleta by (on a) bicycle (15)
bien *adv.* well (1)
  estar (muy) bien to be (very) well (5)
  ¡muy bien! very well! (that's) fine! (1)
  ¡qué bien! good! great! (6)
  (ella) se ve muy bien (she) looks very well (14)
  ¿(te, le, les) parece bien? is it all right with (you)? does it seem O.K. to (you)? (7)
bilingüe (*m. and f.*) bilingual (4)
la **billetera** wallet (*Am.*) (7)
blanco, -a white (2)
la **blusa** blouse (7)
los **bocaditos** appetizers (11)
la **boda** wedding (17)
  el regalo de boda wedding gift (17)
el **boleto** ticket (*transportation*) (5)
  el boleto de avión (air)plane ticket (8)
  el boleto sencillo (de ida y vuelta) one-way (round-trip) ticket (20)
la **bolsa** purse, pocketbook, bag (7)
  la bolsa de cuero leather purse (bag) (7)
bonito, -a beautiful, pretty (2)
el **borde** edge
el **brazo** arm (16)
brillante (*m. or f.*) brilliant (12)
bronceado, -a tanned (14)
bucear to (skin *or* scuba) dive (10)
buen used for **bueno** before *m. sing. nouns* (9)

¡buen viaje! (have) a good *or* fine trip! (9)
  hace buen tiempo the weather is fine (nice) (10)
  pasar un buen rato to have a good time (11)
  ¡qué buen rato! what a good time! what fun! (11)
bueno *adv.* well, well now (then), all right, O.K. (2)
bueno, -a good (1)
  buenas noches good evening, good night (1)
  buenas tardes good afternoon (1)
  ¡bueno! hello! (*telephone*) (*Mex.*) (7)
  buenos días good morning, good day (1)
  es bueno it's good (19)
buscar to look for, seek, get (5)
  en busca de in search of (8)

C

la **cabeza** head (16)
  tener dolor de cabeza to have a headache (16)
la **cablevisión** cable TV
cada (*m. and f.*) each, every
  a cada rato every short while (moment) (16)
el **café** coffee (3); café
  el **café solo** black coffee
  tomar una taza de café to have or drink a cup of coffee (3)
la **cafetera** coffee pot, percolator (17)
la **cafetería** cafeteria (2)
el **calcetín** (*pl.* **calcetines**) sock (7)
el **Califato** caliphate (*dominion of a caliph*) (12)
la **calle** street (6)
  la **calle (Constitución)** (Constitution) Street (7)
calmar to calm; *reflex.* to calm oneself, become calm, calm down (16)
el **calor** heat, warmth (10)
  hacer (mucho) calor to be (very) hot (*weather*) (10)
  tener calor to be hot (*living beings*) (11)
caluroso, -a warm, hot (10)
la **cama** bed (12)
  la **cama doble** double bed (12)
  las **camas sencillas** single beds (12)
  la **ropa de cama** bed linens (sheets, pillowcases, etc.), bedclothes (blankets, sheets, etc.) (12)

Copyright © Houghton Mifflin Company. All rights reserved.

el **sofá-cama**   sofa bed (17)
la **cámara**   camera (21)
la **cámara vídeo**   video camera (21)
el **camarero**   waiter (22)
cambiar   to change (12)
el **cambio**   change, exchange (4)
el **camino**   road, way (10)
   (**ir**) **camino de**   (to be *or* go) on the (one's) way to (10)
la **camisa**   shirt (7)
la **camiseta**   T-shirt, sportshirt (7); undershirt
el **campeón** (*pl.* **campeones**) champion
el **campo**   country, field (10)
   el **campo de juego**   court (ball)
la **cana**   gray hair
el **canal**   channel (15); canal
cancelar   to cancel (20)
la **cancha**   (tennis) court (15)
la **canción** (*pl.* **canciones**)   song (9)
la **candidata**   candidate (applicant for a job, position) (*f.*) (19)
el **candidato**   candidate (applicant for a job, position) (*m.*) (19)
cansado, -a   tired (5)
   venir bastante cansado, -a   to be quite tired (5)
cansarse   to get tired (14)
el (la) **cantante**   singer (9)
cantar   to sing (9)
cántaros: llover (**ue**) **a** _____   to rain cats and dogs (10
la **capital**   capital (*city*) (5)
la **cara**   face (8)
   lavarse la cara   to wash one's face (8)
   pintarse la cara   to put on make-up (8)
¡caramba!   goodness! gosh! gee! good gracious! (6)
el **Caribe**   Caribbean Sea (area) (10)
Carlos   Charles
Carmen   Carmen
el **carnet**   license
   el **carnet** (la **licencia**) **de manejar**   driver's license (18)
caro, -a   expensive, dear (7)
Carolina   Caroline
la **carrera**   career; field, course of study (6)
el **carro**   car (*Am.*) (18)
   el **carro patrulla**   patrol (police) car (18)
la **carta**   letter (3)
   la **carta de recomendación**   letter of recommendation (19)
   el **papel de cartas** (**de escribir**) writing paper
el **cartel**   poster (2)

la **casa**   house, home (1)
   a casa de su amigo (**Ramón**)   to his friend (Raymond)'s (house) (6)
   la **casa de correos**   post office (21)
   de casa de (**Diana**)   from (Diane)'s house (6)
   en casa   at home (1)
   la **especialidad de la casa**   the specialty of the house
   estar en casa   to be at home (8)
   invitar a casa   to invite to one's house (21)
   (**llegar**) **a casa**   (to arrive) home (3)
   volver (**ue**) **a casa**   to return *or* go back home; to come back home (8)
casado, -a   married (5)
   estar casado, -a   to be married (5)
casarse   to get married (17)
casi   almost, nearly (3)
   casi no se oye   one can hardly (scarcely) hear (14)
   casi que   really, truly (15)
el **caso**   case
   hacer caso a   to notice, listen to, pay attention to (16)
   en caso de que *conj.*   in case (the event) that (20)
la **casualidad**   chance, accident (9)
   por casualidad   by chance (11)
   ¡qué casualidad!   what a coincidence! (9)
la **catarata**   cataract, waterfall
catorce   fourteen (3)
la **celebración** (*pl.* **celebraciones**) celebration
celebrar   to celebrate (11)
celebramos los veintiún años de (…) we celebrate (are celebrating) (…)'s twenty-first birthday (11)
celeste (*m. or f.*)   light blue (7)
el **cementerio**   cemetery
cenar   to eat (have) supper (3)
el **cenicero**   ashtray (13)
el **centavo**   cent (*U.S.*) (7)
central (*m. or f.*)   central
el **centro**   downtown, center (4)
   (**estar**) **en el centro**   (to be) downtown (13)
   ir al centro   to go downtown (4)
   (**llegar**) **al centro**   (to arrive) downtown (7)
Centroamérica   Central America
centroamericano, -a *also noun* Central American
la **cerámica**   ceramics, pottery (13)
   los **objetos de cerámica**   ceramics, pottery objects, pieces of pottery (13)

cerca *adv.*   near (10)
   cerca de *prep.*   near, close to (3)
cercano, -a   nearby, neighboring (18)
la **ceremonia**   ceremony
cero   zero
cerrar (**ie**)   to close (8)
la **cerveza**   beer (11)
la **chaqueta**   jacket (7)
charlar   to chat (6)
el **cheque**   check (7)
   los **cheques de viajero**   traveler's checks (12)
la **chica**   girl (6)
el **chico**   boy; *pl.* boys and girls, young people (6)
chileno, -a *also noun*   Chilean (2)
la **chimenea**   chimney, fireplace (11)
chocar (**con**)   to hit, collide (with) (18)
el **choque**   collision (18)
la **ciencia**   science (6)
   la **ciencia-ficción**   science fiction (9)
   las **ciencias naturales** (**sociales**)   natural (social) sciences (6)
   la **película de ciencia-ficción**   science-fiction movie or film (9)
ciento (**cien**)   one (a) hundred (12)
   cien mil   one hundred thousand (12)
   ciento (**dos**)   one hundred (two) (12)
cierto, -a   (a) certain, sure (5)
   por cierto   certainly, surely, for certain (sure), by the way (10)
cinco   five (2)
cincuenta   fifty (6)
el **cine**   movie(s) (9)
el **cinturón** (*pl.* **cinturones**)   belt (13)
la **cita**   date, appointment (15)
la **ciudad**   city (4)
   la **ciudad de México**   Mexico City (13)
   la (**ciudad**) **de piedra**   stone (city) (20)
la **civilización** (*pl.* **civilizaciones**)   civilization (12)
Clara   Clara, Clare, Claire
claro *adv.*   clearly, of course (2)
   ¡claro!   I see! sure! of course! certainly! (6)
claro, -a *adj.*   clear (14)
la **clase**   class, classroom (1)
   la **clase de español** (**francés, inglés**)   Spanish (French, English) class (1)
   la **clase turista**   tourist (economy) class (20)
   la **compañera de clase**   classmate (*f.*) (3)
   el **compañero de clase**   classmate (*m.*) (3)

en clase in class (1)
  la **primera clase** first class (20)
  la **sala de clase** classroom (2)
el **clima** climate
cobrar to cash (*a check*) (7); to charge, collect (12)
el **cobre** copper
la **cocina** kitchen (15); kitchen stove (17)
cocinar to cook (11)
el **coche** car (*Spain*) (8)
  en coche by (in a) car (8)
el **colegio** school; college
el **collar** necklace (13)
colombiano, -a *also noun* Colombian (2)
el **color** color (2)
  ¿de qué color... ? what color ...? (2)
  las **fotografías a colores** color photographs (2)
la **comedia** comedy (9)
  la **comedia musical** musical comedy or play (9)
el **comedor** dining room (hall) (3)
el **comentario** commentary, comment (18)
comenzar (ie) (a + *inf.***)** to begin or commence (to) (9)
comer to eat, dine, eat dinner (2)
comercial (*m. or f.*) commercial, business
la **comida** food, meal, dinner (3)
  el **horario de las comidas** meal hours, time (schedule) of meals (3)
el **Comisionado Residente** Resident Commissioner
como *adv.* as, like (5); since (10)
  como agente as an agent (19)
  como en España, ¿no? like (as) in Spain, right? (3)
  como si as if (21)
¡cómo! how!
  ¡cómo no! of course! certainly! (4)
  ¡cómo se ve que... ! one can tell that . . . ! (16)
¿cómo? how? (1)
  ¿cómo se dice... ? how do you say . . . ?
  ¿cómo es (son)... ? what is (are) . . . like? (2)
  ¿cómo lo han pasado? how have things gone? (14)
  ¿cómo se llama Ud. (te llamas)? what's your name?, how/what do you call yourself?
  ¿cómo te sientes? how do you (*fam. sing.*) feel? (16)
cómodo, -a comfortable (7)

el **compacto** compact disk (11)
  el **disco compacto** compact disk, CD (11)
  el **tocadiscos (para compactos)** record (compact disk) player (11)
los **compadres** parents and godparents of a child
la **compañera** companion (*f.*) (3)
  la **compañera de apartamento** apartment mate; roommate (*f.*) (4)
  la **compañera de clase** classmate (*f.*) (3)
  la **compañera de cuarto** roommate (*f.*) (3)
  la **compañera de viaje** traveling companion (*f.*) (8)
el **compañero** companion (*m.*) (3)
  el **compañero de apartamento** apartment mate, roommate (*m.*) (4)
  el **compañero de clase** classmate (*m.*) (3)
  el **compañero de cuarto** roommate (*m.*) (3)
  el **compañero de viaje** traveling companion (*m.*) (8)
la **compañía** company (19)
comparar to compare (21)
competente (*m. or f.*) competent, qualified (19)
completamente *adv.* completely (15)
completo, -a complete, full (12)
  el **desayuno completo** full breakfast (12)
la **compra** purchase (7)
  (ir) de compras (to go) shopping (7)
comprar to buy, purchase (4)
comprender to understand, comprehend (4)
el **compromiso** engagement, commitment (22)
la **computadora** computer (20)
común (*m. or f., pl.* **comunes**) common
  por lo común usually, commonly, generally (10)
la **comunidad** community
con with (1)
  con (sin) el desayuno completo with (without) a full breakfast (12)
  con mucho gusto gladly, with great pleasure (5)
  con nosotros with us (5)
con tal (de) que *conj.* provided (that) (20)
el **concierto** concert (9)

conducir to drive (*Spain*) (18)
el **conductor** driver (*m.*) (18)
la **conductora** driver (*f.*) (18)
la **conferencia** lecture (18)
confirmar to confirm (20)
conformar to adapt, adjust (14)
conformarse con to resign oneself to (14)
la **congestión** congestion (16)
conmigo with me (12)
conocer to know, be acquainted with, meet (5)
  encantado, -a de conocerte delighted to meet you (*fam. sing.*)
  mucho gusto en conocerla (I am) pleased (glad) to know you *or* nice meeting (to meet) you (*formal f. sing.*) (20)
la **conquista** conquest
conseguir (i, i) (*like* **seguir**) to get, obtain (18)
el **consejero** adviser
el **consejo** piece of advice (16)
  dar un consejo to give (a piece of, some) advice (16)
conservar to preserve; to conserve
el **conservatorio** conservatory
la **constitución** (*pl.* **constituciones**) constitution (7)
  la **calle (Constitución)** (Constitution) Street (7)
la **construcción** (*pl.* **construcciones**) construction
construir to construct, build (22)
los **consuegros** fathers and mothers whose children are married to each other; in-laws
consultar to consult (20)
el **consultorio médico** medical clinic
contar (ue) to tell, relate; to count (9)
contento, -a happy, pleased, glad (5)
  estar contento, -a to be happy (5)
contestar to answer (1)
conteste (Ud.) (*pl.* **contesten [Uds.]**) answer (1)
contigo with you (*fam. sing.*) (12)
continuar to continue, go on (20)
contra *prep.* against (15)
convenir (*like* **venir**) to be advisable (12)
la **conversación** (*pl.* **conversaciones**) conversation (1)
la **copa** glass (*for wine*), goblet (11); cup (15)
  la **Copa Mundial** World Cup (15)
los **corales** coral (14)
Córdoba Cordova (*city in southern Spain*) (12)
el **corredor** corridor, hall (14)

el **correo** mail, postal service
   correos: la **casa de** ____ post office (21)
correr to run (10)
   correr las olas to surf (10)
corrientemente currently
corto, -a short (4)
   los **pantalones cortos** shorts (7)
la **cosa** thing (7)
   ¡cuántas cosas quieres…! how many things you want . . . ! (17)
la **costa** coast (22)
costar (**ue**) to cost (8)
crear to create
crecer to grow
el **crédito** credit (12)
   la **tarjeta de crédito** credit card (12)
creer to believe, think (2)
   ¡ya lo creo! of course! certainly! (21)
la **criada** maid (12)
cruzar to cross (10)
el **cuaderno** notebook (2)
   el **cuaderno de ejercicios** workbook (2)
¿cuál? (*pl.* **¿cuáles?**) what?, which one(s)? (7)
   ¿cuál es el apuro? what's the hurry (rush)? (18)
   ¿cuál es la fecha? what's the date? (12)
cualquier, -a (*pl.* **cualesquier, -a**) any (one at all); just any (one at all) (21)
   a cualquier hora at any time (hour) (21)
   en cualquier momento (at) any moment (17)
cuando when (6)
   de vez en cuando from time to time, once in a while, occasionally (6)
¿cuándo? when? (3)
¡cuánto + *verb*! how . . . ! (18)
   ¡cuánto me alegro! how glad I am! (22)
   ¡cuánto me alegro de que…! how glad I am that . . . ! (18)
   ¡cuánto me gustaría viajar…! how I should (would) like to travel . . . ! (22)
   ¡cuánto se lo agradezco! how grateful I am to you for it (that)! (19)
¿cuánto -a (-os, -as)? how much? (5)
   ¡cuántas cosas quieres…! how many things you want! (17)
   ¿cuánto tiempo hace que Uds. volvieron? how long has it been since you (*pl.*) returned? (14)
   ¿cuánto tiempo hace? how long is it (has it been)? (19)
   ¿cuánto tiempo? how much time? how long? (5)
   ¿cuántos años tienes (tiene Ud.)? how old are you? (11)
   ¿cuántos años vas a cumplir (tú)? how old are you going to be? (11)
cuarenta forty (6)
   cuarenta minutos forty minutes (3)
cuarto, -a fourth (12)
el **cuarto** room; quarter (*of an hour*) (3)
   la **compañera de cuarto** roommate (*f.*) (3)
   el **compañero de cuarto** roommate (*m.*) (3)
cuatro four (3)
cuatrocientos, -as four hundred (12)
cubano, -a *also noun* Cuban (4)
los **cubiertos** place setting (knife, fork, and spoon) (17)
cubierto, -a (**de**) *p.p. of* **cubrir** *and adj.* covered (with) (14)
cubrir to cover (14)
el **cuello** neck (16)
la **cuenta** bill, account (12)
el **cuero** leather (7)
   la **bolsa de cuero** leather purse (bag) (7)
el **cuerpo** body (16)
   todo el cuerpo (the) whole or entire body
el **cuidado** care (11)
   tener (mucho) cuidado to be (very) careful (11)
cultivable (*m. or f.*) cultivable, arable
cultural (*m. or f.*) cultural
   las **funciones culturales** cultural events
la **cumbia** *a Colombian dance* (11)
el **cumpleaños** (*pl.* los **cumpleaños**) birthday (11)
   la **fiesta de cumpleaños** birthday party (11)
cumplir to reach one's birthday, be (*years old*) (11)
   ¿cuántos años vas a cumplir (tú)? how old are you going to be? (11)
   cumplir… años to be . . . years old (i.e., reach the age of . . . years) (11)
los **cuñados** brothers *or* sisters-in-law
Cuzco Cuzco, ancient capital of the Incan empire

D

daño: hacerse ____ to hurt oneself, get hurt (18)
dar to give (7)
   dar a to face, open onto (12)
   dar calabazas to reject (*lit.* to give pumpkins)
   dar un consejo to give (a piece of, some) advice (16)
   dar un paseo to take a walk (ride) (17)
   lo (la) damos por we are offering (selling) it (*m. or f.*) for (7)
de of, from, about (1); to with, as; in (*with time*) (3); than (*before numerals*)
   de actualidad contemporary, of the present time (4)
   de acuerdo agreed, I agree, O.K. (4)
   de casa de (Diana) from (Diane)'s house (6)
   ¿de dónde? (from) where? (2)
   de ninguna manera (in) no way (16)
   de noche at (by) night (8)
   de la mañana (tarde, noche) in the morning (afternoon, evening) (*when a specific hour is given*) (3)
   de postre for dessert (11)
   ¿de qué color…? what color . . . ? (2)
   ¿de quién (*pl.* **¿de quiénes?**) **es (son)?** whose is it (are they)? (3)
   de todos modos in any case (20)
   de veras really, truly (15)
   de vez en cuando from time to time, once in a while, occasionally (6)
   de visita on (for) a visit (5)
   estar de visita to visit, be visiting, be on a visit (5)
debajo de below
deber to owe; must, should, ought to (15)
la **decadencia** decadence
decidir to decide (10)
décimo, -a tenth (12)
decir to say, tell (7)
   ¿cómo se dice…? how do you say . . . ?
   diga, dígame hello (*telephone*) (11)
   dinos = di (*fam. sing. command of* **decir**) + **nos** tell us (16)
   oír decir que to hear (it said) that (19)
   querer (ie) decir to mean (20)

el **dedo** finger (16)
dejar to leave (behind) (11); to let, allow, permit (18)
   no dejar de + *inf.* not to fail to + *verb* (22)
del = **de** + **el** of (from) the (3)
delante de in front of
deleitar to delight
delicioso, -a delicious (22)
la **dependienta** clerk (*f.*) (4)
el **dependiente** clerk (*m.*) (4)
el **deporte** sport (15)
   practicar un deporte to play a sport (15)
   la **sección de deportes** sports section (15)
derecho, -a *adj.* right
   a la derecha to (on, at) the right
   por la derecha on (to) the right (18)
el **derecho** law (6)
desarrollar to develop; *reflex.* to be developed
desayunar(se) to have (eat) breakfast (8)
el **desayuno** breakfast (3)
   con (sin) el desayuno completo with (without) a full breakfast (12)
   desayuno completo full breakfast (12)
   tomar el desayuno to eat *or* have breakfast (3)
descansar to rest (5)
   descansar un rato to rest for a while (5)
desconocido, -a unknown
describir to describe
desde *prep.* since, from (12); for (*time*)
desear to desire, wish, want (8)
   no deseamos nada más we don't want anything else
desgraciadamente unfortunately (8)
el **desierto** desert
desocupado, -a unoccupied, vacant (12)
despacio slowly (14)
la **despedida** farewell (11)
   la **fiesta de despedida** farewell party (11)
despedirse (i, i) (de + *obj.*) to say good-bye (to), take leave (of) (20)
despejado, -a clear (*weather*) (10)
despertar (ie) to arouse, awake; *reflex.* to wake up (8)
despierto, -a awake (16)
después *adv.* afterwards, later (5)
   después de *prep.* after (2)
   después (de) que *conj.* after (20)

poco después shortly afterward (14)
detener (*like* **tener**) to detain, stop; *reflex.* to stop (oneself) (12)
devolver (ue) to return, give *or* take back (13)
el **día** (*note gender*) day (1)
   al día per day (12)
   al día siguiente (on) the following *or* next day (8)
   buenos días good morning, good day (1)
   el **Día de Acción de Gracias** Thanksgiving Day (7)
   hoy día nowadays (6)
   todos los días every day (*lit.*, all the days) (1)
   el **vuelo de día** daytime flight, flight by day (20)
Diana Diane, Diana
diario, -a daily (20)
el **diccionario** dictionary (4)
diciembre December (5)
diecinueve nineteen (3)
dieciocho eighteen (3)
dieciséis sixteen (3)
diecisiete seventeen (3)
el **diente** tooth (8)
diez ten (3)
diferente (*m. or f.*) different (21)
difícil (*m. or f.*) difficult, hard (4)
   no son difíciles de comprender (they) are not difficult to understand (4)
dígame hello (*telephone*) (11)
el **dinero** money (6)
   el **dinero en efectivo** cash (12)
Dios God (11)
   ¡Dios mío! heavens! (my God!) (11)
la **dirección** (*pl.* **direcciones**) direction, address (4)
directo, -a direct (20)
   el **vuelo directo** non-stop (direct) flight (20)
el **director** director (*m.*) (19)
la **directora** director (*f.*) (19)
dirigir to direct (13); **dirigirse a** *reflex.* to turn to, direct oneself to, address (*a person*) (13)
el **disco** record (*phonograph*); disk (11)
   el **disco compacto** compact disk (11)
disfrutar (de + *obj.*) to enjoy (14)
divertido, -a amused, amusing (9)
divertir (ie, i) to divert, amuse; *reflex.* to amuse oneself or enjoy oneself, have a good time (16)
doble (*m. or f.*) double
   la **cama doble** double bed (12)

doce twelve (3)
el **dólar** dollar (*U.S.*) (7)
doler (ue) to ache, pain, hurt (16)
el **dolor** ache, pain (16); sorrow
   tener dolor de cabeza to have a headache (16)
doméstico, -a domestic
dominar to dominate
el **domingo** (on) Sunday (3)
   el **domingo por la mañana** (on) Sunday morning (8)
donde where, in which (3)
¿dónde? where? (2)
   ¿de dónde? (from) where? (2)
dormir (ue, u) to sleep; *reflex.* to fall asleep, go to sleep (16)
el **dormitorio** bedroom, dormitory (17)
dos two (2)
   dos mil two thousand (12)
   los (las) dos both, the two (6)
doscientos, -as two hundred (12)
el **drama** (*note gender*) drama (9)
la **duda** doubt (21)
   sin duda doubtless, no doubt (21)
dudar to doubt (18)
dudoso, -a doubtful (19)
la **dueña** owner (*f.*) (17)
el **dueño** owner (*m.*) (17)
durante *prep.* during, for (8)

E

e and (*used for* **y** *before* **i-**, **hi-** *but not* **hie-**)
echar to throw, cast (22); put (in)
   echar de menos to miss (someone or something) (22)
   echar piropos to pay compliments (22)
la **ecología** ecology
la **economía** (*sing.*) economics (6)
el (la) **economista** economist (6)
el **ecuador** equator (21)
el **edificio** building, edifice (2)
   el **edificio de apartamentos** apartment building (6)
   el **edificio principal** main building (2)
Eduardo Edward
efectivo: el **dinero en** ____ cash (12)
¿eh? eh? right? (8)
el **ejemplo** example (4)
   por ejemplo for example (4)
el **ejercicio** exercise (1)
   el **cuaderno de ejercicios** workbook (2)

el **ejercicio de pronunciación** pronunciation exercise (1)
    hacer ejercicio to exercise (15)
el (*pl.* **los**) the (*m.*)
    el de that of; the one of (with, in)
    el que that; who; which, he (who, whom) that (which)
él he; him, it (*m.*) (*after prep.*) (12)
la **elección** (*pl.* **elecciones**) election (4)
eléctrico, -a electric (17)
    la **sartén eléctrica** electric skillet (17)
Elena Helen, Ellen
ella she; her, it (*f.*) (*after prep.*) (12)
ello *neuter pron.* it
ellos, -as they; them (*after prep.*)
embargo: sin ____ however
eminente (*m. or f.*) eminent
la **emoción** (*pl.* **emociones**) excitement; emotion (15)
emocionante (*m. or f.*) exciting, thrilling (15)
la **empanada** turnover, small meat pie (11)
empezar (**ie**) (**a** + *inf.*) to begin to (18)
la **empleada** employee (*f.*) (19)
el **empleado** employee (*m.*) (19)
emplear to employ, use (22)
el **empleo** employment, job
    la **agencia de empleo** employment agency (19)
la **empresa** company, firm, house (*business*) (19); industrial enterprise
en in, on, at (1)
    en autobús by (in a) bus (8)
    en avión by (in a) plane (5)
    en barco by (in a) boat (8)
    en bicicleta by (on a) bicycle (15)
    en busca de in search of (8)
    en casa at home (1)
    en caso de que *conj.* in case (the event) that (20)
    en clase in class (1)
    en coche by (in a) car (8)
    en cualquier momento (at) any moment (17)
    en cuanto *conj.* as soon as (20)
    en efectivo cash, in cash (12)
    en el mes de (**agosto**) during the month of (August) (5)
    en el número (**cincuenta**) at number (fifty) (6)
    en este tiempo del año in (at) this time of (the) year (12)
    en fin in short (14)
    en la biblioteca at (in) the library (3)

    en la universidad at the university (1)
    en la vida never in my life (16)
    en punto on the dot, sharp (*time*) (3)
    ¿en qué puedo servirle(s)? what can I do for you? how can I help you? (13)
    en seguida at once, immediately (12)
    en serio seriously (9)
    en todas partes everywhere
    en tren by (in a) train (8)
    estar en casa to be at home (8)
encantador, -ora enchanting, charming (14)
encantar to charm, delight (7)
    me encanta el estilo I love (am delighted with, charmed by) the style (7)
encanto: ¡eres un ____! you're a dear! (17)
encontrar (**ue**) to meet, encounter, find (8); *reflex.* to find oneself, be found, be (14)
encontrarse (**ue**) (**con**) to meet, run across, run into someone (21)
enero January (5)
enfermarse to get sick (ill) (16)
la **enfermera** nurse (*f.*) (16)
el **enfermero** nurse (*m.*) (16)
enfermo, -a ill, sick (5)
    estar enfermo, -a to be ill, sick (5)
enfrente de *prep.* across from, in front of (6)
    estar enfrente de to be across from (6)
Enriqueta Henrietta
enseñar to teach (1)
    enseñar a + *inf.* to show, teach (how to) (7)
entender (**ie**) to understand (19)
    entender de (**asuntos de maquinaria agrícola**) to understand *or* have experience in (matters of agricultural machinery) (19)
la **entonación** intonation
entonces *adv.* then, well then, at that time (3)
la **entrada** ticket (*for admission*) (9)
entrar (**en** + *obj.*) to enter, go *or* come in (into) (6)
entre *prep.* between, among (3)
entregar to hand (over) (13); to turn in
entremetido, -a meddlesome (18)
la **entrevista** interview (19)
enviar to send (20)

envolver (**ue**) to wrap (up) (13); to involve
la **época** epoch, period
el **equipaje** baggage, luggage (21)
el **equipo** team (15)
la **era** era
    de la era cristiana Christian era
el **escaparate** shop window (7)
la **escena** scene (15)
el **esclavo** slave
escoger to choose, select (20)
escribir to write (3)
    el **papel de cartas** (**de escribir**) writing paper (4)
el **escritor** writer
escuchar to listen (to) (1)
    escuchar la radio (**las noticias**) listen to the radio (news) (4)
    escuche (**Ud.**) (*pl.* **escuchen** [**Uds.**]) listen
la **escuela** school (10)
    la **escuela secundaria** secondary school, high school (15)
    la **escuela de verano** summer school (15)
    la **Escuela Técnica** (Superior/Advanced) Technological School
la **escultura** sculpture
ese, esa (**-os, -as**) *adj.* that (those) (*nearby*) (6)
ése, ésa (**-os, -as**) *pron.* that, that one (those) (*nearby*) (13)
eso *neuter pron.* that (13)
    a eso de at about (*time*) (3)
    por eso because of that, for that reason, that's why (16)
la **espalda** back (10)
España Spain (2)
    como en España, ¿no? like (as) in Spain, right? (3)
español, -ola Spanish: *noun* Spaniard; *pl.* Spanish (*persons*) (2)
    la **tortilla española** potato omelet (*Spain*)
el **español** Spanish (*the language*) (1)
    la **clase de español** Spanish class (1)
    los **estudiantes de español** students of Spanish (2)
    la **lección de español** Spanish lesson (1)
    el **profesor** (**la profesora**) **de español** Spanish teacher (1)
especial (*m. or f.*) special (7)
    a precio especial on sale, at a special price, at special prices (7)
la **especie** species
el **espectáculo** show (9), public function, performance; spectacle

la **espera** wait
   la **lista de espera** waiting list (20)
esperar to wait, wait for; to expect, hope (6)
   esperar mucho to wait long (*a long time*) (18)
la **esposa** wife (12)
el **esposo** husband (12)
esquiar to ski (10)
   esquiar en el agua to water-ski (10)
establecer to establish; *reflex.* to settle, establish oneself
el **establecimiento** establishment, settlement
la **estación** (*pl.* **estaciones**) season; station (5)
   las **estaciones del año** the seasons of the year (5)
el **estacionamiento** parking (12)
el **estadio** stadium (15)
el **estado** state
   el **Estado Libre Asociado** Associated Free State (Commonwealth)
   los **Estados Unidos** the United States (1)
estadounidense (*m. or f.*) US, American
   el **torneo estadounidense** US Open
la **estampilla** stamp (14)
estar to be (5)
   estar apurado, -a to be in a hurry (*Am.*) (9)
   estar casado, -a to be married (5)
   estar contento, -a to be happy (5)
   estar de vacaciones to be on vacation (5)
   estar de visita to visit, be visiting, be on a visit (5)
   estar en casa to be at home (8)
   (**estar**) **en el centro** (to be) downtown (13)
   estar enfermo, -a to be ill, sick (5)
   estar enfrente de to be across from (6)
   estar (**muy**) **bien** to be (very) well (5)
   está (**muy**) **de moda** it's (very) much in fashion (7)
   estar nublado to be cloudy (*sky*) (10)
   estar regular to be so-so (5)
   estar seguro, -a de que to be sure that (6)
este, esta (**-os, -as**) *adj.* this (these) (6)

esta misma tarde this very afternoon (17)
   esta vez this time (11)
éste, ésta (**-os, -as**) *pron.* this, this one (these); the latter (13)
el **este** east
el **estéreo** stereo (17)
el **estilo** style (7)
   me encanta el estilo I love (am delighted with, charmed by) the style (7)
esto *neuter pron.* this (13)
el **estómago** stomach (16)
el (la) **estudiante** student (1)
   los **estudiantes de español** students of Spanish (2)
   la **residencia** (**de estudiantes**) (student) dormitory, residence hall (3)
estudiar to study (1)
   tener mucho que estudiar to have a great deal to study (6)
el **estudio** study (6)
estupendo, -a stupendous, great, wonderful (8)
   (**ella**) **se ve estupenda** (she) looks great (14)
evidente (*m. or f.*) evident
el **examen** (*pl.* **exámenes**) exam (11)
   los **exámenes finales** final exams, finals (11)
excelente (*m. or f.*) excellent (4)
la **excursión** (*pl.* **excursiones**) excursion, trip (10)
   hacer una excursión to take (make) an excursion (a trip) (15)
   salir de excursión to go (set out) on an excursion (10)
excusar to excuse; *reflex.* to excuse oneself (20)
el **éxito** success, "hit" (9)
   tener (**mucho**) **éxito** to be (very) successful (22)
la **expresión** (*pl.* **expresiones**) expression(s) (1)
extenso, -a extensive
extranjero, -a foreign (4)
   la **librería de libros extranjeros** foreign bookstore (4)
extrañar to surprise (18)
   me extraña I am surprised, it surprises me (18)
extraño, -a strange (19)

F

la **fábrica** factory (19); fabric
fácil (*m. or f.*) easy (4)
facturar to check (*baggage*) (20)

la **Facultad** School (*in a university*) (6)
   la **Facultad de Administración de Negocios** Business School, School of Business Administration (6)
   la **Facultad de Arquitectura** School of Architecture
   la **Facultad de Ingeniería** School of Engineering
   la **Facultad de Medicina** Medical School, School of Medicine (6)
la **falda** skirt (7)
fallar to fail (18)
la **falta** lack, want (21)
   sin falta without fail (21)
la **familia** family (1)
familiar (*m. or f.*) familiar
famoso, -a famous (9)
fantasía: las joyas de _____ costume jewelry (13)
fantástico, -a fantastic, "great" (9)
farmacéutico, -a pharmaceutical
la **farmacia** drugstore, pharmacy (6)
el **favor** favor (11)
   hága(n)me *or* **haga(n) el favor de** + *inf.* please + *verb*
   ¿**nos hace Ud. el favor de decirnos...** ? will you please tell us . . . ?
   por favor please (1)
febrero February (5)
la **fecha** date (12)
   ¿**cuál es la fecha?** what's the date? (12)
   ¿**para qué fecha(s)?** for (by) what date(s)? (12)
felicitar to congratulate (22)
Felipe Philip
feliz (*m. or f.*; *pl.* **felices**) happy (17)
feo, -a ugly (4)
Fernando Ferdinand
festejar to honor, entertain
el **festival** festival
la **fiebre** fever (16)
   tener (**muchísima**) **fiebre** to have a (very high) fever (16)
la **fiesta** party, festival, holiday (11)
   la **fiesta de cumpleaños** (**despedida, Año Nuevo**) birthday (farewell, New Year's) party (11)
figurar to figure
fijo, -a fixed (7)
   tener precio fijo to have fixed prices (7)
el **fin** end
   en fin in short (14); in sum
   el **fin de semana** the weekend (8)
   por fin finally (6)
final (*m. or f.*) final (11)

los **exámenes finales**   final exams, finals (11)
la **final**   final match (*game*), finals (*sports*) (15)
la **semifinal**   semifinal match (15)
fino, -a   fine, nice (7)
firmar   to sign (22)
firme (*m. or f.*)   firm, solid
fiscal (*m. or f.*)   fiscal
el **flan**   flan (*a custard*) (11)
la **flor**   flower (16)
el **fondo**   bottom, depth (14)
la **forma**   form (22)
la **foto**   photo (12)
   sacar fotografías (**fotos** [*f.*])   to take photographs (photos) (12)
la **fotografía**   photograph, picture (2)
   las **fotografías a colores**   color photographs (2)
   sacar fotografías (**fotos** [*f.*])   to take photographs (photos) (12)
el **francés**   French (*the language*) (1)
   la **clase de francés**   French class (1)
   la **lección de francés**   French lesson (1)
   el **profesor** (la **profesora**) **de francés**   French teacher
   el **torneo francés**   French Open
francés, -esa   French; *noun* Frenchman, Frenchwoman; *pl.* French (*persons*) (2)
la **frase**   sentence, expression (4)
el **freno**   brake (*of a car*) (18)
fresco, -a   cool (10)
el **fresco**   coolness (10)
   hacer (**mucho**) **fresco**   to be (very) cool (*weather*) (10)
el **frío**   cold (10)
   hacer (**mucho**) **frío**   to be (very) cold (*weather*) (10)
   tener (**mucho**) **frío**   to be (very) cold (*living beings*) (11)
frío, -a   cold (10)
la **frontera**   frontier, border (10)
la **función** (*pl.* **funciones**)   function, event
   las **funciones culturales**   cultural events
la **funda**   pillowcase (17)
el **fútbol**   soccer, football (15)
   el **fútbol americano**   football (15)
   el **jugador de fútbol**   soccer player
el **futuro**   future (22)

G

el **gabinete**   cabinet, display case; office (*of a doctor or lawyer*); advisory council (*government*)

las **gafas**   (eye)glasses, spectacles (8)
el **ganado**   cattle, livestock (10)
ganar   to gain, earn, win (6)
ganas: tener ____ de   to feel like
la **ganga**   bargain (17)
el **garaje**   garage (12)
la **garganta**   throat (16)
la **gasolina**   gasoline (8)
la **generación** (*pl.* **generaciones**)   generation
generalmente   generally (3)
el **genio**   genius (18)
   (**tú**) **eres un genio en el volante**   you are a genius at the wheel (18)
la **gente**   people (*requires sing. verb*) (10)
el (la) **gerente**   manager (17)
el **gimnasio**   gym (15)
gitano, -a *also noun*   gypsy
el **gobierno**   government (6)
el **golf**   golf (15)
la **gota**   drop (16)
gozar (**de** + *obj.*)   to enjoy (10)
la **grabadora**   (tape)recorder (17)
   la **videograbadora**   video recorder (VCR) (17)
gracias   thank you, thanks (5)
   el **Día de Acción de Gracias**   Thanksgiving Day (7)
el **grado**   degree (*weather*) (10)
   hacer... grados   to be ... degrees (*temperature*) (10)
graduarse (**de**)   to graduate (as *or* from) (19)
gran *adj.*   large, great (*used before sing. noun*) (16)
grande   large, big (2)
   las **grandes ligas**   big leagues
   más grande   (the) larger, largest (16)
grave (*m. or f.*)   grave, serious (18)
el **grupo**   group (2)
el **guacamole**   guacamole salad; avocado salad (11)
el **guante**   glove (21)
guapo, -a   handsome, good-looking (2)
la **guayabera**   *shirt with fancy work, worn outside trousers* (13)
la **guerra**   war
   la **película de guerra**   war movie *or* film (9)
la **guía**   guidebook; guide (*f.*) (15)
gustar   to like, be pleasing to (someone) (7)
   ¡cuánto me gustaría viajar...!   how I should (would) like to travel...! (22)

me gusta que...   I like it that... (18)
el **gusto**   pleasure, delight (5)
   con mucho gusto   gladly, with great pleasure (5)
   el **gusto es mío**   the pleasure is mine (20)
   mucho gusto en conocerla   (I am) pleased (glad) to know you *or* nice meeting (to meet) you (*formal f. sing.*) (20)

H

haber   to have (*auxiliary*); to be (*impersonal*) (14)
había   there was, there were (10)
hay   there is, there are (2); *See separate entry under* **hay** *for the list of expressions with* **hay**
la **habitación** (*pl.* **habitaciones**)   room (12)
   la **habitación para dos**   double room (a room for two) (12)
hablar   to speak, talk (1)
   hablar más alto   to talk louder, more loudly (14)
   háblele (**Ud.**) **de cómo...**   speak to him (her) about how... (9)
   (**te**) **habla Silvia**   Sylvia is speaking (to you); this is Sylvia speaking *or* talking (to you) (7)
hacer   to do, make (8); to be (*weather*) (10); *reflex.* (19)
   ¿cuánto tiempo hace?   how long is it (has it been)? (19)
   ¿cuánto tiempo hace que Uds. volvieron?   how long has it been since you returned? (14)
   hace apenas (**unos minutos**) **que**   it has been scarcely (a few minutes) since (14)
   hace buen tiempo   the weather is fine (nice) (10)
   hace poco   a short while ago, not long ago (10)
   hacer aeróbic   to do aerobics (15)
   hacer (**mucho**) **calor/fresco/frío/sol/viento**   to be (very) hot/cool/cold/sunny/windy (*weather*) (10)
   hacer caso a   to notice, listen to, pay attention to (16)
   hacer ejercicio   to exercise (15)
   hacer el viaje   to make (take) the trip (8)
   hacer... grados   to be ... degrees (*temperature*) (10)

hacer juego con   to match, go (or make a set) with (13)
hacer la maleta   to pack one's bag (20)
hacer la solicitud   to apply, submit the application (19)
hacer reservas   to make reservations (a reservation) (12)
hacer una excursión   to take (make) an excursion (a trip) (15)
hacer una pregunta (a)   to ask a question (of) (21)
hacer una recomendación   to give a recommendation (19)
hacerse daño   to hurt oneself, get hurt (18)
hága(n)me or haga(n) Ud(s). el favor de + *inf.*   please + *verb* (11)
hazle = **haz** (*fam. sing. command of* **hacer**) + **le**   do (something) for him or her (16)
no tener nada que hacer   not to have anything (to have nothing) to do (21)
¿qué tiempo hace/hacía?   how is/was the weather? (10)
hallar   to find; *reflex.* to find oneself, be found, be (14)
la **hamaca**   hammock (13)
el **hambre** (*f., pl.* las **hambres**) hunger (11)
   tener hambre   to be hungry (11)
hasta *prep.*   until, to, up to (3)
   hasta el viernes   until (see you) Friday (11)
   hasta la vista   until (see you) later (20)
   hasta luego   so long, until later, see you later (3)
   hasta mañana   until (see you) tomorrow (21)
   hasta pronto   until (see you) soon (5)
hasta que *conj.*   until (20)
hay   there is, there are (2)
   hay que + *inf.*   one (you, we, people, etc.) must *or* it is necessary to + *verb* (14)
   no hay de qué   you're welcome, don't mention it (20)
   no hay heridos ni ambulancias there aren't any injured persons or ambulances (there are no . . . nor . . .) (18)
   no hay problema   there is no (isn't any) problem (8)
¿qué distancia hay?   how far is it?

¿qué hay de nuevo?   what's new? what do you know? (5)
el **hemisferio**   hemisphere
el **herido**   wounded (injured) person (*m.*) (18)
la **hermana**   sister (5)
el **hermano**   brother; *pl.* brothers, brother(s) and sister(s) (5)
hermoso, -a   beautiful, handsome (14)
el **hielo**   ice (11)
el **hierro**   iron
la **hija**   daughter; dear (*f.*) (*in direct address*) (5)
el **hijo**   son; *pl.* children (*m. and f.*) (5)
el **hilo**   linen (7)
hispánico, -a   Hispanic (4)
hispano, -a   Spanish, Hispanic (15)
Hispanoamérica   Spanish America (2)
hispanoamericano, -a *also noun* Spanish American (2)
la **historia**   history (6)
   la **clase de historia del arte**   art history class
hojear   to turn the pages of (15)
¡hola!   hello! hi! (1)
el **hombre**   man (10)
   el **hombre de negocios** businessman (19)
el **honor**   honor
la **hora**   hour, time (*of day*) (3)
   a cualquier hora   at any time (*hour*) (21)
   ¿a qué hora... ?   (at) what time . . . ? (3)
   ¿qué hora es?   what time is it? (3)
   ¿qué hora será?   I wonder what time it is? (15)
   ser hora de   to be time to (22)
el **horario**   timetable (3)
   el **horario de las comidas**   meal hours, time (schedule) of meals (3)
el **horno**   oven (17)
   el **horno microondas**   microwave oven (17)
horrible (*m. or f.*)   horrible (10)
el **hospital**   hospital (16)
el **hotel**   hotel (12)
hoy *adv.*   today (3)
   hoy día   nowadays (6)
la **humedad**   humidity (10)

I

la **ida**   departure (20)
   el **boleto de ida y vuelta**   round-trip ticket (20)
la **idea**   idea (8)

ideal (*m. or f.*)   ideal (17)
el **idioma** (*note gender*)   language
la **iglesia**   church (16)
imaginarse   to imagine (19)
impenetrable (*m. or f.*)   impenetrable
el **impermeable**   raincoat (21)
importante (*m. or f.*)   important (6)
imposible (*m. or f.*)   impossible (7)
la **industria**   industry
industrial (*m. or f.*)   industrial
Inés   Inez, Agnes
la **inestabilidad**   instability
inferior (*m. or f.*)   inferior
la **influencia**   influence
influir   to influence
la **información**   information (20)
informar   to inform (20)
la **informática**   computer science (6)
la **ingeniera**   engineer (*f.*) (6)
la **ingeniería**   engineering (6)
   la **Facultad de Ingeniería**   School of Engineering
   la **Ingeniería Agrícola**   Agricultural Engineering (19)
el **ingeniero**   engineer (*m.*) (6)
el **inglés**   English (*the language*) (1)
   la **clase de inglés**   English class (1)
   la **lección de inglés**   English lesson (1)
   el **profesor** (la **profesora**) **de inglés** English teacher (1)
ingresar (**en** + *obj.*)   to enter, enroll (in) (15)
innumerable (*m. or f.*)   innumerable
inolvidable (*m. or f.*)   unforgettable (21)
insistir en   to insist upon (17)
inspirar   to inspire
el **instituto**   institute
intelectual (*m. or f.*)   intellectual
inteligente (*m. or f.*)   intelligent
interesante (*m. or f.*)   interesting (2)
interesar   to interest (12)
el **interior**   interior; *also adj.*
internacional (*m. or f.*) international
interno, -a   internal, domestic (20)
   la **línea interna**   domestic airline (20)
la **interpretación** (*pl.* las **interpretaciones**) interpretation
el **invierno**   winter (5)
la **invitación** (*pl.* **invitaciones**) invitation (11)
el **invitado**   guest (*m.*) (11)
invitar (**a** + *inf.*)   to invite (to) (6)
   invitar a casa   to invite to one's house (21)
ir (**a** + *inf.*)   to go (to + *verb*) (3); *reflex.* to go (away), leave (18)

ir al centro   to go downtown (4)
   (ir) camino de   (to be *or* go) on the (one's) way to (10)
   (ir) de compras   (to go) shopping (7)
   ir de pesca   to go fishing (14)
   ir de vacaciones   to go on a vacation (5)
   ¡que les vaya bien!   good luck! (*lit.*, may it go well with you! [*pl.*])
   vamos (a otra tienda)   let's go *or* we are going (to another store) (7)
Isabel   Isabel, Elizabeth, Betty
la **isla**   island (19)
Italia   Italy (15)
el **italiano**   Italian (*the language*) (1); *also adj.*
izquierdo, -a   left
   por la izquierda   on (to) the left (18)

J

el **jabón** (*pl.* **jabones**)   soap (12)
Jaime   James, Jim
el **japonés**   Japanese (*the language*) (1); *also adj.*
el **jarabe**   syrup (16)
   el **jarabe para la tos**   cough syrup (16)
el **jardín** (*pl.* **jardines**)   garden
el (la) **jefe**   boss (19)
Jesucristo: antes de ____   B.C.
Jorge   George
José   Joseph
joven (*pl.* **jóvenes**)   young (6)
el **joven**   young man; *pl.* young men, young people (6)
la **joven**   young woman, girl (6)
la **joya**   jewel; *pl.* jewels, jewelry (13)
   las **joyas de fantasía**   costume jewelry (13)
la **joyería**   jewelry shop (store) (13)
Juan   John
el **juego**   game (15)
   hacer juego con   to match, go (or make a set) with (13)
el **jueves**   (on) Thursday (3)
   el **jueves por la noche**   (on) Thursday evening (7)
el **jugador**   player (*m.*) (15)
la **jugadora**   player (*f.*) (15)
jugar (**ue**) (**a** + *obj.*)   to play (a game) (15)
el **jugo**   juice (16)
julio   July (4)
junio   June (5)
junto a *prep.*   near (to), close to (11)

juvenil (*m. or f.*) youthful, young-looking (7)

K

el **kilómetro**   kilometer (5/8 mile)

L

la (*pl.* **las**)   the (*f.*)
   la(s) de   that (those) of; the one(s) of (with, in)
   la(s) que   who; that; which; she (those) who (whom, which); the one(s) who (that, whom, which)
la *dir. obj. pron.*   her, it (*f.*), you (*formal f. sing.*) (6)
el **labio**   lip (8)
   pintarse los labios   to put on lipstick (8)
el **laboratorio**   laboratory (1)
el **lado**   side (8)
   al lado de *prep.*   beside, next to, at the side of (8)
el **lago**   lake (10)
la **lana**   wool (21)
   la **ropa de lana**   wool clothes, woolen clothing (21)
el **lápiz** (*pl.* **lápices**)   pencil(s) (2)
largo, -a   long (4)
   a lo largo de   throughout
las *dir. obj. pron.*   them (*f.*), you (*f. pl.*) (6)
la **lástima**   pity, shame (5)
   es una lástima   it's a pity (too bad) (19)
   ¡qué lástima!   too bad! what a pity (shame)! (5)
lastimarse   to get hurt, to hurt oneself (16)
   me lastimé el (*or* **la**)…   I hurt (injured) my . . . (16)
latino, -a   Latin
   América Latina   Latin America
Laura   Laura
la **lavadora de platos**   dishwasher (17)
lavar   to wash (something); *reflex.* to wash (oneself) (8)
   lavarse la cara (**las manos, el pelo**)   to wash one's face (hands, hair) (8)
le *dir. obj. pron.*   him, you (*formal m. sing.*); *indir. obj. pron.* (to, for) him, her, it, you (*formal sing.*) (7)
la **lección** (*pl.* **lecciones**)   lesson(s) (1)
   la **lección de español** (**alemán, francés, inglés**)   The Spanish

(German, French, English) lesson (1)
la **lectura**   reading (selection)
leer   to read (1)
lea (**Ud.**) (*pl.* **lean** [**Uds.**])   read
lejos de *prep.*   far from (3)
la **lengua**   language, tongue (1)
el **lenguaje**   language
les *indir. obj. pron.*   (to, for) them, you (*pl.*) (7)
   les indica… que sigan adelante   he or she indicates to them . . . to continue ahead
levantar   to raise; *reflex.* to get up, rise
la **ley**   law
liberal: las artes ____ **es**   liberal arts (6)
libre (*m. or f.*)   free, available (15)
   al aire libre   outdoor, open-air
   el **Estado Libre Asociado**   Associated Free State (Commonwealth)
   el **tiempo libre**   free time (15)
la **librería**   bookstore (4)
   la **librería de libros extranjeros**   foreign bookstore (4)
el **libro**   book (2)
   el **libro** (**de español**)   (Spanish) book (2)
la **licencia de manejar** (**conducir**)   driver's license (18)
la **liga**   league
   las **grandes ligas**   big leagues
ligero, -a   light (*weight*) (21)
el **limón** (*pl.* **limones**)   lemon
la **línea**   line (*telephone*) (5)
   la **línea aérea**   airline (21)
   la **línea interna**   domestic airline (20)
la **lista**   list (13)
   la **lista de espera**   waiting list (20)
   la **lista de regalos**   gift registry; gift list (17)
listo, -a   ready (21)
llamar   to call; to knock (*at the door*) (5); *reflex.* to be called, be named (8)
   llamar a la puerta   to knock, knock at (on) the door (5)
   llamar por teléfono   to telephone (call), talk by (on the) telephone (5)
la **llanura**   plain
la **llave**   key (12)
el **llavero**   key chain, key ring (13)
la **llegada**   arrival (5)
llegar   to arrive (2)
   ahí llega   there comes (arrives) (2)
   (**llegar**) **a casa**   (to arrive) home (3)

(llegar) al centro (to arrive) downtown (7)
lleno, -a full (7)
llevar to take, carry (8); to wear, take (21); to bear; *reflex.* to take (away with oneself) (13)
llover (ue) to rain (10)
  llover a cántaros to rain cats and dogs (10)
lo *dir. obj. pron.* him, you (*formal m. sing.*), it (*m. and neuter*) (6)
lo *neuter article* the
loco, -a crazy, wild, mad (19)
  volverse (ue) loco, -a to become *or* go crazy (wild, mad) (19)
el lodo mud (10)
Lola Lola
los *dir. obj. pron.* them, you (*m. pl.*) (6)
los the (*m. pl.*)
  los de those of; the ones of (with, in)
  los (las) dos both, the two (6)
  los que who; that; which; the ones *or* those who (that, which, whom)
Los Ángeles Los Angeles (8)
luego *adv.* then, next, later (6)
  desde luego of course
  hasta luego so long, until later, see you later (3)
luego que *conj.* as soon as (20)
el lugar place (13)
  en lugar de instead of, in place of
Luis Louis
Luisa Louise
la luna moon (10)
  la luna de miel honeymoon (20)
el lunes (on) Monday (3)

M

la madre mother (5)
la maestría master's degree (M.A., M.B.A., M.S., etc.) (22)
magnífico, -a magnificent, fine (21)
mal *adv.* badly (1); *adj. used for* **malo** before *m. sing.* nouns (9)
  (ella) se ve (muy) mal (she) looks (very) bad/ill (14)
la maleta suitcase, bag (20)
  hacer la maleta to pack one's bag (20)
malo, -a bad (2)
  ¡qué mala suerte! what bad luck! (18)
la mamá mama, mom, mother (5)
mandar to send, order (4)
manejar to drive (*Am.*) (18)

la licencia de manejar (conducir) driver's license (18)
la manera manner, way
  de ninguna manera (in) no way (16)
la mano (*note gender*) hand (8)
  lavarse las manos to wash one's hands (8)
la manta blanket (12)
el mantel tablecloth (17)
la mañana morning (3)
  ayer por la mañana yesterday morning (14)
  de la mañana in the morning (*when a specific hour is given*) (3)
  el domingo por la mañana (on) Sunday morning (8)
  hasta mañana until (see you) tomorrow (21)
  mañana por la mañana (tarde, noche) tomorrow morning (afternoon, night *or* evening) (14)
  por la mañana in the morning (*no specific hour given*) (3)
  el vuelo de la mañana morning flight (20)
mañana *adv.* tomorrow (7)
  pasado mañana the day after tomorrow (21)
el mapa (*note gender*) map (2)
la maquinaria machinery (19)
el mar sea, ocean
  el mar Caribe Caribbean Sea
la maravilla marvel, wonder
la marca brand, kind, make (21)
marcha: moderar la ___ to slow down (18)
marcharse (de + *obj.*) to leave (from) (22)
Margarita Margaret, Marguerite
María Mary
marrón (*m. or f.*) brown (7)
Marta Martha
el martes (on) Tuesday (3)
marzo March (5)
más *adv.* more, most (1)
  algo más something more, anything else (13)
  lo más pronto posible as soon as possible (17)
  más + *adj.* + **(que)** more + *adj.* or *adj.* + -er + (than) (7)
  más + *adv.* + **que** -er + than *or* more + -ly + than
  más de more than
  más o menos more or less, approximately (3)
  más que nunca more than ever (9)

más tarde later (11)
valer más to be better (21)
la máscara mask
maya (*m. or f.*) *also noun* Maya, Mayan (14)
mayo May (5)
(el, la) mayor (the) older, greater, oldest, greatest (16)
  la mayor parte de most (of), the greater part of (16)
  la Plaza Mayor Main Square (*in center of Old Madrid*)
me *obj. pron.* me (6); to (for) me (7); (to, for) myself
la medianoche midnight (3)
  a (la) medianoche at midnight (3)
la medicina medicine (6)
  la Facultad de Medicina Medical School, School of Medicine (6)
medicinal (*m. or f.*) medicinal
médico, -a medical
  el consultorio médico medical clinic
el médico doctor, physican (*m.*) (16)
medio, -a half, a half (3)
el mediodía noon (3)
  al mediodía at noon (3)
mejor *adj. and adv.* better, best (12); el, la **mejor** the better, best (16)
mejorar to improve; *reflex.* to get better (16)
(el, la) menor (the) smaller, younger, smallest, youngest (16)
menos less (3); least; fewer; except
  a menos que *conj.* unless (20)
  al menos at least (16)
  echar de menos to miss (someone or something) (22)
  más o menos more or less, approximately (3)
  menos + *adj.* + **(que)** *adj.* + -er + (than) *or* less + *adj.* + (than) (7)
  menos + *adv.* + **que** -er + than *or* less + -ly + than
menudo: a ___ often, frequently (6)
el mercado market (13)
la mercancía merchandise
merecer to deserve
el merengue *a Caribbean dance* (11)
el mes month (5)
  al mes a (per) month, monthly (17)
  en el mes de (agosto) during the month of (August) (5)
  el mes pasado last month (9)
la mesa table, desk (2)
mexicano, -a *also noun* Mexican (2)
México Mexico (2)
  el golfo de México Gulf of Mexico
la mezcladora mixer (17)
mi(s) *adj.* my (4)

mí *pron.* me, myself (*after prep.*) (12)
miel: la **luna de** ___ honeymoon (20)
mientras (**que**) *conj.* while, as long as (3)
el **miércoles** (on) Wednesday (3)
   el (**miércoles**) **que viene** next (Wednesday) (9)
Miguel Michael, Mike
mil one thousand, a thousand (12); *pl.* thousands
   cien mil one hundred thousand (12)
   dos mil two thousand (12)
militar (*m. or f.*) military
el **millón** (*pl.* **millones**) (**de**) million (12)
el **minuto** minute (*time*) (3)
mío, -a *adj.* my, (of) mine (11)
   ¡Dios mío! heavens! (my God!)
   (**el**) **mío**, (**la**) **mía**, (**los**) **míos**, (**las**) **mías** *pron.* mine (20)
   el gusto es mío the pleasure is mine (20)
mirar to look at, watch (3)
   (**él**) **mira el reloj** (he) looks at the (his) watch (clock) (3)
   mirar la televisión (**las noticias**) to look at (watch) television (the news) (4)
   mirar por televisión to watch on TV (15)
la **misa** mass (16)
la **misión** (*pl.* **misiones**) mission (8)
mismo, -a same (7)
   esta misma tarde this very afternoon (17)
   por sí mismo, -a by itself, himself, herself
el **misterio** mystery (9)
   la **película de misterio** mystery movie *or* film (9)
misterioso, -a mysterious
el **mocasín** (*pl.* **mocasines**) moccasin (7)
la **moda** style, fashion, fad (7)
   está (**muy**) **de moda** it's (very) much in fashion (7)
moderar la marcha to slow down (18)
moderno, -a modern (17)
el **modo** manner, means, ways (7)
   de todos modos in any case (20)
   ¡ni modo! no way! certainly not! (7)
molestar to bother, disturb, molest (11)
la **molestia** bother, annoyance (16)
el **momento** moment (6)
   en cualquier momento (at) any moment (17)

la **monarquía** monarchy
la **moneda** money
la **montaña** mountain (10)
mostrar (**ue**) to show (15)
la **muchacha** girl (2)
el **muchacho** boy (2)
muchísimo *adv.* very much (16)
muchísimo, -a (**-os, -as**) very much (many) (16)
mucho *adv.* much, a lot, a great deal (1)
   esperar mucho to wait long (a long time) (18)
mucho, -a (**-os, -as**) much, a lot of; (*pl.*) many (2)
   con mucho gusto gladly, with great pleasure (5)
   mucho gusto (I am) pleased *or* glad to know *or* meet you
   mucho gusto en conocerla (I am) pleased (glad) to know you *or* nice meeting (to meet) you (*formal f. sing.*) (20)
los **muebles** furniture (17)
   la **fábrica de muebles** furniture factory
la **mujer** woman (10)
   la **mujer de negocios** businesswoman (19)
   la **mujer policía** police officer (*f.*) (18)
mundial *adj.* world (15)
   la **Copa Mundial** World Cup (15)
el **mundo** world (4)
   todo el mundo everybody (9)
mural *adj. m. or f., also m. noun* mural
la **música** music (9)
musical (*m. or f.*) musical (9)
   la **comedia musical** musical comedy *or* play (9)
   la **película musical** musical movie *or* film (9)
musulmán, -ana *also noun* Mussulman, Moslem (12)
muy *adv.* very (1)
   ¡muy bien! very well! (that's) fine! (1)

N

nada *pron.* nothing, (not) ... anything (9)
   de nada you're welcome, don't mention it
   no deseamos nada más we don't want anything else
   no tener nada que hacer not to have anything (to have nothing) to do (21)

nadar to swim (10)
nadie *pron.* no one, nobody, (not) ... anybody (anyone) (9)
la **nariz** (*pl.* **narices**) nose (16)
la **natación** swimming (15)
natal (*m. or f.*) natal
natural (*m. or f.*) natural; *noun* native
   las **ciencias naturales** natural sciences (6)
naval (*m. or f.*) naval
la **Navidad** Christmas (8)
   las **vacaciones de Navidad** Christmas vacation (8)
la **neblina** fog (10)
necesario, -a necessary (4)
necesitar to need (1)
el **negocio** business (company); *pl.* business
   la **administración de negocios** business administration (6)
   la **Facultad de Administración de Negocios** Business School, School of Business Administration (6)
   el **hombre de negocios** businessman (19)
   la **mujer de negocios** businesswoman (19)
   el **viaje de negocios** business trip (19)
negro, -a black (2)
nervioso, -a nervous
   ponerse nervioso, -a to get (become) nervous (19)
nevar (**ie**) to snow (10)
ni neither, nor, (not) ... or (7)
   ¡ni modo! no way! certainly not! (7)
   ni... ni neither ... nor, no (not) ... any ... or
la **niebla** fog (10)
los **nietos** grandchildren
la **nieve** snow (10)
ningún (*used for* **ninguno** *before m. sing. nouns*) no, none, (not) ... any
ninguno, -a *adj. and pron.* no one, none, (not) ... any (anybody, anyone); nobody (9)
   de ninguna manera (in) no way (16)
la **niñez** childhood (10)
no no, not (1)
   ¡cómo no! of course!, certainly! (4)
   hoy no not today
   ¿no? aren't you?, isn't it?, do you?, etc. (3)
   no dejar de + *inf.* not to fail to + *verb* (22)
   ¿(no es) verdad? aren't you?, isn't it?, do you?, etc. (3)

no hay de qué you're welcome, don't mention it (20)
no hay heridos ni ambulancia there aren't any injured persons or ambulance (there are no . . . nor . . .) (18)
no hay problema there is no (isn't any) problem (8)
no lo sé I don't know (15)
no quedan asientos no seats are left (remain), there aren't any seats left (20)
no tener nada que hacer not to have anything (to have nothing) to do (21)
todavía no not yet (21)
noble (*m. or f.*) noble
la **noche** night, evening (1)
  buenas noches good evening, good night (1)
  de la noche in the evening (*when a specific hour is given*) (3)
  de noche at (by) night (8)
  esta noche tonight
  el jueves por la noche (on) Thursday evening (7)
  mañana por la noche tomorrow night *or* evening (14)
  por la noche in the evening (*no specific hour given*) (3)
  los sábados por la noche (on) (Saturday) evenings/nights (9)
  todas las noches every night (3)
el **nordeste** northeast
Norteamérica North America (9)
norteamericano, -a *also noun* North American (2)
nos *obj. pron.* us (6); to (for) us (7); (to, for) ourselves
nosotros, -as we (1); us; ourselves (*after prep.*) (12)
la **nota** note, grade
notable (*m. or f.*) notable, noteworthy
la **noticia** notice, news item, piece of news; *pl.* news (4)
  escuchar las noticias listen to the news (4)
  mirar las noticias to watch the news (4)
novecientos, -as nine hundred (12)
noveno, -a ninth (12)
noventa ninety (6)
la **novia** girlfriend (steady); fiancée, bride (17)
el **noviazgo** courtship
noviembre November (5)
el **novio** boyfriend (steady); fiancé, groom (17)
la **nube** cloud (10)
nublado, -a cloudy (10)
estar nublado to be cloudy (sky) (10)
la **nuera** daughter-in-law
nuestro, -a *adj.* our (4); of ours (11)
  (**el**) **nuestro**, (**la**) **nuestra**, (**los**) **nuestros**, (**las**) **nuestras** *pron.* ours (20)
nueve nine (3)
nuevo, -a new (4)
  el **Año Nuevo** New Year (11)
  ¿qué hay de nuevo? what's new? what do you know? (5)
el **número** number (6)
  en el número (cincuenta) at number (fifty) (6)
  el **número de baile** dance number (9)
nunca *adv.* never, (not) . . . ever (9)
  más que nunca more than ever (9)

O

o or (2)
el **objeto** object (13)
  los **objetos de cerámica** ceramics, pottery objects, pieces of pottery (13)
obstante: no ___ nevertheless
obtener (*like* **tener**) to obtain, get (19)
occidental (*m. or f.*) western
ochenta eighty (6)
ocho eight (3)
ochocientos, -as eight hundred (12)
octavo, -a eighth (12)
octubre October (5)
ocupado, -a occupied, busy (5)
el **oeste** west (9)
  la **película del oeste** western movie *or* film (9)
oficial (*m. or f.*) official
la **oficina** office (5)
  la **oficina del periódico** newspaper office (8)
ofrecer to offer (11)
oír to hear, listen (14)
  casi no se oye one can hardly (scarcely) hear (14)
  oír decir que to hear (it said) that (19)
¡ojalá (**que**)**!** would that! I wish that! (22)
el **ojo** eye (8)
  pintarse los ojos to put on eye makup (8)
la **ola** wave
  correr las olas to surf (10)
olvidar to forget (4)
once eleven (3)

la **opinión** (*pl.* **opiniones**) opinion (17)
la **oportunidad** opportunity, chance (21)
  tener la oportunidad de + *inf.* to have the opportunity of (to) + *verb* (21)
la **oposición** (*pl.* **oposiciones**) competitive examination
optativo, -a optional
el **orden** (*pl.* **órdenes**) order (arrangement)
  de primer orden of high rank, first-class
la **orden** (*pl.* **órdenes**) order, command; religious order
el **ordenador** word processor, computer (17)
la **oreja** (outer) ear (16)
organizar to organize (18)
oriental (*m. or f.*) oriental, eastern
el **origen** (*pl.* **orígenes**) origin
originar(se) to originate
la **orilla** bank, shore
  a orillas de on the banks of
el **oro** gold (13)
  (el **arete**) **de oro** gold (earring) (13)
os *obj. pron.* you (*fam. pl.*) (6); to (for) you (7); (to, for) yourselves
el **otoño** fall, autumn (5)
otro, -a another, other; *pl.* other(s) (1)
  otra vez again (9)
¡oye! (*fam. sing. command of* **oír**, to hear) listen! say! hey! (3)

P

Pablo Paul
la **paciencia** patience (16)
  tener paciencia to be patient (18)
el **padre** father; *pl.* parents (5)
los **padrinos** godfather and godmother of a child
la **paella** paella (*a rice dish containing chicken, meat, shellfish, and vegetables cooked with saffron*) (11)
pagar to pay, pay for (12)
  pagar con tarjeta de crédito to pay with a credit card (12)
  pagar en efectivo to pay cash (12)
la **página** page
el **país** (*pl.* **países**) country (4)
la **paja** straw (13)
la **palabra** word (1)
Panamá Panama (2)
panameño, -a *also noun* Panamanian (2)

los **pantalones** trousers, pants, slacks (7)
   los **pantalones cortos** shorts (7)
el **papá** papa, dad, father (5)
el **papel** paper (2)
   el **papel de cartas** (**de escribir**) writing paper (4)
   la **servilleta de papel** paper napkin (11)
el **paquete** package (13)
el **par** pair, couple (13)
   un **par de** (**semanas**) a couple of (weeks) (13)
para *prep.* for + *inf.* to, in order to (3)
   para que *conj.* in order (so) that (20)
   ¿**para qué fecha**(**s**)? for (by) what date(s)? (12)
   ¿**para quién** (**es**)? for whom (is it)? (4)
   partir para to depart (leave) for (20)
la **parada** stop (20)
el (los) **paraguas** umbrella(s) (21)
parar to stop (18)
parecer to seem, appear, appear to be (7)
   me parece raro… it seems strange to me . . . (18)
   ¿**qué te parece si…** ? what do you think if . . . ? how does it seem to you if . . . ? (8)
   ¿(**te**, **le**, **les**) **parece bien?** is it all right with (you)? does it seem O.K. to (you)? (7)
la **pared** wall (2)
el (la) **pariente** relative
el **parque** park (20)
la **parte** part (10)
   en todas partes everywhere
   la mayor parte de most (of), the greater part of (16)
   por otra parte on the other hand
   por todas partes everywhere (10)
participar to participate (15)
particular (*m. or f.*) particular; private
la **partida** departure (20)
el **partido** game, match (15)
partir (**de**) to depart, leave (from) (20)
   a partir de beginning with (19)
   partir (**para**) to depart, leave (for) (20)
pasado, -a past, last (9)
   el **año pasado** last year (9)
   el **mes pasado** last month (9)
   pasado mañana day after tomorrow (21)
   la **semana pasada** last week (9)
la **pasajera** passenger (*f.*) (20)

el **pasajero** passenger (*m.*) (20)
el **pasaporte** passport (20)
pasar to pass or come (by), spend (*time*) (5)
   ¡**pasa** (**tú**)! come in! (15)
   pasar las vacaciones (**de verano**) to spend the (summer) vacation (5)
   pasar un buen rato to have a good time (11)
   ¿**qué te pasa?** what's the matter with you? what's wrong with you? (16)
pasear to walk, stroll (12)
el **paseo** walk, stroll, ride (17)
   dar un paseo to take a walk (ride) (17)
la **pasión** (*pl.* **pasiones**) passions
el **pastel** cake (22)
el **patio** patio, courtyard (13)
partrulla: el carro ____ patrol (police) car (18)
el **pecho** chest (16)
pedir (**i, i**) to ask, ask for, request (16)
peinar to comb; *reflex.* to comb oneself (8)
pelar la pava to converse (in courtship) (*lit.*, to pluck the hen turkey)
la **película** movie, film (9)
   la **película de ciencia-ficción** science-fiction movie *or* film (9)
   la **película de guerra** war movie *or* film (9)
   la **película de misterio** mystery movie *or* film (9)
   la **película de terror** horror movie *or* film (9)
   la **película del oeste** western movie *or* film (9)
   la **película musical** musical movie *or* film (9)
   el **rollo de película** roll of film (21)
   tomar una película to film (a movie) (21)
peligroso, -a dangerous (10)
el **pelo** hair (8)
   arreglarse el pelo to have one's hair done (14)
   lavarse el pelo to wash one's hair (8)
la **pelota** ball (*game*) (15)
la **peluquería** beauty parlor (shop), barber shop (14)
pena: valer la ____ to be worthwhile (21)
la **penicilina** penicillin (16)
peninsular (*m. or f.*) peninsular (*of Spain*) (22)

pensar (**ie**) to think, think over, consider, + *inf.* to intend, plan (8)
   pensar en + *obj.* to think of (about) (11)
   piénsalo think about it (*fam.*) (8)
peor *adv.* worse, **el**, **la peor** the worst (16)
pequeño, -a small, little (*size*) (4)
   más pequeño (the) smaller, smallest (16)
perdonar to pardon, excuse (9)
   perdóname pardon me, excuse me (*fam.*) (9)
   perdone(**n**) **Ud**(**s**). excuse (pardon) me (us) (11)
perfecto *adv.* perfectly (15)
el **periódico** newspaper (4)
   la **oficina del periódico** newspaper office (8)
permanente (*m. or f.*) permanent
permitir to permit, allow, let (12)
   ¿**nos permite Ud. ver?** may we see? (*lit.* do you permit *or* allow us to see?) (12)
pero *conj.* but (1)
la **persona** person (12)
personal (*m. or f.*) personal (20)
el **Perú** Peru (20)
peruano, -a *also noun* Peruvian (4)
la **pesa** weight (15)
   alzar (**las**) **pesas** to lift weights (15)
la **pesca** fishing (14)
   ir de pesca to go fishing (14)
pescar to fish (14)
   pescar una pulmonía (**un virus, un resfriado**) to catch (or come down with) pneumonia (a virus, a cold) (16)
la **peseta** peseta (*Spanish monetary unit*) (12)
el **petróleo** petroleum, oil
el **pie** foot (16)
la **piedra** stone (20)
   la (**ciudad**) **de piedra** stone (city) (20)
la **pierna** leg (16)
la **píldora** pill (16)
pintar to paint; *reflex.* to put makeup on (8)
   pintarse la cara to put on makeup (8)
   pintarse los labios to put on lipstick (8)
   pintarse los ojos to put on eye makeup (8)
el **piropo** compliment (22)
   echar piropos to pay compliments (22)
la **piscina** swimming pool (14)

el **piso** floor, story (12)
   el **piso principal** first (main) floor (12)
la **pizarra** (chalk) board (2)
el **plan** plan (20)
la **plancha (eléctrica)** (electric) iron (17)
la **plata** silver (13)
   (el **anillo**) **de plata** silver (ring) (13)
la **plática** conversation
el **plato** plate, dish; course (*at meals*) (11)
   la **lavadora de platos** dishwasher (17)
la **playa** beach (10)
la **plaza** plaza, square (12)
la **pluma** pen (2)
pluvial: el bosque ____ rain forest
pobre (*m. or f.*) poor
poco, -a *adj.* little (*quantity*) (16); *also pron. and adv.* (1); *pl.* a few (1)
   al poco rato after a short while (13)
   hace poco a short while ago, not long ago (10)
   poco después shortly afterward (14)
   un poco (**de** + *noun*) a little *or* some (+ *noun*)
poder (**ue**) to be able, can (6)
   ¿**en qué puedo servirle**(**s**)? what can I do for you? how can I help you? (13)
la **policía** police (*force*) (18)
el **policía** police officer (*m.*) (18)
   la **mujer policía** police officer (*f.*) (18)
poner to put, place; to turn on (15); *reflex.* to put on (oneself) (8)
   ponerse + *adj.* to become, get (14)
   ponerse nervioso, -a to get (become) nervous (19)
   ponerse rojo, -a to blush, become (get) red (19)
   se ha puesto (**muy**) **popular** it has become (very) popular (15)
popular (*m. or f.*) popular (9)
por *prep.* for, in, by, along, during, through (3); with, because of, around, for the sake of, on account of, about, per, in exchange of
   por aquí by (around) here, this way (5)
   por avión by airmail, by plane (4)
   por casualidad by chance (11)
   por cierto certainly, surely, for certain (sure), by the way (10)
   por ejemplo for example (4)
   por eso because of that, for that reason, that's why (16)
   por favor please (1)
   por fin finally (6)
   por la derecha on (to) the right (18)
   por la izquierda on (to) the left (18)
   por la mañana (**tarde, noche**) in the morning (afternoon, evening) (*no specific hour given*) (3)
   por lo común commonly, generally (10)
   por otra parte on the other hand
   por primera vez for the first time (12)
   ¿**por qué?** why? for what reason? (5)
   por sí mismo, -a by himself, herself, itself
   por suerte luckily (10)
   ¡**por supuesto!** of course! (5)
   por todas partes everywhere (10)
porque *conj.* because, for (5)
el **portugués** Portuguese (*the language*) (1)
posible (*m. or f.*) possible (19)
   lo más pronto posible as soon as possible (17)
posiblemente *adv.* possibly (15)
el **postre** dessert (11)
   de postre for dessert (11)
practicar to practice (1)
   practicar un deporte to play a sport (15)
el **precio** price (7)
   a precio especial on sale, at a special price, at special prices (7)
   ¿**qué precio tiene**(**n**)... ? what is the price (cost) of . . . ? (7)
   tener precio fijo to have fixed prices (7)
precioso, -a precious, beautiful (9)
   (**te**) **quedan preciosos** they look great on (you) (13)
precisamente *adv.* precisely (19)
preciso, -a necessary (19)
precolombino, -a pre-Columbian (*before the arrival of Columbus*)
el **precursor** precursor
predominantemente predominantly
preferir (**ie, i**) to prefer (17)
la **pregunta** question
   hacer una pregunta (**a**) to ask (*a question*) (of) (21)
preguntar to ask (*a question*) (1)
   preguntar por to ask (inquire) about (13)
el **prendedor** pin, brooch (13)
preocupado, -a worried, preoccupied (8)
preocuparse (**por**) to worry, to be *or* get worried (about) (14)
   me preocupo tanto I get so worried (19)
preparar to prepare (1)
   prepararse para to prepare (oneself) for *or* to get ready for (8)
presentar to present, introduce (20); *reflex.* to present oneself, appear
preguntar por to ask (inquire) about (13)
la **presión** (blood) pressure (16)
   tomarle la presión (**a uno**) to take (one's) blood pressure (16)
el **préstamo** loan
el **pretendiente** suitor
la **prima** cousin (*f.*)
la **primavera** spring (5)
primer *used for* **primero** *before m. sing. nouns* first (10)
primero, -a, first (1); *also adv.* first (22)
   la **primera clase** first class (20)
   por primera vez for the first time (12)
el **primo** cousin (*m.*) (9)
principal (*m. or f.*) principal, main (2)
   el **edificio principal** main building (2)
   el **piso principal** first (main) floor (12)
principalmente principally, mainly
privado, -a private (12)
probable (*m. or f.*) probable (19)
probablemente *adv.* probably (15)
el **problema** (*note gender*) problem (8)
   no hay problema there is no (isn't any) problem (8)
proclamar to proclaim
producir to produce (19)
la **profesión** profession (15)
profesional (*m. or f.*) professional (15)
el **profesor** teacher, professor (*m.*) (1)
   el **profesor de español** (**alemán, italiano, inglés**) Spanish (German, Italian, English) teacher (*m.*) (1)
la **profesora** teacher, professor (*f.*) (1)
   la **profesora de español** (**alemán, italiano, inglés**) the Spanish (German, Italian, English) teacher (*f.*) (1)
el **programa** (*note gender*) program (4)
   el **programa de televisión** television program (4)

prohibir to prohibit
prometer to promise (11)
pronto soon, quickly (5)
   hasta pronto until (see you) soon (5)
   lo más pronto posible as soon as possible (17)
la **pronunciación** pronunciation (1)
   el **ejercicio de pronunciación** pronunciation exercise (1)
pronunciar to pronounce (1)
propósito: a ____ by the way (9)
la **propuesta** proposal
la **provisión** provision
próximo, -a next (9)
   la **próxima vez** next time (11)
el **público** audience, public (15)
el **pueblo** town, village (10)
el **puente** bridge
la **puerta** door (5)
   llamar a la puerta to knock, knock at (on) the door (5)
   el **timbre de la puerta** doorbell (15)
   tocar a la puerta to knock on the door (15)
el **puerto** port (shipping) (19)
pues *adv.* well, well then, then (4)
el **puesto** position, place, job (19)
   el **puesto vacante** available position (job), job opening (19)
el **pulmón** (*pl.* **pulmones**) lung (16)
la **pulmonía** pneumonia (16)
   pescar una pulmonía to catch (*or* come down with) pneumonia (16)
   tener una pulmonía viral to have viral pneumonia (16)
la **pulsera** bracelet (13)
punto: en ____ on the dot, sharp (*time*) (3)
puntual (*m. or f.*) punctual, on time (11)
puro, -a pure (7)

Q

que *relative pron.* that, which, who, whom; *conj.* that (2); than, (7) since; *indir. command*, have, let, may, I wish (hope)
   el (la, los, las) que that, which, who, whom; he (she, those) who (etc.); the one(s) who, (etc.)
   es que the fact is (that) (14)
   la hora en que the time (hour) when
   lo que what, that which, which

¡que les vaya bien! good luck (*lit.*, may it go well with you [*pl.*])!
¿qué? what? which? (1)
   ¿a qué hora... ? (at) what time . . . ? (3)
   ¿qué hay de nuevo? what's new? what do you know? (5)
   ¿qué hora es? what time is it? (3)
   ¿qué hora será? I wonder what time it is? (15)
   ¿qué precio tiene(n)... ? what is the price (cost) of . . . ? (7)
   ¿qué tal? how goes it? how are you? (5)
   ¿qué tal (el viaje)? how about (the trip)? how is *or* was (the trip)? (5)
   ¿qué te parece si... ? what do you think if . . . ? how does it seem to you if . . . ? (8)
   ¿qué te pasa? what's the matter with you? what's wrong with you? (16)
   ¿qué tiempo hace/hacía? how is/was the weather?
¡qué + *noun*! what (a *or* an) . . . ! (5)
   ¡qué alegría! what joy! (5)
   ¡qué barbaridad! how awful! (16)
   ¡qué bien! good! great! (6)
   ¡qué buen rato! what a good time!, what fun! (11)
   ¡qué casualidad! what a coincidence! (9)
   ¡qué lástima! too bad! what a pity (shame)! (5)
   ¡qué mala suerte! what bad luck! (18)
   ¡qué sorpresa tan agradable! what a pleasant surprise (16)
   ¡qué va! of course not! (16)
¡qué + *adj.* or *adv.*! how . . . ! (7)
quedar(se) to stay, remain; to be (9); to be left (20)
   no quedan asientos no seats are left (remain), there aren't any seats left (20)
   (te) quedan preciosos they look great on(you) (13)
querer (ie) to wish, want (4)
   ¡cuántas cosas quieres... ! how many things you want . . . ! (17)
   querer decir to mean (20)
querido, -a dear (5)
quien (*pl.* **quienes**) who, whom (*after prep.*); he (those) who, the one(s) (19)
¿quién? (*pl.* **¿quiénes?**) who? (1)
   ¿de quién (*pl.* **de quiénes**) **es (son)?** whose is it (are they)? (3)

   ¿para quién (es)? for whom (is it)? (4)
químico, -a chemical
quince fifteen (3)
quinientos, -as five hundred (12)
quinto, -a fifth (12)
el **quiosco de periódicos** newsstand
quizás perhaps (13)

R

la **radio** radio (*means of communication*) (4)
escuchar la radio listen to the radio (4)
Ramón Raymond
rancheros: los huevos ____ ranch-style eggs
rápidamente *adv.* fast, rapidly (16)
rápido *adv.* fast (14)
rápido, -a fast, quick
la **raqueta** racket (15)
raro, -a strange (18)
   me parece raro it seems strange to me (18)
el **rato** short time, a while (5)
   a cada rato every short while (moment) (16)
   al poco rato after a short while (13)
   descansar un rato to rest for a while (5)
   pasar un buen rato to have a good time (11)
   ¡qué buen rato! what a good time!, what fun! (11)
   un rato a short time, a while (5)
la **razón** (*pl.* **razones**) reason (11)
   tener razón to be right (11)
el **recado** message (11)
el (la) **recepcionista** receptionist (12)
recetar to prescribe (16)
rechazar to reject
el **recibidor** reception area (room) (11)
recibir to receive (3)
el **recibo** receipt (invoice) (13)
la **recomendación** (*pl.* **recomendaciones**) recommendation (19)
   la **carta de recomendación** letter of recommendation (19)
   hacer una recomendación to give a recommendation
recomendar (ie) to recommend (17)
reconquistar to reconquer
recordar (ue) to recall, remember (9); to remind (someone) (10)
el **recuerdo** memory, remembrance; *pl.* regards, best wishes (9)
los **recursos** means
la **red** network

la **referencia** reference (19)
el **refresco** cold (soft) drink, soda (11)
el **refrigerador** refrigerator (17)
el **regalo** gift (13)
  el **regalo de boda** wedding gift (17)
regatear to haggle, bargain (7)
registrarse to register (12)
regresar (a) to return (to) (3)
  regresar (de) to return (from) (3); to go (come) back home (5)
  tenemos que regresar el día (treinta) we have to return on the (thirtieth) (20)
el **regreso** return (10)
regular *adv.* fair, not bad, so-so (5)
  estar regular to be so-so (5)
reír (i, i) (*also reflex.*) to laugh (16)
la **reja** grille, grating (*of a window*)
religioso, -a religious
el **reloj** watch, clock (3)
repetir (i, i) to repeat (1)
  repita (Ud.) (*pl.* **repitan [Uds.]**) repeat (1)
representar to represent
la **república** republic
la **República Dominicana** Dominican Republic (11)
res: la **carne de** ___ beef
las **reservas** reservation(s) (12)
  hacer reservas to make reservations (a reservation) (12)
el **resfriado** cold (illness) (16)
  pescar un resfriado to catch (*or* come down with) a cold (16)
  tener un resfriado to have a cold (16)
la **residencia** residence hall, dormitory (3)
  la **residencia (de estudiantes)** (student) dormitory, residence hall (3)
Residente: el **Comisionado** ___ Resident Commissioner
residir to reside (19)
el **restaurante** restaurant (3)
el **resumen** (*pl.* **resúmenes**) summary (18)
la **reunión** (*pl.* **reuniones**) meeting, gathering (22)
reunirse to gather, get together, meet (22)
revelar to develop (*film*) (21)
la **revista** magazine, journal (4)
la **revolución** (*pl.* **revoluciones**) revolution
rico, -a rich (19)
el **riego** irrigation
la **riqueza** wealth
Rita Rita

el **rito** rite
Roberto Robert, Bob
la **rodilla** knee (16)
rogar (ue) to ask, beg (17)
rojo, -a red (2)
  ponerse rojo, -a to blush, become (get) red (19)
el **rollo** roll
  el **rollo de película** roll of film (21)
romántico, -a romantic (19)
la **ropa** clothes, clothing (7)
  la **ropa de cama** bed linens (sheets, pillowcases, etc.), bedclothes (blankets, sheets, etc.) (12)
  la **ropa de lana** wool clothes, woolen clothing (21)
rosado, -a pink (7)
la **rueda** wheel
la **ruina** ruin (13)
rural (*m. or f.*) rural

S

el **sábado** (on) Saturday (3)
  los (**sábados**) **por la noche** (on) (Saturday) evenings/nights (9)
la **sábana** sheet (17)
saber to know (*a fact*), know how (to) (4)
  no lo sé I don't know (15)
sacar to obtain (*a grade or degree*); to take (out) (12)
  sacar (de) to take out (of) (13)
  sacar fotografías (fotos [*f.*]) to take photographs (photos) (12)
la **sala** room (2); living room, lounge (6)
  la **sala de clase** classroom (2)
salir (de + *obj.*) to leave, go *or* come out (of) (6)
  salir de excursión to go (set out) on an excursion (10)
  salir de viaje to leave on the (one's) trip (20)
  salir para to leave for (9)
la **salsa** Latin rhythm; sauce (11)
saludar to greet, speak to, say hello to (6)
san saint, *used for santo before m. name of saints not beginning with* **Do-, To-** (16)
la **sandalia** sandal (7)
el **San(to)** Saint (St.) (16)
Sara Sara, Sarah
la **sartén** (*pl.* **sartenes**) skillet (17)
  la **sartén eléctrica** electric skillet (17)

se *pron. used for* **le, les** to (for) him, her, it, them, you (*formal*); *reflex.* (to, for) himself, herself, etc.; *indef. subject* one, people, you, etc.; *used with verbs as substitute for the passive voice*
la **sección** (*pl.* **secciones**) section (15)
  la **sección de deportes** sports section (15)
la **secretaria** secretary (*f.*) (19)
el **secretario** secretary (*m.*) (19)
secundario, -a secondary (15)
  la **escuela secundaria** secondary school, high school (15)
la **sed** thirst (11)
  tener sed to be thirsty (11)
seguida: en ___ at once, immediately (12)
  volver (ue) en seguida to be right back, to return at once
seguir (i, i) to follow, continue, go on (18)
  seguir adelante to continue (go on) ahead (18)
segundo, -a second (12)
seguramente *adv.* surely, certainly (10)
seguro, -a sure, certain (6)
  estar seguro, -a de que to be sure that (6)
seis six (3)
seiscientos, -as six hundred (12)
la **semana** week (4)
  el **fin de semana** the weekend (8)
  la **semana pasada** last week (9)
  todas las semanas every week (*lit.*, all the weeks) (4)
  un par de (semanas) a couple of (weeks) (13)
el **semestre** semester (10)
la **semifinal** semifinal match (15)
sencillo, -a simple, single (12)
  el **boleto sencillo** one-way ticket (20)
  las **camas sencillas** single beds (12)
sentado, -a seated (8)
sentarse (ie) to sit down (9)
sentir (ie, i) to feel; to regret, be sorry; *reflex.* to feel (well, ill, happy, etc.)
  ¿cómo te sientes? how do you (*fam. sing.*) feel? (16)
  lo siento mucho I am very sorry (7)
señalar to point at (to, out), indicate (12)
el **señor** gentleman; (*pl. and in direct address*) gentlemen, madam and sir, ladies and gentlemen (12)
la **señora** woman, lady (12); (*in direct address*) madam, ma'am (12)

los **señores** (**Ramos**)   Mr. and Mrs. (Ramos) (12)
la **señorita**   Miss, young lady (woman) (1); (*in direct address*) miss, ma'am (1)
septiembre   September (5)
séptimo, **-a**   seventh (12)
ser   to be (2)
   conseguir (**i**, **i**) **ser**   to succeed in being
   ¡eres un encanto!   you're a dear! (17)
   es (**una**) **lástima**   it's a pity (too bad) (19)
   es decir   that is
   es que   the fact is (that) (14)
   es verdad   it is true (3)
   fue confiada   was entrusted
   llegar a ser   to become
   no son difíciles de comprender   (they) are not difficult to understand
   ¿qué hora será?   I wonder what time it is? (15)
   ser aficionado, **-a** (**a**)   to be fond (of) (15)
   ser alérgico(**-a**) **a**   to be allergic to (16)
   ser fuente   to be a source
   ser hora de   to be time to (22)
   ser premiado, **-a**   to be awarded
   soy yo   it is I (8)
   tú eres un genio en el volante   you are a genius at the wheel (18)
la **serie**   series
serio, **-a**   serious (8)
   en serio   seriously (9)
el **servicio**   service
la **servilleta**   napkin (11)
   la **servilleta de papel**   paper napkin (11)
servir (**i**, **i**)   to serve
sesenta   sixty (6)
setecientos, **-as**   seven hundred (12)
setenta   seventy (6)
sexto, **-a**   sixth (12)
si *conj.*   if, whether (1)
   como si   as if (21)
sí   yes (1)
la **sicología**   psychology (6)
el **sicólogo**   psychologist (*m.*)
siempre *adv.*   always (1)
siete   seven (3)
el **siglo**   century (12)
siguiente   following, next (8)
   al día siguiente   (on) the following *or* next day (8)
la **silla**   chair (2)
el **sillón** (*pl.* **sillones**)   armchair (17)

simpático, **-a**   charming, likeable, nice (21)
simple: **el juego** _____ singles (*tennis*)
sin *prep.*   without
   sin amueblar   unfurnished (17)
   sin duda   doubtless, no doubt (12)
   sin embargo   however
   sin falta   without fail (21)
   sin que *conj.*   without (20)
sino *conj.*   but, but rather (20)
el **síntoma** (*note gender*)   symptom (16)
la **sirena**   siren (18)
sobre *prep.*   on, upon, about, concerning (4)
social (*m. or f.*)   social
   las **ciencias sociales**   social sciences (6)
el **sofá** (*note gender*)   sofa (17)
el **sofá-cama**   sofa bed (17)
el **sol**   sun (10)
   hacer (**mucho**) **sol**   to be (very) sunny (*weather*) (10)
   tomar el sol   to sunbathe (10)
solamente *adv.*   only (20)
solicitar   to apply for, ask for (22)
la **solicitud**   application (19)
   hacer la solicitud   to apply, submit the application (19)
sólo *adv.*   only (1)
   no sólo… sino (**también**)   not only . . . but (also)
   no sólo es… sino que es   not only is . . . but is
   sólo quería avisarles que   I just (only) wanted to inform you (*pl.*) (let you know) that (11)
el **sombrero**   hat (13)
sonar (**ue**)   to sound; ring (8)
la **sorpresa**   surprise (16)
   ¡qué sorpresa tan agradable!   what a pleasant surprise! (16)
Sr. = **señor**
Sra. = **señora**
Srta. = **señorita**
su(**s**) *adj.*   his, her, its, your (*formal sing.*); their, your (*formal pl.*) (4)
subir (**a**)   to go up (to), climb up (into) (12)
la **sucursal**   branch (*of a company*) (19)
los **suegros**   mother- and father-in-law
el **sueldo**   salary (19)
el **sueño**   sleepiness; sleep (11)
   tener sueño   to be sleepy (11)
la **suerte**   luck (10)
   por suerte   luckily (10)
   ¡qué mala suerte!   what bad luck! (18)
   tener (**mucha**) **suerte**   to be (very) lucky (11)
el **suéter**   sweater (21)

suficiente (*m. or f.*)   enough (8)
sugerir (**ie**, **i**)   to suggest (17)
la **superficie**   surface
los **Supertazones**   Superbowls
supuesto: **¡por** _____**!**   of course! (5)
el **sur**   south (21)
   al sur de(**l**)   south of (21)
Suramérica   South America (2)
suramericano, **-a** *also noun*   South American (5)
suyo, **-a** *adj.*   his, her, your (*formal sing. pl.*), its, their; of his, of hers, of yours (*formal sing. pl.*), of theirs (11)
   (**el**) **suyo**, (**la**) **suya**, (**los**) **suyos**, (**las**) **suyas** *pron.*   his, hers, theirs, yours (*formal sing. pl.*) (20)

T

tal   such, such a
   con tal (**de**) **que** *conj.*   provided that (20)
   ¿qué tal?   how goes it? how are you? (5)
   ¿qué tal (**el viaje**)?   how about (the trip)? how is *or* was (the trip)? (5)
   tal vez   perhaps (18)
la **talla**   size (*of a garment*) (7)
el **tamaño**   size (of) (7)
también *adv.*   also, too (1)
tampoco *adv.*   neither, (not) . . . either (9)
   (**yo**) **tampoco**   neither can (I), (I) cannot either (14)
tan *adv.*   so, as (3)
   tan + *adj. or adv.*   as (so) . . . as (16)
tanto, **-a** (**-os**, **-as**) *adj. and pron.*   as (so) much; *pl.* as (so) many; *adv.* as (so) much, so many (11)
   me preocupo tanto   I get so worried (19)
   tanto como   as (so) much (16)
   tanto, **-a** (**-os**, **-as**)… **como**   as (so) much (many, well) . . . as (16)
la **tarde**   afternoon (1)
   ayer por la tarde   yesterday afternoon (14)
   buenas tardes   good afternoon (1)
   de la tarde   in the afternoon (*when a specific hour is given*) (3)
   esta misma tarde   this very afternoon (17)
   mañana por la tarde   tomorrow afternoon (14)
   por la tarde   in the afternoon (*no specific hour given*) (3)

todas las tardes   every afternoon (3)
tarde *adv.*   late (3)
  más tarde   later (11)
la **tarjeta**   card (12)
  la **tarjeta de crédito**   credit card (12)
  la **tarjeta postal**   postcard (14)
el (la) **taxista**   taxi driver (18)
la **taza**   cup (3)
  tomar una taza de café   to have *or* drink a cup of coffee (3)
te *obj. pron.*   you (*fam. sing.*) (6); to (for) you (*fam. sing.*) (7); (to, for) yourself
el **teatro**   theater (9)
el **teléfono**   telephone (5)
  llamar por teléfono   to telephone (call), talk by (on the) telephone (5)
la **televisión**   television, TV (4)
  mirar la televisión   to watch television (4)
  mirar por televisión   to watch on TV (15)
  el **programa de televisión**   television program (4)
el **tema** (*note gender*)   theme, topic, subject (4)
temer   to fear, suspect (18)
el **temor**   fear
la **temperatura**   temperature (10)
  tomarle la temperatura (a uno)   to take (one's) temperature (16)
temprano *adv.*   early (3)
tener   to have (*possess*) (2); *in pret.* to get, receive
  ¿cuántos años tienes (tiene Ud.)?   how old are you? (11)
  no tener nada que hacer   not to have anything (to have nothing) to do (21)
  ¿qué precio tiene(n)… ?   what is the price (cost) of . . . ? (7)
  tenemos que regresar el día (treinta)   we have to return on the (thirtieth) (20)
  tener calor   to be hot (11)
  tener cuidado   to be careful (11)
  tener dolor de cabeza   to have a headache (16)
  tener frío   to be cold (11)
  tener ganas de…   to feel like (having), to be in the mood for . . . (11)
  tener hambre   to be hungry (11)
  tener la oportunidad de + *inf.*   to have the opportunity of (to) + *verb* (21)
  tener (muchísima) fiebre   to have a (very high) fever (16)
  tener (mucho) cuidado   to be (very) careful (11)
  tener (mucho) éxito   to be (very) successful (22)
  tener mucho que estudiar   to have a great deal to study (6)
  tener paciencia   to be patient (18)
  tener precio fijo   to have fixed prices (7)
  tener que + *inf.*   to have to, must + *verb* (2)
  tener razón   to be right (11)
  tener (mucha) sed   to be (very) thirsty (11)
  tener sueño   to be sleepy (11)
  tener suerte   to be lucky (11)
  tener tiempo para   to have time to (for) (11)
  tener un resfriado (una pulmonía viral)   to have a cold (viral pneumonia) (16)
  tener una avería   to have a breakdown, failure (*in the car*) (18)
  tener… años   to be . . . years old (11)
el **tenis**   tennis (15)
tercer *used for* **tercero** *before m. sing. nouns*   third (12)
tercero, -a   third (12)
terminar   to end, finish (6)
terrible (*m. or f.*)   terrible (16)
territorial (*m. or f.*)   territorial
el **terror**   horror, terror (9)
  la **película de terror**   horror movie *or* film (9)
textil (*m. or f.*)   textile
ti *pron.*   you (*fam. sing.*), yourself (*after prep.*) (12)
la **tía**   aunt (9)
el **tiempo**   time (*in general sense*) (5); weather (10)
  a tiempo   on time (11)
  ¿cuánto tiempo hace?   how long is it (has it been)? (19)
  ¿cuánto tiempo hace que Uds. volvieron?   how long has it been since you (*pl.*) returned? (14)
  en este tiempo del año   in (at) this time of (the) year (12)
  faltar mucho tiempo para (las siete)   to be a long time before (seven)
  hace buen tiempo   the weather is fine (nice) (10)
  ¿qué tiempo hace/hacía?   how is/was the weather? (10)
  tener tiempo para   to have time to (for) (11)
  tiempo libre   free time (15)
la **tienda**   store, shop (7)
  la **tienda de ropa**   clothing store
  vamos a (otra tienda)   let's go *or* we are going (to another store) (7)
el **timbre**   (door)bell (15)
  el **timbre de la puerta**   doorbell (15)
  tocar el timbre   to ring the doorbell (15)
el **tío**   uncle; *pl.* uncles, uncle(s) and aunt(s) (9)
típico, -a   typical (11)
el **tipo**   type (9)
el **título**   degree (*university*); title (6)
la **toalla**   towel (12)
el **tobillo**   ankle (16)
el **tocadiscos (para compactos)** (*pl.* **los tocadiscos**)   record (compact disk) player (11)
tocar   to play (*music*) (11)
  tocar a la puerta   to knock on the door (15)
  tocar el timbre   to ring the doorbell (15)
todavía *adv.*   still, yet (5)
  todavía no   not yet (21)
todo, -a   all, every (1); (*pl.* **todos, -as**) all, everybody (9)
  de todos modos   in any case (20)
  en todas partes   everywhere
  por todas partes   everywhere (10)
  todas las noches (tardes)   every night (afternoon) (3)
  todas las semanas   every week (4)
  todo el mundo   everybody (9)
  todos los días   every day (*lit.* all the days) (1)
tomar   to take, eat, drink (3)
  tomar algo   to have *or* take something to eat *or* drink (6)
  tomar el almuerzo (desayuno)   to eat *or* have lunch (breakfast) (3)
  tomar el ascensor   to take the elevator (12)
  tomar el desayuno   to eat *or* have breakfast (3)
  tomar el sol   to sunbathe (10)
  tomarle la temperatura (presión) (a uno)   to take (one's) temperature (blood pressure) (16)
  tomar una película   to film (a movie) (21)
  tomar una taza de café   to have *or* drink a cup of coffee (3)

Tomás Thomas, Tom
la **tormenta** storm (10)
la **tos** cough (16)
    el **jarabe para la tos** cough syrup (16)
toser to cough (16)
la **tostadora** toaster (17)
trabajador, -ora industrious, hard-working (19)
trabajar to work (5)
el **trabajo** work, employment, position, job (19)
la **tradición** (*pl.* **tradiciones**) tradition
traducir to translate (19)
traer to bring (6)
el **tráfico** traffic (18)
    el **accidente de tráfico** traffic accident (18)
el **traje** suit (14)
    el **traje de baño** bathing suit (14)
tranquilo, -a quiet (17)
la **transparencia** transparency, slide (21)
tratar to treat
    tratar de + *inf.* to try to + *verb* (9)
    tratar de + *obj.* to treat, deal (with) (9)
    tratarse de to be a question of
trece thirteen (3)
treinta thirty (3)
    treinta y dos thirty-two (3)
    treinta y un(o), -a thirty-one (3)
el **tren** train (8)
    en tren by (in a) train (8)
tres three (3)
trescientos, -as three hundred (12)
el **tribunal examinador** examining board (committee)
tridimensional (*m. or f.*) three-dimensional
el **trimestre** trimester, quarter (19)
tropical (*m. or f.*) tropical (10)
    la **selva tropical** rainforest
tu(s) *adj.* your (*fam. sing.*) (4)
tú you (*fam. sing. subject pron.*) (1)
el **turismo** tourism
    el **campo de turismo** tourist camp, campground
el (la) **turista** tourist
    la **clase turista** tourist (economy) class (20)
turístico, -a tourist
tuyo, -a *adj.* your (*fam.*), of yours (*fam.*) (11)
el **tuyo, (la) tuya, (los) tuyos, (las) tuyas** *pron.* yours (*fam.*) (20)

U

último, -a last (*in a series*) (14)
    la **última vez** the last time (11)
últimamente lately
un, uno, una a, an, one
    a la una at one o'clock (2)
Unidos: los **Estados** ____ United States (1)
la **universidad** university (1)
    en la universidad at the university (1)
uno (*n.*) one (3)
unos, -as some, a few, several; about (*quantity*) (19)
urgente (*m. or f.*) urgent (19)
el **Uruguay** Uruguay (5)
uruguayo, -a *also noun* Uruguayan (5)
usar to use (2)
usted (**Ud.**) you (*formal sing.*) (1); *pl.* you (*fam. and formal*) (1)
útil (*m. or f.*) useful

V

las **vacaciones** vacation (5)
    estar de vacaciones to be on vacation (5)
    ir de vacaciones to go on a vacation (5)
    pasar las vacaciones (de verano) to spend the (summer) vacation (5)
    las **vacaciones de Navidad** Christmas vacation (8)
la **vacante** job opening (19); *also adj.* (*m. or f.*) unfilled, unoccupied (19)
    el **puesto vacante** available position (job), job opening
vale O.K., all right (9)
valenciano, -a Valencian, from *or* of Valencia (*Spain*) (11)
valer to be worth (21)
    valer la pena to be worthwhile (21)
    valer más to be better (21)
la **variedad** variety
varios, -as various, several (4)
vecino, -a neighboring
veinte twenty (3)
veinticinco twenty-five (3)
veinticuatro twenty-four (3)
veintidós twenty-two (3)
veintinueve twenty-nine (3)
veintiocho twenty-eight (3)
veintiséis twenty-six (3)
veintisiete twenty-seven (3)
veintitrés twenty-three (3)

ventiuno (veintiún, veintiuna) twenty-one (3)
vencer to conquer
el **vendedor** salesman, clerk (*m.*) (7)
la **vendedora** saleslady, clerk (*f.*) (7)
vender to sell (4)
venir to come (4)
    el **(viernes) que viene** next (Friday) (11)
    venir (bastante) cansado, -a to be (quite) tired (5)
la **ventana** window (2)
ver to see (6); to look
    a ver let's (let me) see (13)
    (ella) se ve estupenda (muy bien/mal) she looks great (very good/well, bad/ill) (14)
el **verano** summer (5)
    la **escuela de verano** summer school (15)
    las **vacaciones de verano** summer vacation (5)
veras: de ____ really, truly (15)
la **verdad** truth (3)
    es verdad it is true (3)
    ¿(no) es verdad? aren't you?, isn't it?, do you?, etc. (3)
    ¿verdad? do you?, is it true?, really? (3)
verde (*m. or f.*) green (2)
    verde-azul (*m. or f.*) greenish blue (14)
el **verso** verse (19)
el **vestido** dress (7)
el **vestigio** vestige
la **vez** (*pl.* **veces**) time (*in a series*) (6)
    a veces at times (11); sometimes
    alguna vez sometime, ever (14)
    de vez en cuando from time to time, once in a while, occasionally (6)
    esta vez this time (11)
    otra vez again (9)
    la **próxima vez** next time (11)
    tal vez perhaps (18)
    la **última vez** the last time (11)
viajar to travel
    ¡cuánto me gustaría viajar! how I should (would) like to travel! (22)
    viajar por to travel in (through) (21)
el **viaje** trip, journey (5)
    la **agencia de viajes** travel agency (20)
    el (la) **agente de viajes** travel agent (20)
    ¡buen viaje! (have) a good *or* fine trip! (9)

la **compañera de viaje** traveling companion (*f.*) (8)
el **compañero de viaje** traveling companion (*m.*) (8)
hacer el viaje to make (take) the trip (8)
salir de viaje to leave on the (one's) trip (20)
su viaje por España their (his, her, your [*formal*]) trip around Spain (13)
el **viaje de negocios** business trip (19)
el **viajero** traveler (*m.*) (12)
los **cheques de viajero** traveler's checks (12)
la **vida** life (10)
en la vida never in my life (16)
el **vídeo** video (20)
la **videograbadora** video recorder (VCR) (17)
viejo, -a old (4)
el **viento** wind (10)
hacer (mucho) viento to be (very) windy (10)
el **viernes** (on) Friday (3)
hasta el viernes until (see you) Friday (11)
el **(viernes) que viene** next (Friday) (11)
el **vino** wine (11)
el **vino tinto** red wine
viral (*m. or f.*) viral (16)

el **virus** virus (16)
pescar un virus to catch (come down with) a virus (16)
la **visita** visit, call (5)
de visita on (for) a visit (5)
estar de visita to visit, be visiting, be on a visit (5)
visitar to visit, call on (8)
la **vista** view (12)
hasta la vista until (see you) later (20)
la **vitrina** showcase (13)
la **vivienda** housing
vivir to live (3)
el **volante** steering wheel (18)
tú eres un genio en el volante you are a genius at the wheel (18)
el **voleibol** volleyball (15)
volver (ue) to return *or* go back; to come back (8)
volver a casa to return *or* go back home; to come back home (8)
volver a (llamar) (to call) again (11)
volverse loco, -a to become *or* go crazy (mad, wild) (19)
vosotros, -as you (*fam. pl. subject pron.*) (1); you, yourselves (*fam. pl.*) (*after prep.*) (12)
el **vuelo** flight (20)
el **vuelo de día** daytime flight, flight by day (*in the daytime*) (20)

el **vuelo de la mañana** morning flight (20)
el **vuelo directo** non-stop (direct) flight (20)
la **vuelta** return; turn (20)
el **boleto de ida y vuelta** round-trip ticket (20)
dar vuelta (a) to turn (to)
vuestro, -a *adj.* your (*fam. pl.*) (4); of yours (*fam. pl.*) (11)
(el) vuestro, (la) vuestra, (los) vuestros, (las) vuestras *pron.* yours (*fam. pl.*) (20)

Y

y and (1)
ya *adv.* already, now (1); *sometimes used only for emphasis*
¡ya lo creo! of course! certainly! (21)
el **yerno** son-in-law
yo I (*subject pron.*) (1)
soy yo it is I (8)
yucateco, -a of (pertaining to) Yucatan (13)

Z

el **zapato** shoe (7)

English-Spanish

A

a, an un, una; *often untranslated*
  a bit un poco
  a few unos, -as, algunos, -as
  a little un poco
  a lot *adv.* mucho
  a lot of *adj.* mucho, -a (-os, -as)
A.M. de la mañana
able: be ___ poder
about de, sobre, acerca de (*for probability, use future or conditional tenses*)
  at about (*time*) a eso de
accompany (to) acompañar
ache (to) doler (ue)
  does his stomach ache? ¿le duele (a él) el estómago?
  her entire body ached (a ella) le dolía todo el cuerpo
  my head doesn't ache no me duele la cabeza
acquainted: is ___ with conoce a
  get acquainted conocer
across: run ___ encontrarse (ue) con
ad el anuncio
address la dirección (*pl.* direcciones)
administration la administración
  business administration la administración de negocios
advice los consejos
  to ask for some advice pedir (i, i) consejos
  to give (some) advice dar un / algún consejo
advise (to) aconsejar
afraid: be ___ (that) tener miedo (de que)
  be afraid to tener miedo de
after *conj.* después que
after *prep.* después de
afternoon la tarde
  good afternoon buenas tardes
  in the afternoon por la tarde
  one Sunday afternoon un domingo por la tarde
  that afternoon esa tarde
  tomorrow afternoon mañana por la tarde
afterward *adv.* después
  shortly afterward poco después
again volver (ue) a (+ *inf.*); otra vez
agency la agencia
  travel agency la agencia de viajes
agent el agente, la agente
Agnes Inés

ago: a couple of hours ___ hace un par de horas
  a few months ago hace unos meses
  a hundred years ago hace cien años
  an hour ago hace una hora
agricultural agrícola (*m. or f.*)
  agricultural machinery la maquinaria agrícola
  School of Agricultural Engineering la Escuela de Ingeniería Agrícola (*or de* Agronomía)
ahead *adv.* adelante
  go on (continue) ahead seguir (i, i) *or* continuar adelante
  may they continue ahead que sigan (continúen) adelante
air conditioning el aire acondicionado
airmail el correo aéreo
Albert Alberto
all todo, -a; *pl.* todos, -as
almost casi
already ya
also también
although aunque
always siempre
America: South ___ Suramérica
American: North ___ norteamericano, -a
  South American: suramericano, -a
  Spanish American hispanoamericano, -a
among entre
ancient antiguo, -a
and y
Ann Ana
announce (to) anunciar
another otro, -a
  (in order) to take leave of one another para despedirse (i, i)
  one another (*m.*) uno al otro
answer (to) contestar
Anthony Antonio
any *adj. and pron.* alguno, -a; (*before m. sing. nouns*) algún; *often not translated*
  at any hour a cualquier hora
anymore (*after negative*) más
anyone alguien; (*after negative*) nadie
anything algo; (*after negative*) nada
  not to have anything to do no tener nada que hacer
apartment el apartamento

apartment building el edificio (la casa) de apartamentos
appliance el aparato
apply (to) solicitar
appointment la cita
approach (to) acercarse (a + *obj.*)
April abril
architecture la arquitectura
Argentine argentino, -a
arm el brazo
arrive (to) llegar (a + *obj.*)
  arrive downtown llegar al centro
  arrive home llegar a casa
  arrive on time llegar a tiempo
arriving: on ___ al llegar
article el artículo
as *conj.* como
  as + adj. or adv. + as tan… como
  as an agent como agente
  as if como si
  so much as tanto como
ask (to) (*question*) preguntar; (*request*) pedir (i, i)
ask for preguntar por; (*request*) pedir (i, i)
at a, en, de
  at (a movie) en (un cine)
  at about (*time*) a eso de
  at home en casa
  at nine o'clock a las nueve
  at once en seguida
  at this time of the year en este tiempo del año
  at what time? ¿a qué hora?
attend (to) asistir a
attention la atención
  pay attention to hacer (+ *ind. obj. pron.*) caso a
  (that John) not pay attention to (que Juan) no le haga caso a
attractive atractivo, -a
audience el público
August agosto
aunt la tía
away: right ___ en seguida

B

back (*body*) la espalda
bad malo, -a
badly mal
bank el banco
bargain la ganga
  it's a bargain es una ganga
basketball el basquetbol

bath　el baño
bathing suit　el traje de baño
bathroom　el cuarto de baño
be (to)　estar, ser; encontrarse (ue), hallarse, verse
  be able　poder
  be afraid (that)　tener miedo (de que)
  be afraid to　tener miedo de
  be a (great) hit　ser un (gran) éxito
  be (a little) hungry　tener (un poco de) hambre
  be a success　tener éxito
  be cloudy　estar nublado
  be cold (*weather*)　hacer frío
  be cold (*living beings*)　tener frío
  be fantastic　ser fantástico, -a
  be fond of　ser aficionado, -a a
  be fortunate　tener suerte
  be glad that　alegrarse de que
  be in a hurry　estar apurado, -a
  be ill　estar enfermo, -a
  be lucky　tener suerte
  be (nineteen)　cumplir (diecinueve) años
  be on a visit　estar de visita
  be on one's (the) way to　ir camino de
  be patient　tener paciencia
  be pleasant　ser agradable
  be possible　ser posible
  be (quite) tired　estar (bastante) cansado, -a
  be right　tener razón
  be sure that　estar seguro, -a de que
  be time to　ser hora de
  be tired of + *ing*　estar cansado, -a de + *inf.*
  be unable to　no poder
  be urgent　ser urgente
  be (very) glad to　alegrarse (mucho) de + *inf.*
  be (very much) in fashion　estar (muy) de moda
  be (very) sleepy　tener (mucho) sueño
  be (very) successful　tener (mucho) éxito
  be (very) windy　hacer (mucho) viento
  be worthwhile　valer la pena
  be . . . years old　tener (cumplir)… años
  how glad I am that . . . !　¡cuánto me alegro de que… !
  how glad I would be to (travel)!　¡cuánto me alegraría de (viajar)!
  I'll be there at 11:00 A.M.　estoy allí a las once de la mañana
  it is (a week) since (they came)　hace (una semana) que (vinieron) *or* (vinieron) hace (una semana)
  (it) is being played　se juega
  it is I　soy yo
  it is sunny　hace (hay) sol
  it must be half past ten　serán las diez y media
  there are probably many people　habrá mucha gente
  there has been　ha habido
  there is (are)　hay
  there was (were)　había
  there were people　había gente
  there will be　habrá
  they have been lucky　han tenido suerte
  they would be happy　estarían contentos (felices)
  what time can it be?　¿qué hora será?
  you're welcome　de nada, no hay de qué
beach　la playa
Beatrice　Beatriz
beautiful　bonito, -a; hermoso, -a; precioso, -a
beauty parlor　la peluquería
because　porque
become　ponerse + *adj.*; hacerse, llegar a ser + *noun*
  become calm　ponerse calmado, -a; calmarse
  become rich　hacerse rico, -a
  become (very) tired　ponerse (muy) cansado, -a; cansarse mucho
bed　la cama
  go to bed　acostarse (ue)
  single bed　la cama sencilla
before *adv.*　antes; *prep.* antes de; *conj.* antes (de) que
begin (to)　comenzar (ie) (a + *inf.*), empezar (ie) (a + *inf.*)
besides　además (de)
best, better　mejor
Betty　Isabel
bicycle　la bicicleta
  take bicycle tours　hacer excursiones en bicicleta
bilingual　bilingüe (*m. or f.*)
bill　la cuenta
birthday　el cumpleaños
  a birthday party　una fiesta de cumpleaños
blanket　la manta
blender　la batidora
blouse　la blusa
blue: light ____　celeste (*m. or f.*)
blush (to)　ponerse rojo, -a
book　el libro
bookstore　la librería
border　la frontera
boring　aburrido, -a
bother (to)　molestar
  it bothers him　le molesta
bottom　el fondo
boy　el chico, el muchacho
boyfriend　el novio
bracelet　la pulsera
brakes　los frenos
branch (*business*)　la sucursal
breakfast　el desayuno
  full breakfast　el desayuno completo
  take (eat) breakfast　desayunarse, tomar el desayuno
bring (to)　traer
build (to)　construir
building　el edificio
  apartment building　el edificio de apartamentos
  main building　el edificio principal
business　el negocio
  business trips　los viajes de negocios
  business administration　la administración de negocios
busy　ocupado, -a
  be busy　estar ocupado, -a
but　pero; (*after negative*) sino
buy (to)　comprar
  buy (for) oneself　comprarse
  I'll buy them (*m.*) **for you** (*fam. sing.*)　te los compro
  that he would buy it (*f.*) **for them**　que él se la compraría
by　por, de, en; *not translated when used with Spanish gerund*
  by bus　en autobús
  by car　en coche *or* carro
  by plane　en avión
  by seeing it　viéndolo
  by the way　a propósito

C

cafeteria　la cafetería
cake　la torta
call (to)　llamar, llamar por teléfono
calm down (to)　calmarse
camera　la cámara
  video camera　la (cámara) vídeo
can　poder; (*know how*) saber; *for conjecture use future tense*
  what time can it be?　¿qué hora será?
candidate　el candidato, la candidata

car el carro (*Am.*); el coche (*Spain*)
   (go) by car (ir) en carro (coche)
   going by car yendo en coche (carro)
   in John's car en el coche (carro) de Juan
   (leave) by car (salir) en carro (coche)
   patrol car el carro patrulla
card la tarjeta
   credit card la tarjeta de crédito
career la carrera
Caroline Carolina
carry (to) llevar
cash (to) cambiar
   cash a check cobrar un cheque
cattle el ganado
celebrate (to) celebrar
cent el centavo
chair la silla
channel (*television*) el canal
charge (to) cobrar
Charles Carlos
charming encantador, encantadora (-es, -as)
chat (to) charlar, hablar
cheap barato, -a
cheaper más barato, -a
check el cheque
   cash a check cambiar un cheque
chest el pecho
childhood la niñez
   childhood memory el recuerdo de niñez
children (*family*) los hijos (*m. and f.*); niños, -as
Chilean chileno, -a
chili chile
choose (to) escoger
Christmas la Navidad
   Christmas vacation las vacaciones de Navidad
city la ciudad
class la clase
   go to class ir a clase
   have a class tener clase
   in class en (la) clase
classmate el compañero (la compañera) de clase
classroom la sala de clase (*pl.* las salas de clase)
cleaner: vacuum ___ la aspiradora
clear claro, -a
clerk el dependiente, el vendedor (*m.*); la dependienta, la vendedora (*f.*)
close (to) cerrar (ie)
closed cerrado, -a
cloud la nube
cloudy nublado

it was cloudy estaba nublado
coast la costa
coffee el café
   cup of coffee la taza de café
   have coffee tomar café
cold (*weather*) el frío; (*illness*) el resfriado
   be cold (*weather*) hacer frío; (*living beings*) tener frío
   catch a cold pescar un resfriado
   I caught a (terrible) cold pesqué un resfriado (terrible)
   cold drink el refresco
cold, *adj.* frío, -a
collision el choque
Colombian colombiano, -a
color el color
   photographs in color las fotografías a colores
come (to) venir
   come back volver (ue), regresar
   come by pasar por
   come in entrar; (*fam. sing. command*) pasa (tú)
comfortable cómodo, -a
comment el comentario
compact disk player el tocadiscos para compactos
companion el compañero (*m.*), la compañera (*f.*)
   travelling companion (*m.*) el compañero (la compañera) de viaje
companions los compañeros (*m. and f.*)
company la compañía
compare (to) comparar
competent competente (*m. or f.*)
completely completamente
computer la computadora, el ordenador (*Spain*)
concert el concierto
confirm (to) confirmar
congratulate (to) felicitar
constitution la constitución
   Constitution Street la calle Constitución
consult (to) consultar
continue (to) continuar
cook (to) cocinar
cool el fresco
   be cool (*weather*) hacer fresco
coral el coral (*pl.* corales)
Cordova Córdoba
cost (to) costar (ue)
cotton el algodón
cough la tos
   a cough syrup un jarabe para la tos
cough (to) toser

could *imp., pret., cond., or imp. subj. of* poder
country el campo; (*nation*) el país (*pl.* países)
couple el par
   a couple of hours (weeks) ago hace un par de horas (semanas)
course: of ___! ¡cómo no! ¡claro! ¡ya lo creo! ¡por supuesto!
court (*sports*) la cancha
   tennis court la cancha de tenis
cousin el primo (*m.*), la prima (*f.*), los primos (*m. and f.*)
covered cubierto, -a
crazy loco, -a
   go crazy volverse (ue) loco, -a
credit el crédito
   credit card la tarjeta de crédito
Cuban cubano, -a
cumbia la cumbia
cup la taza
   cup of coffee la taza de café

D

daily diario, -a
dance el baile
   at the dance en el baile
   dance number el número de baile
dance (to) bailar
date (*appointment*) la cita; (*calendar*) la fecha
   make a date hacer una cita
daughter la hija
day (*m.*) el día
   a day al día
   on the following day al día siguiente
daytime de día
   daytime flight el vuelo de día
deal: a great ___ mucho, -a
dear querido, -a
decide (to) decidir
degree (*university*) el título
   master's degree el título de maestría, la maestría
departure la partida
dessert el postre
   for dessert de postre
Diane Diana
dictionary el diccionario
difficult difícil (*m. or f.*)
dining room el comedor (*pl.* comedores)
direct directo, -a
director el director (*m.*), la directora (*f.*)
discotheque la discoteca
dish el plato

dishwasher la lavadora de platos
district el barrio
dive (to) bucear
do (to) hacer; *not expressed as an auxiliary*
  do that gladly hacer eso con (mucho) gusto
  doesn't he? doesn't she? don't they? ¿(no es) verdad?
  not to have anything to do no tener nada que hacer
  what can I do for you (*pl.*)? ¿en qué puedo servirles?
doctor el médico
dollar el dólar (U.S.); (*pl.* dólares)
door la puerta
doorbell el timbre (de la puerta)
dormitory la residencia, el dormitorio
  university dormitories las residencias (los dormitorios) de la universidad
doubt (to) dudar
down: calm ____ calmarse
  go down bajar
  lie down acostarse (ue)
  sit down sentarse (ie)
  slow down moderar la marcha
downtown (*city*) el centro
  go downtown ir al centro
dress el vestido
drink la bebida
  cold (soft) drink el refresco
  take something (to drink) tomar algo
drive (to) manejar (*Am.*), conducir (*Spain*)
  they don't let him drive no le permiten manejar (conducir)
driver el conductor (*pl.* conductores)
  taxi driver el (la) taxista
drop la gota
  nose drops las gotas para la nariz
during durante

E

each: we used to see ____ other nos veíamos
early temprano
earn (to) ganar
earrings los aretes
  gold earrings los aretes de oro
easier más fácil
easy fácil (*m. or f.*)
  be easy ser fácil
  it is easy es fácil
eat (to) comer
  eat breakfast desayunarse, tomar el desayuno

eat lunch almorzar (ue), tomar el almuerzo
eat supper cenar
economics la economía
  economics professor (teacher) el profesor (la profesora) de economía
economist el (la) economista
eight ocho
eighteen dieciocho
either (*after negative*) tampoco
elections las elecciones
elevator el ascensor
eleven once
  at eleven A.M. a las once de la mañana
encounter (to) encontrar (ue)
engineer el ingeniero, la ingeniera
engineering la ingeniería
  Engineering School la Facultad de Ingeniería
  engineering student el (la) estudiante de ingeniería
  School of Agricultural Engineering la Escuela de Ingeniería Agrícola (*or de* Agronomía)
English (*the language*) el inglés
enjoy (to) gozar (de + *obj.*), disfrutar (de + *obj.*)
  enjoy (oneself) divertirse (ie, i) *reflex.*
  may you (*pl.*) **enjoy yourselves** que se diviertan Uds.
enough bastante, suficiente (*m. or f.*)
enter (to) entrar (en *or* a + *obj.*); ingresar (en + *obj.*)
  enter the university ingresar en la universidad
entering: on ____ al entrar
entire: her ____ body todo el cuerpo
equator el ecuador
evening la noche
  Friday evening el viernes por la noche
  in the evening por la noche
  on Thursday evening el jueves por la noche
ever (*after negative*) nunca
  more than ever más que nunca
every todo, -a
  every day todos los días
  every night (week) todas las noches (semanas)
everybody todo el mundo
exam el examen (*pl.* exámenes)
excitement la emoción
exclaim (to) exclamar
excursion la excursión (*pl.* excursiones)

go on an excursion salir de excursión
take an excursion hacer una excursión
exercise el ejercicio
  do exercise hacer ejercicio
expensive caro, -a
  the most expensive one (*f.*) la más cara

F

face (to) dar a
  that face the (square) que dan a la (plaza)
fail (to) dejar de; fallar (*brakes*)
  don't fail to no dejéis de (*fam.* vosotros *form*)
  not to fail to no dejar de + *inf.*
  without fail sin falta
fall el otoño
family la familia
fantastic fantástico, -a
far *adv.* lejos
  far from lejos de
fashion la moda
  be (very much) in fashion estar (muy) de moda
  is very much in fashion está muy de moda
fast *adv.* rápido
father el padre, el papá
fear (to) temer
feel (to) sentir(se) (ie, i)
  feel somewhat better sentirse (ie, i) algo mejor
  feel (well) sentirse (ie, i) (bien)
  how do you feel? ¿cómo te sientes (se siente Ud.)?
  feel like (to) + *ing* tener ganas de + *inf.*
  they feel like dancing ellos tienen ganas de bailar
fever la fiebre
few: a ____ unos, -as; algunos, -as
fifteenth: the ____ of el quince de
film la película
final match la final
finally al (por) fin
finals los exámenes finales
find (to) encontrar (ue), hallar
find oneself (to) encontrarse (ue)
fine (*quality*) fino, -a
finish (to) terminar
fireplace la chimenea
firm la empresa, la compañía
first primero, -a; (*before m. sing. nouns*) primer
fishing la pesca

Copyright © Houghton Mifflin Company. All rights reserved.

go fishing ir de pesca
five cinco
fixed: ___ **price** el precio fijo
flan el flan
flight el vuelo
  a daytime flight un vuelo de día
  direct flights los vuelos directos
floor el piso
  on the third floor en el tercer piso
  main (first) floor el piso principal
  third floor (*Spain*) el piso segundo (el segundo piso)
flower la flor
following siguiente (*m. or f.*)
  on the following day al día siguiente
fond (of) aficionado, -a a
  be fond of ser aficionado, -a a
football el fútbol
  football match el partido de fútbol
for para, por
  ask for (to) pedir (i, i)
  for a long time hace mucho tiempo *or* desde hace mucho tiempo
foreign extranjero, -a
forget (to) olvidar
fortunately afortunadamente
forty-nine cuarenta y nueve
four cuatro
free libre (*m. or f.*)
French (*the language*) el francés
French *adj.* francés, francesa (*pl.* franceses, francesas)
Friday el viernes
  Friday evening el viernes por la noche
  on Friday morning el viernes por la mañana
  next Friday el viernes que viene
friend el amigo (*m.*), la amiga (*f.*)
from de
  from Diane's house de casa de Diana
  from the university de la universidad
front: in ___ **of** *prep.* enfrente de
full lleno, -a
  full breakfast el desayuno completo
furnished amueblado, -a

G

game (*match*) el partido
gasoline la gasolina
gather (to) reunirse
gathering la reunión

generally generalmente, por lo común
George Jorge
get (to) obtener, conseguir (i, i)
  get *or* **become acquainted** conocer(se)
  get *or* **become (well)** ponerse (bien), mejorarse
  get dressed, fixed up arreglarse
  get hurt hacerse daño
  get married casarse
  get ready (*for something*) prepararse
  get tanned ponerse bronceado, -a
  get together reunirse
  get up levantarse
  let's get going, then! ¡vámonos, pues!
  let's get together vamos a reunirnos, reunámonos
  let's not get up no nos levantemos
  we have gotten quite tanned nos hemos puesto bastante bronceados
gift el regalo
  gift list la lista de regalos
girl la muchacha, la chica
give (to) dar
  give (some) advice dar un (algún) consejo
glad: be ___ **that** alegrarse de que
  be (very) glad to alegrarse (mucho) de (+ *inf.*)
  how glad I am that . . . ! ¡cuánto me alegro de que… !
  how glad I would be to (travel)! ¡cuánto me alegraría de (viajar)!
gladly! ¡con mucho gusto!
glasses (*spectacles*) las gafas; (*water*) los vasos
  puts on his glasses se pone las gafas
gloves los guantes
go (to) ir (a + *inf. or obj.*)
  go ahead pasar, seguir (i, i) adelante
  go back regresar, volver (ue)
  go crazy volverse (ue) loco, -a
  go down bajar
  go fishing ir de pesca
  go into entrar en (+ *obj.*)
  go on ahead seguir (i, i) *or* continuar adelante
  go on an excursion salir de excursión
  go out salir
  go shopping ir de compras
  go to bed acostarse (ue)
  go to sleep dormirse (ue, u)
  go up (to) subir (a)

  going by car yendo en coche
  how have things gone? ¿cómo lo han pasado?
  let's go (to) vamos (a + *obj.*)
  let's not go to class no vayamos a clase
gold el oro
  gold (earrings) (los aretes) de oro
good bueno, -a; (*before m. sing. nouns*) buen
  good afternoon buenas tardes
  good morning buenos días
  have a good time divertirse (ie, i)
  have a good trip! ¡buen viaje!
good-looking guapo, -a
good-bye adiós
  let's not say good-bye no digamos adiós
graduate (to) graduarse
grandfather el abuelo
great (*before sing. nouns*) gran
  they look great on you (*fam. sing.*) **(her, him)** te (le) quedan preciosos
  great! ¡estupendo!
  she looked great se veía estupenda
greet (to) saludar
group el grupo
  a group of un grupo de
guacamole: a ___ **(salad)** un guacamole
guide (*person*) el (la) guía
guidebook la guía

H

haggle (to) regatear
hair el pelo
  have one's hair done arreglarse el pelo
half medio, -a
  it's half past seven (nine) son las siete (nueve) y media
hall el corredor
  residence hall la residencia
  student residence hall la residencia de estudiantes
  university residence hall la residencia de la universidad
hammock la hamaca
hand la mano
hand (over) (to) entregar
handsome guapo, -a
happy contento, -a; feliz (*pl.* felices)
hard: study ___ (estudiar) mucho
have (to) tener; (*auxiliary*) haber
  have *indir. command* que + *pres. subj. tense*

have a class tener clase
have a cup of coffee tomar una taza de café
have a good time divertirse (ie, i)
have a good trip! ¡buen viaje!
have (a great deal) to do tener (mucho) que hacer
have a party tener una fiesta
have bad luck tener mala suerte
have (George) do it que lo haga (Jorge)
have just + *p.p.* acabar de + *inf.*
have lunch tomar el almuerzo, almorzar (ue)
have news recibir (tener) noticias
have one's hair done arreglarse el pelo
have supper cenar
have the opportunity to tener la oportunidad de
have time to tener tiempo para
have to tener que + *inf.*
not to have anything to do no tener nada que hacer
he él
headache el dolor de cabeza
   to have a headache tener dolor de cabeza
hear (to) oír, escuchar
heavens! ¡Dios mío!
Helen Elena
hello (*telephone*) diga, dígame, hola, bueno
help (to) ayudar
Henrietta Enriqueta
her *adj.* su(s)
her *dir. obj.* la; *indir. obj.* le, se; *after prep.* ella
here aquí
hers *pron.*(el) suyo, (la) suya, etc.; (el, la, los, las) de ella
   of hers *adj.* suyo(s), -a(s); de ella
high school la escuela secundaria
him *dir. obj.* lo, le; *indir. obj.* le, se; *after prep.* él
his *adj.* su(s); *pron.*(el) suyo, (la) suya, etc.; (el, la, los, las) de él
   of his *adj.* suyo(s), -a(s); de él
Hispanic hispánico, -a
hit (*success*) el éxito
   be a great hit ser un gran éxito
home la casa, el hogar
   (arrive) home (llegar) a casa
   at home en casa
honeymoon la luna de miel
hope (to) esperar
horrible horrible (*m. or f.*)
hospital el hospital
hot caliente (*m. or f.*)

be (very) hot (*weather*) hacer (mucho) calor
hotel el hotel
hour la hora
   meal hours (*schedule*) el horario de las comidas
how + *adj. or adv.!* ¡qué... !
   how pretty it is! ¡qué bonito es!
   how + *verb!* ¡cuánto... !
   how glad I am that . . . ! ¡cuánto me alegro de que... !
how: know ___ to saber + *inf.*
how? ¿cómo?
   how long (*time*)? ¿cuánto tiempo?
   how much (many)? ¿cuánto, -a (-os, -as)?
   how old is (Charles)? ¿cuántos años tiene (Carlos)?
   how have things gone? ¿cómo lo han pasado?
   how was the trip? ¿qué tal el viaje?
hungry: be (a little) ___ tener (un poco de) hambre
hurry: be in a ___ estar apurado, -a
hurt (to) doler (ue)
   get hurt hacerse daño
   her chest hurts la duele (a ella) el pecho
   my leg and arm hurt me duelen la pierna y el brazo
husband el marido, el esposo

I

I yo
idea la idea
if si
ill enfermo, -a
   be ill estar enfermo, -a
important importante (*m. or f.*)
in en, por, de; (*after a superlative*) de
   in order to *prep.* para
   in the afternoon (morning, evening) por la tarde (mañana, noche)
   travel in viajar por
industrious trabajador, -ora
inexpensive barato, -a
inform (to) informar, avisar
injured person (*m.*) el herido
intend (to) pensar (ie) + *inf.*
interest (to) interesar
interesting interesante (*m. or f.*)
into: go ___ entrar en + *obj.*
   run into encontrarse (ue) con
introduce (to) (*a person*) presentar
invite (to) invitar
island la isla

it *dir. obj.* lo (*m. and neuter*), la (*f.*); *indir. obj.* le; (*usually omitted as subject*) él (*m.*), ella (*f.*); *after prep.* él (*m.*), ella (*f.*)
it has tiene
Italian (*the language*) el italiano
item: news ___ la noticia
its *adj.* su(s)

J

jacket la chaqueta
James Jaime
jewel la joya
jewelry store la joyería
job el trabajo
   job opening el puesto vacante, la vacante
John Juan
Joseph José
just: have ___ acabar de + *inf.*

K

keep on + *ing* seguir (*or* continuar) + *-ndo*
   tells him to keep on driving le dice que siga (continúe) manejando (conduciendo)
key la llave
kitchen la cocina
knock (to) llamar
   knock at the door llamar a la puerta
know (to) (*a fact*) saber; (*be acquainted with*) conocer

L

laboratory el laboratorio
language la lengua
large grande, gran (*before m. or f. nouns*)
   very large muy grande; grandísimo, -a
last pasado, -a; (*in a series*) último, -a
   last night anoche
   last week la semana pasada
   last year el año pasado
   the last day el último día
late tarde
later después, más tarde, luego
   see you later hasta luego
   until later hasta luego
latter: the ___ éste, ésta
learn (to) aprender (a + *inf.*)

Copyright © Houghton Mifflin Company. All rights reserved.

leave (to) salir, partir, irse, *or* marcharse (de + *obj.*); *trans.* dejar
  leave for salir (partir, irse, marcharse) para
  leave her (his) house salir de su casa
  leave home salir de casa
  let's take leave of each other (one another) despidámonos
  take leave of despedirse (i, i) de
  upon leaving al salir
lecture la conferencia
left: be ____ quedar
  haven't left him no le han dejado
  no seats are (there are no seats) left no quedan asientos
  on the left por la izquierda
less menos
  more or less más o menos
lesson la lección (*pl.* lecciones)
  (Spanish) lesson la lección (de español)
let (to) dejar, permitir
  let (*pl.*) **me (drive)** déjenme *or* permítanme (Uds.) (manejar *or* conducir)
    let's (let us) + *verb* vamos a + *inf. or first-person pl. pres. subj. tense*
  let's get going, then! ¡vámonos, pues!
  let's go (to the lecture) vamos (a la conferencia)
  let's see a ver
letter la carta
library la biblioteca
lie down (to) acostarse (ue)
life la vida
light (*weight*) ligero, -a
like (to) gustar
  I (he, we, they) should *or* **would like** me (le, nos, les) gustaría; yo (él) quisiera (quisiéramos, quisieran)
  would you (*fam. sing.*) **like to stay here?** ¿te gustaría quedarte aquí?
likeable simpático, -a
list la lista
  gift list la lista de regalos
  waiting list la lista de espera
listen (to) escuchar
little: a ____ un poco (de)
live (to) vivir
living room la sala
long largo, -a
  for a long time hace mucho tiempo *or* desde hace mucho tiempo
  how long? (*time*) ¿cuánto tiempo?
  too long demasiado tiempo
  wait long esperar mucho
look (at) (to) mirar
  they (*m.*) **look great on you** (*fam. sing.*) te quedan preciosos
look for (to) buscar
look great (to) verse estupendo, -a
looking: good-____ guapo, -a
  young-looking juvenil (*m. or f.*)
looking: while ____ **at** mirando
lot: a ____ *adv.* mucho
  a lot of *adj.* mucho, -a (-os, -as)
lots (*adv.*) mucho
  lots of *adj.* mucho, -a (-os, -as)
Louis Luis
Louise Luisa
lounge la sala
love (to) (*something*) encantar; (*someone*) querer (ie)
  everybody loved it a todo el mundo le encantó
  I love it me encanta
luck la suerte
  have bad luck tener mala suerte
lucky: be ____ tener suerte
lunch el almuerzo
  eat (have, take) lunch tomar el almuerzo, almorzar (ue)

M

ma'am señora, señorita
machinery la maquinaria
magazine la revista
main principal (*m. or f.*)
  main floor el piso principal
make (to) hacer
  make a date hacer una cita
  make a reservation (reservations) hacer reservas
  make an excursion hacer una excursión
  make the (a) trip hacer el (un) viaje
makes (brands) las marcas
man el hombre
  the (two) young men los (dos) jóvenes
manager el (la) gerente
many muchos, -as
  how many? ¿cuántos, -as?
  many people mucha gente
  too many *adj.* demasiados, -as
  very many *adj.* muchísimos, -as
Margaret Margarita
market el mercado
married: get ____ casarse
Mary María
master's la maestría
master's degree el título de maestría
match (*game*) el partido
  final match la final
  football (soccer) match el partido de fútbol
  match (the earrings) hacer juego con (los aretes)
matter: what's the ____ **with you** (*fam. sing.*)? ¿qué tienes?
  what's the matter with (Thomas)? ¿qué tiene (Tomás)?
May mayo
may (*wish, indir. command*) que + *pres. subj.*; *mark of the pres. subj. tense*
  may we see it (*m.*)? ¿nos permite verlo?
me *dir. and indir. obj.* me; *after prep.* mí
  with me conmigo
meal la comida
  meal hours (schedule) el horario de las comidas
mean (to) querer (ie) decir, querer (ie) + *inf.*
  we didn't mean to go no queríamos ir
meddlesome entremetido, -a
medicine la medicina
  School of Medicine la Escuela (Facultad) de Medicina
meet (to) encontrar (ue); (*a person for the first time*) conocer
  nice to meet you (*formal sing. f.*) mucho gusto en conocerla
memories los recuerdos
merengue el merengue
message el recado
  leave a (some) message for her dejarle algún recado
Mexican mexicano, -a
Michael Miguel
microwave oven el horno microondas
millimeter el milímetro
mine *pron.* (el) mío, (la) mía, etc.
  of mine *adj.* mío, -a
Miss (la) señorita, (la) Srta.
mixer la mezcladora
modern moderno, -a
moment el momento
  a few moments un rato
Monday el lunes
  on Monday el lunes
money el dinero
month el mes
more más
  more or less más o menos
morning la mañana

a morning flight un vuelo de la mañana
good morning buenos días
in the morning por la mañana
(on) Sunday morning el domingo por la mañana
one Sunday morning un domingo por la mañana
tomorrow morning mañana por la mañana
yesterday morning ayer por la mañana
most más
most of la mayor parte de
the most expensive one (*f.*) la más cara
mountain la montaña
movie (*place*) el cine; (*film*) la película
a musical movie una película musical
Mr. (el) señor, (el) Sr.
Mr. and Mrs. (Ramos) los señores (Ramos)
Mrs. (la) señora, (la) Sra.
much *adj.* mucho, -a; *adv.* mucho
as much (…) as tanto, -a (…) como
how much (…)? ¿cuánto, -a (…)?
so much *adj.* tanto, -a
so much as tanto como
very much *adv.* muchísimo
music la música
must deber, tener que + *inf.*; *for probability use future, future perf., or cond. tense*
one must (wait) hay que (esperar)
you (*fam. sing.*) **must see them** (*f.*) tienes que verlas
my mi(s)

N

near *adv.* cerca
near *prep.* cerca de, junto a
nearby *adj.* cercano, -a
nearly casi
necessary necesario, -a; preciso, -a
it is necessary to es necesario, hay que + *inf.*
it was necessary to era (fue) necesario *or* había (hubo) que
need (to) necesitar
neighborhood el barrio
never nunca
new nuevo, -a
news las noticias
newspaper el periódico
newspaper office la oficina del periódico

next próximo, -a
next year el próximo año
next (Wednesday, Friday) el (miércoles, viernes) próximo (*or* que viene)
next (week) la (semana) que viene, la próxima (semana)
on the next day al día siguiente
nice agradable (*m. or f.*)
nice to meet you (*formal sing. f.*) mucho gusto en conocerla
night la noche
at night de noche
every night todas las noches
last night anoche
one Sunday night un domingo por la noche
Saturday night el sábado por la noche
nine nueve
at half past nine a las nueve y media
at (up to) nine o'clock a (hasta) las nueve
forty-nine cuarenta y nueve
nine hundred novecientos, -as
nineteen diecinueve
be (nineteen) cumplir (diecinueve) años
no *adv.* no
none ninguno, -a; (*before m. sing. nouns*) ningún
no one nadie
North American norteamericano, -a
nose la nariz
nose drops las gotas para la nariz
not no
notebook el cuaderno
nothing nada
November noviembre
now ahora
nowadays hoy (en) día
number el número
dance number el número de baile

O

obtain (to) conseguir (i, i)
o'clock: at (nine) ___ a las (nueve)
at about one o'clock a eso de la una
at (five, twelve, two) o'clock a las (cinco, doce, dos)
of de
of course! ¡cómo no! ¡claro! ¡ya lo creo! ¡por supuesto!
offer (to) ofrecer
offering: they are ___ it (*m.*) **for** lo dan por

office la oficina
newspaper office la oficina del periódico
often a menudo
old: he will be eighteen (years old) tendrá (cumplirá) dieciocho años
how old is (Charles)? ¿cuántos años tiene (Carlos)?
on en, sobre
on (arriving) al (llegar)
on the following day al día siguiente
on (Thursday) el (jueves)
once: at ___ en seguida
once in a while de vez en cuando
one un (*before m. sing. nouns*), uno, -a; *indef. subject* se, uno, una
at about one o'clock a eso de la una
at one (o'clock) a la una
at one-thirty a la una y media
no one nadie
one another (*m.*) uno al otro
take leave of one another despedirse (i, i)
that one ése, ésa, aquél, aquélla
this one éste, ésta
this red one (*m.*) este rojo
which one? ¿cuál?
only sólo, solamente
open (to) abrir
opening: job ___ el puesto vacante, la vacante
opportunity la oportunidad
or o
order: in ___ that *conj.* para que
in order to *prep.* para
organize (to) organizar
other otro, -a
see each other verse
ought to deber
our nuestro(s), -a(s)
out: go ___ salir

P

P.M. de la tarde (noche)
at about (eight) P.M. a eso de las (ocho) de la noche
paella la paella
page la página
pair el par
paper el papel
parents los padres
parking el estacionamiento
participate (to) participar
party la fiesta
birthday party la fiesta de cumpleaños

have a party tener una fiesta
pass (to) pasar
past: (it is) half ___ (seven) (son) las (siete) y media
patience la paciencia
patient: be ___ tener paciencia
patio el patio
patrol car el carro patrulla
pay (to) pagar
peninsular peninsular (*m. or f.*)
people la gente (*requires sing. verb*)
   lots of people mucha gente
   many people mucha gente
   there are probably many people habrá mucha gente
   there were people había gente
   young people los jóvenes
per month al mes
percolator la cafetera
perhaps quizá(s), tal vez
permit (to) permitir
person la persona
   injured person (*m.*) el herido
pesetas las pesetas
photo la foto
   take (many) photos sacar (muchas) fotos (fotografías)
photograph la fotografía
   photographs in color las fotografías a colores
pieces of pottery los objetos de cerámica
pill la píldora
pillow la almohada
place el lugar
plan el plan
plan (to) pensar (ie) + *inf.*
plane el avión (*pl.* aviones)
   (going) by plane (yendo) en avión
   plane ticket el boleto de avión
play (*a game*) jugar (ue) (a + *obj.*); (*music*) tocar
   play tennis jugar (al) tenis
   (the match) is being played (el partido) se juega
player el jugador, la jugadora
player: compact disk player el tocadiscos para compactos
pleasant agradable (*m. or f.*)
   be pleasant ser agradable
please + *verb* hága(n)me or haga(n) Uds. el favor de + *inf.*; (*after request*) por favor
pleased: be (very) ___ estar (muy) contento, -a
   pleased to meet you (*m. pl.*) mucho gusto en conocerlos
pleasure el gusto
   what a pleasure! ¡qué gusto!
pneumonia la pulmonía

police (*force*) la policía
policeman el policía
pool la piscina
popular popular (*m. or f.*)
position el puesto, el trabajo
possible posible (*m. or f.*)
   it isn't possible no es posible
post office la casa de correos, el correo
poster el cartel
pottery: pieces of ___ los objetos de cerámica
practice (to) practicar
prefer (to) preferir (ie, i)
prepare (to) preparar
   (he) prepares to eat breakfast (él) se prepara para desayunarse (tomar el desayuno)
prescribe (to) recetar
prettiest el más bonito, la más bonita
   it is the prettiest (*m.*) **of them all** es el más bonito de todos
   the prettiest (*f.*) **of all** la más bonita de todas
pretty bonito, -a; hermoso, -a
   very pretty muy bonito, -a; hermoso, -a; bonitísimo, -a; hermosísimo, -a
price el precio
   at special prices a precio especial
   fixed price el precio fijo
   have fixed prices tener precio fijo
private privado, -a
probably probablemente
problem el problema
   he has had no problems él no ha tenido problemas
   there is no problem no hay problema
   unless they want to have problems a menos que quieran tener problemas
program el programa (*m.*)
   radio program el programa de radio
   television program el programa de televisión
promise (to) prometer
pronounce (to) pronunciar
provided that *conj.* con tal (de) que
pure puro, -a
put (to) poner
   put on (oneself) ponerse

Q

quarter el cuarto
   a quarter of an hour ago hace un cuarto de hora

at a quarter to (ten) a las (diez) menos cuarto
quiet tranquilo, -a
quite bastante

R

radio el radio
   radio program el programa de radio
rain (to) llover (ue)
   it was raining cats and dogs llovía a cántaros
raincoat el impermeable
Raymond Ramón
read (to) leer
ready listo, -a
ready: to get ___ for prepararse para
   get ready for (the trip) prepararse para (el viaje)
receive (to) recibir
reception (area) el recibidor
receptionist el (la) recepcionista
recommend (to) recomendar (ie)
recommendation la recomendación
red rojo, -a
refrigerator el refrigerador
register (to) registrarse
remember (to) recordar (ue)
rent el alquiler
reply (to) contestar, responder
reservation la reserva
   make a reservation hacer (una) reserva
reside (to) residir
residence hall la residencia
   Michael's residence hall la residencia de Miguel
resign oneself (to) conformarse con, *reflex.*
rest (to) descansar
restaurant el restaurante
return (to) volver (ue), regresar; (*give back*) devolver (ue)
rich rico, -a
   become rich hacerse rico, -a
   very rich (*pl.*) muy ricos, -as; riquísimos, -as
Richard Ricardo
right away en seguida
right: be ___ tener razón
ring el anillo
ring (to) sonar (ue)
Robert Roberto
room el cuarto, la habitación
   an empty room un cuarto desocupado
   dining room el comedor

living room la sala
roommate el compañero (la compañera) de cuarto
round-trip *adj.* de ida y vuelta
   round-trip ticket el boleto de ida y vuelta
ruins las ruinas
run (to) correr
   run across encontrarse (ue) con
   run into encontrarse (ue) con

S

salad la ensalada
sale: that are on ___ que se venden a precio especial
saleslady la vendedora
sand la arena
Sarah Sara
Saturday el sábado
   next Saturday el sábado próximo (*or* que viene)
   on Saturday (morning) el sábado (por la mañana)
   on Saturday(s) el (los) sábado(s)
   Saturday night el sábado por la noche
say (to) decir
scarcely apenas
   had scarcely entered the room apenas había entrado en el cuarto
scene la escena
schedule: time ___ el horario
   (university) time schedule el horario (de la universidad)
scholarship la beca
school la escuela
   high school la escuela secundaria
   School (*in a university***)** la Facultad
   Engineering School la Facultad de Ingeniería
   School of Agricultural Engineering la Facultad de Ingeniería Agrícola (*or* Facultad de Agronomía)
   School of Business Administration la Facultad de Administración de Negocios
   School of Medicine la Facultad de Medicina
sea el mar
seat el asiento
   he has obtained seats él ha conseguido asientos
   no seats are (there are no seats) left no quedan asientos
seated sentado, -a
   be seated estar sentado, -a

second segundo, -a
secretary el secretario (*m.*), la secretaria (*f.*)
section la sección (*pl.* secciones)
   sports section la sección de deportes
see (to) ver
   by seeing it (*m.*) viéndolo
   I'll see you (*fam. sing.*) **tomorrow** te veo mañana
   let's see a ver
   see each other verse
   see you soon hasta pronto
   we'll see you (*f. pl.*) **Sunday morning** las vemos el domingo por la mañana
   would that we see one another again soon! ¡ojalá que nos veamos otra vez pronto!
seeing: by seeing it (*m.*) viéndolo
seem (to) parecer
   it seems to (Sylvia) le parece a (Silvia)
select (to) escoger
sell (to) vender
semifinal la semifinal
send (to) mandar, enviar
   send (*fam. pl.*) **for Rita** envíen Uds. por Rita
sentence la oración (*pl.* oraciones)
serious serio, -a; grave (*m. or f.*)
seven hundred setecientos, -as
several varios, -as
shall *marker of the future tense; occasionally translated by the pres. ind. tense*
   shall we sit down? ¿nos sentamos?
sharp (*time*) en punto
she ella
sheet la sábana
shirt la camisa
shop: beauty ___ la peluquería
shopping: go ___ ir de compras
short corto, -a
   after a while al poco rato
   in short en fin
shortly afterward poco después
should *mark of cond. ind. and imp. subj.* deber
   he should practice (él) debería practicar
   the clothing they should take la ropa que deben (debían) llevar
show (to) enseñar, mostrar (ue)
showcase la vitrina
since *conj.* como, *prep.* desde
   it is (a week) since (they came) hace (una semana) que (vinieron) *or* (vinieron) hace (una semana)

sing (to) cantar
siren la sirena
sister la hermana
sit down (to) sentarse (ie), *reflex.*
   let's sit down sentémonos, vamos a sentarnos
   shall we sit down? ¿nos sentamos?
site el lugar
six seis
   by six o'clock para las seis
   six thousand seis mil
sixty sesenta
size (*dress*) la talla; (*shoes*) el tamaño
   it's size eight (*dress*) es de talla ocho
skate (to) patinar
skirt la falda
sky el cielo
slacks (*pl.*) los pantalones
sleep (to) dormir (ue, u)
sleepy: be (very) ___ tener (mucho) sueño
slides las transparencias
slow down (to) moderar la marcha
slowly despacio
small pequeño, -a
snow (to) nevar (ie)
snow la nieve
so tan
soccer el fútbol
   soccer match el partido de fútbol
some *adj. and pron.* alguno, -a; (*before m. sing. nouns*) algún; *pl.* algunos, -as; unos, -as; *often not translated*
someone alguien
something algo
   have (*or* **take) something to drink** tomar algo
somewhat algo
   feel somewhat better sentirse (ie, i) algo mejor
song la canción (*pl.* canciones)
soon pronto
   as soon as possible lo más pronto posible, tan pronto como (sea) posible
   see you soon hasta pronto
soonest: the ___ possible lo más pronto posible
sorry: be ___ sentir (ie, i)
   we are sorry that sentimos que
south el sur
   South America Suramérica
   South American suramericano, -a
   to the south al sur
Spain España
Spanish *adj.* español, -ola; hispano, -a (*the langua*g*e*) el español
   Spanish American hispanoamericano, -a

Spanish (**lesson**) la (lección) de español
speak (**to**) hablar
special especial (*m. or f.*)
spend (**to**) (*money*) gastar; (*time*) pasar
  after spending the summer después de pasar el verano
  spend several months pasar varios meses
sports los deportes
spring la primavera
  spring vacation las vacaciones de primavera
square la plaza
stadium el estadio
start (**to**) empezar (ie), comenzar (ie)
States: (**the**) **United** ___ los Estados Unidos
stay (**to**) quedarse
stone la piedra
store la tienda
  department store el almacén (*pl.* almacenes)
  jewelry store la joyería
storm la tormenta
strange extraño, -a; raro, -a
  it seems strange parece extraño (raro)
straw la paja
  straw hat el sombrero de paja
street la calle
  Constitution Street la calle Constitución
  Twenty-fourth Street la calle Veinticuarto
student el alumno (*m.*), la alumna (*f.*); el, la estudiante
  engineering student el, la estudiante de ingeniería
studies los estudios
study (**to**) estudiar
style el estilo
success el éxito
  be a success tener éxito
successful: be (**very**) ___ tener (mucho) éxito
suggest (**to**) sugerir (ie, i)
suit: bathing ___ el traje de baño
suitcase la maleta
summary el resumen (*pl.* resúmenes)
summer el verano
sun el sol
  the sun is shining hace (hay) sol
sunbathe: to ___ tomar el sol
sunbathing tomar el sol
Sunday el domingo
  (**on**) **Sunday** (**morning**) el domingo (por la mañana)
  on Sundays los domingos
  one Sunday un domingo
  one Sunday night un domingo por la noche
sunny: be ___ hacer sol
  it is sunny hace sol
supper: eat ___ cenar
sure seguro, -a
  be sure that estar seguro, -a de que
surely seguramente, por cierto
surprise la sorpresa
  what a pleasant surprise! ¡qué sorpresa tan (más) agradable!
surprise (**to**) extrañar
  John is surprised le extraña a Juan
sweater el suéter
swim (**to**) nadar
swimming pool la piscina
Sylvia Silvia
syrup: a cough ___ un jarabe para la tos

T

table la mesa
take tomar; (*carry*) llevar
  I'll take this one (*m.*) **with me** me llevo éste
  (**she**) **is taking them** (*f.*) **with her** (ella) se las lleva
  take a nap dormir (ue, u) la *or* una siesta
  take a (**the**) **trip** hacer un (el) viaje
  take a walk dar un paseo
  take breakfast tomar el desayuno, desayunarse
  take leave of despedirse (i, i) de
  take lunch tomar el almuerzo, almorzar (ue)
  take photos sacar fotos
  take something (*to drink*) tomar algo
talk (**to**) hablar
tanned bronceado, -a
  get tanned ponerse bronceado, -a
taxi driver el (la) taxista
teacher el profesor (*m.*), la profesora (*f.*)
  (**Spanish**) **teacher** el profesor *or* la profesora (de español)
team el equipo
telephone el teléfono
  call (*to the telephone*) avisar
telephone (**to**) llamar por teléfono
television la televisión
  on television en la televisión
  television program el programa de televisión
  watch television mirar la televisión
tell (**to**) decir, contar (ue)
  he will be able to tell him él podrá decírselo
  tell (*fam. sing. command*) **us, Ann, what . . . ?** dinos, Ana, ¿qué… ?
ten diez
  at a quarter to ten P.M. a las diez menos cuarto de la noche
  at about ten o'clock a eso de las diez
  it must be half past ten serán las diez y media
  it's 10:40 son las once menos veinte
  (**until**) **ten o'clock** (hasta) las diez
  until 10:30 P.M. hasta las diez y media de la noche
tennis el tenis
terrible terrible (*m. or f.*)
than que; (*before numeral*) de
Thanksgiving Day el Día de Acción de Gracias
that *adj.* (*near person addressed*) ese, esa; (*distant*) aquel, aquella; *pron.* ése, ésa, aquél, aquélla; (*neuter*) eso, aquello; *relative pron.* que
  that of el (la) de
  that one *pron.* ése, ésa; aquél, aquélla
  that way así
the el, la, los, las
their *adj.* su(s)
theirs *pron.* (el) suyo, (la) suya, etc.; (el, la, los, las) de ellos (-as)
them *dir. obj.* los, las; *indir. obj.* les, se; *after prep.* ellos (-as)
then (*at that time*) entonces; (*next*) luego; (*well*) pues
there (*near person addressed*) ahí; (*distant*) allí; (*often after verb of motion*) allá
  there is (**are**) hay
  there was (**were**) había
these *adj.* estos, estas; *pron.* éstos, éstas
they ellos, ellas
thing la cosa
  how have things gone? ¿cómo lo han pasado?
think (**to**) creer, pensar (ie)
  think of pensar (ie) en
  what do you (*fam. sing.*) **think if . . . ?** ¿qué te parece si… ?
  what do you (*fam. sing.*) **think of these** (*m.*)**?** ¿qué te parecen éstos?

third tercero, -a; (*before m. sing. nouns*) tercer
   the third floor (*Spain*) el piso segundo (el segundo piso)
thirty treinta
   on August thirtieth el treinta de agosto
thirty-five treinta y cinco
this *adj.* este, esta
   this one *pron.* éste, ésta
Thomas Tomás
those *adj.* (*near person addressed*) esos (-as); (*distant*) aquellos (-as); *pron.* ésos (-as); aquéllos (-as)
   those who work hard los que (quienes) trabajan mucho
thousand: a (one) _____ mil
   (six) thousand (seis) mil
   (two) thousand (dos) mil
three tres
three hundred and fifty trescientos cincuenta
throat la garganta
through por
Thursday el jueves
   on Thursday evening el jueves por la noche
ticket el boleto
   plane ticket el boleto de avión
   round-trip ticket el boleto de ida y vuelta
time (*in general sense*) el tiempo; (*of day*) la hora; (*series*) la vez (*pl.* veces)
   arrive on time llegar a tiempo
   at this (that) time of the year en este (ese) tiempo del año
   at what time? ¿a qué hora?
   be time to ser hora de
   for a long time hace mucho tiempo que *or* desde hace mucho tiempo
   have a good time divertirse (ie, i)
   have time to tener tiempo para
   how much time? ¿cuánto tiempo?
   I wonder what time it is? ¿qué hora será?
   on time a tiempo
   the first (second) time la primera (segunda) vez
   three or four times tres o cuatro veces
   time schedule el horario
   university time schedule el horario de la universidad
   what time can it be? ¿qué hora será?
   what time is it? ¿qué hora es?
tired cansado, -a
be (quite) tired (**of** + *ing*) estar (bastante) cansado, -a (de + *inf.*)
to a, de, para, que, (*in time*) menos
   at a quarter to (ten) a las (diez) menos cuarto
   have the opportunity to tener la oportunidad de
   have time to tener tiempo para
   have to + *verb* tener que + *inf.*
   in order to *prep.* para
   not to have anything to do no tener nada que hacer
   up to *prep.* hasta
toaster la tostadora
today hoy
tomorrow mañana
   tomorrow afternoon (morning) mañana por la tarde (mañana)
tonight esta noche
too también
too many *adj.* demasiados, -as
topcoat el abrigo
topic el tema
tour la excursión
   take a (bicycle) tour hacer una excursión (en bicicleta)
town el pueblo
traffic el tráfico
translate (to) traducir
travel (to) viajar
   travel agency la agencia de viajes
   travel in (through) viajar por
travelling companion (*m.*) el compañero de viaje
trip el viaje
   business trips los viajes de negocios
   have a good trip! ¡buen viaje!
   make *or* **take the (a) trip** hacer el (un) viaje
try (to) tratar de + *inf.*
Tuesday el martes
turn on (to) poner
   shall I turn on the television? ¿pongo la televisión?
   turn to dirigirse a
turnover la empanada
twelve doce
   at twelve o'clock a las doce
   twelve thousand doce mil
twenty veinte
twenty-one veintiuno, -a; (*before m. nouns*) veintiún
twenty-four veinticuatro
   Twenty-fourth Street la calle Veinticuatro
two dos
   at two o'clock a las dos
typical típico, -a

U

umbrella el paraguas
unable: be _____ no poder (ue)
understand (to) entender (ie)
unforgettable inolvidable (*m. or f.*)
unfortunately desgraciadamente
United States (los) Estados Unidos
   in the United States en los Estados Unidos
university la universidad
   university cafeteria (residence hall, time schedule) la cafetería (la residencia, el horario) de la universidad
   university tennis courts las canchas de la universidad
unless *conj.* a menos que
unoccupied desocupado, -a
until *prep.* hasta
up: get _____ levantarse
   go up (to) subir (a)
   up to *prep.* hasta
upon + *-ing* al + *inf.*
urgent urgente (*m. or f.*)
   be urgent ser urgente
Uruguayan *adj.* uruguayo, -a
use (to) usar
used to + *inf.* indicates use of imp. ind. tense
   the family used to live la familia vivía

V

vacancy (*job*) el puesto
vacation las vacaciones
   Christmas vacation las vacaciones de Navidad
   spring (summer) vacation las vacaciones de primavera (de verano)
   Thanksgiving Day vacation las vacaciones del Día de Acción de Gracias
vacuum cleaner la aspiradora
Valencian valenciano, -a
various varios, -as
verse el verso
very *adv.* muy; *adj.* mucho, -a
video el vídeo
   video camera la (cámara) vídeo
view la vista
village el pueblo
viral viral (*m. or f.*)
   viral pneumonia una pulmonía viral
visit la visita

W

be on a visit estar de visita
visit (to) visitar

wait for (to) esperar
  wait long (to) esperar mucho
waiter el camarero (*m.*) (*Spain*), el mesero (*m.*) (*Mex.*)
walk el paseo
  take a walk dar un paseo
wall la pared
want (to) querer (ie), desear
wash (to) lavar; (*oneself*) lavarse *reflex.*
water el agua (*f.*)
way el camino
  (be) on one's *or* **the way to** (ir) camino de
  by the way a propósito, por cierto
  in no way de ninguna manera
  that way así
we nosotros, -as
weather el tiempo
  the weather is fine today hoy hace buen tiempo
wedding la boda
  wedding gifts los regalos de boda
Wednesday el miércoles
  next Wednesday el miércoles próximo (*or* que viene)
week la semana
  every week todas las semanas
  it is a week since (they came) hace una semana que (vinieron) *or* (vinieron) hace una semana
  last week la semana pasada
  next week la semana próxima (*or* que viene)
  scarcely a week apenas una semana
weekend el fin de semana
weeks: a couple of ____ un par de semanas
welcome: you're ____ de nada, no hay de qué
well *adv.* bien; bueno, pues
well: get ____ mejorarse
  feel well sentirse (ie, i) bien
what? ¿qué?
  what's new? ¿qué hay de nuevo?
  what can I do for you (*pl.*)? ¿en qué puedo servirles?
what a . . . ! ¡qué… !
when cuando
where? ¿dónde?; (*with verbs of motion*) ¿adónde?
  where is (Louise) from? ¿de dónde es (Luisa)?
where donde
whether si
which que; el (la, los, las) que; el (la) cual, los (las) cuales; lo que (cual)
while el rato; *conj.* mientras (que)
  after a short while al poco rato
white blanco, -a
who que: quien(es); el (la, los, las) que; el (la) cual, los (las) cuales
  those who work hard los que (quienes) trabajan mucho
whom que; a quien(es)
why? ¿por qué?
will *marker of future tense*
  will you + verb? ¿quiere Ud. (quieres) + *inf.*?
window la ventana
windy: be ____ hacer viento
  it was windy hacía viento
winter el invierno
wish (to) desear
with con
wonder: I ____ **what time it is?** ¿qué hora será?
word la palabra
work (to) trabajar
world el mundo
  Hispanic world el mundo hispánico
world mundial *adj.* (*m. or f.*)
  World Cup la Copa Mundial
worried preocupado, -a
  be worried estar preocupado, -a
worthwhile: be ____ valer la pena
would *mark of imp. ind. or cond. tense*
would that . . . ! ¡ojalá (que) + *subj.*!
write (to) escribir
written escrito, -a

Y

year el año
  at this time of the year en este tiempo del año
  be (eighteen) years old tener (*or* cumplir) (dieciocho) años
  last year el año pasado
  next year el próximo año
yesterday ayer
  yesterday (morning) ayer (por la mañana)
yet todavía
you (*formal*) subject pron. and after prep. usted (Ud. *or* Vd.), ustedes (Uds. *or* Vds.); *dir. obj.* lo (le), la, los, las; *indir. obj.* le, les, se
you (*fam. sing.*) subject pron. tú, (*pl.*) vosotros, -as *or* ustedes (Uds. *or* Vds.) (*Am.*); *dir. obj.* te, (*pl.*) os *or* los, las (*Am.*); *indir. obj.* te, (*pl.*) os *or* les, se (*Am.*); *after prep.* ti, (*pl.*) vosotros, -as *or* ustedes (Uds. *or* Vds.) (*Am.*)
young joven (*m. or f.*, *pl.* jóvenes)
  one of the young men uno de los jóvenes
  the two young ladies las dos jóvenes (*or* señoritas)
  the two young men los dos jóvenes
  young people los jóvenes
young-looking juvenil (*m. or f.*)
your *adj.* (*fam.*) tu(s), vuestro(s), -a(s); (*formal*) su(s), de Ud(s). *or* Vd(s).
yours *pron.* (*fam.*) (el) tuyo, (la) tuya, (los) tuyos, (las) tuyas; (el) vuestro, (la) vuestra, (los) vuestros, (las) vuestras; (*formal*) (el) suyo, (la) suya, (los) suyos, (las) suyas; (el, la, los, las) de Ud(s). *or* Vd(s).
  of yours *adj.* (*fam.*) tuyo(s), -a(s); vuestro(s), -a(s); (*formal*) suyo(s), -a(s); de Ud(s). *or* Vd(s).

Index

a
- a + el, 42
- omission of personal, 71
- personal, 71, 130
- preposition, 42, 86
- with verbs of motion, 42

abbreviations, 2 (*footnote*)
accent, written, 39, 72 (*footnote*), 101, 141, 168
adjectives, agreement of, 27–28, 55
- comparison of, 102–103
- demonstrative, 85
- feminine form, 28
- forms of, 27–28
- of nationality, 20 (*footnote*), 28, 56
- position of, 27–28, 55, 56
- possessive
  - emphatic (long) forms, 158
  - position of, 55, 158
  - short forms, 55
- special masculine forms, 125 (*footnote*), 139 (*footnote*)
- used as nouns, 101–102
- with **estar**, 68
- with **ser**, 58

¿adónde? vs. ¿dónde?, 42
adverbial expressions with preterit and imperfect, 144–145
agreement
- of adjectives, 27–28, 55, 158
- of cardinal numerals, 39, 88

al (a + el), 42
alguien, personal **a** used with, 130
alguno (-a, -os, -as), meaning of, 130–131
alphabet, Spanish, 167
any, 130–131
article, definite
- construction with **a**, 42
- construction with **de**, 42
- forms, 10
- general use of, 10, 26
- in set expressions, 35 (*footnote*)
- omission of, 10, 43, 73
- to denote general or entire class, 117
- used instead of possessive adjective, 117
- with days of the week, 43
- with place and proper names, 5 (*footnote*), 20 (*footnote*)
- with time, 40–41, 132
- with titles, 10

article, indefinite
- forms of, 26
- omission after certain verbs, 26, 27
- omission in interrogative sentences, 26
- omission in negative sentences, 26
- omission with predicate noun, 26
- uses of, 26

breath groups, 21–22

capitalization, 2 (*footnote*), 20 (*footnote*), 43, 73, 170
cardinal numerals, 39, 88
- agreement with noun, 39, 88
- position with noun, 39

classroom expressions, 3
commands
- familiar singular, affirmative forms, 53–54, 113
- familiar singular, negative forms, 53–54, 113
- formal plural, 155–156
- formal singular, 155–156
- position of reflexive and object pronouns with, 156–157

comparison
- of adjectives, 102–103
- of inequality, 102–103

conocer
- forms of, 67, 127
- uses of, 72
- vs. **saber**, 72

contractions
- a + el, 42
- de + el, 42

¿cuál?, ¿cuáles?, 100–101

dar, forms of, 97, 128, 156
days of the week, 43
de
- after a superlative, 103
- before a number, meaning *than*, 103
- contraction with **el**, 42
- **de** + pronoun as clarification for **suyo** (-a), 158
- in expressions of time, 41
- phrases with **de** + noun, 57
- with **ser**, to express possession or origin, 42, 58
- with verbs of motion, 42, 86

decir, forms of, 97
definite article. *See* article, definite.
demonstrative adjectives. *See* adjectives.
diphthongs, 6–7, 37, 81, 97, 111, 127, 168
direct object pronouns. *See* pronouns.
division of words into syllables, 167–168
¿dónde? vs. ¿adónde? 42

en, after certain verbs, 86
encantar, construction with, 99–100
estar
- forms of, 67, 156
- idiomatic expressions with, 68
- uses of, 67–69
- vs. **ser**, 68–69, 153 (*footnote*)

266

Copyright © Houghton Mifflin Company. All rights reserved.

feminine form
 of adjectives, 28
 of nouns, 11
future
 present tense to express, 8, 20 (*footnote*), 22, 37
 ir a + infinitive to express, 38

gender of nouns, 11
grammatical terms, 170–171
greetings and farewells, 2, 3
gustar, 99–100

haber
 forms of, 146
 with weather expressions, 146
hacer
 forms of, 112
 with weather expressions, 146
hay, 24, 146

imperative. *See* commands.
imperfect tense
 contrasted with preterit, 144
 irregular forms of, 141, 174–175
 regular forms of, 141, 172
 uses of, 141, 142–143
impersonal expressions, 59, 146
indefinite article. *See* article, indefinite.
indefinite words and expressions, 130–131
indirect object pronouns. *See* pronouns.
infinitive
 after **al**, 88
 after **ir a**, 38
 after prepositions, 88
 after **tener que**, 25
 after verbs without a preposition, 5 (*footnote*), 13, 52, 54 (*footnote*), 72, 113, 116
 position of object and reflexive pronouns with, 116, 157
interrogative sentences, 12–13
interrogative words, 72 (*footnote*)
intonation, 168–169
ir
 forms of, 38, 128, 141, 156
 ir a + infinitive, 38
irregular verbs. *See specific verb tense.*

linking, 21–22, 37
lo. *See* neuter **lo**.

months, 73
must. *See* **tener que**.

nadie, personal **a** used with, 130
-ndo forms of verbs. *See* progressive.
negation
 double negatives, 131
 negative words and expressions, 130–131
 simple negation, 13
neuter **lo**, (object pronoun), 84

ninguno (**-a**), meaning of, 130–131
noun
 adjective used as, 101–102
 gender, 11
 phrases with **de** + noun, 57
 plural of, 11
numbers. *See* cardinal numbers.

para, uses of, 35 (*footnote*), 58
parecer, construction with, 99–100
personal **a**, 71
 omission of, 71
plural
 of adjectives, 27–28, 55
 of nouns, 11
poder, forms of, 82
poner, forms of, 112
por, uses of, 41
possessive adjectives. *See* adjectives.
preposition
 followed by infinitive, 88
 use with verbs, 86
present progressive. *See* progressive.
present tense
 of irregular verbs, 23, 38, 52, 67, 82, 97, 112, 173–175
 of reflexive verbs, 115
 of regular verbs, 7–8, 22, 37, 172
 of stem-changing verbs, 52, 82, 97, 113, 177–179
 to express future events, 8, 20 (*footnote*), 22, 37
preterit tense
 contrasted with imperfect, 144
 irregular forms of, 128, 173–175, 178–179
 regular forms of, 127, 172
 uses of, 127, 129
 verbs with spelling changes, 175–177
progressive, present, 70
pronoun
 direct object, 83–84
 indirect object
  forms of, 98
  redundant use of, 98
  use of, 98, 99–100
 position of object, 84, 98, 116, 156–157
 position of reflexive, 115, 116
 reflexive, 114, 156–157
 subject, 8–9, 54, 156
 use of **le(s)** for **lo(s)** in Spain, 84
pronunciation, 6–7, 21–22, 36, 51–52, 66, 81–82, 96–97, 111, 126–127, 140, 154–155
punctuation, 170

que
 conjunction meaning *that*, 20 (*footnote*)
 meaning *than*, 103
 tener que, 25
¿qué?, 100–101
querer, forms of, 52
question marks, 2 (*footnote*), 13, 170

questions, 12–13, 28, 100–101
¿quién?, ¿quiénes?, 42, 71

reflexive pronouns. *See* pronouns.
reflexive verbs, forms of, 115

saber
   forms of, 52, 156
   use of, 72
   vs. **conocer**, 72
salir, forms of, 82, 127
seasons, 73
ser
   forms of, 23, 128, 141, 156
   uses of, 23, 58–59, 68–69
   vs. **estar**, 68–69, 153 (*footnote*)
some, 26, 131
subject pronouns. *See* pronouns.
superlative comparison, 103
suyo (-a), clarification of, 158
syllables, division of words into, 167–168

tener
   forms of, 23
   idioms with, 25, 159
   omission of articles after, 26
   tener que + infinitive, 25
   tener … que + infinitive, 80 (*footnote*)
time, 41, 160
time of day, expressing, 40–41, 58, 143
   use of definite article with time expressions, 132
traer, forms of, 82
triphthongs, 140
tú: use of, 9, 54

unos (-as), 26, 131
usted/ustedes, use of, 9, 156

venir, forms of, 52
ver, forms of, 82, 128, 141
verbs. *See listings for specific verbs or tenses.*
¿verdad? 35 (*footnote*)
vosotros (-as), use of, 9
vowels, Spanish, 6 (*See also* diphthongs, triphthongs.)

weather expressions, 146
word stress, 168
written accent. *See* accent.